HAṬHAP

(with 10

of

SVĀTMĀRĀMA

and

YOGAPRAKĀŚIKĀ

Commentary by

BĀLAKṚṢṆA

Edited by

Dr. M. L. Gharote
Parimal Devnath

2001
The Lonavla Yoga Institute (India)
Lonavla—410 401

First Edition, 2001

Printed by --
Narayana G. Javeri
Natraj Printers
433, Budhvar Peth
Pune—411 002
India

Published by--
Dr. Manmath M. Gharote
Secretary, The Lonavla Yoga Institute (India),
A-7, Gulmohar Apartment,
Bhangarwadi, Lonavla (India0—410 401.

ISBN 81-901176-6-1. Rs.295/

Dedicated
with
profound respects
to

Swami Kuvalayananda

who first conceived the idea of bringing out the critical edition of Haṭhapradīpikā

Contents

Dedication	iii
Publisher's Note	vii
Scheme of Transliteration	ix--xi
Abbreviations	xi--xii
Introduction	xiii--xxxiii
Text, transliteration, translation, notes, foot-notes	1--238
Yogaprakāśikā	239—309
Appendix	310--313
Glossary	314--324
Anatomico-physiological words used in the text	325--328
Index of half-verses	329--353
Word index	354--364

List of figures

1) svastikāsana
2) gomukhāsana
3) vīrāsana
4) kūrmāsana
5) uttānakūrmāsana
6) kukkuṭāsana
7) dhanurāsana
8) matsyendrāsana
9) paścimatāna
10) mayūrāsana
11) śavāsana
12) siddhāsana
13) padmāsana
14) (baddha)padmāsana
15) siṃhāsana
16) bhadrāsana
17) vastra-dhauti
18) sūtra-neti
19) nauli
20) kapālabhāti
21) prāṇāyāma
--śītalī
22) mahāmudrā
23) uḍḍīyānna-bandha
24) jālandhara-bandha
25) viparītakaraṇī

PUBLISHER'S NOTE

Last year we published critical editions of the two important texts, namely, Haṭhapradīpikāvṛtti of Bhojātmaja and Kumbhaka Paddhati of Raghuvīra. This year we have the pleasure of presenting to the Yoga readers one of the most famous texts of Haṭhapradīpikā.

The special feature of this text is that it contains 10 chapters as well a Commentary "Yogaprakāśikā" by Bālakṛṣṇa on the same hitherto unknown and unpublished.

Our scholars have been searching for the text of Haṭhapradīpikā containing 10 chapters for several years. Ultimately they succeeded in their efforts of not only obtaining the text of Haṭhapradīpikā containing 10 chapters but also, to their immense joy, the commentary by Bālakṛṣṇa on it.

We are extremely happy to present this work of our scholars of the Lonavla Yoga Institute (India) to the world of Yoga scholars, teachers and Yoga enthusiasts.

We are very much pleased to receive an encouraging support and appreciation from the scholars, critics and Yoga teachers for the texts we published last year.

We wish to assure that we shall continue to publish many more titles of greater interest to the Yoga readers. We hope that the readers will appreciate our services of bringing to light important unpublished literature on Yoga.

We are grateful to the Director, Central Council of Research in Yoga and Naturopathy, New Delhi, for the liberal publication grant from which the publication of this text has become possible.

Dr. Manmath M. Gharote.

Acknowledgements:

We are grateful to H.H. Maharaja Gaj Singhji II of Marwar, Jodhpur and Director, Maharaja Mansingh Pustak Prakash Research Centre, Mehrangarh Fort, Jodhpur, for kindly granting permission for Research and publication of these Manuscripts, which are in their collection.

SCHEME OF TRANSLITERATION

Letters, their sounds and description of these sounds

Simple Vowels--

ॐ	om	like	o	in	home
अ	a	,,	a	,,	but
आ	ā	,,	a	,,	far
इ	i	,,	i	,,	pin
ई	ī	,,	ee	,,	feel
उ	u	,,	u	,,	fulsome
ऊ	ū	,,	oo	,,	wool
ऋ	ṛ	,,	r	,,	German

Dipthongs---

ए	e	,,	a	,,	fate
ऐ	ai	,,	ai	,,	aisle (but not drawled out)
ओ	o	,,	o	,,	over
औ	au	,,	ou	,,	ounce (but not drawled out)

Gutturals---

क	k	,,	k	,,	kill
ख	kh	,,	kh	,,	ink-horn
ग	g	,,	g	,,	girl
घ	gh	,,	gh	,,	long-house
ङ	ṅ	,,	n	,,	king or ink

Palatals--

च	c	,,	ca	,,	church
छ	ch	,,	like the sound in Churchill		
ज	j	,,	j	in	join
झ	jh	,,	palatal 'Z' in azure		
ञ	ñ	,,	n	in	pinch

Cerebrals--

ट	ṭ	,,	t	,,	tub
ठ	ṭh	,,	th	,,	pot-house
ड	ḍ	,,	dh	,	dog
ढ	ḍh	,,	dh	,,	mad-house
ण	ṇ	,,	n	,,	splinter or and

Dentals---

त	t	,, dental 't' as in 'thin' or like the French 'T'			
थ	th	,,	th	in	thunder
द	d	,,	th	,,	then
ध	dh	,,	th	,,	this
न	n	,,	n	,,	no

Labials---

प	p	,,	p	,,	paw
फ	ph	,,	ph	,,	top-heavy or gh in lough
ब	b	,,	b	,,	balm
भ	bh	,,	bh	,,	hob-house
म	m	,,	m	,,	mat

Semi-vowels--

य	y	,,	y	,,	yawn
र	r	,,	r	,,	rub
ल	l	,,	l	,,	lo
व	v	,,	w	,,	wane

Spirants---

श	ś	,,	r	sh	ashes
ष	ṣ	,, a strong lingual with rounded lips			
स	s	,,	s	,,	sun

Aspirate---

ह	h	,,	h	h	hum

nasalised म as in संयम (saṃyama) --ṃ
visarga--------------------------ḥ

Abbreviations

AhS------*ahirbudhna-saṃhitā*
AR------- *āgama-rahasya*
BYY ----*bṛhadyogīyājñavalkyasmṛti*
Dup------*darśanopaniṣad*
GhS------*gheraṇḍa-saṃhitā*
GP-------*gorakṣa paddhati*
GS-------*gorakṣa-śataka*
gss-------*gorakṣa-siddhānta-saṃgraha*
HP-------*haṭhapradīpikā*
HP(J)----*haṭhapradīpikā,* Jodhpur (MS No. RORI-6756)
HR-------*haṭharatnāvalī*
JB--------*jyotsnā* of *brahmānanda*
JPR------*jogapradīpakā* of *jayatarāma*
JUp-------*jābāla-darśanopaniṣad*
KKKK—*kavi-kāvya-kāla-kalpanā*
KKHP---*kapālakuranṭaka-haṭhābhyāsa-paddhati*
KP-------*kumbhaka-paddhati*
MD------*mokṣadharma* (of *mahābhārata*)
MMPP—Mahārājā Mānsingh Pustak Prakāśa
MS-------*matsyendra-saṃhitā*
MUp-----*muṇḍakopaniṣad*
MYS----*mahākāla-yogaśāstra*
NP-------*nirañjana-purāṇa*
PYS-----*pātañjala-yogasūtra*
PS--------*pārada-saṃhitā*

RRS-----*rasaratna-samuccaya*
SKS-----*satkarma-saṃgraha*
SS------- *śiva-saṃhitā*
SSP------*siddha-siddhānta-paddhati*
ST------ *śābara-tantra*
SUp----- *śāṇḍilyopaniṣad*
TBUp---*triśikhi-brāhmaṇopaniṣad*
TUp------*tejobindūpaniṣad*
TVd------*tatva-vaiśāradī*
VM------*viveka-mārtaṇḍa*
VS-------*vasiṣṭha-saṃhitā*
YB-------*yuktabhavadeva*
YC-------*yogacintāmaṇi*
YM-------*yoga-mīmāṃsā*
YSC------*yogasiddhānta-candrikā*
YSD-----*yogaśāstra* (*dattātreya*)
YSH------*yogaśāstra* (*hemacandra*)
YTUp----*yogatatvopaniṣad*
YV-------*yoga-vārtika*

Introduction

haṭhapradīpikā is an important treatise on *haṭhayoga* written by *svātmārāma* and has exerted a great influence on not only on the practical students of *yoga* but also has become a source of inspiration for many later writers on *haṭhayoga*. This can very well be seen from the treatises like *yogacintāmaṇi* of *śivānanda sarasvatī, haṭhatatvakaumudī* and *haṭhasaṅketa-candrikā* by *sundaradeva, haṭharatnāvalī* by *śrinivāsa-bhaṭṭa*. Several HP MSS are found deposited in the oriental libraries in India and abroad.

The first printed edition of HP was brought out by Tukārāma Tātyā of Bombay in 1893. Several Indian and foreign editions are more or less the reproduction of this text with the exception of the critical edition brought out by Kaivalyadhāma SMYM Samiti, Lonavla in 1970. The efforts made for this critical edition are noteworthy because 101 MSS preserved in different libraries were consulted for preparing this edition. This edition contains five chapters, the last one describing the therapeutical remedies of the complaints of the yogic aspirants as a result of faulty yogic practices. This last chapter is not found in any of the printed editions of the HP as also rarely found in the MSS.

In the introduction of the HP published by the Kaivalyadhāma SMYM Samiti, Lonavla, the learned editors remarked as follows:

"In *gorakṣasiddhānta-saṅgraha* p. 38, (*gorakṣa-siddhānta-saṅgraha*, Gopinātha Kavirāja, Sarasvatī Bhavan Texts, No. 18, Banāras, 1925) there is a reference to HP having as many as ten chapters. But we have not yet come across any MS of this text covering more than five chapters. There is a crying need for further research aimed at finding a complete or differently arranged but exhaustive version of this important text."

We have been searching for such a MS for over last 25 years. We are glad to inform that our efforts bore fruits and we were overwhelmed when we could locate such an MS containing ten chapters, deposited in the Mahārāja Mānsingh Library, Fort, Jodhpur vide No.1914 (2227). We were overjoyed when we also found a Commentary called "*yogaprakāśikā*" by *bālakṛṣṇa* with ten chapters vide MS. No. 1915 (2228) in the same place.

We are now extremely happy to present both texts -HP with ten chapters as well as *bālakṛṣṇa's* Commentary "*yogaprakāśikā*" on the same for the benefit of the interested readers.

Materials used for this Text:

The details of the MSS used for this edition are as follows:

1) MS No. 1914, (2227) HP (10 *upadeśa*) by *svātmārāma*, size 10"x5", folios 42, lines 9, letters 33, deposited in the Mahārāja Mānsingh Pustak Prakāśa, Mehrāngarh Fort, Jodhpur. It is not dated. This is indicated as 'a'.

2) MS No. 1915 (2228), *yogaprakāśikā* by *bālakṛṣṇa*—a commentary of HP (10 *upadeśa*) of *svātmārāma*—size 10.2"x5.3", folios 69, lines 11, letters 34. not dated. Folios 1, 2 and 22 are missing. Deposited in the Mahārājā Mānsingh Pustak Prakāśa, Mehrangarh Fort, Jodhpur. Incomplete. This is indicated as 'b'.

Apart from the above two MSS, the following sources have been used for the determination of the variant readings and additional information.

3) *āgama-rahasyam* (*pūrvārdha 28th paṭala*) published by the Rājasthāna Oriental Research Institute, Jodhpur, 1968. This has

been used for the comparison of the verses on the *kālajñāna* appearing in the ninth chapter of the HP. This is indicated as 'c'.

4) MS No. 6756, HP, *svātmārāma viracitā*, size 17cm.x9cm, folios 171, lines 7-9, letters 20-23, *saṃvat* 1765, contains 6 *upadeśas*, 1553 verses. The Colophon reads: *iti śrī-sahajanātha-śiṣyeṇa śrī-svātmārāmayogīndreṇa viracitāyāṃ haṭhapradīpikāyāṃ siddhāntamuktāvalyāṃ ṣaṣṭhopadeśaḥ iti // śrīmanmahārājādhirāja-śrī-jayasiṃhadevajikasyājñayā likhitamidaṃ tulārāmeṇa saṃvat* 1765 *varṣe caitra māse kṛṣṇapakṣe* 10 *śrīrāmo jayati / śrī-gaṇapataye namaḥ //*

5) *gorakṣa-siddhānta-saṃgraha*, edited by Gopinātha Kavirāja, Sarasvatī Bhavana Text, Benaras, 1925. This has been used for the quotations of HP, especially, the quotations of the *daśamopadeśa*, for the varient readings. This is indicated as 'gss'.

6) MS No. 9732-56 HP, 18cm x 12.5cm, folios 29, lines 14, letters 21-25, 4 chapters. Scribe Rāmadāsa, Samvat 1899. This is deposited in R.O.R.I., Jodhpur.

7) It is reported that there is a MS called *yogaśāstra* deposited in Sindia Oriental Institute, Ujjain, vide N0. 3608, having 122 folios. It quotes 32 verses as belonging to 10th chapter of HP. However, it was not available to us.

The scope of HP :

It is to be noted that different MSS of HP vary in their contents. Some MSS contain a few verses which are not found in other MSS. The chapters of different copies of the HP vary. In all the published texts of HP and many unpublished MSS we get four chapters. But there are other texts available which give different number of chapters and their verses also vary in number.

The following table gives the number of chapters and verses in different texts:

Table – 1
Number of chapters and verses in different texts of *haṭhapradīpikā*

Text	No. of chapters	No. of verses	Special features
1. Adyar Library Text (Published)	4	389	
2. Kaivalyadhāma Text (Published)	5	409	Description of *yoga* treatment in 5th chapter
3. India Office Library, London (MS)	4	401	
4. Oxford University Library (MS)	4	331	
5. Mahārājā Mānsingh Pustak Prakāśa, Jodhpur (MS)	10	643	*pratyāhāra, dhāraṇā, dhyāna, rājayoga, kālajñāna, videhamukti*
6. Rājasthāna Oriental Research Institute, Jodhpur (MS) No. 6756	6	1553	Characteristics of *guru-śiṣya*, description of more than 100 *āsanas*, rules of diet, *kanda, nāḍī, kuṇḍalinī*, unlucky omens of death and means of control
7. Rājsthān Oriental Res. Instt. Jodhpur, MS No. 9432-56	4	499	*kālajñāna, videhamukti*

From the above Table it will be clear that the contents of HP are variously distributed in 4, 5, 6, or 10 chapters and that the verses of different texts greatly vary. The presently edited text of Mahārājā Mānsingh Library contains largest number of chapters dealing with different topics commonly known and unknown. It is desirable that we get acquainted with the contents of this MS.

Table- II

Chapter wise distribution of the contents and verses of *haṭhapradīpikā* (10 chapters)

Chapter	Contents	Verses
I	Discussion on *bhūtātmaka śarīra* and its characteristics, *ṣaḍaṅga-yoga, mitāhāra, yamas* and *niyamas*	59
II	Description of *āsanas*	39
III	*saṭkarmas*	25
IV	Eight varieties of *kumbhaka*	70
V	*mudrās*	188
VI	*pratyāhāra, dhāraṇā, dhyāna*	42
VII	*rājayoga* and *samādhikrama*	67
VIII	*nādānusandhāna*	51
IX	*kālajñāna*	42
X	*videhamukti*	43
	Total verses	626

The tenth chapter on *videhamukti* contains 43 verses. Out of these 33 verses are quoted in the gss, pages 38-40. Remaining verses have not been considered as belonging to the 10th chapter by gss, but they are found in the text of HP distributed in different chapters. This indicates that there must be other copy known to the gss, which is at present not known. There is a need for further search aimed at finding differently arranged version of this important text containing ten chapters.

Special features of the text:

Different chapters are devoted to different topics.

1) There is a description of *ṣaḍaṅga-yoga* which we do not find in the printed text. We find discussions on the topics of *āsanas, kumbhaka, mudrā* and *nādānusandhāna* in the printed text, which is termed as *caturaṇga-yoga.* The discussion on *pratyāhāra, dhāraṇā, dhyāna* and *samādhi* is absent there.

2) In the first chapter, description of *śasīra* consisting of *mahābhūtas* and their characteristics given in this text is not found in the printed text.

3) A separate chapter is devoted to the description of *ṣaṭkarmas.* It is not a part of the chapter on *prāṇāyāma* as we find in the printed text.

4) Topics on *mitāhāra* and description of *yamas* and *niyamas* are given in the first chapter.

5) The chapter on *mudrās* is very elaborate and occupies almost ⅓ of the entire text.

6) The chapter on *pratyāhāra, dhāraṇā* and *dhyāna* follows the chapter on *mudrās.*

7) *samādhikrama* is described under a special chapter.

8) Strangely the chapter of *nādānusandhāna* comes after the description of *samādhi.*

9) The chapters on *kālajnāna* and *videhamukti* are special which are absent in the printed texts. These are also found in the HP MS No. 6756 deposited in the RORI, Jodhpur. So these topics should form an integral part of HP, which are absent in the printed text.

10) In no other texts of HP printed before, we find information on the *siddhas* mentioned by *svātmārāma.* We have for the first time included in the notes information on these *siddhas* available from different sources.

11) It is peculiar to find the mention of holding the breath after exhalation (*bāhya-kumbhaka* IV: 67) to attain the state of *rājayoga.*

12) The verse "*vitasti-pramitaṃ dairghyaṃ vistāraṃ ca caturaṅgulaṃ / mṛdulaṃ dhavalaṃ proktaṃ veṣṭitāmbara-lakṣaṇaṃ //* comes under the technique of *śakticālinī mudrā* in the printed texts. However, in this text, it comes under the description of khecarī mudrā. Obviously, the interpretation differs. Under the description of *śakticālinī mudrā,* it refers to the *kanda,* while the same verse under the description of *khecarī mudrā* refers to the strip of cloth used for the bandage of the tongue.

13) This text refers to the different *cakras* and *padmas,* which we do not find in the printed text. There is an elaborate description of *hṛtpadma* (the lotus of heart) endowed with different qualities.

14) There is a description of different types of *ākāśa,* such as *cidākāśa, mahākāśa, paramākāśa* etc.

15) The nature of *prāṇāyāma* as *praṇavātmaka* stated here is absent in the printed text. Similarly, the elaborate description of *cakras* and *kuṇḍalinī* given here is absent in the printed texts.

16) The text contains many *sanskṛta* grammatical mistakes. But they have been retained according to the original text without corrections and alterations in the language.

mudrās **and** ***bandhas:***

mudrās: There seems to have been great influence of *mudrās* in the literature of medieval times. There is a great divergence among the *tāntric, paurāṇika* and yogic works on the number, names, definitions and techniques of *mudrās.*

Limiting our discussion only to the *mudrās* of *yoga*, we find the HP describes ten *mudrās*, SS mentions the same but also adds *yoni-mudrā* and gives it a great importance. GhS speaks of 25 *mudrās.* In all these texts *mudrās* occupy a larger space for description.

In GhS we find description of *mudrās* involving typical bodily postures, cleansing processes and even concentration techniques. The technique of *vajrolī mudrā* is quite different in GhS from that of HP, both claiming the results of *bindu-siddhi.*

The purpose of *mudrās,* according to GhS, is to establish equilibrium or '*sthiratā*', while according to HP is 'awakening of *kuṇḍalinī śakti*'. It has been stated that while working in the human body, *kuṇḍalinī* presents three nodes or poles and that the state of consciousness and functioning of a person depends on which axis of the polarity is active. The three nodes are called *ūrdhva-śakti* (higher), *madhya-śakti* (middle) and *adhaḥ-śakti* (lower). The lower node is situated at the base of vertebrae column, the central or middle node in the heart region and higher node in the region of the head. Different *mudrās* are the techniques based on stimulating and activating one of these nodes.

bandhas: These are essentially *mudrās* and are very few in number. They are usually practised as an essential part of the *prāṇāyāma* in *haṭhayogic* tradition. Some of them are otherwise practised independently. We may say that those *mudrās* practised in the technique of *prāṇāyāma* are called *bandhas,* because they bind the current of *prāṅa* in a particular region and channalize the *prāṇic* currents in a particular direction. The commonly practised *bandhas* and their locations are as under:

bandha	Location
1. *jālandhara*	throat
2. *uḍḍiyāna*	abdomen
3. *mūlabandha*	anus
4. *jihvā*	mouth

All the above *bandhas* are applied during the performance of *ābhyantara kumbhaka,* meaning holding the breath inside. Use of *bandhas* during *prāṇāyāma* seems to be a special technique of *haṭhayogic prāṇāyāma.* The idea behind this seems to be to intensify the sensations of *prāṇic* currents through the channel of *suṣumnā* by increasing the pressure in the middle path. The total effect of the application of the three *bandhas* is to regulate the working of *iḍā* and *piṅgalā* and to activate *suṣumnā nāḍī.*

bandhas help in return of venus blood from head and neck by enlarging the thoracic cavity. The improved venus return will check the accumulation of CO_2 in and around the respiratory centers and thereby helping the person to hold the breath for a longer time.

If we consider the physiological mechanism of *bandhas* and *mudrās*, we find that in *mudrās* one tries to consciously control certain semi-voluntary muscles in the body like anal sphincters, muscles of the pelvic floor, thoracic diaphragm, muscles of the throat, eye-balls etc. In these muscles there is an integration of central and autonomic nerve supply, which functions as a whole.

Another important aspect is the manipulation of internal pressures, which serves to tone up the internal organs, decongest them and stimulate their proper functioning. This pressure manipulation directly influences the working of certain endocrine glands and thereby bring about marked changes in endocrine and electrolyte balance.

nāḍī, cakra and *kuṇḍalinī:*

In the text of HP there are frequent references to the *nāḍī, cakra* and *kuṇḍalinī.*

nāḍīs: These have been referred to in connection with *nāḍī-śūddhi, iḍā, piṅgalā* and *suṣumnā* in connection with *prāṇāyāma* and *mudrās*. out of the 10 *nāḍīs* described, a great significance is attached to *iḍā, piṅgalā* and *suṣumnā.*

cakra: It is referred to as *padma*. Apart from elaborate description of *hṛtpadma,* which is endowed with several good and bad qualities, passing references have been given of the six *cakras.*

cakras are not anatomical entities and cannot be demonstrated on dissection of the human body. They are said to be the centers of spiritual activity in the human body and particular parts have been mentioned as their location. These *cakras* are really situated inside the spine and not outside. The outside locations are vaguely stated and are merely the external structures stimulated, when the internal *cakras* are awakened.

kuṇḍalinī: It is a *yogic* name of consciousness conceived as force of energy, which is working at all levels of existence, although latent or partially awakened. *tantric* and *haṭhayogic* technique of attaining Self-realization would be to arouse the latent *kuṇḍalinī.* At the bodily level, the *kuṇḍalinī* is conceived as lying dormant in the *mūlādhāra cakra* at the base of the spine. The path of awakenig of the *kuṇḍalinī* is said to be the spinal cord together with the *cakra* and *nāḍīs.* This path is blocked or only partially clear. This path has to be cleared fully so that the awakened *kuṇḍalinī* may express itself fully. The process aims at purification of various nature, such as purification of the elements (*tatva-śuddhi*), the purification of *nāḍīs* (*nāḍī-śuddhi*), purification of the nerve plexus (*cakra-śuddhi*) for which several groups of practices, like *āsana, prāṇāyāma, kriyā, bandha-mudrā* and varied techniques of meditation are used.

The working of *kuṇḍalinī* is not confined only to the body and the spinal cord. The biological part is just one aspect of *kuṇḍalinī.* It has much wider connotation. It works at all levels of existence—physical, mental and spiritual. In fact *kuṇḍalinī* is *prāṇa-śakti* of the entire universe. SSP describes the evolution of *prāṇa-śakti* into *kuṇḍalinī-śakti* through five stages, namely, *nijā-śakti, parā-śakti, aparā-śakti, sūkṣmā-śakti*, and *kuṇḍalinī-śakti.* It expresses itself in the form of life (*prāṇa*) in the body. When it is awakened, the body throbs with radiant life. It brings change in the mental and spiritual condition.

The anatomical existence of the *kuṇḍalinī* is untraceable from the physiologist's point of view. No anatomical proof is found for the existence of a 'coiled' structure at the base of the spine. Therefore, *kuṇḍaliṇī* should be understood as the symbol of the basic energy lying dormant in the person.

Attempts of the physiologists to discover the secrets of the body and the nervous system are still going on and different hypotheses have been presented. However, the mysteries of the brain and the entire nervous system is yet to be unraveled.

Among the other hypotheses about the working of *kuṇḍalinī* and its possible physiological correlates, the one suggested by Dr. M. V. Rajapurkar, is presented below. We are grateful to Dr. M. V. Rajapurkar for sending us the write up on his postulate of arousal of *kuṇalinī* which we reproduce here.

"It is postulated that the practice of *āsanas*, *mudrās* and *bandhas* create tremendous pressure in the pelvic cavity. This pressure, when applied daily for long periods can stimulate the nerves supplying the organs like rectum, urinary bladder etc. in the pelvic cavity. It also can stimulate the pelvic and perineal nerves, as also the nerves of the 'cauda equina', the 'conus medullaris' and the 'phylum terminale', which ends at the upper end of coccyx.

It may be noted that the central canal of the spinal cord extends for 5-6 mm. into the 'phylum terminale'. Cranially the 'central canal' of the spinal cord expands as the IVth ventricle, communicating with the IIIrd ventricle, which in turn communicates with the lateral ventricles. Lateral ventricles are in close contact with the 'Thalamus' and 'Hypothalamus', vital parts of the central nervous system. It will thus be seen that any pressure or stimulation of the phylum terminale can be communicated up along the central canal of the spinal cord to the lateral ventricles, which impinges on the 'Hypothalamus' and 'Thalamus' and produce its effects as various sensory manifestations. The Thalamus and Hypothalamus have very important integrative and communicative functions in the C.N.S.

The possibility cannot be denied that constant practice of *'āsanas', 'mudrās'* and '*bandhas'* may liberate in the cerebrospinal fluid some chemical—may be a 'neurotransmitter' so far unknown or release of 'endorphins' or 'opoids', which being lighter than cerebrospinal fluid will travel upwards along the 'central canal' of the 'spinal cord' and reach the 'lateral ventricles', which is in close rrelation to Thalamus, Hypothalamus and may produce 'extra-sensory perceptions' and modify and expand consciousness.

It is pleaded that consciousness that is expanded and purified through yoga is the most desired state. It is the purified consciousness which is all embracing; it elevates and integrates the personality and give him first hand experience of Bliss.

In view of this proposition it may not be too much to postulate that the central canal of the spinal cord may be the 'conduit for consciousness'. Research in this direction may open a new vista of physiological knowledge, with reference to studies in consciousness."

The pressure built up and the *endorphins* or *opoids* released in the lateral ventricles should significantly affect consciousness.

Use of double entendres by *svātmārāma:*

Many methods have been evolved for ensuring that esoteric doctrines are kept secret from being generally known. One such method is to use a form of language that is difficult to understand. *tantric* texts are frequently couched in a symbolic manner called *sandhyā bhāṣā* (twilight speech) employing a hidden language, which has one meaning for the world and an entirely different meaning for the initiate. The purpose of this language is to conceal secret doctrines from the masses and uninitiated. Secrecy is also regarded as essential for preserving the potency of a practice. Therefore, it is expressed through analogies, homologies, double meanings, parables and legends.

In *haṭhayoga sādhanā,* an emphasis is laid on the control of *bindu, prāṇa* and *manas.* Control of any one of these brings control over the other two.

Stability of *bindu* is either attained through the practice of *brahmacarya* or the practice of *prāṇāyāma* and *mudrās.* Therefore, in the *haṭhayoga* the *nātha yogīs* have laid a great emphasis on the control of sense-organs.

The purpose of all the *mudrās* is to awaken the *kuṇḍalinī* and cause it to enter into the *suṣumnā nāḍī* so that after reaching it to *brahmarandhra,* an undisturbed state of consciousness (*samādhi*) is achieved.

Performance of some of the *mudrās* is grossly misunderstood, especially, the so called '*oli' mudrās,* which include *vajrolī, amarolī* and sahajolī. These are grossly misunderstood due to the use of the language having double meaning. *vajrolī mudrā* is a typical example in this context.

If the verses on *vajrolī* are interpreted in the traditional manner, the thing carries its contradiction in its face. *vajrolī, amarolī* and *sahajolī* refer to some internal yogic processes connected with the development of mind. *vajrolī mudrā* described in GhS (III: 45-48) has nothing to do with sexual organs. In HP *svātmārāma* himself declares that it is only when *prāṇa* begins to move through *suṣumnā,* that the success can be attained in *amarolī, vajrolī* and *sahajolī.* It is clear from the text that *svātmārāma* frequently uses double entendres, which he explains further occasionally. For example, 'go' for cow as well as for 'tongue', '*amaravāruṇī*' for intoxicating liquor as well as for 'nectar' oozing out from the moon situated in the throat.

Therefore, these *mudrās* cannot be understood to be connected with sex activity. They are inseparably connected with *kuṇḍalinī* arousal, the essence of which is some activity in the spinal cord.

bhavadeva miśra in his YB commenting on the process of *vajrolī, sahajolī* and *amarolī* remarks that the three comprise a composite process. They differ in names, but the function remains the same. When the union of *candra* and *sūrya* takes place in the *yonisthāna*, it is called amarolī. When one's *bindu* is held inside with the help of *yonimudrā,* it is termed as *sahajolī* and sucking one's *bindu* and raising it upwards, it is *vajrolī.* Thus, *haṭhayoga* considers spiritual progress to go hand in hand with awakening of *kuṇḍalinī.*

Even *khecarī mudrā* has different meanings and techniques. There are four kinds of *khecarī,* one of which is described in the text of HP. The second kind is the one described by *kṣemarāja* in *śiva-sūtra-vimarśinī* under *sūtra* 5 of the second section. It is described as follows:

"A *yogī* should sit erect in *padmāsana* and fix his mind on the navel and should lead the mind upto *kha-trayas* or the three *śaktis* situated in the space in the head. Holding the mind in that state, he should move it forward with the above triad."

The third kind of *khecarī* described in *viveka-mārtaṇḍa* is to turn the tongue back inside the nasopharangeal cavity and direct the gaze in between the eye-brows.

The fourth and the highest form of *khecarī* is the state in which the *yogī* remains in *śiva*-consciousness all the while.

Commentaries of the HP:

The following commentaries on HP have been written:

1) *haṭhapradīpikā ṭīkā* by *rāmānanda tīrtha.*
2) *haṭhapradīpikā ṭippaṇa* by *umāpati.*
3) *haṭhapradīpikā* commentary by *mahādeva.*
4) *haṭhapradīpikā* commentary in Hindī by *vrajabhūṣaṇa.*
5) *haṭhapradīpikā* commentary in Hindī by *lacchirāma.*
6) *haṭhapradīpikā vṛtti* (in Marāṭhī) by *bhojātmaja.*
7) *haṭhapradīpikā vyākhyā jyotsnā* by *brahmānanda.*
8) *yogaprakāśikā* -- a commentary by *bālakṛṣṇa* on *haṭhapradīpikā.*

Out of these 1, 2, 3 and 4 are mentioned in the literature but are not available. The well-known commentary on HP is '*jyotsnā*' by *brahmānanda* which is published by the Theosophical Publishing House, Madras. *haṭhapradīpikā-vṛtti* (in Marāṭhī) by *bhojātmaja* has been published by the Lonavla Yoga Institute (India) in 2000. We have included the commentary '*yogaprakāśikā*' by *bālakṛṣṇa* in original in the present volume without translation or transliteration. The original verses of HP have been also omitted from the commentary to avoid duplication.

yogaprakāśikā:

About the Commentator:

In the colophon of the first chapter the Commentator *bālakṛṣṇa* states that he is the son of *vaiṅkaṭayajvā.* The name yajvā comes from the Karṇāṭaka region. In another colophon he mentions himself as *dākṣiṇātya*, meaning belonging to the southern region. He seems to be acquainted with Mahārāṣṭra-bhāṣā, which we can gather from his statement that '*paṭola*' is called '*parvar*' in Mahārāṣṭra-bhāṣā. He seems to have shifted to Rājasthāna during the period of Mānasiṃha. During his reign Mānasiṃha gave patronage to many scholars and *yogīs* of Nātha-saṃpradāya. *bālakṛṣṇa* also seems to have received such a patronage as can be seen from his statement—"--- *mānasiṃha-prasādataḥ yogaśāstreṣu gāmbhīrye labdhavān gatimuttamām*". Although *bālakṛṣṇa* nowhere mentions the name of his *guru*, it can be assumed that his guru must have been some one from the Nātha-saṃpradāya, whose centers were widely spread in Rājasthāna then. He considers gorakṣa as a great authority and frequently quotes SSP, VM and GS. He talks about *ṣaḍaṅga-yoga* on the same line as of *gorakṣa.* At one place, he quotes the verse from GS which is not available in the extant text of GS. However, it is found in GP (1: 6). He seems to be well-versed with Pāṇini Grammar.

Special features of the commentary:

The commentator states that *haṭhayoga, rājayoga* and *avadhūtayoga* are three synonymous terms. Although *haṭhayoga* and *rājayoga* both are *avadhūtayoga,* wherever in HP, the term *haṭhayoga* is used, it refers to means while the term *rājayoga* refers to the goal.

The name of *svātmārāma* has been referred to by the commentator as *rāmanātha,* which is unusual and not found mentioned elsewhere.

Some peculiar terms used by *bālakṛṣna* in the commentary are *jṛṃbhaka* for *sītkāra kumbhaka* and *ilā* for the *iḍā nāḍī.*

He interprets the word *yoga-nidrā* as the state generated by *nirvikalpa-samādhi.*

The terms '*valita*' and '*palita*' have been explained as 'muscles of the abdomen' and 'salivation of the mouth' respectively.

Some problems related to the HP:

For the attention and possible solutions, we present some of the problems related to the HP:

Although the text presented here contains largest number of chapters, the number of total verses, however, is lesser than the MS No. 6756, deposited in the Rājasthāna Oriental Research Institute, Jodhpur. The number of verses in this MS is 1553, distributed in six chapters, and is the largest MS available so far. The salient points of this MS are:

a) Greatest number of *āsanas* amounting to one hundred not described in any traditional text, including the present text of ten chapters.

b) Special topics not found in other texts, such as, characteristics of *guru*, characteristics of good and bad disciple, behavior as prescribed by *dharma,* references to *tāraka yoga, advaita yoga,* special elaboration on *khecarī* etc.

c) Mention of *siddhānta-muktāvalī* along with HP in the colophon.

(For the detailed discussion on this MS refer to "A Critical Note on HP, by Dr. M. L. Gharote, Jour. Oriental Institute (Barodā), 40: 3-4, pp. 243-248, 1991).

1) The problem faced is that which text should be considered original HP and how to account for the variations and what are the sources for these variations?

2) What is the relation of *siddhāntamuktāvalī* with HP?

3) Some problems arise also out of the commentary '*haṭhapradīpikā -vṛtti*' in Marāṭhī by *bhojātmaja.* The text of HP available to *bhojātmaja* seems to be different from the known text. In this text the number of verses of the fourth chapter is very less. In addition, there are some significant readings, which are different on which he has commented in his own way.

4) There is yet another question that arises from the preliminary verses of his commentary in the beginning. He says : Reputed *svātmārāma* has composed this text of HP. His advice to the disciples has already been narrated in the three sections of the previous text. Now he is narrating the fourth chapter called HP."

What are these three sections in the form of advice to his disciples? In which previous text he has narrated them? How is HP fourth chapter? We do not have any information about this. With such a statement *bhojātmaja* has created another problem about *svātmārāma's* work.

About *svātmārāma*, the author of HP:

In spite of the great popularity of HP among the yoga enthusiasts and scholars, not much information about its author *svātmārāma* is available. KKKK mentions that prior to taking *sanyāsa*, he was a householder whose name was *mīnanātha,* son of *umāśaṅkara.* From the colophon it is clear that he was from the tradition of *sahajānanda.* Who was this *sahajānanda* ? M. R. Joshi, the author of the book "Nāthasampradāya" says that this *sahajānanda* was from the lineage of *sopāna*, the younger brother of famous *jñāneśvara* of Mahārāṣṭra and gives the lineage of the teachers as follows:

sopāna* → *svayamprakāśānandanātha* → *vimalānanda* → *sadānanda* *lalitānanda* → *sahajānanda.

This *sahajānanda* wrote a commentary in *saṃskṛta* on *jñāneśvara's* treatise *amṛtānubhava.* According to M. R. Joshi *svātmārāma*, the author of HP was a grand-disciple of *sahajānanda* and the name of his *guru* was *cintāmaṇi.* (See Nātha-saṃpradāya, by M. R. Joshi, pp. 183-184, Venus Publication, Pune, 1980). This becomes also clear when we read the colophons of HP. However, this fact has not been prominently brought to the notice so far.

Plan of presentation:

The original *saṃskṛta* verse is given first followed by the translation in Roman characters. Then against the number of verses, is given the translation in English. After this follows, against the same number, critical note on the topic wherever it is found necessary. In the foot-notes are given variant readings.

The commentary '*yogaprakāśikā*' by *bālakṛṣṇa* has been given in original *saṃskṛta* for the information of the readers. It is without translation.

In the Appendix are given the verses mentioned in gss as belonging to the 10th chapter of this text and scattered in other chapters of the present text.

The important terms have been explained in the Glossary.

The index of half-verses gives at a glance all the verses of the text alphabetically arranged and with their location.

****

We are grateful to our colleague Dr. V. K. Jha for meticulously going through the complete text and making appropriate suggestions for the improvement in the text.

Dr. M. L. Gharote
Parimal Devnath

FORTHCOMING PUBLICATIONS

1) **Yukta-bhavadeva** by Bhavadeva Misra: an exhaustive compilation of Yogic practices of 17th century. Critical edition, translation, explanatory notes and exhaustive introduction (appearing shortly).

2) **Hatha-ratnavali** by Shrinivasa: critical edition with translation, explanatory notes, figures of Yogic techniques, bibliography, index and elaborate introduction.

3) **Selected Traditional Asanas and their Varieties:** fifty variations of padmasana, varieties of other traditional asanas like siddhasana, mayurasana,, kurmasana, dhanurasana, virasana etc. with the figures.

4) **Catalogue of Yogic Manuscripts**: Part II.

5) **Hatha-tatva-kaumudi** by Sundaradeva: critical edition, translation, notes, introduction and illustrations of Yogic techniques.

HAṬHAPRADĪPIKĀ

First Chapter

श्रीगणेशाय नमः
śrī-gaṇeśāya namaḥ

Tr: Salutations to *śrī gaṇeśa.*

अथ हठप्रदीपो लिख्यते /
atha haṭha-pradīpo likhyate /

Tr: Now *haṭhapradīpa* is being written.

श्री आदिनाथाय नमोऽस्तु तस्मै येनोपदिष्टा हठयोगविद्या /
विराजते प्रोन्नतराजयोगमारोढुमिच्छोरधिरोहिणीव // 1 //
śrī ādināthāya namo'stu tasmai
yenopadiṣṭā haṭha-yoga-vidyā /
virājate pronnata-rāja-yogam-
ārodhum-icchor-adhirohiṇīva // 1 //

Tr: I bow down to *śrī ādinātha* who propagated the wisdom of *haṭhayoga*, which is regarded as a ladder to reach the highest stage of *rājayoga*. 1.

Note: Although the author mentions here that he is writing *haṭha-pradīpa*, in rest of the text in the colophons, he refers to *haṭha-pradīpikā* as the name of the text. All the printed editions of this text bear the title *haṭha-yoga-pradīpikā,* but in no MSS, the title *haṭha-yoga-pradīpikā* is found. We invariably find the name *haṭha-pradīpikā.* Exceptionally this has been called *haṭha-pradīpa* by the author. 1.

प्रणम्य श्रीगुरुं नाथं स्वात्मारामेण योगिना /
केवलं राजयोगाय हठविद्योपदिश्यते // 2 //
praṇamya śrīguruṃ nāthaṃ svātmārāmeṇa yoginā /
kevalaṃ rāja-yogāya haṭhavidyopadiśyate // 2 //

Tr: After expressing deep regards to *śrī guru nātha*, *svātmārāma* explains *haṭhayoga* only as a means to achieve *rājayoga*. 2.

भ्रान्त्या बहुमतध्वान्ते राजयोगमजानताम् /
हठप्रदीपिकां धत्ते स्वात्मारामः क्षमाकरः // 3 //
bhrāntyā bahumata-dhvānte rājayogamajānatām /
haṭhapradīpikāṃ dhatte svātmārāmaḥ kṣamākaraḥ // 3 //

Tr: For those who are deluded by the multiplicity of views and are ignorant of *rājayoga*, *svātmārāma*, compassionately puts forth the (lesson of) *haṭhapradīpikā*. 3.

Note: There is a general misunderstanding that *haṭha-yoga* is physical *yoga* of a lower category, while *rāja-yoga* is higher. *svātmārāma* seems to be the first person to remove the confusion about the terms *haṭha-yoga* and *rāja-yoga* and clearly explained the relationship between the two also in the text further. 3.

हठविद्यां हि मत्स्येन्द्रगोरक्षाद्या विजानते /
स्वात्मारामोऽथवा[1] योगी जानीते तत्प्रसादतः // 4 //
haṭha-vidyāṃ hi matsyendra-gorakṣādyā vijānate /
svātmārāmo'thavā yogī jānīte tatprasādataḥ // 4 //

---

1. b- वा.

Tr: The wisdom of *haṭha* is known to *matsyendra, gorakṣa* and others and the *yogī svātmārāma* knows it by their grace. 4.

आदिनाथादि[1]मत्स्येन्द्रशारदा[2]नन्दभैरवाः ।
चौरंगीमीनगोरक्षविरूपाक्षबिलेशयाः ॥ 5 ॥
मन्थानभैरवो योगी सिद्धबुद्धिश्च कन्थडीः[3] ।
कौरण्टकः सुरानन्दः सिद्धपादश्च चर्पटिः ॥ 6 ॥
कानेरी पूर्वपादश्च नित्यनाथो निरञ्जनः ।
कपाली बिन्दुनाथश्च काकचण्डीश्वरादयः ॥ 7 ॥
अल्लमा प्रभुदेवश्च घोराचोली च टिण्टिणिः ।
वासुकीर्नागबोधश्च खण्ड[4]कापालिकस्तथा ॥ 8 ॥
इत्यादयो महासिद्धा हठयोगप्रभावतः ।
खण्डयित्वा कालदण्डं ब्रह्माण्डे तु चरन्ति ते ॥ 9 ॥

ādināthādi-matsyendra-śāradānanda-bhairavāḥ /
caurangī-mīnagorakṣa-virūpākṣa-bileśayāḥ // 5 //
manthānabhairavo yogī siddhhabudhiśca kanthaḍīḥ /
kauraṇṭakaḥ surānandaḥ siddhapādaśca carpaṭiḥ // 6 //
kānerī pūrvapādaśca nityanātho nirañjanaḥ /
kapālī bindunāthaśca kākacaṇḍīśvarādayaḥ // 7 //
allamā prabhudevaśca ghorācolī ca ṭinṭiṇiḥ /
vāsukīr-nāgabodhaśca khaṇḍakāpālikas-tathā // 8 //
ityādayo mahāsiddhā haṭhayogaprabhāvataḥ /
khaṇḍayitvā kāladaṇḍaṃ brahmāṇḍe tu caranti te // 9 //

Tr. ādinātha, matsyendra, śārada, ānandabhairava, caurangī, mīna, gorakṣa, virūpākṣa, bileśaya, manthāna-bhairava, siddha-buddhi, kanthaḍī, kauraṇṭaka, surānanda, siddha-pāda, carpaṭī, kānerī, pūrvapāda, nityanātha, nirañjana, kapālī, bindunātha,

---

1. b- श्रीआदिनाथ . 2. b- सारदा . 3.b- कन्थडी . 4.a- कण्डी .

kākacaṇḍīśvara, allamā-prabhudeva, ghorācolī, ṭiṇṭiṇi, vāsukī, nāgabodha, khaṇḍa, kāpālika etc. are the *mahāsiddhas*, who by the power of ***haṭhayoga***, defied the whip of death and move freely in the universe. 5-9.

A note on *mahā-siddhas*:-

Most of the *siddhas* referred to here are the famous *rasa-siddhas* (alchemists). They were experts in the use of chemical drugs, especially those prepared from mercury, which makes possible the renovation of the body conducive to liberation within the span of life. There is a science called *raseśvara-darśana* based on the idea of rendering the human body deathless and also the spiritual liberation of man by his nomadic transformation by varied psycho-chemical processes. It is believed that the preservation of the body could be achieved by the use of medicaments.

1. ādinātha-- A synonym for *śiva*, who is regarded as the propounder of many *śāstras* including *yoga*. Many traditional treatises and spiritual discourses are in the form of dialogues between *śiva* and *pārvatī*, his consort. The famous MYS describing *haṭha-yoga* is attributed to *ādinātha*. From him the *nātha-saṃpradāya* was originated according to the followers of *nātha-saṃpradāya*.

2. matsyendra— He is regarded as the disciple of *ādinātha*. He probably flourished in 5th or 6th century A.D. and lived for 400 hundred years or so in the physical body and taught *yoga* to *gorakṣa-nātha* in the 10th century A.D. Many legends associated with the life of *matsyendra-nātha* are recorded in different texts and are preserved in ancient traditions. *matsyendra saṃhitā* ascribed to *matsyendra-nātha* unambiguously states that *matsyendra-nātha* was a fisherman who lived on an island surrounded by the sea and river and that he often used to go on fishing expedition. He was devoured by a big fish who took him to the island where Lord *śiva* and *pārvatī* were engaged in conversation. Abhinava Gupta mentions him to be the originator of *kaula* tradition preceding him by 18 generations and he himself was initiated into *kaula* mode of spiritual discipline by *śambhu-nātha.* Assam was a centre of exchange of spiritually inclined persons in ancient times and people from all parts of the country visited Assam to learn the mode of spiritual discipline. The following works are ascribed to *matsyendra-nātha* :-

1. *kaula-jñāna-nirṇaya,*
2. *akula-vīra-tantra,*
3. *kulārṇava-tantra,*
4. *jñāna-kārikā,*
5. *kāmākhyā-guhya-siddhi,*
6. *matsyendra-saṃhitā*

Of these *matsyendra-saṃhitā* is the most voluminous *tāntrika* work. It is in *sanskṛta* and contains 52 *paṭalas* (chapters) dealing with a variety of subjects concerning spiritual discipline according to the *kaulas.* Only the Part-I containing 20 *paṭalas* has been edited by Devabrata Sensharma and published by the Asiatic Society of Calcutta in 1994.

In *śābara tantra* he is described as one of the 12 *kāpālika gurus* renowned for *yoga.* In the lists of the *siddhas* of Tibetan Lamaism *matsyendra-nātha* is accorded the first place.

3. *śārada*-- In many copies we get the name *śābara* instead of *śārada. śārada* is described as *rasācārya* in the RRS (VI: 53) with the list of 27 other *rasācāryas.*

4. *ānanda-bhairava*—A *rasa-siddha* mentioned in RRS (XVI: 7-10). There are drugs called *'ānanda-bhairavī vaṭī'* and *'ānanda-bhairava rasa'* ascribed to him mentioned in RRS.

5. cauraṅgī-- A disciple of *matsyendra-nātha*. He was thrown away by his step mother after cutting his legs and arms. *matsyendra-nātha* met him on the *saptaśṛṅgī* mountain and he initiated *cauraṅgī* as a result of which he regained his extremities. On his name is available a work called '*prāṇa-saṅkalī*' in Hindi language. It is possible that some one from his tradition collected *cauraṅgī's* thoughts and gave the form of the text. There is an influence of SSP in the second and third chapter of the text. There is a "*caturaṅgī-vākyaṃ*" on his name which is included in the NP deposited in RORI, Jodhpur, vide MS no. 16780.

6. mīna-- There is no agreement about who *mīna-nātha* was. According to Nepalese legend he was younger brother of *matsyendra*. In *nava-nātha-bhakti-sāra* and *yogī-saṃpradāyāviṣkṛti* he was the son of *matsyendra*. He was a disciple of *matsyendra-nātha*. In some traditions and texts *mīna-nātha* is considered as the same as *matsyendra-nātha*. But since *mīna* is separately mentioned here, it seems that he is different from *matsyendra*. On the name of *mīna-nātha* the two works available are *yoga-viṣaya* and *yoga-saṅgraha*.

7. gorakṣa-nātha-- He was a leading exponent of *nātha pantha*, also known as *kānphāṭās*. There is a mass of literature associated with his name, in Sanskṛta, Prākṛta, Marāṭhī, Hindī, Panjābī, Beṅgalī, Urdu and other vernaculars in India. He was a *yogī* par excellence, famous religious leader and reformer who caught the fancy of people all over India. There is a cluster of legends about him. Tenth century has been considered the date of *gorakṣa-nātha*. Dr. Hajārīprasād Dvivedī has given a long list of works attributed to *gorakṣa* in his book 'Nātha-sampradāya' most of these dealing with *yoga* as a subject matter. SSP and GS are important texts of *gorakṣa-nātha*.

He was a powerful organizer and established *maṭhas* all over India. He is said to have deputed his disciple *ratan-nātha* in Afghanistan where he established a center.

8. *virūpākṣa*—On the name of *virūpākṣa* three works are available. They are *aṣṭa-siddhi-vivaraṇaṃ, amṛta-siddhi-yoga* and *virūpākṣa-pañcāśikā.*

9. *bileśaya*-- Information about him is not available.

10. *manthāna-bhairava*—One of the *rasācāryas* mentioned in the RRS (I: 5-9, XII: 76-78, XVIII: 172). The drug *manthāna-bhairava-rasa* is ascribed to him in the RRS (XII: 72-74).

11. *siddha-buddhi*—Also described as *siddha-buddha.* In some MSS *siddha* and *buddha* have been separately mentioned. In the RRS both *siddha* and *buddha* have been named as *rasa-siddhas* (V-144, XX-107).

12. *kanthaḍī*-- A famous *śaiva-yogī* who was a contemporary of *matsyendra* and *gorakṣa.* He was related to Cola and Cālukya dynasty. *jñāna-sāgara* was one of his disciples. His disciples were in the Bīḍa region of Mahārāṣṭra. Famous Marāṭhī poet and saint Janī Janārdana was from *kanthaḍī's* tradition. There is *kanthaḍī-bodha* on his name deposited in MMPP against No. 1069-70/559-60.

13. *kaurantaka*—He is variously referred to as *paurantaka, karaṇḍaka, kurantaka* in other MSS. There is a text called *kapāla-kurantaka haṭhābhyāsa-paddhati* (KKHP), which describes different *haṭha-yogic* practices, especially 112 *āsanas.* Probably this work may be attributed to him.

14. *surānanda*—One of the 27 *rasa-siddhas* mentioned in the RRS (I: 2-5, VI: 51-54).

15. siddha-pāda—Also called *siddha-nātha*. He is described as a *rasācārya* in the RRS (XVII: 120).

16. carpaṭi—One of the *rasa-siddhas* mentioned in the RRS (VI: 49-53). *śrīnivāsa* of HR mentions *carpaṭi's* views on *jala-basti*. He was a contemporary of *gorakṣa*. King Sāhilla Varmā of Cambala kingdom was his disciple.

17. kāneri-- He was a disciple of *nāgārjuna*. He was residing at Nevāsā in Mahārāṣṭra which was then the main centre of *raseśvara* tradition. Here, there was a temple of Kānerīśvara near the temple of Siddheśvara and Raseśānī. This temple was the tomb of *kānerī*. From the inscription on this temple, it is clear that during the period from about 1078 to 1138 A.D. *kānerī* was residing there and he took *samādhi* there itself around the year 1138 A.D. He was from the tradition of *ādinātha*.

18. pūrvapāda—In some MSS he is referred to as *pūjya-pāda*. On his name some medical and *yoga* treatises are found such as *ratnākarādi auṣadha-yoga-saṃgraha, vaidyaka-grantha, siddhānta-bhāṣya, nidāna-muktāvalī* and *samādhi-śataka*.

19. nityanātha—One of the *rasa-siddhas* mentioned in the PS. He is the author of *rasa-ratnākara*. According to P. C. Roy, he belongs to about 1300 A.D. He calls himself as *pārvatī-putra*. There is also a SSP available on his name as mentioned in the colophons of the treatise. However, there is only a chapter on *piṇḍa-vicāra* available, which is nothing but the reproduction of the second chapter of *gorakṣa's* SSP. There is also *siddhi-khaṇḍa* available on his name.

20. nirañjana—Mentioned as a *rasa-siddha* in the PS.

21. kapāli—A *rasa-siddha* mentioned in RRS (I-2).

<u>22. bindu-nātha</u>—A *rasa-siddha*, probably the author of *rasa-paddhati.*

<u>23. kāka-caṇḍīśvara</u>—was a *rasa-siddha* mentioned in the RRS (I: 6). There is a published work named *kāka-caṇḍīśvara-kalpatantra.* It describes several *kalpas.* There is another MS called *kāka-caṇḍeśvarīmatam* deposited in the Nepal library.

<u>24. allamā-prabhudeva</u>—He was a contemporary and a colleague of *gorakṣa.* He had some disagreement with *gorakṣa* and he propounded the Liṅgāyata cult in about 1150 A.D. His colleague *revaṇa-siddha* was related to *nātha-sampradāya* and a text of *rasa-ratnākara* was attributed to his name. *rasa-ratnākara* is also on the name of *nitya-nātha.* Whether *revana-siddha* is *nitya-nātha* is not clear.

<u>25. ghorācolī</u>—He is also referred to as *ghoḍācoli, ghoḍāculī, colika* or *coli.* He was alive in 1266 A.D. and was staying on Kiṣkindhā mountain in Karṇāṭaka. He was a contemporary of *gorakṣa.* He was more inclined towards *tantra* than *yoga.* *ghoḍācolī vākyam*, a small treatise is included in the NP. There is a drug called *aśva-kañcuki* attributed to him. He is mentioned as a *rasa-siddha* in PS.

<u>26. tiṇṭiṇi</u>—A *rasa-siddha* mentioned in the PS. In other copies we get the name *ciñcini.* There is a text called *ciñcini-mata-sāra-samuccaya* deposited in Nepal library.

<u>27. vāsukī</u>—Instead of this name, we get in other MSS the names *bhānuki* or *bhāluki.* In RRS (II: 143), *bhāluki* is mentioned as a *rasācārya.*

<u>28. nāgabodha</u>—Also called *nāgabodhi* or *nāgabuddhi,* an eminent *rasācārya* mentioned in the RRS (I: 2-5, VI: 49-53, XV: 58-65).

<u>*29. khaṇḍa*</u>—One of the *rasa-siddhas* mentioned in the list of 27 *rasācāryas* in RRS (I: 2-5).

<u>*30. kāpālika*</u>—Mentioned as a *rasācārya* in the list of 27 *ācāryas* in the RRS (VI: 52). 5-9.

संसारतापतप्तानां समाश्रयमठो हठः[1] /
अशेषयोगजगतामाधारः कमठो हठः[2] // **10** //
saṃsāra-tāpataptānāṃ samāśrayamaṭho haṭhaḥ /
aśeṣayogajagatām-ādhāraḥ kamaṭho haṭhaḥ // 10 //

Tr. *haṭha* offers a refuse to those who are afflicted by the sufferings of life. *haṭha* lends the support for all the various branches of *yoga* like the support of the tortoise to the earth. 10.

Note: Here the analogy of the support of the tortoise is given to *haṭha-yoga*, which forms the base for all the *yogas*. There is a mythological story about the churning of the ocean by the *devas* (gods) and the *asuras* (demons) using *meru* mountain as the churning rod, which was rested on the back of the tortoise, who was supposed to be an incarnation of Lord *viṣṇu*. 10.

हठविद्या परा गोप्या योगिना सिद्धिमिच्छता /
भवेद्वीर्यवती गुप्ता निर्वीर्या[3] तु प्रकाशिता // **11** //
haṭhavidyā parā gopyā yoginā siddhimicchatā /
bhaved vīryavatī guptā nirvīryā tu prakāśitā // 11 //

Tr. The science of *haṭha* should be kept secret by the practitioner, who wishes to achieve success. When kept secret, it becomes effective, but becomes ineffective when revealed. 11.

---

1. a-आश्रयोऽयं घटो मतः. 2.a- जोगेश्वशेषजगतामात्सरः कमठो यथा. 3.a-निर्लीजा.

उक्तानि साधनानीह योगिनां यानि योगिभिः /
मुख्यं शरीरं तत्रादौ तज्ज्ञानं योगिनां मतम् // **12** //

uktāni sādhanānīha yoginām yāni yogibhiḥ /
mukhyaṃ śarīraṃ tatrādau tajjñānaṃ yogināṃ matam //12 //

Tr. The means of *yoga* for the *yogīs* are being noted here. According to the *yogis*, the human body stands out as the foremost of all the instruments. 12.

वपुरुत्पद्यते लोके वपुरेव प्रलुप्यते /
न कैश्चिज्ज्ञायते ह्यात्मा विरजो हि परो ध्रुवः // **13** //

vapurutpadyate loke vapureva pralupyate /
na kaiścij-jñāyate hyātmā virajo hi paro dhruvaḥ // 13 //

Tr. It is the human body that takes birth and gets dissolved. Nobody knows the *ātman*, which is eternal and pure . 13.

आत्माकाशमयस्तावद् वायुः प्राणमयो भवेत् /
तेजोमयस्त्वहंकारस्तथा जलमयं मनः // **14** //

ātmākāśamayastāvad vāyuḥ prāṇamayo bhavet /
tejomayastvahaṃkārastathā jalamayaṃ manaḥ // 14 //

Tr. *ātman* is of the form of *ākāśa*, while *vāyu* is of the form of *prāṇa, ahaṅkāra* is made up of *tejas* and the *manas* (is made up) of *jala*. 14.

पृथ्वीमयं शरीरं च तन्मयानीन्द्रियाणि च /
तथेन्द्रियमयो लोके व्यापारः कर्म तन्मयम् // **15** //

pṛthvīmayaṃ śarīraṃ ca tanmayānīndriyāṇi ca /
tathendriyamayo loke vyāpāraḥ karma tanmayam // 15 //

Tr. Human body and also the sense organs are constituted of *pṛthvī*. All the worldly activities are carried out through the sense organs. 15.

तत्कर्म कविभिः प्रोक्तं पुण्यपापमिति द्विधा /
पुण्यपापमयो बन्धो देहिनां दुरतिक्रमः // **16** //
tatkarma kavibhiḥ proktaṃ puṇyapāpamiti dvidhā /
puṇyapāpamayo bandho dehināṃ duratikramaḥ **// 16 //**

Tr. *karma* (action) is of two kinds—virtuous and sinful. A human being inevitably faces the bondage caused by virtuous and sinful actions. 16.

कर्मबन्धमयी सृष्टिः संस्कारश्चैव तन्मयः /
सम्भूतिं च विनाशं च यो जानाति स योगवित् // **17** //[1]
karmabandhamayī sṛṣṭiḥ saṃskāraścaiva tanmayaḥ /
saṃbhūtiṃ ca vināśaṃ ca yo jānāti sa yogavit **// 17 //**

Tr. The creation is of the nature of bondage caused by *karma*. The *saṃskāras* (impressions) again are of the nature of *karma*. A true *yogī* is the one, who knows the course of evolution and involution. 17.

सर्वेषामादिराकाशो निश्चलशब्दलक्षणः /
जायते वायुराकाशाच्चञ्चलः स्पर्शलक्षणः // **18** //
sarveṣāmādirākāśo niścalaśabdalakṣaṇaḥ /
jāyate vāyurākāśāccañcalaḥ sparśalakṣaṇaḥ **// 18 //**

Tr. *ākāśa* (ether) is the foremost of the immutable evolutes,

---

1. b- The folio containing verses from 12 to 17 missing.

characterised by *śabda. vāyu*, which is emanated from *ākāśa*, is fickle and has the quality of touch. 18.

नभःसमीरणाभ्यां स्यात्तत्तेजो रूपलक्षणम् /
खवाताग्नित्रयादापः सम्भूता रसलक्षणाः // **19** //
nabhaḥsamīraṇābhyāṃ syāttattejo rūpalakṣaṇam /
khavātāgnitrayādāpaḥ sambhūtā rasalakṣaṇāḥ // 19 //

Tr. *tejas*, which is the evolute of both *ākāśa* and *vāyu*, is qualified by form. *āpa* (water), which is originated from *ākāśa, vāyu* and *agni*, is characterized by taste. 19.

नभोवाताग्निवारिभ्यो मेदिनी गन्धलक्षणा /
आधारः सर्वभूतानां प्रोक्ता विश्वम्भरेण तु[1] // **20** //
nabhovātāgnivāribhyo medinī gandhalakṣaṇā /
ādhāraḥ sarvabhūtānāṃ proktā viśvambhareṇa tu // 20 //

Tr. *pṛthvī*, which has been evolved from *ākāśa, vāyu, agni* and *vāri*, has the quality of smell. This is the support of all the creatures, as said by *viśvambhara*. 20.

Note: MD (182: 14) describes the evolutionary process of the elements differently: *ākāśa* (ether) → *vāri* (water), → *agni* (fire) and *māruta* (air) and from both *agni* (fire) and *māruta* (air) → *mahī* (earth) is evolved. 18-20.

पञ्चानामेव भूतानामेकैकस्य[2] निजाः[3] गुणाः /
अत्रैकद्वित्रिचतुरो दृश्यन्ते योनिजा गुणाः // **21** //
pañcānāmeva bhūtānāmekaikasya nijāḥ guṇāḥ /
atraikadvitricaturo dṛśyante yonijā guṇāḥ // 21 //

1.a-विश्वम्भरा ततः. 2.b-मेकैकस्तु. 3.a-निजो.

Tr. Each one of these five elements has special individual qualities, while originating qualities can be seen as one, two, three and four (in number) respectively. 21.

मारुतो योनिराकाशो वह्नेरेतद् द्वयं भवेत् /
एतत् त्रयमपां प्रोक्तं[1] क्षितेरेतच्चतुष्टयम्[2] // 22 //
māruto yonirākāśo vahneretad dvayaṃ bhavet /
etat trayamapāṃ proktaṃ kṣiteretac-catuṣṭayam // 22 //

Tr. *ākāśa* is the originating source of *māruta; ākāśa* and *māruta* are the originating sources of *vahni; ākāśa, māruta* and *vahni* are the originating sources of *āpa* (*jala*); while *ākāśa, māruta, vahni* and *āpa* (*jala*) these four are the originating source of *kṣiti* (*pṛthvī*). 22.

एक एव गुणो व्योम्नो द्विगुणो वायुरुच्यते /
तथैव त्रिगुणं तेजो भवन्त्या[3]पश्चतुर्गुणाः // 23 //
एतत्पञ्चगुणा पृथ्वी ब्रह्मणाधिष्ठिता पुरा /
शब्दस्पर्शश्च रूपञ्च[4] रसो गन्धश्च पञ्चमः // 24 //
eka eva guṇo vyomno dviguṇo vāyurucyate /
tathaiva triguṇaṃ tejo bhavantyāpaścaturguṇāḥ // 23 //
etat pañcaguṇā pṛthvī brahmaṇādhiṣṭhitā purā /
śabdasparśaśca rūpañca raso gandhaśca pañcamaḥ // 24 //

Tr. Thus, *ākāśa* has only one quality, *vāyu* has two, *agni* has three, *āpa (jala)* has four, and *pṛthvī* has five. This has been invariably arranged by *brahmā. śabda* (sound), *sparśa* (touch), *rūpa* (form), *rasa* (taste) and *gandha* (smell) are the five qualities. 23-24.

1.a- प्रोक्तः. 2.a-क्षितेरेते. 3.a-भवत्य. 4.a-रूपश्च.

पृथ्वी शीर्णा जले मग्ना जलं प्रस्तं महोऽग्निना[1] /
वायुनालिंगितं तेजो व्योम्नि वातः लयं गतः // **25** //

pṛthvī śīrṇā jale magnā jalaṃ prastaṃ maho'gninā /
vāyunāliṅgitaṃ tejo vyomni vātaḥ layaṃ gataḥ // 25 //

Tr. In the process of involution, ***pṛthvī*** merges in ***jala tatva, jala*** in ***agni tatva, tejas*** in ***vāyu tatva*** and ***vāyu*** in ***ākāśa tatva***. 25.

क्षितौ ब्रह्मा जले विष्णुस्तथा रुद्रो हुताशने /
ईश्वरः पवनो[2] देवो ह्याकाशस्य सदाशिवः //**26** //

kṣitau brahmā jale viṣṇustathā rudro hutāśane /
īśvaraḥ pavano devo hyākāśasya sadāśivaḥ // 26 //

Tr. The deity presiding over ***pṛthvī tatva*** is ***brahmā, viṣṇu*** presides over ***jala tatva, rudra*** over ***agni tatva*** and ***īśvara*** over the ***pavana. sadāśiva,*** who is ever auspicious, presides over ***ākāśa***,. 26.

तावदाकाशसंकल्पो यावच्छब्दः प्रवर्त्तते /
निःशब्दं तत्परं ब्रह्म परमात्मेति गीयते // **27** //

tāvadākāśa-saṅkalpo yāvacchabdaḥ pravartate /
niḥśabdaṃ tatparaṃ brahma paramātmeti gīyate // 27 //

Tr. The idea of ***ākāśa*** can be identified so long as ***śabda*** exists. ***brahmā*** is beyond the realm of ***śabda***, who is also known as ***paramātman***. 27.

आकाशात्सर्वमुत्पन्नं जगदेतच्चराचरम् /
लीयते पुनराकाशे तस्मादाकाशमाश्रयेत् // **28** //

1.b- ग्रस्तं महाग्निना. 2.b-पवने.

ākāśāt sarvamutpannaṃ jagadetaccarācaraṃ /
līyate punarākāśe tasmādākāśamāśrayet // 28 //

Tr. The entire movable and immovable universe is produced from *ākāśa* and it merges again into *ākāśa*. Therefore, one should have recourse to *ākāśa*. 28.

हृदि कामाः समुत्पन्ना ये जीवे न प्रकल्पिताः /
पुनस्तथैव बध्यन्ते विज्ञानं तस्य भेषजम् // **29** //
hṛdi kāmāḥ samutpannā ye jīve na prakalpitāḥ /
punstathaiva badhyante vijñānaṃ tasya bheṣajam // 29 //

Tr. Desires are born in the heart. They are not found in the *jīva* (the embodied soul). They (desires) cause bondage, for which wisdom is the only remedy. 29.

भिद्यन्ते हृदयग्रन्थिश्छिद्यन्ते सर्वसंशयाः /
क्षीयन्ते तस्य कर्माणि तस्मिन् दृष्टे परावरे // **30** //
bhidyante hṛdayagranthiśchidyante sarvasaṃśayāḥ /
kṣīyante tasya karmāṇi tasmin dṛṣṭe parāvare // 30 //

Tr. When one becomes enlightened, *karmas* are diminished, all the knots of the heart are removed and all the doubts are cleared. 30.

Note. This is a famous verse taken from MUp (II: 2-8). 30.

अभिमानस्त्वहंकारो ह्यभिलाषोऽभिमानिता /
मोहादयो विलीयन्ते कामा ये च हृदि स्थिताः[1] // **31** //

1.b- श्रिता.

abhimānastvahaṃkāro hyabhilāṣo'bhimānitā /
mohādayo vilīyante kāmā ye ca hṛdi sthitāḥ // 31 //

Tr. (Also) the pride, ego, cravings, boastings, attachment and longings seated in the heart, are dissolved. 31.

यदा सर्वे विलीयन्ते तदा मोक्षमवाप्नुयात् /
अथामृत्योर्मृताभावे तत्रेति कृतनिश्चयः[1] // **32** //
yadā sarve vilīyante tadā mokṣamavāpnuyāt /
athāmṛtyor mṛtābhāve tatreti kṛtaniścayaḥ // 32 //

Tr. On dissolution of all (the desires), *mokṣa* is achieved. Thus a mortal, who is firm in his mind, certainly becomes immortal. 32.

ज्ञानोदयाद्विलीयन्ते कामा ये च हृदि स्थिताः /
अभावे सर्वकामानां स्वयं तत्वं प्रकाशते // **33** //
jñānodayād vilīyante kāmā ye ca hṛdi sthitāḥ /
abhāve sarvakāmānāṃ svayaṃ tatvaṃ prakāśate // 33 //

Tr. When the wisdom sets in, the desires embedded in the heart disappear. In the absence of all the desires, the Truth gets revealed of it's own. 33.

यच्च योगार्जितं[2] ज्ञानं तस्मिंस्तत्वं प्रकाशते /
स षडंगयुतो योगो यतो विज्ञानसम्भवः // **34** //
yacca yogārjitaṃ jñānaṃ tasminstatvaṃ prakāśate /
sa ṣaḍaṅgayuto yogo yato vijñānasaṃbhavaḥ // 34 //

1.b-अनुपलब्धपंक्ति. 2.a-योगार्त्तितं. b-योगार्चितं.

Tr. Through the knowledge acquired by the practice of *yoga*, the Truth is revealed. *yoga* is comprised of six members, which help to acquire wisdom. 34.

आसनं प्राणसंरोधः प्रत्याहारश्च धारणा /
ध्यानं समाधिरेतानि योगांगानि भवन्ति षट् // **35** //
āsanaṃ prāṇasaṃrodhaḥ pratyāhāraśca dhāraṇā /
dhyānaṃ samādhiretāni yogāṅgāni bhavanti ṣaṭ // 35 //

Tr. The set of six members of *yoga* is-- *āsana* (posture), *prāṇa-saṃrodha* (control of breath), *pratyāhāra* (withdrawal of senses), *dhāraṇā* (concentration), *dhyāna* (meditation) and *samādhi* (contemplation). 35.

Note. This verse seems to have been taken from GS. 35.

प्राणायामद्विषट्केन प्रत्याहारः प्रकीर्त्तितः /
प्रत्याहारद्विषट्केन जायते धारणा शुभा // **36** //
prāṇāyāma-dviṣaṭkena pratyāhāraḥ prakīrtitaḥ /
pratyāhāra-dviṣaṭkena jāyate dhāraṇā śubhā // 36 //

Tr. Twelve *prāṇāyāmas* make one *pratyāhāra*. Twelve *pratyāhāras* make one *dhāraṇā*. 36.

धारणाद्वादशप्रोक्तं ध्यानं ध्यानविशारदैः /
ध्यानद्वादशकेनैव समाधिरभिधीयते // **37** //
dhāraṇā-dvādaśa-proktaṃ dhyānaṃ dhyānaviśāradaiḥ /
dhyāna-dvādaśakenaiva samādhirabhidhīyate // 37 //

Tr. According to the experts, twelve *dhāraṇās* make one *dhyāna*, and twelve *dhyānas* make one *samādhi*,. 37.

यत्समाधिपरं ज्योतिरनन्तं विश्वतो मुखम् /
तस्मिन् दृष्टे क्रियाकर्म यातायातं[1] न विद्यते // **38** //
yatsamādhi-paraṃ jyotiranantaṃ viśvato mukham /
tasmin dṛṣṭe kriyākarma yātāyātaṃ na vidyate // 38 //

Tr. The ultimate *jyoti* (light) experienced in *samādhi* is eternal and universal, after experiencing of which, one transcends *karma* and does not take birth again. 38.

आसनेन रुजं हन्ति प्राणायामेन पातकम् /
प्रत्याहारेण योगीन्द्रो विकारं हन्ति मानसम् // **39** //
āsanena rujaṃ hanti prāṇāyāmena pātakam /
pratyāhāreṇa yogīndro vikāraṃ hanti mānasam // 39 //

Tr. *āsanas* cure the diseases, *prāṇāyāma* removes the sins and by practice of *pratyāhāra*, the *yogī* puts an end to the mental ills. 39.

Note. Compare GS 54. 39.

धारणायां मनोधैर्यं ध्यानादैश्वर्यमद्भुतम् /
समाधिना भवेन्मोक्षस्त्यक्त्वा कर्म शुभाशुभम् // **40** //
dhāraṇāyāṃ manodhairyaṃ dhyānād-aiśvaryamadbhutam /
samādhinā bhaven-mokṣas-tyaktvā karma śubhāśubham /40 /

Tr. Practice of *dhāraṇā* results in mental stability, *dhyāna*

---

1. a- यातायाते.

bestows surprising accomplishments and through *samādhi,* one gets liberated, transcending both good and bad *karmas.* 40.

द्विजसेवितशाखस्य श्रुतिः[1] कल्पतरोः फलम् /
छेदनं[2] भवपाशस्य योगं भजत सत्तमाः[3] // **41** //
dvijasevita-śākhasya śrutiḥ kalpataroḥ phalam /
chedanaṃ bhava-pāśasya yogaṃ bhajata sattamāḥ // 41 //

Tr. The wise should practise *yoga* which is the fruit of *śrutis* (*vedas*) that are served by the *dvijas* and which cuts the bondage of worldly life. 41.

सुराज्ये धार्मिके देशे सुभिक्षे निरुपद्रवे /
धनुःप्रमाणपर्यन्तं[4] शिलाग्निजलवर्जिते // **42** //
एकान्ते मठिकामध्ये स्थातव्यं हठयोगिना /
युक्ताहारविहारेण हठयोगप्रसिद्धये // **43** //
surājye dhārmike deśe subhikṣe nirupadrave /
dhanuḥpramāṇa-paryantaṃ śilāgni-jalavarjite // 42 //
ekānte maṭhikāmadhye sthātavyaṃ haṭhayoginā /
yuktāhāra-vihāreṇa haṭhayoga-prasidhaye // 43 //

Tr. A *haṭhayogī,* for success in *yoga,* should settle in a peaceful righteous country, which is free from troubles and where alms are easily available. He should stay in a small cottage, where there is no rock, fire and water in the vicinity of four cubits, consuming moderate diet and restricting wanderings. 42-43.

1.b- श्रुति. 2.a-बेदनं. 3.a-भजतनुत्तमाः. 4.a-पश्यन्ति.

अल्पद्वारमरन्ध्रगर्त्तविटपं नात्युच्चनीचायतम् /
सम्यग्गोमयसान्द्रलिप्तविमलं निःशेषदोषोज्झितम्[1] /
बाह्ये मण्डपवेदिकूपरुचिरं प्राकारसंवेष्टितम् /
प्रोक्तं योगमठस्य लक्षणमिदं सिद्धैर्हठाभ्यासिभिः // **44** //

alpadvāramarandhragartaviṭapaṃ nātyuccanīcāyatam /
samyaggomaya-sāndraliptavimalaṃ niḥśeṣadoṣojjhitam //
bāhye maṇḍapa-vedikūparuciraṃ prākārasaṃveṣṭitam /
proktaṃ yogamaṭhasya lakṣaṇamidaṃ
siddhair-haṭhābhyāsibhiḥ // 44 //

Tr. An ideal cottage for *yoga* practice, according to the experts in *haṭhayoga*, should have a small entrance, without holes and pits, not too high or low, very well besmeared (treated) with a paste of cow dung, clean and free from all insects, having a canopied platform outside and a well (with pure water) and a compound wall around. 44.

एवंविधे मठे स्थित्वा सर्वचिन्ताविवर्जितः /
गुरूपदिष्टमार्गेण योगमेव सदाभ्यसेत् // **45** //

evaṃvidhe maṭhe sthitvā sarvacintā-vivarjitaḥ /
gurūpdiṣṭamārgeṇa yogameva sadābhyaset // 45 //

Tr. Settling down in such a cottage, being free from all the worries, one should undertake only *yoga* practice, according to the guidance of *guru*. 45.

अथ योगसाधकः–

उत्साहान्निश्चयाद् धैर्यात्तत्वज्ञानाच्च निश्चलात् /
जनसंगपरित्यागात् षड्भिर्योगः प्रसिध्यति // **46** //

1.a- निश्शेषशेषोज्झितम्.

श्रुतिप्रतीतिश्च गुरुप्रतीतिः स्वात्मप्रतीतिर्मनसो निरोधः[1] /
एतानि सर्वाणि समुच्चितानि मतानि[2] धीरैरिह साधनानि // **47** //

<u>*atha yogasādhakaḥ-*</u>

utsāhānniścayād dhairyāttatvajñānācca niścalāt /
janasaṅgaparityāgāt ṣaḍbhiryogaḥ prasidhyati // 46 //
śrutipratītiśca gurupratītiḥ svātma-pratītirmanaso nirodhaḥ /
etāni sarvāṇi samuccitāni matāni dhīrairiha sādhanāni // 47 //

Tr. Success in *yoga* is attained through the following six means : enthusiasm, firm resolution, patience, correct understanding, stability, shunning public contact. Knowledge of scriptures, guidance from *guru*, personal experience and control of mental activity-- are considered as valid means of success, according to the adepts. 46-47.

<u>*अथ योगबाधकः–*</u>

अत्याहार[3]प्रयासश्च प्रजल्पो नियमाग्रहः /
जनसंगश्च लौल्यं च षड्भिर्योगो विनश्यति // **48** //

<u>*atha yogabādhakaḥ-*</u>

atyāhāraprayāsaśca prajalpo niyamāgrahaḥ /
janasaṅgaśca laulyaṃ ca ṣaḍbhir-yogo vinaśyati // 48 //

Tr. The following six things will ruin the *yoga* practice:- over-eating, over-exertion, excess talking, extreme austerity, public contact and greed. 48.

वर्जयेद्दुर्जनप्रीतिं वह्निस्त्रीपथिसेवनम् /
प्रातःस्नानोपवासादिकायक्लेशादिकं तथा // **49** //

1.a-विरोधः . 2.b-प्रोक्तानि . 3.a- अल्पाहार .

varjayeddurjanaprītiṃ vahnistrī-pathisevanam /
prātaḥ-snānopavāsādi kāyakleśādikaṃ tathā // 49 //

Tr. Moreover, one should avoid association of the wicked people, fire, women, (long) walk, morning bath, skipping food and excessive physical strain. 49.

अथ योगपथ्यम्–

गोधूमशालियवषष्टिकभोजनाग्रं क्षीराज्यखण्डनवनीतसितामधूनि /
शुण्ठिपटोलफलकादिकपञ्चशाकं मुद्गादिचाल्पमुदकं च मुनीन्द्रपथ्यम्50

atha yogapathyam-
godhūma-śāliyava-ṣaṣṭika-bhojanāgraṃ
kṣīrājyakhaṇḍanavanītasitāmadhūni /
śuṇṭhi-paṭołaphalakādikapañcaśākaṃ
mudgādi-cālpamudakaṃ ca munīndra-pathyam //50 //

Tr. The wholesome food items for a *yogī* should comprise wheat, rice, barly, *ṣaṣṭika* (a special variety of rice which takes sixty days to harvest), milk, *ghee*, sugar, butter, sugar candy, honey, dry ginger, the *paṭola* (a kind of vegetable), the set of five recommended leafy vegetables, green gram and a little water. 50.

अथ पञ्चशाकाः–

क्षीरपर्णी[1] च जैवन्ती[2] मत्स्याक्षी तु पुनर्नवा /
मेघनादी च पञ्चैताः शाकनाम[3] प्रकीर्तिताः // 51 //

atha pañcaśākāḥ-
kṣīraparṇī ca jaivantī matsyākṣī tu punarnavā /
meghanādī ca pañcaitāḥ śākanāma prakīrtitāḥ // 51 //

1.b-कक्षीरपर्णी. 2.b-वैजयन्ती. 3.b- शाकासाम्याक्.

Tr. The five leafy vegetables recommended are:- *kṣīraparṇī, jaivantī, matsyākṣī, punarnavā and meghanādī.* 51.

Note. In place of *kṣīra-parṇī* and *matsyākṣī, brahmānanda* gives the variant as *vāstu-mūlyākṣī.* These leafy vegetables are considered good for the eyes according to *āyurveda.* 51.

मिष्टं सुमधुरं स्निग्धं गव्यं धातुप्रपोषकम् /
मनोऽभिलषितं योग्यं योगी भोजनमाचरेत् // **52** //
miṣṭaṃ sumadhuraṃ snigdhaṃ gavyaṃ dhātupraposakam /
mano'bhilaṣitaṃ yogyaṃ yogī bhojanamācaret // 52 //

Tr. Moreover, a *yogī* should consume food which is sweet, unctuous, light, containing milk-products, nutritious, food items of one's choice and suitable for the practice of *yoga.* 52.

अथ कुपथ्यम्–

कट्वम्लतीक्ष्णलवणोष्णहरीतशाकसौवीरतैलतिलसर्षपमत्स्यमद्यम् /
अजादिमांसदधितक्रकुलत्थकोलपिण्याकहिंगुलशुनाद्यमपथ्यमाहुः//**53**//

atha kupathyam-
kaṭvamla-tīkṣṇa-lavaṇoṣṇa-harītaśāka-
sauvīra-taila-tīla-sarṣapa-matsya-madyam /
ajādimāṃsa-dadhi-takra-kulattha-kola-
piṇyāka-hiṅgu-laśunādyam-apathyamāhuḥ // 53 //

Tr. (Tastes like) bitter, sour, pungent, salty, hot, green leafy vegetables, sour gruel, oil, mustard, sesame, fish, alcohol; meat like mutton etc., curd, butter-milk, *kulattha* (a type of lentil), berries, oil-cakes, asafoetida, garlic etc. are unsuitable for consumption. 53.

भोजनमहितं विद्यात् पुनरुष्णीकृतं प्ररूक्षम् /
अतिलवणप्रसक्तं[1] कदशनं शाकोत्कटं वर्ज्यम् // **54** //
bhojanamahitaṃ vidyāt punaruṣṇīkṛtaṃ prarukṣam /
atilavaṇaprasaktaṃ kadaśanaṃ śākotkaṭaṃ varjyam // **54** //

Tr. Food that has been heated over again, dry, excessively salty, paste of sesame, stale food and excess of vegetables-- are also unwholesome and must be eschewed. 54.

अथ दश यमाः–
अहिंसा सत्यमस्तेयं[2] ब्रह्मचर्यं क्षमा धृतिः /
दयार्जवमिताहाराः शौचं चैव[3] यमा[4] दश // **55** //
atha daśa yamāḥ-
ahiṃsā satyamasteyaṃ brahmacaryaṃ kṣamā dhṛtiḥ /
dayārjava-mitāhārāḥ śaucaṃ caiva yamā daśa // 55 //

Tr. The ten *yamas* are – non-violence, truthfulness, non-stealing, celibacy (following the path towards *brahman*), forgiveness, forbearance, kindness, simplicity, moderate diet and cleanliness. 55.

अथ मिताहारः–
सुस्निग्धमधुराहारश्च[5] चतुर्थांशविवर्जितः /
भुज्यते शिवसम्प्रीत्यै मिताहारः स उच्यते // **56** //
atha mitāhāraḥ-
susnigdha-madhurāhārāśca caturthāṃśa-vivarjitaḥ /
bhujyate śivasamprītyai mitāhāraḥ sa ucyate // 56 //

1.a- अतिलवणं पलिलं. 2.a- अस्तेयं. 3.b- च. 4.b-नियमा. 5.a-हारश्च.

Tr. Consuming sweet and unctuous food, keeping one-fourth of the stomach empty and the food consumed after offering to *śiva* with a view to please Him, is considered as *mitāhāra*. 56.

<u>*अथ दश नियमाः*</u>[1] –
तपःसन्तोषमास्तिक्यं दानमीश्वरपूजनम् /
सिद्धान्तश्रवणं चैव ह्रीर्मतिश्च तपोहुतम्[2] // **57** //
नियमा दश वै प्रोक्ता योगशास्त्रविशारदैः /
पापपांशुमहावाताः स्युरमी नियमा यमाः[3] // **58** //
<u>atha daśa niyamāḥ-</u>
tapaḥ-santoṣamāstikyaṃ dānamīśvarapūjanam /
siddhāntaśravaṇaṃ caiva hrīrmatiśca tapohutam // 57 //
niyamā daśa vai proktā yogaśāstraviśāradaiḥ /
pāpapāṃśumahāvātāḥ syuramī niyamā yamāḥ // 58 //

Tr. According to the experts of *yoga*, the ten *niyamas* are:- austerity, contentment, faith in God and scriptures, charity, worship of God, listening to the philosophical doctrines, coy, conscience, penance and sacrificial rite. These *yamas* and *niyamas* are able to remove the sins like a strong wind blowing away the dust. 57-58.

<u>*इति श्रीसहजानन्दसन्तानचिन्तामणिस्वात्माराम-*</u>
<u>*विरचितायां हठप्रदीपिकायां प्रथमोपदेशः // १ //*</u>
iti śrī-sahajānandasantāna-cintāmaṇi-svātmārāma-viracitāyāṃ haṭhapradīpikāyāṃ prathamopadeśaḥ // 1 //

Thus (ends) the first chapter of *haṭhapradīpikā*, composed by *svātmārāma*, an illustrious successor of *śrī-sahajānanda* // 1 //

1.b-अनुपलब्ध. 2.a-तपोऽद्भूतः. 3.b-दश.

HAṬHAPRADĪPIKĀ

Second Chapter

<u>*अथासनम्*</u>–

हठस्य प्रथमांगत्वादासनं पूर्वमुच्यते /
कुर्यात्तदासनं तस्मादारोग्यं चांगपाटवम् // **1** //

<u>athāsanam-</u>
haṭhasya prathamāṅgatvādāsanaṃ pūrvamucyate /
kuryāt-tadāsanaṃ tasmādārogyaṃ cāṅgapāṭavam // 1 //

Tr. The *āsanas* being first part of *haṭha-yoga* curriculum, are being discussed here. Practice of *āsanas* alleviates diseases and contributes to efficient body. 1.

Note: *āsanas* are considered as the first part of *haṭha-yoga*. The other three parts being *prāṇāyāma*, *mudrā* and *nādānusandhāna*, which are explained elsewhere. 1.

आसनानि च तावन्ति यावन्त्यो[1] जीवयोनयः /
एतेषामतुलान् भेदान् विजानाति महेश्वरः // **2** //

āsanāni ca tāvanti yāvantyo jīvayonayaḥ /
eteṣāmatulān bhedān vijānāti maheśvaraḥ // 2 //

Tr. *āsanas* are as many as the number of species (84 lacs). Their innumerable varieties are known only to *maheśvara*. 2.

चतुरशीतिलक्षाणामेकैकं समुदाहृतम् /
ततः शिवेन पीठानां षोडशोनं शतं कृतम् // **3** //

1.b-यावत्यो.

caturaśīti-lakṣāṇāmekaikaṃ samudāhṛtam /
tataḥ śivena pīṭhānāṃ ṣoḍaśonaṃ śataṃ kṛtam // 3 //

Tr. *śiva* has selected only eighty-four *āsanas* representing one from each lac, making the number eighty-four. 3.

वशिष्ठाद्यैश्च मुनिभिर्मत्स्येन्द्राद्यैश्च योगिभिः /
अंगीकृतान्यासनानि कथ्यन्ते कानिचिन्मया[1] // **4** //

vaśiṣṭhādyaiśca munibhir-matsyendrādyaiśca yogibhiḥ /
aṅgīkṛtānyāsanāni kathyante kānicinmayā // 4 //

Tr. Some of the *āsanas* accepted by the sages like *vaśiṣṭha* and *yogīs* like *matsyendra,* are being described by me. 4.

Note: Here the author suggests the two traditions of *āsanas*—one that of *munis* and the other that of *yogīs.* 4.

अथ स्वस्तिकासनम्–

जानूर्वोरन्तरे सम्यक् कृत्वा पादतले उभे /
ऋजुकायः समासीनः स्वस्तिकं तत्प्रचक्षते // **5** //

atha svastikāsanam-
jānūrvorantare samyak kṛtvā pādatale ubhe /
ṛjukāyaḥ samāsīnaḥ svastikaṃ tatpracakṣate // 5 //

Tr. Having arranged both the soles properly between the (opposite) thighs and the shanks, one sits erect. This is known as *svastikāsana.* 5.

अथ गोमुखासनम्–

सव्ये दक्षिणगुल्फं तु पृष्ठपार्श्वे नियोजयेत् /
दक्षिणेऽपि तथा सव्यं गोमुखं गोमुखाकृतिम्[2] // **6** //

1.a-कतिचिन्मया. 2.a-कृतं.

<u>*atha gomukhāsanam--*</u>
savye dakṣiṇagulphaṃ tu pṛṣṭhapārśve niyojayet /
dakṣiṇe'pi tathā savyaṃ gomukhaṃ gomukhākṛtim //6//

Tr. One places the right ankle by the side of the left hip and the left ankle by the right hip, thus imitating the shape of the head of a cow. This is *gomukhāsana*. 6.

<u>*अथ वीरासनम्–*</u>
एकं पादं तथैकस्मिन् विन्यस्योरुणि[1] संस्थितम्[2] /
इतरस्मिंस्तथा चोरुं वीरासनमुदीरितम् // 7 //
<u>*atha vīrāsanam--*</u>
ekaṃ pādaṃ tathaikasmin vinyasyoruṇi saṃsthitam /
itarasmiṃstathā coruṃ vīrāsanamudīritam // 7 //

Tr. One foot is placed on the opposite thigh and the other foot under the opposite thigh. This is *vīrāsana*. 7.

Note: This is also known as *ardhāsana* in YV (II: 46). Besides HP, this variety is described in other *yogic* texts such as SUp (II: 4), TUp (7), AhS (XXX: 39) and TVd (II: 46). The technique of *vīrāsana* differs in GhS from the one given here. In GhS variety, one foot is placed on the opposite thigh and turning the other foot backwards. Traditions differ in the use of the upper foot being placed on the opposite thigh. JUp (II: 6) prescribes left foot to be kept on the right thigh, while *brahmānanda* in his commentary *jyotsnā*, recommends right foot to be placed on the left thigh. But HP permits both these variations. Although, there is no mention about the arrangements of hands in *vīrāsana*, its being a meditative pose, the hands are comfortably placed on the knees. 7.

1.b-विन्यस्योर्गि. 2.b—सुसंस्थितं.

अथ कूर्मासनम् –

गुदं नियम्य गुल्फाभ्यां व्युत्क्रमेण समाहितः /
कूर्मासनं भवेदेतदिति योगविदो विदुः // 8 //

atha kūrmāsanam:-

gudaṃ niyamya gulphābhyāṃ vyutkramena samāhitah /
kūrmāsanaṃ bhavedetaditi yogavido viduḥ // 8 //

Tr: Having the ankles pressed well under the anus in an everted manner one remains steady. *yoga* experts call this *kūrmāsana.* 8.

Note: While describing *kūrmāsana,* GhS (II: 32) uses the words "*vṛṣaṇasyādho*" instead of "*gudaṃ nirudhya*". Both these expressions refer to perineal region. For detailed description and its varieties, refer to YM (VIII: 2: 27-30, IX: 1: 6-9 and IX: 3: 243). TUp (38) calls it *yogāsana.* 9.

उत्तानकूर्मासनम्–

कुक्कुटासनबन्धस्थो दोर्भ्यां सम्बध्य कन्धरे /
शेते कूर्मवदुत्तानमेतदुत्तानकूर्मकम् // 9 //

uttānakūrmāsanam--

kukkuṭāsana-bandhastho dorbhyāṃ sambadhya kandhare /
śete kūrmavaduttānam-etaduttāna-kūrmakam // 9 //

Tr. One adopts *kukkuṭāsana* and winds the arms around the neck and lies on back like a tortoise. This is *uttāna-kūrmāsana.* 9.

Note: In some MSS instead of *"śete kūrma-vad-uttāna"* we get a variant "*bhavet kūrmavaduttāna*", in which case the final position is in sitting and not in lying on the back. The word *uttāna* also means erect.

It is also called *uttāna-kukkuṭāsana* by *nārāyaṇatīrtha* in YSC. For detailed discussion of the technique, refer to YM (IX: 2: 37-40). 9.

कुक्कुटासनम्–

पद्मासनं तु संस्थाप्य जानूर्वोरन्तरे करौ /
निवेश्य भूमौ संस्थाप्य व्योमस्थं कुक्कुटासनम् // **10** //

kukkuṭāsanam--

padmāsanaṃ tu saṃsthāpya jānūrvorantare karau /
niveśya bhūmau saṃsthāpya vyomasthaṃ kukkuṭāsanam/10/

Tr: Having adopted *padmāsana*, inserting the arms through the thighs and palms firmly placed on the ground, one raises the body up. This is *kukkuṭāsana*. 10.

अथ धनुरासनम्–

पादांगुष्ठौ तु पाणिभ्यां गृहीत्वा श्रवणावधि /
धनुराकर्षणं कृत्वा धनुरासनमुच्यते // **11** //

atha dhanurāsanam --

pādāṅguṣṭhau tu pāṇibhyāṃ gṛhītvā śravaṇāvadhi /
dhanurākarṣaṇaṃ kṛtvā dhanurāsanamucyate // 11 //

Tr: The big toes are caught with the hands and are pulled upto the ears (alternately). Thus one assumes the shape of a stretched bow. This is called *dhanurāsana*. 11.

Note: This variety is called *ākarṣaṇa-dhanurāsana* to differentiate it from the variety of *dhanurāsana* described in GhS (II: 18). Its technique involves in lying prone and catching hold of the toes with hands and curving the body like a bow. 11.

अथ मत्स्येन्द्रासनम्–

वामोरुमूलार्पितदक्षपादं जानोर्बहिर्वेष्टितवामपादम्[1] /
प्रगृह्य तिष्ठेत्परिवर्त्तितांगः श्रीमत्स्यनाथोदितमासनं स्यात् // **12** //

atha matsyendrāsanam--
vāmorumūlārpitadakṣapādaṃ
jānorbahirveṣṭitavāmapādam /
pragṛhya tiṣthet parivartitāṅgaḥ
śrīmatsyanāthoditam-āsanaṃ syāt // 12 //

Tr. The right foot is placed at the root of the left thigh. The left leg is placed by the side of the right knee. Holding the left leg by the right hand and twisting the body, one remains steady. This posture comes from *śrī-matsyendranātha.* 12.

मत्स्येन्द्रपीठं जठरप्रदीप्तिं[2] प्रचण्डरुग्मण्डलखण्डनास्त्रम् /
अभ्यासतः कुण्डलिनीप्रबोधं दण्डस्थिरत्वं हि ददाति पुंसाम् // **13** //

matsyendrapīṭhaṃ-jaṭharapradīptiṃ
pracaṇḍarugmaṇḍalakhaṇḍanāstram /
abhyāsataḥ kuṇḍalinīprabodhaṃ
daṇḍasthiratvaṃ hi dadāti puṃsām // 13 //

Tr. Practice of *matsyendrāsana* stimulates the digestive function and works like a weapon to destroy hosts of severe ailments. It also helps arousal of *kuṇḍalinī* and gives stability to the spine. 13.

Note: The description of *matsyendrāsana* differs in GhS (II: 22-23). This technique requires the hand bent in the elbow, which crosses the raised knee and the chin rests on the palm of the hand. The gaze is to be fixed between the eyebrows.

1.a-पादे. 2.a-जठरप्रदीप्तं.

In the technique of *matsyendrāsana* though only the left twist is described, it is to be repeated on the other side giving the right twist, as suggested by *brahmānanda*.

Instead of *daṇḍa-sthiratvaṃ*, we get in some copies a variant *candra-sthiratvaṃ*, which refers to the stopping of flow of the nectar oozing from the *candra* located at the root of the palate from falling it to the *sūrya* supposed to be located in the navel. 12-13.

अथ पश्चिमतानासनम्—

प्रसार्य पादौ भुवि दण्डरूपौ दोर्भ्यां पादाग्रद्वितयं गृहीत्वा /
जान्वोः परिन्यस्तललाटदेशोऽभ्यसेदिदं पश्चिमतानमाहुः **//14 //**

atha paścimatānāsanam--
prasārya pādau bhuvi daṇḍarūpau
dorbhyāṃ pādāgradvitayaṃ gṛhītvā /
jānvoḥ parinyastalalāṭadeśo'-
bhyasedidaṃ paścimatānamāhuḥ // 14 //

Tr. Both the legs are stretched out on the ground. The big toes are held by the respective hands and the forehead is placed on the knees. This is called *paścimatāna*. 14.

इति पश्चिमतानासनाख्यं[1] पवनं पश्चिमवाहनं करोति /
उदयं जठरानलस्य कुर्यादुदरे कार्श्यमरोगतां च पुंसाम् **// 15 //**

iti paścimatānāsanākhyaṃ
pavanaṃ paścimavāhanaṃ karoti /
udayaṃ jaṭharānalasya kuryādudare
kārśyamarogatāṃ ca puṃsām // 15 //

Tr. This *paścimatāna āsana* causes the currents of *prāṇa* to pass through the *suṣumnā*, increases the gastric fire, reduces the belly and offers good health to a person. 15.

1.b-पश्चिमतानाख्यं.

Note: GhS (II: 26) calls this *āsana* as *paścimottānāsana.* SS (III: 113-114) says that *ugrāsana* is a synonym for *paścimottānāsana,* but they differ somewhat in the technique. For discussion refer YM (X: 2:17-18). 14-15.

अथ मयूरासनम्–

धरामवष्टभ्य करद्वयेन तत्कूर्परस्थापितनाभिपार्श्वः /
उच्चासनो दण्डवदुत्थितः खे मायूरमेतत्प्रवदन्ति पीठम् // **16** //

atha mayūrāsanam--
dharāmavaṣṭabhya karadvayena
tatkūrpara-sthāpita-nābhipārśvaḥ /
uccāsano daṇḍavadutthitaḥ khe
***māyūrametat pravadanti pīṭham* // 16 //**

Tr. Both the palms are placed on the ground. Elbows are placed on the respective sides of the navel and the body is raised in the air like a horizontal stick. This is called *mayūra-pīṭha.* 16.

Note: *śrīnivāsa* in HR calls this *āsana* as *daṇḍa-mayūra* and mentions some other varieties of *mayūrāsana* also, like *pārśva-mayūra, sahaja-mayūra, baddha* or *padma-mayūra, piṇḍa-mayūra* and *ekapāda-mayūra.* But the one that is described here is more popular. 16.

हरति सकलरोगानाशु गुल्मोदरादीनभिभवति च दोषानासनं श्रीमयूरम् /
बहुकदशनभुक्तं भस्मकुर्यादशेषं जनयति जठराग्निं जारयेत्कालकूटम् **17**

harati sakala-rogānāśu gulmodarādīn
abhibhavati ca doṣānāsanaṃ śrīmayūram /
bahukadaśanabhuktaṃ bhasma kuryād-aśeṣam
***janayati jaṭharāgniṃ jārayet kālakūṭam* // 17 //**

Tr. *mayūrāsana* quickly removes all the diseases of the spleen and the stomach and alleviates the imbalance caused to the humours. It also digests excess of food and accelerates digestive fire to such an extent as to digest even poison. 17.

अथ शवासनम्–

उत्तानं शववद् भूमौ शयनं तु शवासनम् /
शवासनं श्रान्तिहरं चित्तविश्रान्तिकारकम् // **18** //

atha śavāsanam--

uttānaṃ śavavad bhūmau śayanaṃ tu śavāsanam /
śavāsanaṃ śrāntiharaṃ cittaviśrānti kārakam // 18 //

Tr. One lies supine on the ground (motionless) like a dead body. This is *śavāsana*, which removes physical fatigue and gives rest to the mind. 18.

Note: GhS (II: 19) also has identical description. Clinically *śavāsana* has been found very effective in the disorders of psycho-somatic origin. Cardiologists are now favouring the practice of *śavāsana* in the management of hypertension. 18.

चतुरशीत्यासनानि श्रेष्ठान्येव न संशयः /
तेभ्यश्चतुष्कमादाय सारभूतं ब्रवीम्यहम् // **19** //

caturaśītyāsanāni śreṣṭhānyeva na saṃśayaḥ /
tebhyaścatuṣkamādāya sārabhūtaṃ bravīmyaham // 19 //

Tr. Undoubtedly, all these eighty-four *āsanas* are excellent. Out of these, only four important ones are being described. 19.

सिद्धं पद्मं तथा सिंहं भद्रं चैव चतुष्टयम् /
श्रेष्ठं तत्रापि यत्सिद्धं[1] तिष्ठेत् सिद्धासने सदा // **20** //

siddham padmaṃ tathā siṃhaṃ bhadraṃ caiva catuṣṭayam/
śreṣṭhaṃ tatrāpi yatsiddhaṃ tiṣṭhet siddhāsane sadā // 20 //

Tr. The set of four *āsanas* is-- *siddha, padma, siṃha* and *bhadra. siddhāsana* is the best among these four, which one should practise diligently. 20.

अथ सिद्धासनम्–

योनिस्थानकमंघ्रिमूलघटितं कृत्वा दृढं विन्यसेत् /
मेढ्रे पादमथैकमेव नियतं धृत्वा समं विग्रहम् //
स्थाणुः संयमितेन्द्रियोऽचलदृशा पश्येद्[1] भ्रुवोरन्तरम् /
चैतन्मोक्षकपाटभेदजनकं सिद्धासनं प्रोच्यते // **21** //

atha siddhāsanam--
yonisthānakam-aṅghrimūlaghaṭitaṃ kṛtvā dṛḍhaṃ vinyaset /
meḍhre pādamathaikameva niyataṃ dhṛtvāsamaṃ vigraham/
sthāṇūḥ saṃyamitendriyo'caladṛśā paśyed bhruvorantaram/
caitanmokṣakapāṭabhedajanakam sidhāsanaṃ procyate /21 //

Tr. One should press the heel against the perineum and put the other foot over the organ of generation. He remains erect and steady, controls the senses with the gaze fixed between the eyebrows. This is called *siddhāsana*, which opens the door to liberation (*mokṣa*). 21.

मतान्तरे तु–

मेढ्रादुपरि विन्यस्य सव्यं गुल्फं तथोपरि /
गुल्फान्तरं च विन्यस्य सिद्धाः[2] सिद्धासनं विदुः // **22** //

---

1. b-पश्यन्. 2.b- सिद्धः.

matāntare tu--
meḍhrādupari vinyasya savyaṃ gulphaṃ tathopari /
gulphāntaraṃ ca vinyasya siddhāḥ siddhāsanaṃ viduḥ //22 //

Tr. One fixes the right ankle over the genitals and the other ankle over the first one. This is called *siddhāsana*, according to the *siddhas*. 22.

Note: The first one is according to *matsyendra*, while the other variation is according to other authorities. There is no specific mention about application of *jālandhara bandha* in the technique of *siddhāsana*. GhS (8) and SS (III: 102-103) also do not mention about application of *jālandhara bandha*. 21-22.

[1]एके सिद्धासनं प्राहुरन्ये वज्रासनं विदुः /
मुक्तासनं वदन्त्येके प्राहुर्गुप्तासनं परे // **23** //
eke siddhāsanaṃ prāhuranye vajrāsanaṃ viduḥ /
muktāsanaṃ vadantyeke prāhur guptāsanaṃ pare // 23 //

Tr. The same *siddhāsana* is variously known as *vajrāsana*, *muktāsana* and *guptāsana* by different authorities. 23.

Note: Although *svātmārāma* considers *vajrāsana*, *muktāsana* and *guptāsana* to be the synonyms of *siddhāsana*, other authorities, however, make a differentiation in these four variations of *siddhāsana*. *brahmānanda*, in his commentary *jyotsnā*, describes the techniques of the four varieties as follows:

1. When left heel is placed at the perineum and the right heel is placed on the organ of generation, it is *siddhāsana*.

1.b- पूर्वोक्तमेव सम्मतं .

2. When right heel is placed at the perineum and the left heel is placed on the organ of generation, it is *vajrāsana.*
3. When the right heel is placed on the left heel and both the heels are placed at the perineum, it is *muktāsana.*
4. When right heel is placed on the left heel and both the heels are placed on the organ of generation, it is *guptāsana.*

GhS (II: 20) gives another technique of *guptāsana,* in which one hides the two feet between the knees and thighs in such a manner that the feet come under the anus. 23.

यमेष्विव मिताहारोऽहिंसा च नियमेष्विव /
तथा सर्वासने पूज्यं सिद्धाः सिद्धासनं विदुः // **24** //

yameṣviva mitāhāro'hiṃsā niyameṣviva /
tathā sarvāsane pūjyaṃ siddhāḥ siddhāsanaṃ viduḥ//24 //

Tr. Just as *mitāhāra* is regarded as significant among the *yamas* and *ahimsā* among the *niyamas,* similarly, the *siddhas* pay highest respect to *siddhāsana* among the *āsanas.* 24.

Note: According to *patañjali, ahimsā* is included under the *yamas.* It is not included under the *niyamas.* Looking to this anomaly, YC seems to have changed this reading and included *ahimsā* in *yamas.* However, there seems to be another tradition where *ahimsā* is considered as *niyama,* for example, YTUp (29) includes *ahimsā* in the *niyamas.* Same view is expressed in YSD. 24.

चतुरशीति पीठेषु सिद्धमेव सदाभ्यसेत् /
द्वासप्ततिसहस्रेषु नाडीषु मलशोधनम् // **25** //

caturaśīti pīṭheṣu siddhameva sadābhyaset /
dvāsaptati-sahasreṣu nāḍīṣu malaśodhanam // 25 //

Tr. (Therefore), one should always practise only *siddhāsana* from among all the eighty-four *āsanas*. It causes cleansing of the morbidity of the seventy-two thousand *nāḍīs*. 25.

आत्मध्यायी मिताहारी यावद् द्वादशवत्सरम् /
सदा सिद्धासनाभ्यासाद्योगी निष्पत्ति[1]माप्नुयात् // **26** //
ātmadhyāyī mitāhārī yāvad dvādaśavatsaram /
sadā siddhāsanābhyāsād yogī niṣpattimāpnuyāt // 26 //

Tr. A *yogī*, who continuously practises *siddhāsana* for twelve years, takes moderate diet and is engaged in the study of the Self, attains the state of *samādhi*. 26.

प्राणानिले सावधाने बद्धे केवलकुम्भके /
उत्पद्यते निरायासात् स्वयमेवोन्मनी यथा // **27** //
prāṇānile sāvadhāne baddhe kevalakumbhake /
utpadyate nirāyāsāt svayamevonmanī yathā // 27 //

Tr. When the *prāṇa-vāyu* is wisely controlled and *kevala-kumbhaka* is achieved, the state of *unmanī* takes place of it's own with ease. 27.

तथैकस्मिन्नेव दृढे बद्धे सिद्धासने सदा /
बन्धत्रयमनायासात् स्वयमेवोपजायते // **28** //
tathaikasminneva dṛḍhe baddhe siddhāsane sadā /
bandhatrayam-anāyāsāt svayamevopajāyate // 28 //

Tr. Through a firm practice of *siddhāsana*, all the three *bandhas* are automatically formed. 28.

1.a-निष्पन्न.

न चासनं सिद्धसमं न कुम्भकेवलोपमः /
न खेचरीसमा मुद्रा न नादसदृशो लयः // **29** //
na cāsanaṃ siddhasadṛśaṃ na kumbhakevalopamaḥ /
na khecarīsamā mudrā na nādasadṛśo layaḥ // 29 //

Tr. There is no *āsana* like *siddhāsana*, no *kumbhaka* like *kevala*, no *mudrā* like *khecarī* and no *laya* (absorpation) like *nāda*. 29.

अथ पद्मासनम्–

वामोरूपरि दक्षिणं च चरणं संस्थाप्य वामं तथा /
दक्षोरूपरि पश्चिमेन विधिना धृत्वा कराभ्यां दृढम् //
अंगुष्ठौ हृदये निधाय चिबुकं नासाग्रमालोकयेद् /
एतद् व्याधिविनाशनं हि यमिनां पद्मासनं प्रोच्यते // **30** //

atha padmāsanam--
vāmorūpari dakṣiṇaṃ ca caraṇaṃ saṃsthāpya vāmaṃ tathā /
dakṣorūpari paścimena vidhinā dhṛtvā karābhyāṃ dṛḍham //
aṅguṣṭhau hṛdaye nidhāya cibukaṃ nāsāgramālokayed /
etad vyādhivināśanaṃ hi yamināṃ padmāsanaṃ procyate/30

Tr. The right foot is placed on the left thigh and the left on the right, the big toes are held with the respective hands crossed behind the back, chin fixed upon the chest and the gaze directed towards the tip of the nose. This is *padmāsana*, which removes the diseases of the *yogīs*. 30.

Note: The *padmāsana* described here and also in GhS (II: 8) and GS (9) is popularly known as *baddha-padmāsana*. TBUp (*mantra*: 39-40) describes *padmāsana* and *baddha-padmāsana* separately. It is a meditative pose and practised principally for spiritual culture. 30.

<u>मतान्तरे तु--</u>

उत्तानौ चरणौ कृत्वा चोरुसंस्थौ प्रयत्नतः /
उरुमध्ये तथोत्तानौ पाणी कृत्वा तु तादृशौ // **31** //
दृष्टिं विन्यस्य नासाग्रे दन्तमूलं च जिह्वया /
उत्तभ्य चिबुकं वक्षस्युत्थाप्य[1] पवनं शनैः // **32** //

<u>matāntare tu--</u>

uttānau caraṇau kṛtvā corusaṃsthau prayatnataḥ /
urumadhye tathottānau pāṇī kṛtvā tu tādṛśau // 31 //
dṛṣṭiṃ vinyasya nāsāgre dantamūlaṃ ca jihvayā /
uttabhya cibukaṃ vakṣasyutthāpya pavanaṃ śanaiḥ // 32 //

Tr. Effortfuly placing the upturned feet on the (opposite) thighs and placing the palms upturned between the thighs, one puts the chin on the chest and gazes at the tip of the nose. While pressing the palate with the tongue, one slowly raises the *vāyu* upwards. 31-32.

इदं पद्मासनं प्रोक्तं सर्वव्याधिविनाशनम् /
दुर्लभं येन केनापि धीमता लभ्यते भुवि // **33** //

idaṃ padmāsanaṃ proktaṃ sarvavyādhivināśanam /
durlabhaṃ yena kenāpi dhīmatā labhyate bhuvi // 33 /

Tr. This is called *padmāsana*, which removes all the diseases. This is accomplished by the fortunate few on the earth. 33.

Note: In the earlier verse there is a specific mention of placing the right foot on the left thigh and the left foot on the right thigh. Here, there is no such mention. It only suggests that the feet should be on the opposite thighs and placing the hands one over the other, without giving any preference to lateral dominance. In this technique, *jālandhara bandha* is to be accompanied with *jihvā-*

1.a-वक्षः स्थापयेत्.

bandha. There is no mention of *uḍḍiyāna bandha. brahmānanda* suggests that *jālandhara bandha* accompanied with *jihvā-bandha* alone serves the purpose of *mūla-bandha* and *uḍḍiyāna-bandha.* This variety of *padmāsana* is described as *kara-sampuṭita-padmāsana* in HR (III: 40). 31-33.

<u>अथ सिंहासनम्–</u>

गुल्फौ च वृषणस्याधः सीवन्याः पार्श्वयोः क्षिपेत् /
दक्षिणे सव्यगुल्फं तु दक्षगुल्फं तु सव्यके // **34** //

<u>atha siṃhāsanam--</u>
gulphau ca vṛṣaṇasyādhaḥ sīvanyāḥ pārśvayoḥ kṣipet /
dakṣiṇe savyagulphaṃ tu dakṣagulphaṃ tu savyake // 34 //

Tr. The two ankles are placed under the scrotum on both the sides of the perineum, in such a manner that the left ankle is on the right and the right on the left. 34.

हस्तौ तु जानुनोः स्थाप्य स्वांगुलीः सम्प्रसार्य च /
व्यात्तवक्त्रो निरीक्षेत नासाग्रे न्यस्तलोचनः // **35** //

hastau tu jānunoḥ sthāpya svāṅgulīḥ samprasārya ca /
vyāttavaktro nirīkṣeta nāsāgre nyastalocanaḥ // 35 //

Tr. Thereafter, one places the palms on the knees, spreading the fingers out and keeping the mouth wide open, one fixes the gaze on the tip of the nose. 35.

सिंहासनं भवेदेतत्पूजितं योगिपुंगवैः /
बन्धत्रयस्य सन्धानं कुरुते चासनोत्तमम् // **36** //

siṃhāsanaṃ bhavedetat pūjitaṃ yogipuṅgavaiḥ /
bandhatrayasya sandhānaṃ kurute cāsanottamam // 36 //

Tr. This is *siṃhāsana*, respected by the adepts of *yoga*. This is one of the best *āsanas*, which helps to form the three *bandhas*. 36.

<u>*अथ भद्रासनम्–*</u>

गुल्फौ च वृषणस्याधः सीवन्याः पार्श्वयोः क्षिपेत् /
पार्श्वपादौ तु पाणिभ्यां दृढं बध्वा तु निश्चलम्[1] // **37** //

atha bhadrāsanam--
gulphau ca vṛṣaṇasyādhaḥ sīvanyāḥ pārśvayoḥ kṣipet /
pārśvapādau tu pāṇibhyāṃ dṛḍhaṃ badhvā tu niścalam /37 //

Tr. The two ankles are placed under the scrotum on the sides of the perineum. One holds the feet with the hands and remains steady. 37.

भद्रासनं भवेदेतत् सर्वव्याधिविनाशनम् /
गोरक्षासनमित्याहुरिदं वै सिद्धयोगिनः // **38** //
bhadrāsanaṃ bhavedetat sarvavyādhivināśanam /
gorakṣāsanam ityāhur idaṃ vai siddhayoginaḥ // 38 //

Tr. This is *bhadrāsana*, which removes all the diseases. Some *siddha-yogīs* call this as *gorakṣāsana*. 38.

Note: *gorakṣāsana* described in GhS (II: 24-25) has a close resemblance with *padmāsana*. The foot-lock adopted in this *āsana* is a little loose as compared to that of *padmāsana*. GhS does not call *gorakṣāsana* as synonym for *bhadrāsana*. GhS gives an altogether different variety of *bhadrāsana*, which it does not call *gorakṣāsana*. It's *gorakṣāsana* is quite different from *bhadrāsana* as described in it. In *bhadrāsana*, instead of two ankles placed on the two respective sides of the perineum, the ankles are everted with the toes turned

1.a- नुश्चलम्.

backwards. For detailed discussion refer to YM (X: 1: 28-33). 38.

पीठादिकुम्भकश्चित्रं मुद्रादिकरणानि च /
सर्वाण्यपि[1] हठाभ्यासे राजयोगफलावधि // **39** //

pīṭhādikumbhakaścitraṃ mudrādikaraṇāni ca /
sarvāṇyapi haṭhābhyāse rājayoga-phalāvadhi // **39** //

Tr. One should continue the *haṭha-yogic* practices of *āsanas*, various *kumbhakas* and valuable *mudrās*, until one achieves success in *rājayoga*. 39.

इति श्रीसहजानन्दसन्तानचिन्तामणिस्वात्मारामविरचितायां हठप्रदीपिकायां द्वितीयोपदेशः // 2 //

***iti śrī-sahajānanda-santānacintāmaṇi-svātmārāmaviracitāyāṃ haṭhapradīpikāyāṃ dvitīyopadeśaḥ* // 2 //**

Thus (ends) the second chapter of *haṭhapradīpikā*, composed by *svātmārāma*, an illustrious successor of *śrī-sahajānanda* // 2 //

1.b-सर्वत्रोपि .

HAṬHAPRADĪPIKĀ

Third Chapter

एवमासनबन्धस्थो योगीन्द्रो विगतश्रमः /
अथाभ्यसेन्नाडीशुद्धिं मुद्रादिपवनक्रियाम् // **1** //
evamāsanabandhastho yogīndro vigataśramaḥ /
athābhyasennāḍīśuddhiṃ mudrādipavanakriyām // 1 //

Tr. A *yogī*, having established in *āsana* and is free from fatigue, should practise purification of *nāḍīs*, *mudrās* and *prāṇāyāma*. 1.

युवा वृद्धोऽतिवृद्धो वा व्याधितो दुर्बलोऽपि वा /
अभ्यासात् सिद्धिमाप्नोति सर्वयोगेष्वतन्द्रितः // **2** //
yuvā vṛddho'tivṛdho vā vyādhito durbalo'pi vā /
abhyāsāt siddhimāpnoti sarvayogeṣvatandritaḥ // 2 //

Tr. A young, old, too old, diseased or even weak attains success in all aspects of yoga by untiring practice. 2.

आसनं कुम्भकश्चित्रं मुद्रादिकरणं तथा /
अथ नादानुसन्धानमभ्यासानुक्रमेण तु // **3** //
āsanaṃ kumbhakaścitraṃ mudrādi-karaṇaṃ tathā /
atha nādānusandhānam abhyāsānukrameṇa tu // 3 //
Tr. The proper sequence of the *yoga* practice is: *āsana*, different *kumbhakas*, *mudrās* and *nādānusandhāna*. 3.

क्रियायुक्तस्य सिद्धिः स्यादक्रियस्य कथं भवेत् /
क्रियैव कारणं सिद्धेः सत्यमेतन्न संशयः // **4** //

kriyāyuktasya siddhiḥ syādakriyasya kathaṃ bhavet /
kriyaiva kāraṇaṃ siddheḥ satyametanna saṃśayaḥ // 4 //

Tr. Only through practice, one attains success. How can one attain success without practice ? Practice alone brings success, in which there is no doubt. 4.

न शास्त्रपाठमात्रेण योगसिद्धिः प्रजायते /
न वेषधारणं सिद्धेः कारणं न च तत्कथा // 5 //
na śāstrapāṭhamātreṇa yogasiddhiḥ prajāyate /
na veṣadhāraṇaṃ siddheḥ kāraṇaṃ na ca tatkathā // 5 //

Tr. By merely studying the scriptures, one does not attain success in *yoga.* Wearing a particular type of dress or mere talking about *yoga* does not also bring success. 5.

युक्ताहारविहारस्य युक्तचेष्टस्य कर्मसु /
युक्तस्वप्नावबोधस्य योगो भवति दुःखहा // 6 //
yuktāhāravihārasya yuktaceṣṭasya karmasu /
yuktasvapnāvabodhasya yogo bhavati duḥkhahā // 6 //
Tr. Practice of *yoga* alleviates suffering, if one follows the daily regimen of moderation in diet, activity, physical effort, action, sleep and awakening. 6.

शिश्नोदररताय[1] हि न देयं वेषधारिणे /
मयि बोध्यं बुद्धौ स्वच्छे तद्धेयं विश्वबुद्बुदम् // 7 //
śiśnodararatāya hi na deyaṃ veśadhāriṇe /
mayi bodhyaṃ buddhau svacche
taddheyaṃ viśvabudbudam // 7 //

1.b-रतायैतन्न.

Tr. One should never impart the knowledge of *yoga* to the one who is (over) indulged only in sex and food and is fashionable in clothes. The clear conscience tells us that these worldly pleasures are like bubbles which should be discarded. 7.

मेदश्लेष्मनिवृत्यर्थं षट्कर्माणि समाचरेत् /
अन्यथा नाचरेत्तानि दोषाणां समतायतः[1] // 8 //
medaśleṣmanivṛtyartham ṣaṭkarmāṇi samācaret /
anyathā nācarettāni doṣāṇam samatāyataḥ // 8 //

Tr. The *ṣaṭ-karmas* should be practised to get rid of the disorders of fat and phlegm. One who enjoys a balanced condition of the three humors, need not practise them. 8.

धौती बस्ती तथा नेती त्राटकं नौलिकं तथा /
कपालभस्त्रीश्चैतानि षट्कर्माणि प्रवक्ष्यते // 9 //
dhautī bastī tathā netī trāṭakaṃ naulikaṃ tathā /
kapālabhastrīścaitāni ṣaṭkarmāṇi pravakṣyate // 9 //

Tr. The *ṣaṭ-karmas* are *dhautī, bastī, netī, trāṭaka, naulī* and *kapālabhastrī*. 9.

Note: HR by *śrīnivāsa* describes eight purificatory processes, out of which *gaja-karaṇī* is one and *cakrī-karma* is another. These two processes, alongwith the six described here make a group of *aṣṭa-karmas.* Instead of *kapāla-bhastrī*, HR uses the terms *kapāla-bhrāntī* or *mastaka-bhātī*. 9.

कर्मषट्कमिदं गोप्यं घटशोधनकारकम् /
विचित्रगुणसन्धानं[2] पूज्यते योगिपुंगवैः // 10 //

1.b-समभावतः . 2.b-सन्धायी .

karmaṣaṭkamidaṃ gopyaṃ ghaṭaśodhanakārakam /
vicitraguṇasandhānaṃ pūjyate yogipuṅgavaiḥ // 10 //

Tr. These six purificatory processes, which remove the impurities of the body, and contribute to the surprising results, should be kept secret. Therefore, the eminent *yogīs* adore them. 10.

अथ धौती–

चतुरंगुलविस्तारं हस्तपञ्चदशेन तु /
गुरूपदिष्टमार्गेण सिक्तं वस्त्रं शनैर्ग्रसेत् // **11** //
पुनः प्रत्याहरेदेतदभ्यासाद्धौतीकर्मविद् /
धौतीकर्म वदन्त्येतन्नाडीजालमलापहम् // **12** ///
कासश्वासप्लीहकुष्ठं कफरोगाश्च विंशतिः /
धौतीकर्मप्रभावेन प्रयान्त्येव न संशयः[1] // **13** //

atha dhautī--
caturaṅgula-vistāraṃ hastapañcadaśena tu /
***gurūpadiṣṭamārgeṇa siktaṃ vastraṃ śanair graset* // 11 //**
punaḥ pratyāharedetad abhyāsād dhautīkarmavit /
***dhautīkarma vadantyetan-nāḍījālamalāpaham* // 12 //**
kāsaśvāsaplīhakuṣṭhaṃ kapharogāśca viṃśatiḥ /
***dhautīkarmaprabhāvena prayāntyeva na saṃśayaḥ* // 13 //**

Tr. One should slowly swallow a strip of wet cloth, which is four digits wide and fifteen cubits long as per the instruction of the teacher and pull the same out. This is *dhautī-karma*, which undoubtedly removes the morbidity in the *nāḍīs*, cough, asthma, skin diseases and twenty varieties of phlegmatic disorders. 11-12-13.

Note: The length of the cloth for *dhautī* seems to vary from 15 to 25 cubits. According to HSC, the measure of cloth suggested is

1.a- अनुपलब्धपंक्ति.

15 to 20 cubits. *vastra-dhautī* has been found greatly efficacious in the treatment of respiratory and metabolic disorders like asthma, obesity etc. For the details of the technique, x-ray experiments, uropepsin excretion studies on *vastra-dhautī* refer to YM (II: 3: 168-195 and XI: 3:99-14).

GhS considers *vastra-dhautī* under the category of *hṛd-dhautī* along with the two other *daṇḍa* and *vamana dhautīs.* GhS also elaborately describes the process of *dhautī* into 13 types, which is not found elsewhere. 11-13.

<u>अथ बस्तीकर्म–</u>
नाभिदघ्ने जले पायु[1]न्यस्तनालोत्कटासनः ।
आधारा[2]कुञ्चनं कुर्यादपानं बस्तिकर्मविद् // **14** //
<u>atha basti-karma--</u>
nābhidaghne jale pāyunyasta-nālotkaṭāsanaḥ /
ādhārākuñcanaṃ kuryādapānaṃ bastikarmavid // 14 //

Tr. One adopts *utkaṭāsana* in navel deep water. After inserting a tube in the anus, one manipulates the anus to raise the *apāna-vāyu* upwards. This is *bastī-karma*. 14.

गुल्मप्लीहोदरं चापि वातपित्तकफोद्भवाः ।
बस्तिकर्मप्रभावेन क्षीयन्ते सकला मलाः // **15** //
gulmaplīhodaraṃ cāpi vātapittakaphodbhavāḥ /
bastīkarmaprabhāvena kṣīyante sakalā malāḥ // 15 //

Tr. Practice of *bastī* removes all the disorders of spleen and abdomen, dropsy, diseases caused by the imbalance of *vāta, pitta* and *kapha* humors. 15.

1.a-पायां. 2.b-आधाराद्.

धात्विन्द्रियान्तःकरणप्रसादं दद्याच्च कान्तिं दहनप्रदीप्तिम् /
अशेषदोषोपचयं निहन्यादभ्यस्यमानं जलबस्तिकर्म // **16** //

dhātvindriyāntaḥkaraṇa-prasādaṃ
dadyācca kāntiṃ dahanapradīptim /
aśeṣadoṣopacayaṃ nihanyād-
abhyasyamānaṃ jalabastīkarma // 16 //

Tr. The practice of *jala-bastī-karma* streamlines the body constituents, brings poise to the internal sense organs, offers brightness, stimulates digestion and completely removes the chronic (bodily) disorders. 16.

Note: *śrīnivāsa* of HR recommends insertion of finger in the anal canal for the practice of this *bastī.* He calls this as *bastī* according to *kāpālikas* and quotes the tradition of *yogīs* like *carpaṭi.*

GhS (I: 44) describes two types of *bastī.* One is *śuṣka-bastī* and the other *jala-bastī* The two agents that are used in these processes are air and water respectively. 14-16.

<u>*अथ नेतीकर्म–*</u>

सूत्रं वितस्तिसुस्निग्धं नासानाले प्रवेशयेत् /
मुखान्निर्गमनादेव[1] नेती सिद्धैर्निगद्यते // **17** //

atha netī-karma--
sūtraṃ vitastisusnigdhaṃ nāsānāle praveśayet /
mukhānnirgamanādeva netī siddhair nigadyate // 17 //

Tr. One inserts a smooth sheaf of cotton, measuring (approximately) 23cms. in length, in the nose and pulls it out through the mouth. According to *siddhas*, this is *netī.* 17.

1.b-निर्गलनादेव.

कपालशोधनी चैव दिव्यदृष्टिप्रदायिनी /
जत्रूर्ध्वजातरोगौघं नेतिराशु निहन्ति च // **18** //
kapālaśodhanī caiva divyadṛṣṭipradāyinī /
jatrūrdhvajātarogaugham netirāśu nihanti ca // 18 //

Tr. The process of *netī* quickly cleanses the frontal sinuses, offers clear eye-sight and rids one off the hosts of diseases occurring in the region above the shoulders. 18.

Note: The process of *netī* is popularly known as *sūtra-netī*. SKS (68) mentions it of two types, distinguished by the thread rolled and not rolled. Swāmī Kuvalayānanda popularized the use of rubber catheter, which is very convenient for use and can be sterilized. The main purpose of this *netī* is not only to cleanse the nasal passage, but also to render the nasal mucous membrane resistant to the environmental changes.

Another technique of *netī* consisting of inserting thread in one nostril and taking it out from the other nostril after giving friction, is described by *śrīnivāsa,* the author of HR and *brahmānanda,* the commentator of HP. For this variety, a longer thread is used. 17-18.

अथ त्राटकम्–

निरीक्षेन्निश्चलदृशा सूक्ष्मलक्ष्यं समाहितः /
अश्रुसम्पातपर्यन्तमाचार्यैस्त्राटकं स्मृतम् // **19** //
atha trāṭakam--
nirīkṣen-niścaladṛśā sūkṣmalakṣyaṃ samāhitaḥ /
aśrusampātaparyantam ācāryais-trāṭakaṃ smṛtam // 19 //

Tr. One should constantly gaze at a very minute object, remaining one-pointed, until tears roll down. This is known as *trāṭaka*. 19.

मोचनं नेत्ररोगाणां तन्द्रादीनां कपाटकम् /
यत्नतस्त्राटकं गोप्यं यथा हाटकपेटकम् // **20** //
mocanaṃ netrarogāṇāṃ tandrādīnāṃ kapāṭakam /
yatnatas-trāṭakaṃ gopyaṃ yathā hāṭakapeṭakam // 20 //

Tr. This technique alleviates eye diseases and drowsiness or sloth and therefore, it should be carefully guarded like a casket of gold. 20.

Note: HR uses the term *troṭaka* or *troṭana* for *trāṭaka*. The efficacy of *trāṭaka* as a purificatory process is not so much physical as is psychological. It has been observed in scientific experiments that *trāṭaka* works as a psychological cleansing process. The sub-conscious and unconscious mind gets activated and thus the repressed experiences are brought to the level of consciousness. It is the most effective process leading to concentration. 19-20.

अथ नौलीकर्म–

अमन्दावर्त्तवेगेन तुन्दं सव्यापसव्ययोः /
शतशो भ्रामयेदेषा नौलीयोगं प्रचक्ष्यते[1] // **21** //
atha naulī-karma--
amandāvartavegena tundaṃ savyāpasavyayoḥ /
śataśo bhrāmayedeṣā naulīyogaṃ pracakṣyate // 21 //
Tr. One quickly rotates the abdominal columns to the right and left for a hundred (several) times. This is called *naulī-yoga*. 21.

मन्दाग्निसन्दीपनपाचनाग्निसन्धायकानन्दकरी तथैव /
अशेषदोषामयशोषणी च हठक्रियामौलिरियं हि नौली // **22** //

1.a-प्रचक्षते.

mandāgnisandīpanapācanāgni-
sandhāyakānandakarī tathaiva /
aśeṣadoṣāmayaśoṣaṇī ca
haṭhakriyā mauliriyaṃ hi naulī /22/

Tr. *naulī* is the crown of all the *kriyās* of *haṭha,* which stimulates weak digestion, streamlines gastric fire, brings a deep sense of well-being and totally removes all the disorders caused by the imbalance of the three humors (*doṣas*). 22.

Note: GhS (I: 51) uses the term *laulikī* for *naulī.* In spite of high value attached to *naulī,* the technique described here is inadequate from the practical point of view. Swāmī Kuvalayānanda described *naulī* as isolation and rolling manipulation of the abdominal recti muscles. Before one starts with the rolling, one has to isolate both the abdominal recti from the abdomen during *uḍḍiyāna* or mock inhalatory position. This is called *madhya-naulī.* When only one rectus muscle is isolated, say on the left side, it is called *vāma-naulī* and when the right rectus muscle is isolated, it is *dakṣiṇa-naulī.* When *dakṣiṇa-naulī, uḍḍiyāna, vāma-naulī* and *madhya-naulī* are undergone in a sequence, it gives a rotatory movement, which is called *naulī-cālana.* This is done in clock-wise and anti-clock-wise directions.

SKS (110-114) describes different varieties of *naulī,* such as *bāhya-naulī, nāla-naulī, āntara-naulī. śrīnivāsa* describes *naulī* to be of two types — *bhārī* and *antarā.*

naulī was of the first *haṭha-yogic* practices subjected to scientific investigation by Swāmī Kuvalayānanda in twenties of the last century. It is now known that the high sub-atmospheric pressure (partial vacuum) is created in all the cavities of the abdomen during *madhya-naulī.* The discovery of partial vacuum in the colon during *naulī* was named "*mādhavadāsa* vacuum" by Swāmī Kuvalayānanda to honour the name of his *yoga* teacher. For scientific studies on *naulī,* refer to YM (I:3,4,6,13,15). 21-22.

अथ कपालभस्त्री–

लौहकारस्य भस्त्रीव कुर्यात् सव्यापसव्यतः /

कपालभस्त्री विख्याता कफदोषविशोषणी[1] // 23 //

atha kapālabhastrī--

lauhakārasya bhastrīva kuryāt savyāpasavyataḥ /

kapālabhastrī vikhyātā kaphadoṣaviśoṣaṇī // 23 //

Tr. One imitates the movements of the bellows of a blacksmith, using the left and right nostrils. This famous *kapāla-bhastrī* removes phlegmatic disorders. 23.

Note: Instead of *kapāla-bhastrī* , this process is generally known as *kapāla-bhātī.* In many MSS we get the reading *kapāla-bhātī,* which is performed using two nostrils for rapid inhalations and exhalations. It is also called *bhastrā.* GhS's varieties use both air as well as water for the performance of *kapāla-bhātī.* Where air is used, it is called *vātakrama-kapāla-bhātī* and where water is used, it is called *vyutkrama-kapāla-bhātī* and *śītkrama-kapāla-bhātī.* The technique given here involves the use of alternate nostrils. *sundara-deva,* the author of HSC calls *vyutkrama-kapāla-bhātī* as *śaṇkha-prakṣālaṇa,* in which the process of drawing water through one nostril and expelling it through the other, is also included. Popularly this is known as *jāla-netī.* In SKS, it is called *nāsā-dantī.*

śrīnivāsa gives a different technique of *kapāla-bhrāntī* in which the head is moved from left to right and right to left during exhalation and inhalation. 23.

1.a-चिवर्जितः .

अथ षट्कर्मोत्तरं गजकरणी–

उदरगतपदार्थमुद्वमन्ती पवनमपानमुदीर्य कण्ठनाले /

करिभिरिव जलस्य वायुवेगाद् गजकरणीति निगद्यते हठज्ञैः// **24** //

atha ṣaṭkarmottaram gajakaraṇī--

udaragatapadārtham udvamantī

pavanam-apānamudīrya kaṇṭhanāle /

karibhiriva jalasya vāyuvegād

gajakaraṇīti nigadyate haṭhajñaiḥ // 24 //

Tr. One vomits out with great force, the contents of the stomach by stimulating and raising the *apāna-vāyu* upto the throat like an elephant throwing the water with force from his trunk. According to the adepts of *haṭha*, this is *gaja-karaṇī*. 24.

Note: This process is not enumerated in the *ṣaṭ-karmas* mentioned earlier. GhS considers this process as a kind of *dhautī* and describes it under *vamana-dhautī*. For the practice of *gaja-karaṇī*, SKS suggests to use plain water or coconut water or water mixed with milk. The process of throwing the water out involves the action of '*maṇi-bandha*', which has not been explained.

SKS makes a difference between the technique of vomiting and the practice of *gaja-karaṇī*. For the scientific investigation on *gaja-karaṇī* refer to YM (XVIII:1: 1-10). 24.

मलाकुलासु नाडीषु मारुतो नैव मध्यगः /

कथं स्यादुन्मनीभावः कायसिद्धिः कथं भवेत् // **25** //

malākulāṣu nāḍīṣu māruto naiva madhyagaḥ /

katham syād unmanībhāvaḥ kāyasiddhiḥ katham bhavet /**25**/

Tr. The *māruta* (*prāṇa*) cannot move freely through the middle *nāḍī* (*suṣumnā*) due to impurities in it. How could one then attain the state of *unmanī* and *kāya-siddhi* ? 25.

शुद्धिमेति यदा सर्वं नाडीचक्रं मलाकुलम् /
तदैव जायते योगी प्राणसंग्रहणे क्षमः // **26** //
śuddhimeti yadā sarvaṃ nāḍīcakraṃ malākulaṃ /
tadaiva jāyate yogī prāṇasaṅgrahaṇe kṣamaḥ // 26 //

Tr. When all the network of the impure *nāḍīs* get purified, then alone a *yogī* becomes capable of retaining *prāṇa*. 26.

इति श्रीसहजानन्दसन्तानचिन्तामणिस्वात्मारामविरचितायां हठप्रदीपिकायां तृतीयोपदेशः // **3** //
iti śrī-sahajānanda-santānacintāmaṇi-svātmārāmaviracitāyāṃ haṭhapradīpikāyāṃ tṛtīyopadeśaḥ // 3 //

Thus (ends) the third chapter of *haṭhapradīpikā*, composed by *svātmārāma*, an illustrious successor of *śrī-sahajānanda* // 3 //

HAṬHAPRADĪPIKĀ

Fourth Chapter

<u>अथ प्राणायामः-</u>

अथासने दृढे योगी वशी हितमिताशनः /

गुरूपदिष्टमार्गेण प्राणायामं सदाभ्यसेत् // **1** //

<u>atha prāṇāyāmaḥ--</u>

athāsane dṛḍhe yogī vaśī hitamitāśanaḥ /

gurūpadiṣṭamārgeṇa prāṇāyāmaṃ sadābhyaset // 1 //

Tr. Having established in the practice of *āsanas*, a *yogī,* who is self-restrained and consumes wholesome and moderate food, should undertake the regular practice of *prāṇāyāma*, as instructed by the *guru*. 1.

Note: It is expected that before one starts the practice of *prāṇāyāma,* one should undergo the practice of *āsana*, thereby preparing the ground for *prāṇāyāma. patañjali* also suggests the same thing when he uses the expression "तस्मिन् सति..." (PYS: II: 49). It is also indicated that for the practice of *prāṇāyāma,* one should take moderate diet. 1.

षट्कर्मनिर्गतस्थौल्यकफमेदोमलादिकः /

प्राणायामं ततः कुर्यादनायासेन सिध्यति // **2** //

ṣaṭkarmanirgatasthaulya-kaphamedomalādikaḥ /

prāṇāyāmaṃ tataḥ kuryād anāyāsena sidhyati // 2 //

Tr. Practice of *prāṇāyāma* brings about an easy success, after removing the impurities, such as fat and phlegm, through the practice of *ṣaṭ-karmas*. 2.

Note: This indicates the efficacy of the purificatory processes to facilitate the practice of *prāṇāyāma*. 2.

प्राणायामैरेव सर्वं प्रशुष्यति मलाकुलम् /
आचार्याणां तु केषाञ्चिदन्यत्कर्म न सम्मतम् // **3** //
prāṇāyāmaireva sarvaṃ praśuṣyati malākulam /
ācāryāṇāṃ tu keṣāñcid anyatkarma na sammatam // 3 //

Tr. The host of impurities certainly gets dried up through *prāṇāyāma*. According to some teachers, there is no need for other practices. 3.

Note: Alternate opinion about the removal of impurities from the body emphasizes on the efficacious nature of *prāṇāyāma*. 3.

ब्रह्मादयोऽपि त्रिदशाः पवनाभ्यासतत्पराः /
तेन सिद्धिं गतास्ते च तस्मात् पवनमभ्यसेत् // **4** //
brahmādayo'pi tridaśāḥ pavanābhyāsatatparāḥ /
tena siddhiṃ gatāste ca tasmāt pavanam abhyaset // 4 //

Tr: Even the deities like *brahmā* and others attained perfection through the consistent practice of *prāṇāyāma*. Therefore, one should practise *prāṇāyāma*. 4.

चले वाते चलं चित्तं निश्चलं दृढबन्धने[1] /
योगी स्थाणुत्वमाप्नोति ततो वायुं निबन्धयेत्[2] // **5** //

1.gss-निश्चले निश्चलं तथा. 2.gss-निरोधयेत्.

cale vāte calaṃ cittaṃ niścalaṃ dṛḍhabandhane /
yogī sthāṇutvam āpnoti tato vāyuṃ nibandhayet // 5 //

Tr: Mind becomes active as the breathing increases. When breath is controlled, mind becomes steady. To attain mental stability, a *yogī* should practise *prāṇāyāma*. 5.

यावद्वायुः स्थितो देहे तावद् जीवो न मुञ्चति /
मरणं वायुनिष्क्रान्तिस्ततो वायुं निबन्धयेत् // 6 //
yāvad vāyuḥ sthito dehe tāvad jīvo na muñcati /
maraṇaṃ vāyuniṣkrāntis tato vāyuṃ nibandhayet // 6 //

Tr: The *jīva* (embodied soul) does not leave the body so long as *prāṇa* remains. Death means exit of *prāṇa*. Therefore, *prāṇa* should be controlled. 6.

प्राणाभ्यासं ततः कुर्यान्नित्यं सात्विकया धिया /
यथा सुखमवस्थाय मलाः शोषं प्रयान्ति च // 7 //
prāṇābhyāsaṃ tataḥ kuryān-nityaṃ sātvikayā dhiyā /
yathā sukham avasthāya malāḥ śoṣaṃ prayānti ca // 7 //

Tr: One should undertake regular practice of *prāṇāyāma* with pious attitude to get rid of the impurities and attain (deep) sense of well being. 7.

पद्मासनस्थितो योगी नाडीद्वारेषु पूरयेत् /
मारुतं धारयेद्यस्तु स मुक्तो नात्र संशयः // 8 //
padmāsanasthito yogī nāḍīdvāreṣu pūrayet /
mārutaṃ dhārayed yastu sa mukto nātra saṃśayaḥ // 8 //

Tr: Sitting in *padmāsana,* a *yogī* should inhale through the nostrils and retain the breath. Thus one undoubtedly becomes liberated. 8.

प्राणायामो भवत्येव पातकेन्धनपावकः /
भवोदधिमहासेतुः प्रोच्यते योगिभिः सदा // **9** //
prāṇāyāmo bhavatyeva pātakendhanapāvakaḥ /
bhavodadhimahāsetuḥ procyate yogibhiḥ sadā // 9 //

Tr: Practice of *prāṇāyāma* certainly removes the sins, as fire burns the wood. *yogīs* say that it forms a great bridge to cross the ocean of worldly sufferings. 9.

रेचकः पूरकश्चैव कुम्भकः प्रणवात्मकः /
प्राणायामो भवेत्त्रिधा मात्राद्वादशसंयुतः // **10** //
recakaḥ pūrakaścaiva kumbhakaḥ praṇavātmakaḥ /
prāṇāyāmo bhavet tridhā mātrādvādaśasaṃyutaḥ // 10 //

Tr: *prāṇāyāma* is three fold : *recaka, pūraka* and *kumbhaka,* which is of the nature of *praṇava* consisting of twelve *mātrās* (time units). 10.

बद्धपद्मासनो योगी प्राणं चन्द्रेण पूरयेत् /
धारयित्वा यथाशक्ति पुनः सूर्येण रेचयेत् // **11** //
baddhapadmāsano yogī prāṇaṃ candreṇa pūrayet /
dhārayitvā yathāśakti punaḥ sūryeṇa recayet // 11 //

Tr: Adopting *padmāsana,* a *yogī* inhales through the left nostril, retains bıeath to the capacity and exhales through the right nostril. 11.

अमृतं दधिसंकाशं गोक्षीरं धवलोपमम् /
ध्यात्वा चन्द्रमसो बिम्बं प्राणायामी सुखी भवेत् // 12 //

amṛtaṃ dadhisaṃkāśaṃ gokṣīraṃ dhavalopamam /
dhyātvā candramaso bimbaṃ prāṇāyāmī sukhī bhavet // 12 //

Tr: While practising (this) *prāṇāyāma*, the aspirant becomes blissful by contemplating on the face of the moon, which is as white as cow-milk and (emitting) nectar as thick as curd. 12.

येन त्यजेत्तेन पूर्य धारयेत्तु निरोधतः /
रेचयेच्च ततोऽन्येन शनैरेव न वेगतः // 13 //

yena tyajet tena pūrya dhārayettu nirodhataḥ /
recayecca tato'nyena śanaireva na vegataḥ // 13 //

Tr. One should inhale through the same nostril, through which one has exhaled and should retain the breath to the capacity. Thereafter, one should exhale quite slowly through the other nostril. 13.

प्राणं चेदिडया पिबेन्नियमितं भूयोऽन्यया रेचयेत् /
पीत्वा पिंगलया समीरणमथो बध्वा त्यजेद्वामया //
सूर्याचन्द्रमसोरनेन विधिनाभ्यासं समातन्वताम् /
शुद्धा नाडीगणा भवन्ति यमिनां मासत्रयादूर्ध्वतः // 14 //

prāṇaṃ cediḍayā pibenniyamitaṃ bhūyo'nyayā recayet /
pītvā piṅgalayā samīraṇamatho badhvā tyajed vāmayā //
sūryācandramasoranena vidhinābhyāsaṃ samātanvatām /
śuddhā nāḍīgaṇā bhavanti yamināṃ māsatrayādūrdhvataḥ 14

Tr: One inhales through the left nostril and exhales through the other (after retention) and again inhales through the right nostril and holds the breath before exhalation. Consistently and frequently following this technique through alternate nostrils, one gets his *nāḍīs* purified in three months. 14.

यदा तु नाडीशुद्धिः स्यात्तदा चिह्नानि बाह्यतः /
कायस्य कृशता कान्तिर्जायते निश्चितं तथा // **15** //

yadā tu nāḍīśuddhiḥ syāt tadā cihnāni bāhyataḥ /
***kāyasya kṛśatā kāntir jāyate niścitaṃ tathā* // 15 //**

Tr: When the *nāḍīs* are purified, the external signs surely appear, such as slimness of the body and lustre. 15.

Note: According to GhS (V: 33), *nāḍī-śuddhi* is preliminary to *prāṇāyāma.* It is said to be of two kinds—*samanu* and *nirmanu.* The *samanu* process comprises *sabīja prāṇāyāma,* whereas, the *nirmanu* consists of purificatory processes like *dhautī* etc.

SS (II: 24-28) prescribes twenty *prāṇāyāmas,* three or four times a day for two months to attain *nāḍī-śuddhi,* which includes controlled inhalation and controlled exhalation without retention. This type of procedure is not found in other texts. The results of *nāḍī-śuddhi* are not given in GhS, but VS (II:68-69) describes slimness of the body, stimulation of gastric fire, lusture and experience of internally aroused sound, as the signs of purification of the *nāḍīs.* For elaborate discussion on *nāḍīs,* refer to YM (VII: 4: 61-78). 14-15.

इडयापि च षोडशभिः पवनं कुरु षष्टिचतुष्टयमन्तरंगम् /
त्यज पिंगलया शनकैर्द्दशभिर्द्दशभिर्दशभिर्द्व्यधिकैः // **16** //[1]

iḍayāpi ca ṣoḍaśabhiḥ pavanaṃ
kuru ṣaṣṭicatuṣṭayamantaraṅgam /

1.b-The folio containing verses 2 to 16 is missing.

tyaja piṅgalayā śanakair daśabhir-
daśabhir -daśabhir- dvyadhikaiḥ // 16 //

Tr: Inhale for sixteen time units through the left nostril, retain for sixty-four time units and slowly exhale through right nostril for thirty two time units. 16.

Note: GhS recommends three rounds of *prāṇāyāma* with the ratio of 16:64:32 time units for *pūraka, kumbhaka* and *recaka* respectively, accompanied with *bīja—yaṃ, raṃ, ṭhaṃ,* for the purification of the *nāḍīs.* 16.

उत्तमे त्रिगुणा प्रोक्ता प्राणायामस्य निर्णयः /
अधमे जायते स्वेदः कम्पो भवति मध्यमे // **17** //
अधमे द्वादशी मात्रा मध्यमे द्विगुणा भवेत् /
उत्तिष्ठत्युत्तमे प्राणो बद्धे पद्मासने दृढे // **18** //
uttame triguṇā proktā prāṇāyāmasya nirṇayaḥ /
adhame jāyate svedaḥ kampo bhavati madhyame // 17 //
adhame dvādaśī mātrā madhyame dviguṇā bhavet /
uttiṣṭhatyuttame prāṇo baddhe padmāsane dṛḍhe // 18 //

Tr: *adhama prāṇāyāma* consists of twelve time units and causes perspiration. *madhyama prāṇāyāma* has twenty four time units and causes tremors, while *uttama prāṇāyāma* consists of thirty six time units resulting in levitation of the body in *padmāsana.* 17-18.

ततोऽधिकतराभ्यासाद् भवतः स्वेदकम्पने /
ततोऽधिकतमाभ्यासाद्दार्दुर[1] जायते भृशम् // **19** //

1.b- दर्दुरो.

यथैव दर्दुरो गच्छेदुत्प्लुत्योत्प्लुत्य भूतले /
पद्मासने स्थितो योगी तथा गच्छति भूतले // **20** //

tato'dhikatarābhyāsād bhavataḥ svedakampane /
tato'dhikatamābhyāsād dārdduraṃ jāyate bhṛśam // 19 //
yathaiva dardduro gacched utplutyotplutya bhūtale /
padmāsane sthito yogī tathā gacchati bhūtale // 20 //

Tr: As the practice increases in intensity, a *yogī* in *padmāsana* experiences perspiration, tremors and movements of the body, like leaping of a frog on the ground. 19-20.

जलेन श्रमजातेन गात्रमर्द्दनमाचरेत् /
दृढता लघुता चापि तेन गात्रस्य जायते // **21** //

jalena śramajātena gātramarddanamācaret /
dṛḍhatā laghutā cāpi tena gātrasya jāyate // 21 //

Tr: One should rub the body with the sweat caused by exertion (of *prāṇāyāma*). This makes the body strong and light. 21.

अभ्यासप्रथमे काले शस्तं क्षीराज्य[1]भोजनम् /
ततोऽभ्यासे दृढीभूते न तादृङ् नियमाग्रहः[2] // **22** //

abhyāsaprathame kāle śastaṃ kṣīrājyabhojanam /
tato'bhyāse dṛḍhībhūte na tādṛṅ niyamāgrahaḥ // **22** //

Tr: In the initial phase of practice, one should consume nutritious food like milk and *ghee*. As one progresses on the path, sticking to such a diet may not be insisted upon. 22.

यथा सिंहो गजो व्याघ्रो भवेद्वश्यः शनैः शनैः /
तथैव सेवितो वायुरन्यथा हन्ति साधकम् // **23** //

1.b-क्षीरान्न . 2.b-नियमग्रहः .

yathā siṃho gajo vyāghro bhaved vaśyaḥ śanaiḥ śanaiḥ /
tathaiva sevito vāyur anyathā hanti sādhakam // 23 //

Tr: As one can gradually tame a lion, an elephant or a tiger, similarly, *prāṇa* should be slowly controlled, otherwise, it can cause harm to the *sādhaka*. 23.

प्राणायामेन युक्तेन सर्वरोगक्षयो भवेत् /
अयुक्ताभ्यासयोगेन सर्वरोगसमुद्भवः // **24** //
prāṇāyāmena yuktena sarvarogakṣayo bhavet /
ayuktābhyāsayogena sarvarogasamudbhavaḥ // 24 //

Tr: A judicious practice of *prāṇāyāma* will alleviate all the ailments. An improper practice, on the contrary, gives rise to all the diseases. 24.

हिक्काकासस्तथा श्वासः[1] शिरःकर्णाक्षिवेदनाः /
भवन्ति विविधाः रोगाः पवनस्य व्यतिक्रमात् // **25** //
hikkākāsas-tathā śvāsaḥ śiraḥkarṇākṣivedanāḥ /
bhavanti vividhāḥ rogāḥ pavanasya vyatikramāt // 25 //

Tr: The faulty course of *prāṇa* causes several disorders—like hiccup, cough, asthma and pain in head, ears and eyes. 25.

युक्तं युक्तं त्यजेद्वायुं युक्तं युक्तं च पूरयेत् /
युक्तं युक्तं च बध्नीयादेवं सिद्धिमवाप्नुयात् // **26** //
yuktaṃ yuktaṃ tyajed vāyuṃ yuktaṃ yuktaṃ ca pūrayet /
yuktaṃ yuktaṃ ca badhnīyād evaṃ siddhimavāpnuyāt //26 //

1.b-तथाभ्यासः.

Tr: For success, one should inhale, retain and exhale in a very judicious manner. 26.

यथेष्टं धारणं वायोरनलस्य प्रदीपनम् /
नादाभिव्यक्तिरारोग्यं जायते नाडीशोधनात् // 27 //

yatheṣṭaṃ dhāraṇaṃ vāyor-analasya pradīpanam /
nādābhivyaktir ārogyaṃ jāyate nāḍīśodhanāt // 27 //

Tr: Purification of the *nāḍīs* leads to prolonged breath-holding capacity, increase in (bodily) fire, manifestation of the *nāda* and feeling of well being. 27.

यावद् बद्धो मरुद्देहे[1] तावच्चित्तं निरामयम् /
यावद् दृष्टिर्भ्रुवोर्मध्ये तावत्कालभयं कुतः // 28 //

yāvad baddho marud dehe tāvaccittam nirāmayam /
yāvad dṛṣṭir bhruvormadhye tāvatkālabhayaṃ kutaḥ // 28 //

Tr: Mind remains poised, so long as *prāṇa* is controlled in the body. Fear of death (*kāla*) will not arise, so long as the gaze is fixed at the center of the eyebrows. 28.

विधिवत् प्राणसंयामैर्नाडीचक्रे विशोधिते /
सुषुम्नावदनं भित्वा सुखाद्विशति मारुतः // 29 //

vidhivat prāṇasaṃyāmair nāḍīcakre viśodhite /
suṣumnāvadanaṃ bhitvā sukhād viśati mārutaḥ // 29 //

Tr: When the group of *nāḍīs* is purified through prescribed practice of *prāṇāyāma, prāṇa* easily pierces and enters the opening of *suṣumnā*. 29.

1.gss-यावद्देहे मरुद् बद्धस्.

मारुते मध्यसञ्चारे मनःस्थैर्यं प्रजायते /
यो मनःसुस्थिरीभावः सैषावस्था मनोन्मनी // **30** //
mārute madhyasañcāre manaḥsthairyaṃ prajāyate /
yo manaḥsusthirībhāvaḥ saiṣāvasthā manonmanī // 30 //

Tr: Mind becomes poised, as the *prāṇa* moves in the middle path (*suṣumnā*). The poised state of the mind is called *manonmanī.* 30.

तत्सिद्धये विधानज्ञाश्चित्रान् कुर्वन्ति कुम्भकान् /
विचित्रकुम्भकाभ्यासाद्विचित्रां सिद्धिमाप्नुयात् // **31** //
tatsiddhaye vidhānajñāścitrān kurvanti kumbhakān /
vicitrakumbhakābhyāsād vicitrāṃ siddhimāpnuyāt // 31 //

Tr: To attain such a state, the adepts (of *yoga*) practise various *kumbhakas.* Surprising results can be achieved by practising various *kumbhakas.* 31.

प्रातर्मध्यन्दिने सायमर्धरात्रे च कुम्भकान् /
शनैरशीतिपर्यन्तं चतुर्वारं समभ्यसेत् // **32** //
prātarmadhyandine sāyamardharātre ca kumbhakān /
śanairaśītiparyantaṃ caturvāraṃ samabhyaset // 32 //

Tr: One should practise eighty rounds of *kumbhakas* four times a day, in the morning, noon, evening and midnight, in a sustained manner. 32.

सूर्यभेदनमुज्जायी तथा सीत्कारशीतली /
भस्त्रिका भ्रामरी मूर्च्छा केवलश्चाष्टकुम्भकाः // **33** //

sūryabhedanam ujjāyī tathā sītkāra-śītalī /
bhastrikā bhrāmarī mūrcchā kevalaścāṣṭa-kumbhakāḥ // **33** //

Tr: The group of eight *kumbhakas* consists of: *sūrya-bhedana, ujjāyī, sītkārī, śītalī, bhastrikā, bhrāmarī, mūrcchā* and *kevala*. 33.

Note: While enumerating eight *kumbhakas*, we find *kevala* included and *plāvinī* omitted in many other copies. GhS omits *sītkārī* and *plāvinī* and substitutes *sahita* and *kevala*. KP describes more than fifty *kumbhakas*, which are not found in any other *yogic* texts. For details, refer to KP of *raghuvīra* edited by Dr. M. L. Gharote and Parimal Devnath, published by The Lonavla Yoga Institute (India). 33.

पूरकान्ते तु कर्त्तव्यो बन्धो जालन्धराभिधः /
कुम्भकान्ते रेचकादौ कर्त्तव्यस्तूड्डियानकः // **34** //
pūrakānte tu kartavyo bandho jālandharābhidhaḥ /
kumbhakānte recakādau kartavyastūḍḍiyānakaḥ // **34** //

Tr: *jālandhara bandha* (chin lock) should be practised after the *pūraka*, while *uḍḍiyāna* should be practised at the end of *kumbhaka*, but before *recaka* starts. 34.

अधस्तात् कुञ्चनेनैव कण्ठसंकोचनेन वा[1] /
मध्ये पश्चिमतानेन स्यात् प्राणो ब्रह्मरन्ध्रगः // **35** //
adhastāt kuñcanenaiva kaṇṭhasaṅkocanena vā /
madhye paścimatānena syāt prāṇo brahmarandhragaḥ // **35** //

Tr: By the contraction of anal muscles (*mūlabandha*), by contraction of the throat (*jālandhara bandha*) and by pulling the

1.b- कण्ठसंकोचने कृते .

abdomen backwards (*uḍḍiyāna bandha*), the *prāṇa* moves to *brahma-randhra*. 35.

अपानमूर्ध्वमुत्थाप्य प्राणं कण्ठादधो नयेत् /
योगी जराविनिर्मुक्तः षोडशाब्दवयो भवेत् // **36** //

apānamūrdhvam-uthāpya prāṇaṃ kaṇṭhād-adho nayet /
yogī jarāvinirmuktaḥ ṣoḍaśābdavayo bhavet // 36 //

Tr: One should raise the *apāna* upwards and take the *prāṇa* downwards below the throat (*jālandhara bandha*). This makes the *yogī* free from old age (diseases) and he becomes as young as of sixteen years. 36.

अथ सूर्यभेदनकुम्भकः–

आसने सुसुखे योगी बद्धपद्मासनं[1] ततः /
दक्षनाड्या समाकृष्य बहिःस्थं पवनं शनैः // **37** //
आकेशादानखाग्रं च निरोधावधि कुम्भयेत् /
ततः शनैः सव्यनाड्या रेचयेत् पवनं पुनः // **38** //[2]
कपालशोधनं वातदोषघ्नं कृमिनाशनम् /
पुनः पुनरिदं कुर्यात् सूर्यभेदनमुत्तमम् // **39** //

atha sūryabhedanakumbhakaḥ--
āsane susukhe yogī badhapadmāsanaṃ tataḥ /
dakṣanāḍyā samākṛsya bahiḥsthaṃ pavanaṃ śanaiḥ // 37 //
ākeśādānakhāgraṃ ca nirodhāvadhi kumbhayet /
tataḥ śanaiḥ savyanāḍyā recayet pavanaṃ punaḥ // 38 //
kapālaśodhanaṃ vātadoṣaghnaṃ kṛmināśanam /
punaḥ punaridaṃ kuryāt sūryabhedanam uttamam // 39 //

1.b-बध्वा वज्रासनं ततः. 2.After आकेशादानखाग्रं च (verse 38) an additional verse is found in HP (J) as follows :
हस्तिस्थानं निरुध्याथ प्राणं तत्वं तु धारयेत् / धारणां कुर्वतस्तस्य शक्तिस्थानं प्रभञ्जनम् //

Tr: A *yogī* comfortably sits in *padmāsana*, slowly draws the external air in through the right nostril and retains it as long as the sensations are felt at the tips of the hair and nails (to the fullest of capacity). Thereafter he slowly exhales through the left nostril. This *sūrya-bhedana* should be practised quite frequently, since it cleanses the forehead, removes the disorders caused by *vāta* humor and destroys the worms. 37-39.

Note: KP (127) recommends inhalation through the right nostril with sound.

In this variety, inhalation is done through right nostril. *sūrya* stands for the right nostril. Therefore, it seems to have been called *sūrya-bhedana.* 36-38.

अथ उज्जायी–

मुखं संयम्य नासाभ्यामाकृष्य पवनं शनैः /
यथा लगति कण्ठान्तं हृदयावधि सस्वनम् **// 40 //**
पूर्ववत् कुम्भयेत् प्राणान् रेचयेदिडया ततः[1] /
श्लेष्मदोषहरं कण्ठे देहानलविवर्धनम् **// 41 //**[2]
नाडीजालोदरधातुगत[3]दोषविनाशनम् /
गच्छता तिष्ठता कार्यमुज्जाय्याख्यं च कुम्भकम् **// 42 //**

atha ujjāyī--
mukhaṃ saṃyamya nāsābhyāmākṛṣya pavanaṃ śanaiḥ /
yathā lagati kaṇṭhāntaṃ hṛdayāvadhi sasvanam // 40 //
pūrvavat kumbhayet prāṇān recayed iḍayā tataḥ /
śleṣmadoṣaharaṃ kaṇṭhe dehānalavivardhanam // 41 //

1.a-उड्डियानतः.

2. In HP(J) after verse 41 we get additional verses as follows-
सर्वरोगविनाशश्च त्रिदोषो जनितास्तथा / तुन्दमध्यगा रोगा च सर्व नश्यन्ति तस्य वै //
नाडीजलोदरं धातुगतदोषविनाशनम् / स्वविषकलुषश्चैव विशुद्धि तं योगिनो वै //
वत्सरान्मुक्त एव स्याज्जीवन्नेव न संशय / भिद्यते सर्वगात्रं च एव कुम्भकविश्रुतम् // 3.a-गर्भ.

nāḍījālodara-dhātugata-doṣa-vināśanam /
gacchatā tiṣṭhatā kāryam-ujjāyyākhyaṃ ca kumbhakam/42/

Tr: Close the mouth. Inhale through both the nostrils fully with frictional sound felt from the throat to the chest. Hold the breath in the prescribed manner as before and then exhale through the left nostril. This is *ujjāyī kumbhaka,* which removes the phlegmatic disorders from the throat, increases the bodily fire, removes the disorders of the *nāḍīs*, dropsy and the disorders of the bodily constituents (*dhātus*). This should be practiced all the time. 40-42.

Note: GhS (V: 64-67) and KP (132) do not mention about producing frictional sound during inhalation and exhalation. 40-42.

अथ सीत्कार[1] *कुम्भकः* –

सीत्कां दद्यात् सदा वक्त्रे घ्राणेनैव विसर्जयेत् /
एवमभ्यासयोगेन कामदेवो द्वितीयकः // **43** //[2]
योगिनीचक्रसेव्यस्तु सृष्टिसंहारकारकः /
न क्षुधा न तृषा निद्रा तन्द्रालस्यं न जायते // **44** //

atha sītkārakumbhakaḥ--
sītkāṃ dadyāt sadā vaktre ghrāṇenaiva visarjayet /
evamabhyāsayogena kāmadevo dvitīyakaḥ // 43 //
yoginīcakrasevyastu sṛṣṭisaṃhārakārakaḥ /
na kṣudhā na tṛṣā nidrā tandrālasyaṃ na jāyate // 44 //

Tr: One should always inhale through the mouth with the sound '*sīt*', retain and exhale through the nose. With this practice, one becomes like a cupid. He is regarded (served) by the *yoginī cakra*, becomes

1.a-शीत्कार. 2. HP(J) calls it *bhujaṅga kumbhaka.* It states :
केचिद्वदति सीत्कारः केचिदाहुर्भुजंगमः / भुजंगाख्यशुभं शान्तं सतां च सततं शिवः //

capable to create and destroy and does not suffer from hunger, thirst, sleep and drowsiness. 43-44.

Note: Many a time *yoginī cakra* is translated as the group of female partners of the aspirants in *tāntrika* tradition. However, here the meaning that is conveyed is the deities presiding over different *cakras* and their manifestations from *mūlādhāra* to *sahasrāra*. 43-44.

भवेत् स्वच्छन्ददेहस्तु सर्वोपद्रववर्जितः /
अनेन विधिना यस्तु योगीन्द्रो भूमिमण्डले // **45** //
bhavet svacchandadehastu sarvopadravavarjitaḥ /
anena vidhinā yastu yogīndro bhūmimaṇḍale // 45 //

Tr: Moreover, by this practice, an eminent *yogī* becomes physically fit and free from all the worldly sufferings. 45.

जिह्वामूलेन रन्ध्रेण यः प्राणं सततं पिबेत् /
स भवेत् सर्वसिद्धानां भाजनं नात्र संशयः // **46** //
jihvāmūlena randhreṇa yaḥ prāṇaṃ satataṃ pibet /
sa bhavet sarvasiddhānāṃ bhājanaṃ nātra saṃśayaḥ //46//

Tr: One undoubtedly is respected by all the *siddhas*, who always sucks the *prāṇa* through the root of the tongue. 46.

रसनां तालुयोगेन यः प्राणं सततं पिबेत् /
अब्दार्धेन भवेत्तस्य सर्वरोगपरिक्षयः // **47** //
rasanāṃ tāluyogena yaḥ prāṇaṃ satataṃ pibet /
abdārdhena bhavettassya sarvarogaparikṣayaḥ // 47 //

Tr: One, who always draws the *prāṇa* in by pressing the tongue to the palate, becomes free from all the diseases in half a year. 47.

<u>*अथ शीतलीकुम्भकः –*</u>

जिह्वया वायुमाकृष्य पूर्ववत् कुम्भसाधनम् /
शनैस्तु घ्राण[1]रन्ध्राभ्यां रेचयेदनिलं सुधीः // **48** //
गुल्मप्लीहोदरं चापि वातपित्तं क्षुधां तृषाम् /
एतांश्च शीतलीनाम कुम्भकोऽयं निहन्ति च // **49** //[2]

<u>atha śītalīkumbhakaḥ</u>--
jihvayā vāyumākṛṣya pūrvavat kumbhasādhanam /
śanaistu ghrāṇarandhrābhyāṃ recayedanilaṃ sudhīḥ // 48 //
gulmaplīhodaraṃ cāpi vātapittaṃ kṣudhāṃ tṛṣām /
etāṅśca śītalīnāma kumbhako'yaṃ nihanti ca // 49 //

Tr: The wise draws the air through the tongue, retains it in the manner told before and slowly exhales the air through the nostrils. This is *śītalī-kumbhaka*, which removes dropsy, disorders of the spleen, stomach and of *vāta* and *pitta* and controls hunger and thirst. 48-49.

Note: The name of this *prāṇāyāma* is described from it's cooling effect on the body. KP (137-148) calls it *kāka-cañcu kumbhaka.* After inhalation, the protruded tongue is withdrawn and the lips closed. This is a variety, where the air is inhaled through mouth as also in *sītkārī.* In all other varieties of *prāṇāyāma,* the air is invariably inhaled and exhaled through the nose. *brahmānanda* cautions against exhaling through mouth. 48-49.

1.b-प्राण. 2.Instead of verse 49, we get more elaborate description of *śītalī* in HP(J) as follows :
गुल्मश्लेष्मादयो दोषाः ज्वरपित्तक्षुधातृषा / रोगान् सर्वे विनश्यन्ति विषाणि विविधानि च //
त्रिमासात्तस्य कल्याणी जायते वाक् सरस्वती / षण्मासाभ्यासयोगेन महारोगैः प्रमुच्यते //
नाभिदघ्न भिद्यते वायुः महाशक्तिप्रक्षोभये / एतानि शीतली नाम कुम्भकोऽयं निहन्ति च //

अथ भस्त्रिकाकुम्भकः–

ऊर्वोरुपरि संस्थाप्य उभे पादतले तथा /
पद्मासनं भवेत् सम्यक् सर्वपापप्रणाशनम् // **50** //

atha bhastrikā-kumbhakaḥ--
ūrvorupari saṃsthāpya ubhe pādatale tathā /
padmāsanaṃ bhavet samyak sarvapāpapraṇāśanam // 50 //

Tr: Both the feet are placed on the (opposite) thighs, forming *padmāsana*, which removes all the sins. 50.

सम्यक् पद्मासनं बध्वा समग्रीवोदरः सुधीः /
मुखं संयम्य यत्नेन प्राणं घ्राणेन रेचयेत् // **51** //
यथा लगति हृत्कण्ठे कपालावधि सस्वनम्[1] /
यदा श्रमो भवेद्देहे तदा सूर्येण रेचयेत् // **52** //
वेगेन पूरयेत् सम्यक् हृत्पद्मावधि मारुतम् /
पुनर्विरेचयेत्तद्वत् पूरयित्वा पुनः पुनः // **53** //
यथैव लोहकाराणां भस्त्रा वेगेन चाल्यते /
तथैव स्वशरीरस्थं चालयेत् पवनं शनैः // **54** //
यथोदरं भवेत् पूर्ण[2] पवनेन तथा लघु /
धारयेन्नासिकामध्यमांगुलिभ्यां तथा दृढम् // **55** //
कुम्भकं पूर्ववत् कृत्वा रेचयेदिडयानिलम् /
कुण्डलीबोधनं कुर्यात् पापघ्नं सुखदं शुभम्[3] // **56** //

samyak padmāsanaṃ badhvā samagrīvodaraḥ sudhīḥ /
mukhaṃ saṃyamya yatnena prāṇaṃ ghrāṇena recayet // 51 //
yathā lagati hṛtkaṇṭhe kapālāvadhi sasvanam /
yadā śramo bhaveddehe tadā sūryeṇa recayet // 52 //

1.a-पूरयेत्. 2.a-पूर्ण. 3.a-सुखं.

vegena pūrayet samyak hṛtpadmāvadhi mārutam /
punarvirecayet-tadvat pūrayitvā punaḥ punaḥ // 53 //
yathaiva lohakārāṇāṃ bhastrā vegena cālyate
tathaiva svaśarīrasthaṃ cālayet pavanaṃ śanaiḥ // 54 //
yathodaraṃ bhavet pūrṇaṃ pavanena tathā laghu /
dhārayen-nāsikā-madhyamāṅgulibhyāṃ tathā dṛḍham/55 //
kumbhakaṃ pūrvavat kṛtvā recayed-iḍyānilam /
kuṇḍlībodhanaṃ kuryāt pāpaghnaṃ sukhadaṃ śubham //56/

Tr: Adopting *padmāsana* correctly, the wise keeps the neck and trunk erect. With mouth closed, he exhales effortfully with sound through the right nostril in such a manner that the sensation is felt in the chest, throat and forehead. Then he quickly inhales properly. Thus he repeatedly inhales and exhales quickly like the bellows of an ironsmith. Then he inhales fully through right nostril and holds the breath as before by closing the nose without the use of middle and index fingers and exhales through the left nostril. This leads to the awakening of *kuṇḍalinī,* which removes the sins and leads to the feeling of well-being. 51-56.

Note: The technique of *bhastrikā* described here requires *kapāla-bhāti* to be done through the right nostril until fatigue sets in. Then one should inhale through the right nostril and after retaining the breath, by closing the nose without the use of index and middle fingers, he exhales through the left nostril. GhS (V: 70-72) requires twenty strokes of *kapāla-bhāti* through both the nostrils before retention of breath. *brahmānanda*, the commentator of *haṭha-pradīpikā,* interpretes the word *ghrāṇena,* meaning 'one nostril' for exhalation in *kapāla-bhāti.* In the description of the technique in the text, this nostril has been specifically mentioned as right nostril. Based on *kapāla-bhāti* done through one nostril, *brahmānanda* gives two traditions of *bhastrikā,* which may be described as follows:

a) Close the left nostril and exhale and inhale rapidly and forcefully several times. Then inhale through the right nostril, hold the breath to the capacity and exhale through the left nostril. After this, close the right nostril and rapidly exhale and inhale several times through the left nostril. Then inhale through the left nostril, hold the breath to the capacity and exhale through the right nostril.

b) With the last two fingers, closing the left nostril, inhale through the right nostril and quickly exhale through the left by closing the right with the thumb. Repeat this several times. Then inhale through the right nostril, retain the breath with *jālandhara-bandha* and exhale through the left nostril. *brahmānanda* suggests the repetition of this also on the other side, by changing nostril for inhalations and exhalations. KP (168) gives still another variety called *antar-bhastrā,* in which one exhales and inhales quickly through both the nostrils. Then, after inhaling through both the nostrils and holding the breath, one exhales through both the nostrils.

Scientific investigation on *bhastrikā prāṇāyāma* indicated that, even prolonged practice of 45 minutes does not lead to an increase in the urinary acidity. For details, refer to YM (VI: 1: 9-18).

Although the rationale of closing the nose during *kumbhaka,* without the use of index and middle fingrs, is not clear, in the *haṭha-yogic* and *tāntrika* texts, it is repeatedly emphasized. This arrangement of fingers is called *oṃkāra-mudrā. smṛtis* allow the use of all the five fingers for closing the nose during *prāṇāyāma,* which is called *praṇava-mudrā.* 55-56.

ब्रह्मनाडीमुखे संस्थः कफाद्यर्गल[1]नाशनम् /
सम्यग्गात्रसमुद्भूतं ग्रन्थित्रयविभेदकम् // 57 //

brahmanāḍī-mukhe saṃsthaḥ kaphādyargala-nāśanam /
samyag-gātra-samudbhūtaṃ granthitraya-vibhedakam /57 //

Tr: This practice removes the obstructions like mucus

1.a-कपालार्गल.

sticking on the mouth of *brahma-nāḍī,* destroys the impediments in the passage of the frontal sinuses and pierces the three *granthis* in the body. 57.

उन्मन्यवाप्तये सर्वेऽभ्यसनीया हि कुम्भकाः /
विशेषेणैव कर्त्तव्यं भस्त्राख्यं कुम्भकाभिधम् // **58** //[1]
unmanyavāptaye sarve'bhyasanīyā hi kumbhakāḥ /
***viśeṣeṇaiva kartavyaṃ bhastrākhyaṃ kumbhakābhidham* 58**

Tr: One should practise all the ***kumbhakas***, especially ***bhastrikā-kumbhaka***, to attain the state of ***unmanī.*** 58.

<u>*अथ भ्रामरीकुम्भकः–*</u>
वेगोद्घोषं पूरकं भृंगनादं भृंगीनादं रेचकं मन्दं मन्दम् /
योगीन्द्राणां नित्यमभ्यासयोगाच्चित्ते जाता काचिदानन्दलीला // **59** //[2]
<u>atha bhrāmarī-kumbhakaḥ--</u>
vegodghoṣaṃ pūrakaṃ bhraṅganādaṃ
bhṛṅgīnādaṃ recakaṃ mandaṃ mandam /
yogīndrāṇāṃ nityam-abhyāsayogāc-
***citte jātā kācidānandalīlā* // 59 //**

Tr: One inhales forcefully to produce the sound resembling that of a male bee and exhales very slowly, creating a sound similar to that of a female bee. This technique, if practised daily, fills the mind of the *yogī* with exceptionally ecstatic feelings. 59.

Note: The humming sound resembling that of a male and

1.Additional verse in HP(J) :
यः करोति घनाभ्यासं तस्य सिद्धिर्न दूरतः / वायुसिद्धिर्भवेद्देवि क्रमात् पुंसो न संशयः //
2.An additional verse in HP(J) regarding *bhrāmarī :*
नादोत्पत्तिस्त्वनेन शुद्धभृंगसमोपमम् / ब्रह्मरन्ध्रे सुषुम्नायां सांगोपांगकलेवरे //

female bee during *pūraka* and *recaka* is produced by pronouncing the nasalised sound as in the word *gaṅgā,* accompanied by the vibrations of the soft palate. GhS (V: 73-77) gives a different technique of *bhrāmarī.* 59.

अथ मूर्च्छाकुम्भकः–

पूरकान्ते गाढतरं बध्वा जालन्धरं शनैः /
रेचयेन्मूर्च्छनाख्योऽयं मनोमूर्च्छा सुखप्रदा // **60** //[1]

atha mūrcchā kumbhakaḥ--
pūrakānte gāḍhataraṃ badhvā jālandharaṃ śanaiḥ /
recayen-mūrcchanākhyo'yaṃ manomūrcchā sukhapradā 60 /

Tr: One firmly adopts *jālandhara bandha* at the end of *pūraka* and slowly practises *recaka* (while maintaining *jālandhara bandha*). This brings *manomūrcchā,* causing loss of awareness and happiness. 60.

अन्तःप्रवर्त्तिताधारमारुता पूरितोदरः /
साक्षात्पयस्यगाधेऽपि प्लवते पद्मपत्रवत् // **61** //[2]

(*plāvinī-kumbhaka*)[3]:-
antaḥpravartitādhāramārutā pūritodaraḥ/
sākṣāt payasyagādhe'pi plavate padmapatravat // 61 //

Tr: With the help of stomach (and the lungs) completely filled with the air, a *yogī* easily floats like a lotus leaf on the deepest of waters. 61.

Note: *plāvinī,* as one of the eight *kumbhakas,* has not been

---

1.We get an additional verse in HP(J) regarding *mūrcchanā kumbhaka*- शरीरं विसृजेदेवं स सम्यक् समाचरेत् / तदात्मा राजते तत्र यथा व्योम्नि विकर्तनः //

2.In HP(J) we get one more verse regarding *plāvinī kumbhaka*- तदर्थं च प्रवर्त्तते योगिनः प्राणधारणे / तत्त एवाखिला नाडी प्लायतो शक्तितो बिलम् // 3. a,b- not available.

mentioned in the text. However, its technique is given here. Swāmī Kuvalayānanda describes the technique of *plāvinī* as follows: Swallowing the air several times, just as we eat food or drink water, until one gets his stomach inflated and the abdomen bulges out. Then he inhales fully and holds his breath as long as possible before he exhales. While practising rounds of *prāṇāyāma,* his stomach remains inflated with air that he has swallowed in the beginning. After the practice of desired rounds of *prāṇāyāma*, he empties the stomach by erutations (refer YM VI: 4: 318-320). 61.

प्राणायामस्त्रिधा प्रोक्तो रेचकपूरककुम्भकैः /
सहितः केवलश्चेति कुम्भको द्विविधो मतः // **62** //

prāṇāyāmastridhā prokto recakapūrakakumbhakaiḥ /
sahitaḥ kevalaśceti kumbhako dvividho mataḥ // 62 //

Tr: Practice of *prāṇāyāma* comprises three phases—***recaka***, ***pūraka*** and ***kumbhaka***. ***kumbhaka*** is of two kinds: ***sahita*** and ***kevala***. 62.

अथ सहितकुम्भकः –

रेचयेत् पूरकं कुर्याच्छनैः सहितकुम्भकैः /
केवलस्य तु सिद्धिः स्यात् यावत्[1] सहितमभ्यसेत् // **63** //

atha sahita-kumbhakaḥ:-
recayet pūrakaṃ kuryācchanaiḥ sahitakumbhakaiḥ /
kevalasya tu siddhiḥ syāt yāvat sahitamabhyaset // 63 //

1.a-यात्.

Tr: When *kumbhaka* is accompanied by *pūraka* and *recaka*, it is called *sahita-kumbhaka.* One should continue practising *sahita* until one attains *kevala* stage. 63.

<u>अथ केवलकुम्भकः-</u>

रेचकं पूरकं त्यक्त्वा[1] सुखं यद्वायुधारणम् /
प्राणायामोऽयमित्युक्तः स वै केवलकुम्भकः // **64** //

<u>atha kevala-kumbhakaḥ:-</u>

recakaṃ pūrakaṃ tyaktvā sukhaṃ yad vāyudhāraṇam /
prāṇāyāmo'yamityuktaḥ sa vai kevalakumbhakaḥ // 64 //

Tr: Retention of breath with great ease irrespective of inhalation or exhalation, is called *kevala-kumbhaka.* 64.

केवले कुम्भके सिद्धे रेचपूरकवर्जिते /
न तस्य दुर्लभं किञ्चित् त्रिषु लोकेषु वर्त्तते // **65** //

kevale kumbhake siddhe recapūrakavarjite /
na tasya durlabhaṃ kiñcit triṣu lokeṣu vartate // 65 //

Tr: When one masters *kevala-kumbhaka,* irrespective of inhalation or exhalation, nothing remains unachievable for him in the three worlds. 65.

सिद्धं केवलकुम्भेन यथेष्टं वायुधारणम् /
राजयोगपदं चैव लभते नात्र संशयः // **66** //

siddhaṃ kevalakumbhena yatheṣṭaṃ vāyudhāraṇam /
rājayogapadaṃ caiva labhate nātra saṃśayaḥ // 66//

1.a- कृत्वा .

Tr: Through the accomplishment of *kevala-kumbhaka*, one can easily hold the breath as one desires and one undoubtedly attains the state of *rājayoga*. 66.

कुम्भकं प्राणरेचान्ते कुर्य्याच्चित्तं निराश्रयम् /
एवमभ्यासयोगेन राजयोगपदं व्रजेत् // **67** //

kumbhakaṃ prāṇarecānte kuryāccittaṃ nirāśrayam /
evamabhyāsayogena rājayogapadaṃ vrajet // 67 //

Tr: One should make the mind objectless by retaining the breath after exhalation. This practice also brings about the state of *rājayoga*. 67.

कुम्भकात् कुण्डलीबोधः कुण्डलीबोधतो भवेत् /
अनर्गला सुषुम्ना च हठसिद्धिश्च जायते // **68** //

kumbhakāt kuṇḍalībodhaḥ kuṇḍalībodhato bhavet /
anargalā suṣumnā ca haṭhasiddhiśca jāyate // 68 //

Tr: Practice of *kumbhaka* brings arousal of *kuṇḍalī*, which (further) leads to free passage (of *prāṇa*) into *suṣumnā* and consequently one attains success in *haṭha-yoga*. 68.

हठं विना राजयोगो राजयोगं विना हठः /
न सिध्यति ततो युग्ममानिष्पत्तेः समभ्यसेत् // **69** //

haṭhaṃ vinā rājayogo rājayogaṃ vinā haṭhaḥ /
na sidhyati tato yugmamāniṣpatteḥ samabhyaset // 69 //

Tr: *haṭha* without *rājayoga* cannot be perfected, so also, *rājayoga* without *haṭha* cannot be accomplished. Therefore, one should practise both, until one attains the state of *niṣpatti* (*samādhi*). 69.

आहारः क्षीयते योगैः कृष्णपक्षे तु चन्द्रमाः /
शुक्लपक्षे तथा चन्द्रस्तथा चासावमृतो भवेत्[1] // 70 //
āhāraḥ kṣīyate yogaiḥ kṛṣṇapakṣe tu candramāḥ /
śuklapakṣe tathā candras-tathā cāsāvamṛto bhavet // 70 //

Tr: With the practices of *yoga,* food intake gets reduced, like the waning of the moon in the dark fort-night and the *yogī* is filled with nectar (*amṛta*) like the moon in the bright fort-night. 70.

वपुःकृशत्वं वदने प्रसन्नता नादस्फुटत्वं नयने सुनिर्मले /
आरोग्यता बिन्दुजयोऽग्निदीपनं नाडीविशुद्धिर्हठसिद्धि[2]लक्षणम् //71 //
vapuḥkṛśatvaṃ vadane prasannatā
nādasphuṭatvaṃ nayane sunirmale /
ārogyatā bindujayo'gnidīpanaṃ
nāḍīviśuddhir haṭhasiddhilakṣaṇam // 71 //

Tr. The signs of success in *haṭhayoga* are:- slimness of the body, cheerful face, hearing of the mystical sound, brightness in the eyes, sense of well-being, control over the *bindu*, increase in gastric fire and purification of the *nāḍīs*. 71.

इति श्रीसहजानन्दसन्तानचिन्तामणिस्वात्मारामविरचितायां
हठप्रदीपिकायां चतुर्थोपदेशः // 4 //
iti śrī-sahajānanda-santāna-cintāmaṇi-svātmārāmaviracitāyāṃ
haṭhapradīpikāyāṃ caturthopadeśaḥ // 4 //

Thus (ends) the fourth chapter of *haṭhapradīpikā*, composed by *svātmārāma*, an illustrious successor of *śrī-sahajānanda* // 4 //

---

1. मृतो यमः. 2.a-योग.

HAṬHAPRADĪPIKĀ

Fifth Chapter

अथ मुद्रा–

सशैलवनधात्रीणां यथाधारो हि नायकः /
सर्वेषां योगतन्त्राणां तथाधारो हि कुण्डली // 1 //

atha mudrā:-
saśailavanadhātrīṇāṃ yathādhāro hi nāyakaḥ /
sarveṣāṃ yogatantrāṇāṃ tathādhāro hi kuṇḍalī // 1 //

Tr. *kuṇḍalinī* forms the very foundation of the entire science of *yoga* in the manner the Lord of serpents is the support of the earth, with all its forests and mountains. 1.

सुप्ता गुरुप्रसादेन यदा जागर्त्ति कुण्डली /
तदा सर्वाणि पद्मानि भिद्यन्ते ग्रन्थयस्तथा // 2 //

suptā guruprasādena yadā jāgarti kuṇḍalī /
tadā sarvāṇi padmāni bhidyante granthayastathā // 2 //

Tr. When the dormant *kuṇḍalī* gets aroused by the grace of *guru*, then alone all the *padmas* (lotuses – *cakras*) and the *granthis* (knots) get pierced. 2.

प्राणस्य शून्यपदवी तथा राजपथायते /
तथा चित्तं निरालम्बं तथा कालस्य वञ्चनम् // 3 //

prāṇasya śūnyapadavī tathā rājapathāyate /
tathā cittaṃ nirālambaṃ tathā kālasya vañcanam // 3 //

Tr. Thus, the *prāṇa* moves freely through the royal passage (*suṣumnā*), which renders the mind objectless and death is defied. 3.

सुषुम्ना शून्यपदवी ब्रह्मरन्ध्रं महापथम् /
श्मशानं शाम्भवी मध्यमार्गश्चेत्येकवाचकाः // 4 //
suṣumnā śūnyapadavī brahmarandhraṃ mahāpatham /
śmaśānaṃ śāmbhavī madhyamārgaścetyekavācakāḥ // 4 //

Tr. *suṣumnā, śūnya-padavī, brahma-randhra, mahāpatha, śmaśāna, śāmbhavī* and *madhya-mārga* are synonyms. 4.

तस्मात् सर्वप्रयत्नेन प्रबोधयितुमीश्वरीम् /
ब्रह्मद्वारमुखे सुप्तां मुद्राभ्यासेन बोधयेत्[1] // 5 //
tasmāt sarvaprayatnena prabodhayitum-īśvarīm /
brahmadvāramukhe suptāṃ mudrābhyāsena bodhayet // 5 //

Tr. One should put all the efforts in practising the *mudrās* to awaken *īśvarī* (*kuṇḍalī*), which lies dormant at the entrance of *brahma-dvāra*. 5.

अथ दशमुद्राः-
महामुद्रा महाबन्धो महावेधश्च खेचरी /
उड्डीयानं मूलबन्धो बन्धो जालन्धराभिधः // 6 //
करणी विपरीताख्या वज्रोली शक्तिचालनम् /
इदं हि मुद्रादशकं जरामरणनाशनम् // 7 //
atha daśa-mudrās:-
mahāmudrā mahābandho mahāvedhaśca khecarī /
uḍḍīyānaṃ mūlabandho bandho jālandharābhidhaḥ // 6 //
karaṇī viparītākhyā vajrolī śakticālanam /
idaṃ hi mudrādaśakaṃ jarāmaraṇa-nāśanam // 7 //

Tr. *mahāmudrā, mahābandha, mahāvedha, khecarī,*

1.b-मुद्राभ्यासो विधीयते.

uḍḍīyāna, mūlabandha, jālandhara-bandha, viparīta-karaṇī, vajrolī and *śakti-cālana*— are the ten *mudrās,* which overcome old age and death. 6-7.

Note: GhS (3rd ch.) describes 25 *mudrās,* in which are included the ten *mudrās* mentioned here. The nature of the *mudrās* described in GhS is more physical or physiological at one hand and more psychological at the other.

JPR, however, describes 24 *mudrās,* which are different from the list of GhS. These are—*saṃkṣobhaṇī, drāvaṇī, ākarṣaṇī, vaśyā, unmada, mahāṅkuśā, trikhaṇḍā, virajā, vīparīta-karaṇa, mūlabandha, kāmarāja, uḍḍiyāna, jālandhara, mahāmudrā, mahābandha (pūrṇagirā), mahāvedha, khecarī, varaṇaka, sahajolī, ṣaṇmukhī, cācarī, bhūcarī, agocarī* and *unmanī.*

JPR suggests that *mahāmudrā, mahābandha* and *mahāvedha* are to be practised together. The description of *mahābandha* and *mahāvedha* is differently given. The place of *mahāmudrā* is said to be *yoni-sthāna*, that of *mahābandha* is *kaṇṭha-sthāna* and that of *mahāvedha* is *daśama-sthāna* (*brahma-randhra*). 6-7.

वज्रोलीरमरोलीश्च[1] सहजोली[2]स्त्रिधा मता /
एतेषां लक्षणं वक्ष्ये कर्त्तव्यं च विशेषतः // **8** //[3]
vajrolīramarolīśca sahajolīstridhā matā /
eteṣāṃ lakṣaṇaṃ vakṣye kartavyaṃ ca viśeṣataḥ // **8** //

Tr. *vajrolī, amarolī* and *sahajolī* comprise a group of three. Their characteristics and special techniques are being narrated by me. 8.

1.a-अमरोलिश्च. 2.a-सहजोलि. 3. This verse is misplaced in the text after गोपनीयं...(V: 10). Logically, it should appear here enumerating the number of *mudrās.* So, the editors have changed its position.

आदिनाथोदितं सर्वमष्टैश्वर्यप्रदायकम् /
वल्लभं सर्वसिद्धानां[1] दुर्लभं महतामपि // 9 //

ādināthoditaṃ sarvam-aṣṭaiśvarya-pradāyakam /
vallabhaṃ sarvasiddhānāṃ durlabhaṃ mahatāmapi // 9 //

Tr. These *mudrās,* propagated by *ādinātha*, which bestow upon one the eight supernatural powers, are highly respected by all the *siddhas* but are difficult to be attained even by the great. 9.

गोपनीयं प्रयत्नेन यथा रत्नकरण्डकम् /
कस्यचिन्नैव वक्तव्यं कुलस्त्रीसुरतं यथा // 10 //

gopanīyaṃ prayatnena yathā ratnakaraṇḍakam /
kasyacinnaiva vaktavyaṃ kulastrī-surataṃ yathā // 10 //

Tr. These should be preserved carefully like the casket of jewels and should not be related to anybody, like a noble woman would not disclose about her sexual pleasures. 10.

अथ महामुद्रा-

महामुद्रा नभोमुद्रा उड्डियानं जालन्धरम् /
मूलबन्धं च यो वेत्ति स योगी सिद्धिभाजनम् // 11 //

atha mahāmudrā:-

mahāmudrā nabhomudrā uḍḍiyānaṃ jālandharam /
mūlabandhaṃ ca yo vetti sa yogī siddhibhājanam // 11 //

Tr. A *yogī*, who is well versed with the practices of *mahāmudrā, nabhomudrā, uḍḍiyāna, jālandhara* and *mūlabandha,* becomes eligible for the success (*siddhis*) in *yoga*. 11.

Note: The verse is similar to that of GS (32). *nabhomudrā* is a synonym for *khecarī-mudrā*. 11.

1.b-सर्वसिद्धीनां .

वक्षोन्यस्तहनुः[1] प्रपीड्य सुचिरं योनिं च वामाङ्घ्रिणा /
हस्ताभ्यामनुधारयन् प्रसारितं पादं तथा दक्षिणम् //
आपूर्य श्वसनेन कुक्षियुगलं बध्वा शनै रेचयेत् /
एषा व्याधिविनाशिनी सुमहती मुद्रा नृणां कथ्यते // **12** //

vakṣonyastahanuḥ prapīḍya suciraṃ yoniṃ ca vāmāṅghriṇā/
hastābhyāmanudhārayan prasāritaṃ pādaṃ tathā dakṣiṇam //
āpūrya śvasanena kukṣiyugalaṃ badhvā śanai recayet /
eṣā vyādhivināśinī sumahatī mudrā nṛṇāṃ kathyate // 12 //

Tr. Place the chin on the chest, press the perineum with left heel, stretch the right leg and hold the right foot with both the hands, inhale through the nose, hold the air in the chest and slowly exhale. This forms a great (*mahā-*) *mudrā,* which removes diseases of the practitioner. 12.

Note: This verse is also similar to that of GS (33) with a little variation. This does not appear in many of the copies of HP.

पादमूलेन वामेन योनिं सम्पीड्य दक्षिणम् /
पादं प्रसारितं धृत्वा कराभ्यां पूरयेन्मुखम् // **13** //
कण्ठे बन्धं समारोप्य धारयेद्वायुमूर्ध्वतः /
ततः शनैः शनैरेव रेचयेन्न च वेगतः // **14** //

pādamūlena vāmena yoniṃ saṃpīḍya dakṣiṇam /
pādaṃ prasāritaṃ dhṛtvā karābhyāṃ pūrayen-mukham //13//
kaṇṭhe bandhaṃ samāropya dhārayed vāyumūrdhvataḥ /
tataḥ śanaiḥ śanaireva recayenna ca vegataḥ // 14 //

Tr. Press the perineum with the left heel, stretch the right leg and hold it with both the hands, inhale the air and apply

1.b- मुखः.

jālandhara-bandha and retain the air in the upper region; thereafter, exhale very slowly, not quickly. 13-14.

Note: This is repetition of the technique of *mahāmudrā* in other words.

The technique of *mahāmudrā* consists of the combination of four different practices—1) *siddhāsana,* 2) *paścimottānāsana*, 3) *kumbhaka* and 4) practice of *bandhas.*

There are different traditions following variations in the practice of *mahāmudrā.*

haṭhapradīpikā **tradition**—The technique described by *svātmārāma* requires only two *bandhas*, namely *mūlabandha* and *jālandhara-bandha* during the practice of *mahāmudrā.* He omits *uḍḍiyāna-bandha.*

brahmānanda's **tradition**-- *brahmānanda*, the commentator of HP, who is trained in a tradition different from that of *svātmārāma*, differs on two points. He wants big toe and not the foot to be caught hold of in the hooks of the index fingers and not in the finger lock. Secondly, he advises *jihvā-bandha* to be coupled with *kumbhaka* and not three *bandhas.*

gheraṇḍa saṃhitā **tradition**-- In this tradition, *mūlabandha* and *uḍḍiyāna-bandha* do not form a part of *mahāmudrā* technique. It advises only *jālandhara-bandha* combined with *bhrūmadhya-dṛṣṭi* or gazing in-between the eyebrows.

śivasaṃhitā **tradition**-- It prescribes only *jālandhara-bandha* omitting both *uḍḍiyāna* and *mūla-bandha.* During *jālandhara-bandha* the *bhrūmadhya-dṛṣṭi* is not required.

bālakṛṣṇa's **tradition**-- While commenting upon *mahāmudrā, bālakṛṣṇa*, the commentator of HP, mentions another variety of the technique in which *mūlabandha* and *jālandhara-bandha* are hinted and the *vāyu* is to be held in the *brahmarandhra.* He suggests that after practising with *candra-nāḍī* (left nostril), it should be repeated with *sūrya-nāḍī* (right nostril).

mādhavīya tradition-- In the *mādhavīya* tradition mentioned by Swāmī Kuvalyānanda, the extended leg is caught at the foot with finger-lock. Inhalation is done with sound by partial contraction of glottis as in *ujjāyī.* There is simultaneous practice of all the three *bandhas* namely *mūla, uḍḍiyāna* and *jālandhara* during *kumbhaka.*

A comparison of the various techniques prescribed by different traditions noted above will show that the *mādhavīya* tradition makes the practice of *mahāmudrā* most difficult. However, it is the most perfect of the lot. As a progression based on simple to difficult principle, the sequence of the practice of *mahāmudrā* may be mentioned as follows—1) SS tradition, 2) GS tradition, 3) *brahmānanda's* tradition, 4) HP tradition, 5) *bālakṛṣṇa's* tradition and 6) *mādhavīya* tradition.

For detailed discussion of *mahāmudrā,* refer to YM (V-1:59-76). 13-14.

चन्द्राङ्गे तु समभ्यस्य सूर्याङ्गे पुनरभ्यसेत् /
यावत्तुल्या[1] भवेत् संख्या ततो मुद्रां विसर्जयेत् // **15** //

candrānge tu samabhyasya sūryānge punarabhyaset /
yāvattulyā bhavet saṃkhyā tato mudrāṃ visarjayet // 15 //

Tr. After practising it on the left side, repeat on the right to make even number of rounds, after which one should release the *mudrā.* 15.

Note: According to *brahmānanda,* the *vāyu,* meaning air, is contained on the left side when *mahāmudrā* is practised with right leg extended. The left lung gets full scope for expansion, but the right one is only half-filled on account of the bend of the trunk. 15.

यथा दण्डाहतः सर्पो दण्डाकारः प्रजायते /
ऋज्वीभूत्वा[2] तथा शक्तिः कुण्डली सहसा भवेत् // **16** //

1.a-वायुतुल्या. 2.b-भूत्वा.

yathā daṇḍāhataḥ sarpo daṇḍākāraḥ prajāyate /
ṛjvī bhūtvā tathā śaktiḥ kuṇḍalī sahasā bhavet // 16 //

Tr. Just as a snake, hit by a stick, becomes straight, similarly, the *kuṇḍalī* becomes straight, as a result of this *mudrā*. 16.

तदा सा मरणावस्था जायते[1] द्विपुटाश्रिता /
इयं खलु महामुद्रा महासिद्धैः प्रशस्यते // 17 //
tadā sā maraṇāvasthā jāyate dvipuṭāśritā /
iyaṃ khalu mahāmudrā mahāsiddhaiḥ praśasyate // 17 //

Tr. This brings about the cessation of the working of the two *nāḍīs* (*iḍā* and *piṅgalā*). This *mahāmudrā* is highly eulogized by the great *siddhas*. 17.

महाक्लेशादयो दोषा जीर्यन्ते मरणादयः /
महामुद्रा च तेनैव वदन्ति विबुधोत्तमाः // 18 //
mahākleśādayo doṣā jīryante maraṇādayaḥ /
mahāmudrā ca tenaiva vadanti vibudhottamāḥ // 18 //

Tr. Thus one overcomes the great afflictions like *avidyā* inclusive of (fear from) death. That is why the eminent scholars call this *mahāmudrā*. 18.

न हि पथ्यमपथ्यं वा रसाः सर्वेऽपि नीरसाः /
अपि भुक्तं विषं घोरं पीयूषमिव जीर्यति // 19 //
na hi pathyamapathyaṃ vā rasāḥ sarve'pi nīrasāḥ /
api bhuktaṃ viṣaṃ ghoraṃ pīyūṣamiva jīryati // 19 //

1.a-हरते.

Tr. For him, there is nothing like recommended or prohibited food, all that is tasteless becomes tasty, even deadliest poison is digested like milk. 19.

क्षयकुष्ठगुदावर्त्तगुल्माजीर्णाः पुरोगमाः /
तस्य दोषाः क्षयं यान्ति महामुद्रां च योऽभ्यसेत् // 20 //
kṣayakuṣṭhagudāvarttagulmājīrṇāḥ purogamāḥ /
tasya doṣāḥ kṣayaṃ yānti mahāmudrāṃ ca yo 'bhyaset //20//

Tr. All diseases like—consumption, skin disease, constipation, glandular enlargement, indigestion and many others are removed by the practice of *mahāmudrā.* 20.

शोधनं नाडीजालस्य चालनं चन्द्रसूर्ययोः /
रसनाशोषणं चैव महामुद्राभिधीयते // 21 //
śodhanaṃ nāḍījālasya cālanaṃ candrasūryayoḥ /
rasanāśoṣaṇaṃ caiva mahāmudrābhidhīyate // 21 //

Tr. It is called *mahāmudrā,* since it purifies the network of the *nāḍīs*, activates *candra* and *sūrya* (*nāḍīs*) and causes absorption (of the nectar) by the tongue. 21.

कथितेयं महामुद्रा महासिद्धिकरी नृणाम् /
गोपनीया प्रयत्नेन जरामृत्युविनाशिनी // 22 //
kathiteyaṃ mahāmudrā mahāsiddhikarī nṛṇām /
gopanīyā prayatnena jarāmṛtyuvināśinī // 22 //

Tr. *mahāmudrā* is supposed to bring great accomplishments to the aspirants and it removes the fear from death and old age. Therefore, it should be carefully protected. 22.

अथ महाबन्धः-

पार्ष्णिभागेन पादस्य योनिस्थानं नियोजयेत् /
वामोरूपरि संस्थाप्य दक्षिणं चरणं तथा // **23** //
पूरयित्वा मुखे वायुं हृदये चिबुकं दृढम्[1] /
निष्पीड्य योनिमाकुञ्च्य मनो मध्ये नियोजयेत् // **24** //

atha mahābandhaḥ--

pārṣṇībhāgena pādasya yonisthānaṃ niyojayet /
vāmorūpari saṃsthāpya dakṣiṇaṃ caraṇaṃ tathā // 23 //
pūrayitvā mukhe vāyuṃ hṛdaye cibukaṃ dṛḍham /
niṣpīḍya yonimākuñcya mano madhye niyojayet // 24 //

Tr. Place the (left) heel at the perineum. Place the right foot on the left thigh. Inhale the air and apply *jālandhara bandha*. Contract the pelvic floor (applying *mūlabandha*) and fix the mind on the middle path (*suṣumnā*). 23-24.

धारयित्वा यथाशक्ति रेचयेदनिलं शनैः /
सव्यांगे पूर्वमभ्यस्य दक्षांगे पुनरभ्यसेत् // **25** //
dhārayitvā yathāśakti recayedanilaṃ śanaiḥ /
savyāṅge pūrvamabhyasya dakṣāṅge punarabhyaset // 25 //

Tr. Retain the air to capacity and exhale slowly. After practising this on the left side, repeat it on the right. 25.

अयं खलु महाबन्धो महासिद्धिप्रदायकः /
कालपाशमहाबन्धविमोचनविचक्षणः // **26** //
ayaṃ khalu mahābandho mahāsiddhi-pradāyakaḥ
kālapāśa-mahābandha-vimocana-vicakṣaṇaḥ // 26 //

1.b-चिबुकेन तु .

Tr. This *mahābandha* indeed bestows extraordinary powers and is able to remove the noose of death effectively. 26.

अयं तु सर्वनाडीनामूर्ध्वगमनबोधकः /
त्रिवेणीसंगमं धत्ते केदारं प्रापयेन्मनः // 27 //
ayaṃ tu sarvanāḍīnām-ūrdhvagamana-bodhakaḥ /
triveṇīsaṅgamaṃ dhatte kedāraṃ prāpayen-manaḥ // 27 //

Tr. This, moreover, stimulates all the (currents of the) *nāḍīs* moving in upward direction, brings about the confluence of the three *nāḍīs* (*iḍā, piṅgalā* and *suṣumnā*) and fixes the mind between the eye- brows (*kedāra*). 27.

Note: *triveṇī saṅgama* indicates the confluence of the three rivers – *gaṅgā, yamunā* and *sarasvatī.* This analogy is implied here in case of confluence of *iḍā, piṅgalā* and *suṣumnā* (which are regarded as *gaṅgā, yamunā* and *sarasvatī*). The place of confluence here is called *kedāra*, which is the centre of the eyebrows. 27.

मतान्तरे तु केषाञ्चित् कण्ठबन्धं विसर्जयेत् /
राजदन्तस्थजिह्वायां बन्धः शस्तो[1] विधीयते[2] // 28 //
matāntare tu keṣāñcit kaṇṭhabandhaṃ visarjayet /
rājadantastha-jihvāyāṃ bandhaḥ śasto vidhīyate // 28 //

Tr. According to some, *jālandhara bandha* should be replaced by pressing the tongue against the palate (*jihvā bandha*), which is preferable. 28.

Note: GhS (II: 14-15) gives a slightly different technique of *mahābandha,* in which one presses firmly the root of the anus with

1.a-बन्धशस्तो. 2.a-भवेद्धितः.

the ankle of the left foot. Then one presses the left ankle with the right foot and slightly shaking the heel contracts the perineum and holds the breath by *jālandhara-bandha.* HP clearly prescribes *pūraka, kumbhaka* and *recaka,* whereas GhS simply refers to *jālandhara-bandha.* Here HP quotes an alternative view regarding the use of *jihvā-bandha,* substituting the *jālandhara-bandha. śrī-pūrṇanātha,* editor of SSP, describes *rājadanta* as a hole at the root of the uvula. Accordingly, the tongue would have to be pressed against the uvula. 28.

रूपलावण्यसम्पन्ना यथा स्त्री पुरुषं विना /
महामुद्रामहाबन्धौ निष्फलौ वेधवर्जितौ // **29** //

rūpalāvaṇya-saṃpannā yathā strī puruṣaṃ vinā /
mahāmudrā-mahābandhau niṣphalau vedhavarjitau // 29 //

Tr. Just as the beauty of a woman is useless without a husband, so also, *mahābandha* and *mahāmudrā* are futile without the practice of *vedha* (*mahāvedha*). 29.

अथ महावेधः-

महाबन्धे[1] स्थितो योगी कृत्वा पूरकमेकधा /
वायूनां[2] गतिमाकृष्य निभृतं कण्ठमुद्रया // **30** //
न्यस्तहस्तयुगो भूमौ स्फिचौ सन्ताडयेच्छनैः /
जंघाद्वयं समाकृष्य वायुः स्फुरति मध्यगः // **31** //

atha mahāvedhaḥ:-

mahābandhe sthito yogī kṛtvā pūrakamekadhā /
vāyūnāṃ gatimākṛṣya nibhṛtaṃ kaṇṭhamudrayā // 30 //
nyastahastayugo bhūmau sphicau santāḍayec-chanaiḥ /
jaṅghādvayaṃ samākṛṣya vāyuḥ sphurati madhyagaḥ // 31 //

1.a-महावेधे. 5.a-वायुना.

Tr. While practising *mahābandha,* a *yogī* should carefully inhale and retain the air and apply *jālandhara bandha.* Firmly placing the palms on the ground, carefully he strikes the floor with the posterior by contracting the pair of thighs. Thus the *vāyu* moves into *suṣumnā.* 30-31.

सोमसूर्याग्निसम्बन्धाज्जायते चामृताय वै /
मृतावस्था समुत्पन्ना ततो वायुं विरेचयेत् // **32** //
somasūryāgni-saṃbandhāj-jāyate cāmṛtāya vai /
mṛtāvasthā samutpannā tato vāyuṃ virecayet // 32 //

Tr. This brings the currents of *soma* (*iḍā*), *sūrya* (*piṅgalā*) and *agni* (*suṣumnā*) together, which yields immortality. Then one exhales. 32.

Note: By *mṛtāvastā* here is meant the cessation of the activites of *iḍā* and *piṅgalā.* 32.

महावेधोऽयमभ्यस्तो महासिद्धिप्रदायकः /
वलीपलितवेपघ्नः सेव्यते साधकोत्तमैः // **33** //
mahāvedho'yam-abhyasto mahāsiddhi-pradāyakaḥ /
valīpalita-vepaghnaḥ sevyate sādhakottamaiḥ // 33 //

Tr. With the practice of *mahāvedha,* one attains great accomplishments and gets rid of wrinkles, grey hair and tremors. The great aspirants practise this. 33.

एतत् त्रयं महागुह्यं जरामृत्युविनाशनम् /
वह्निवृद्धिकरं चैवमणिमादिगुणप्रदम् // **34** //
ctat trayaṃ mahāguhyaṃ jarāmṛtyu-vināśanam /
vahnivṛddhikaraṃ caivam-aṇimādi-guṇapradam // 34 //

Tr. These three together are to be kept secret, which remove fear of death and old age. This also stimulates gastric fire and offers eight supernatural powers like *aṇimā* etc. 34.

अष्टधा क्रियते चैव यामे यामे दिने दिने /
पुण्यसम्भारसन्धायि पापौघभिदुरं सदा // **35** //
aṣṭadhā kriyate caiva yāme yāme dine dine /
puṇya-sambhāra-sandhāyi pāpaugha-bhiduraṃ sadā // 35 //

Tr. This is practised everyday, eight times every three hours. It helps to accumulate merits and destroy multitude of sins. 35.

सम्यक् शिक्षावतामेवं स्वल्पं प्रथमसाधनम् /
वह्निस्त्रीपथिसेवानामादौ वर्जनमाचरेत् // **36** //
samyak śikṣāvatāmevaṃ svalpaṃ prathama-sādhanam /
vahni-strī-pathi-sevānām-ādau varjanam-ācaret // 36 //

Tr. It is of primary importance even for those who are well trained. (While undergoing this practice), one should carefully avoid contact with fire, woman and taking long walk. 36.

अथ खेचरीमुद्रा -
कपालकुहरे जिह्वा प्रविष्टा विपरीतगा /
भ्रुवोरन्तर्गता दृष्टिर्मुद्रा भवति खेचरी // **37** //
atha khecarī-mudrā:-
kapālakuhare jihvā praviṣṭā viparītagā /
bhruvorantargatā dṛṣṭir-mudrā bhavati khecarī // 37 //

Tr. Fold the tongue and insert it into the cavity (nasopharyngeal) in the skull and fix the gaze between the eyebrows. This is *khecarī mudrā*. 37.

Note: It is not enough to take the tip of the tongue to the root of nasopharynx. One has to simultaneously breathe in and drive the *prāṇa* to that place. Otherwise, there will only be stupor and loss of consciousness (see verse HP: 7: 47). 37.

छेदनचालनदोहैर्जिह्वां क्रमेण वर्धयेत् /
यावद् भ्रूमध्यं स्पृशति तदानीं खेचरीसिद्धिः // **38** //

chedana-cālana-dohair jihvāṃ krameṇa vardhayet /
yāvad bhrumadhyaṃ spṛśati tadānīṃ khecarī-siddhiḥ //38 //

Tr. The tongue should be lengthened gradually by cutting, moving and milking, until it touches the center of the eyebrows. Then alone *khecarī* is perfected. 38.

Note: There are six processes involved in the perfection of *khecarī-mudrā*, out of which, only three, namely, *chedana, cālana* and *dohana* are mentioned here. The other three are *manthana, praveśana* and *mantra,* as described in JPR by *jayatarāma. chedana, cālana, dohana* processes are not to be practised successively, but all these three should start at once.

manthana or *gharṣaṇa* involves rubbing with the thumb on the four places three times a day. These four places are – frenum under the tongue, root of the tongue, palate and uvula.

khecarī mantra given in HP (J) is as follows—
aiṃ hriṃ śrīṃ klīṃ haṃ uṃ soṃ.

The *mantra* is recited in both obverse and reverse manner.

In JPR by *jayata-rāma*, however, we get more details. The *mantra* given is quite different. It is – *hrāṃ hriṃ hrum hraiṃ hrauṃ hraḥ*.

It is to be recited with the *ṛsi kapila, devatā* (deity) *śrīmannārāyaṇa* and *viniyoga* (application) is *khecarī mudrā sādhanā siddhi.* The *nyāsas* are given as follows—

gaṃ-- hṛdayāya namaḥ.

saṃ-- śirase svāhā.

naṃ-- kavacāya vauṣaṭ.
huṃ-- netra-trayāya vauṣaṭ.
laṃ-- astrāya phaṭ. 38.

स्नुही[1] पत्रनिभं शस्त्रं सुतीक्ष्णं स्निग्धनिर्मलम् /
समादाय ततस्तेन संछिद्याद् रोममात्रकम् // **39** //
snuhīpatranibhaṃ śastraṃ sūtīkṣṇaṃ snigdha-nirmalam /
samādāya tatastena saṃchidyāt romamātrakam // 39 //

Tr. Procure a sharp, clean and smooth weapon of the shape of the leaf of milk-hedge. With this, the frenum should be cut to a hair's breadth. 39.

Note: The word *śastra* does not refer to weapon only, but it is used also for all the ingredients used during the process of *khecarī.* KKHP refers to various *śastras* with the names given to them according to the ingredients used. For example, black pepper is *sūryaśastra*, rock-salt (*saindhava*) is *candra-śastra*, chebulic myrobalan (*haraītakī*) is *dhanvantarī śastra*, spear-headed shape of the weapon is *indra-śastra*, cardamom (*elā*) is *brahma-śastra*, scissors are *caurāsī-śastra*, weapon prepared with sulpher (*gandhaka*) or orpiment (*haritāla*) or vermilion (*hiṅgula*) is *bhavānī-śastra*, extract of white leadwort (*citraka-arka*) is *agni-śastra.* 39.

एवं क्रमेण षण्मासं नित्ययुक्तः समाचरेत् /
षण्मासाद्रसनामूले नाडीबन्धो विनश्यति // **40** //
evaṃ krameṇa ṣaṇmāsaṃ nityayuktaḥ samācaret /
ṣaṇmāsād rasanāmūle nāḍībandho vinaśyati // 40 //

Tr. One should, thus regularly practise for six months. After six months, the frenum at the bottom of the tongue gets completely severed. 40.

1.b-पद्म.

अथ वागेश्वरीधाम[1] शिरोवस्त्रेण वेष्टयेत् /
शनैरुत्कर्षयेद्योगी कालवेलाविधानवित् // **41** //
वितस्तिप्रमाणं दैर्घ्यं विस्तारं चतुरंगुलम् /
मृदुलं धवलं प्रोक्तं वेष्टिताम्बरलक्षणम् // **42** //

atha vāgeśvarī dhāma śirovastreṇa veṣṭayet /
śanair utkarṣayed yogī kālavelāvidhānavit // 41 //
vitasti-pramāṇaṃ dairghyaṃ vistāraṃ caturaṅgulam /
mṛdulaṃ dhavalaṃ proktaṃ veṣṭitāmbara-lakṣaṇam // 42 //

Tr. One should cover the tongue with a thin, smooth and clean cloth, which is 24cms. in length and 8cms. in width. This practice should be progressed according to the experts of the time and technique. 41-42.

Note: The same verse (41) appears in MYS (I: 46-47).

In the printed text, this verse No. 42 appears in the context of *śakticālanī mudrā* and describes the location and characteristics of *kanda. brahmānanda,* commenting on this verse, elaborately describes the nature of the *kanda*, but here the same verse appears in connection with *khecarī mudrā* and from the context, it gives the description of the piece of cloth to be used for wrapping the tongue after cutting the frenum. It does not suggest the description of *kanda* here. 41-42.

पुनः षण्मासमात्रेण पुनः संकर्षणात् प्रिये /
भ्रूमध्यावधि वर्धेत तिर्यक्कर्णबिलावधि // **43** //

punaḥ ṣaṇmāsamātreṇa punaḥ saṅkarṣaṇāt priye /
bhrūmadhyāvadhi vardheta tiryak-karṇabilāvadhi // 43 //

Tr. In the period of further six months, one should practise pulling the tongue upto the center of the eyebrows and the ear. 43.

1. b-अथ प्रिये च वागदेवि.

अधस्ताच्चिबुकं मूलं प्रयाति क्रमकारिका[1] /
केशादूर्ध्वं क्रमाति च तिर्यक् श्रोत्रावधि[2] प्रिये // **44** //
adhastāc-cibukaṃ mūlaṃ prayāti kramakārikā /
keśād-ūrdhvaṃ kramāti ca tiryak śrotrāvadhi priye // 44 //

Tr. The tongue gradually gets elongated below the chin at the lower end. O beloved! It further gets extended upto the hair and the ears. 44.

पुनः संवत्सराद्देवि द्वितीया चैव लीलया /
ब्रह्मरन्ध्रान्तमावृत्य तिष्ठेदमरवन्दिते // **45** //
punaḥ saṃvatsarād devi dvitīyā caiva līlayā /
brahmarandhrāntamāvṛtya tiṣṭhed amaravandite // 45 //

Tr. O Devi! In a year again, the tongue gets lengthened two-fold and covers the *brahma-randhra*, thus one is respected even by the Gods. 45.

स्वतालुमूलं संघृष्य सप्तवासरमात्मनि /
स्वगुरूक्तप्रकारेण मलं सर्वं विशोधयेत् // **46** //
svatālumūlaṃ saṃghṛṣya saptavāsaramātmani /
svagurūkta-prakāreṇa malaṃ sarvaṃ viśodhayet // 46 //

Tr. One should remove all the impurities by rubbing one's root of the palate for seven days, as per the instructions of the *guru*. 46.

अंगुल्यग्रेण संघृष्य जिह्वां तत्र निवेशयेत् /
शनैः शनैर्मस्तकस्थ[3] महावज्रकपाटभित् // **47** //

1.b-रसनाक्रमात्. 2.a-संख्यावधि. 3.a-मस्तकाच्च.

aṅgulyagreṇa saṅghṛṣya jihvāṃ tatra niveśayet /
śanaiḥ śanair-mastakastha-mahāvajrakapāṭabhit // 47 //

Tr. After rubbing the tongue with the tips of the fingers, tongue should be inserted in the cavity. This gradually breaks open the great obstacle in the head. 47.

क्रमेणैव प्रकर्त्तव्योऽभ्यासो वै वरवर्णिनि /
युगपद्यतते तस्य शरीरं विलयं व्रजेत् // **48** //
krameṇaiva prakartavyo'bhyāso vai varavarṇini /
yugapad-yatate tasya śarīraṃ vilayaṃ vrajet // 48 //

Tr. O fair lady! The practice should be undertaken in a sequence. Otherwise, the body of a *yogī* is damaged. 48.

तस्माच्छनैः शनैः कार्योऽभ्यासो च युगपत्प्रिये /
एवं वर्षत्रयं कृत्वा ब्रह्मद्वारं विशेद् ध्रुवम् // **49** //
tasmāc-chanaiḥ śanaiḥ kāryo'bhyāso ca yugapat priye /
evaṃ varṣatrayaṃ kṛtvā brahmadvāraṃ viśed dhruvam //49//

Tr. Therefore, it is to be practised gradually and not hastily. Thus, one can surely enter the *brahma-dvāra* in three years. 49.

षट्चक्राणि विभिद्य शक्तिभुजगीं प्रोत्थाप्य मूलस्थिताम् /
भित्वा ग्रन्थित्रयं च पश्चिमशिराः प्राकाररूपं महत् //
नीत्वा प्राणमतः शिरोबिलमलं निर्मथ्य चित्तेन तत् /
लिंगं यः पिबतीन्दुमण्डलगलन् मुक्तः स साक्षाच्छिवः // **50** //
ṣaṭcakrāṇi vibhidya śakti-bhujagīṃ protthāpya mūlasthitām/
bhitvā granthitrayaṃ ca paścimaśirāḥ prākārarūpaṃ mahat//
nītvā prāṇamataḥ śirobilamalaṃ nirmathya cittena tat /

liṅgaṃ yaḥ pibatīndumaṇḍalagalan muktaḥ sa sākṣācchivaḥ
// 50 //

Tr. (Thus) *kuṇḍalinī,* situated at the base, is raised, the six *cakras* are pierced, the three knots (*granthis*) located at the spinal column are pulled down like a stubborn wall, *prāṇa* is directed to the *brahma-randhra* with the concentrated mind, one drinks the nectar oozing from the moon and becomes liberated like *śiva* Himself. 50.

Note: The meaning of *liṅga* as *amṛta,* has been peculiarly used here. 50.

नित्यं यस्तूर्ध्वजिह्वः पिबति च पुमान् सप्तधारामृतौघम् /
सुखेन्दुशीतलांगं दुरितभयहरं क्षुत्पिपासानिवारि //
पिण्डस्थैर्यं तु तस्मात् भवति अमृतपथामृत्युरोगा भवन्ति /
दौर्भाग्यं याति नाशं प्रसरति सकलं याति कालो भ्रमित्वा // **51** //[1]

nityaṃ yastūrdhvajihvaḥ pibati
ca pumān saptadhārāmṛtaugham /
sukhendu-śītalāṅgaṃ durita-
bhayaharaṃ kṣutpipāsā-nivāri //
piṇḍasthairyaṃ tu tasmād bhavati
amṛtapathāmṛtyurogā bhavanti /
daurbhāgyaṃ yāti nāśaṃ prasarati
sakalaṃ yāti kālo bhramitvā // 51 //

Tr. One who sucks the nectar flowing in the nasopharyngeal region, keeping the tongue upturned, makes the body as cool as the moon, removes the fear of death, hunger and thirst. His body becomes stable, diseases are alleviated, misfortune gets destroyed and death is warded off. 51.

1.b- अनुपलब्धश्लोक .

तीक्ष्णकं हरते व्याधिं कटुकं कुष्ठनाशनम् /
घृतस्वादूपमं चैवामरत्वं लभते ध्रुवम् // **52** //
tīkṣṇakaṃ harate vyādhiṃ kaṭukaṃ kuṣṭhanāśanam /
ghṛtasvāḍūpamaṃ caivāmaratvaṃ labhate dhruvam // 52 //

Tr. Critical diseases are removed when one tastes pungent and with bitter taste severity of skin diseases is reduced. Similarly, one certainly attains immortality when the taste is like *ghee*. 52.

दिव्यकल्पं क्रिडेन्नित्यमु[1]त्कृष्टो जायते ध्रुवम् /
तन्मयत्वमवाप्नोति कोशकारीव कीटकः // **53** //
divyakalpaṃ kriḍennityam-utkṛṣṭo jāyate dhruvam /
tanmayatvam-avāpnoti kośakārīva kīṭakaḥ // 53 //

Tr. He enjoys for the duration of a *kalpa* (a day of *brahmā*), surely becomes superior and remains centered in the Self, like a cocoon of a silkworm. 53.

काकचञ्चुविधानेन शीतलं सलिलं पिबेत् /
प्राणायामप्रयोगेण योगी भवति निर्जरः // **54** //
kākacañcuvidhānena śītalaṃ salilaṃ pibet /
prāṇāyāma-prayogeṇa yogī bhavati nirjaraḥ // 54 //

Tr. A *yogī* drinks the cool air, forming the tongue like the beak of a crow. This technique of *prāṇāyāma* makes him free from diseases. 54.

Note: *kākacañcuvidhāna* here refers to folding of the tongue into a tube like structure through which air is sucked. This

1.b-प्रकुर्वाण.

technique is used in the *prāṇāyāma,* commonly known as *śītalī.* KP calls this *kākacañcu-kumbhaka.* Since a sound resembling *'sīt'* is produced during this process, it is also called *sītkārī kākacañcuka.* KP refers to the authority called *kākudaśravā* advocating this *kākacañcuka* technique. GhS calls it *kākī mudrā.* 54.

कलां पराङ्मुखी कृत्वा त्रिपथे परिवर्धयेत् /[1]
सा भवेत् खेचरीमुद्रा व्योमचक्रं तदुच्यते // **55** //
kalāṃ parāṅmukhī kṛtvā tripathe parivardhayet /
***sā bhavet khecarīmudrā vyomacakraṃ taducyate* // 55 //**

Tr. The tongue is inserted in the nasopharyngeal cavity. This is *khecarī mudrā,* which is also called *vyoma-cakra.* 55.

Note: *tripatha* refers to the nasopharyngeal cavity, where *iḍā, piṅgalā* and *suṣumnā* unite. 55.

रसनामूर्ध्वगां कृत्वा क्षणार्धं यदि तिष्ठति /
विषयैर्मुच्यते योगी व्याधिमृत्युजरादिभिः // **56** //
rasanāmūrdhvagāṃ kṛtvā kṣaṇārdhaṃ yadi tiṣṭhati /
***viṣayair mucyate yogī vyādhimṛtyu-jarādibhiḥ* // 56 //**

Tr. Turning the tongue upwards, if the *yogī* stays even for a short time, he becomes free from the material world, diseases, death and old age. 56.

खे निरस्तसकलक्रिया क्रमे खेचरीं चरति शाश्वतोदये /
सा शिवत्वसमवायकारिणी खेचरी च भवखेदहारिणी // **57** //
khe nirastasakalakriyā krame khecarīṃ carati śāśvatodaye /
***sā śivatva-samavāyakāriṇī khecarī ca bhavakhedahāriṇī* //57/**

1.gss-कलां पराङ्मुखी कृत्य त्रिपथे परिवर्त्तयेत्.

Tr. Through the practice of *khecarī* one transcends all the actions and attains eternity, alleviates worldly sufferings and becomes equal to *śiva.* 57.

ऊर्ध्वजिह्वः स्थिरो भूत्वा सोमपानं करोति यः /
मासार्द्धेन न सन्देहो मृत्युं जयति योगवित् // **58** //
ūrdhvajihvaḥ sthiro bhūtvā somapānaṃ karoti yaḥ /
māsārdhena na sandeho mṛtyuṃ jayati yogavit // 58 //

Tr. A *yogī,* who drinks the *soma* (nectar) keeping the tongue upturned, while remaining motionless, undoubtedly overcomes death in half a month. 58.

इन्धनानि यथा वह्निस्तैलवर्त्तिं च दीपकः /
तथा सोमकलापूर्णं देही देहं न मुञ्चति // **59** //
indhanāni yathā vahnis-tailavartiṃ ca dīpakaḥ /
tathā somakalāpūrṇaṃ dehī dehaṃ na muñcati // 59 //

Tr. The embodied soul (of a *yogī*) does not leave the body, which is full of nectar oozing from the moon, like fire does not leave the fire-wood and flame does not leave a wick. 59.

नित्यं सोमकलापूर्णं शरीरं यस्य योगिनः /
तक्षकेनापि दष्टस्य विषं तस्य न बाधते[1] // **60** //
nityaṃ somakalāpūrṇaṃ śarīraṃ yasya yoginaḥ /
takṣakenāpi daṣṭasya viṣaṃ tasya na bādhate // 60 //

Tr. A *yogī,* whose body is filled up with nectar flowing from the moon, is not affected by the venom, even being bitten by a *takṣaka* (the deadliest serpent). 60.

1. b-बोधते.

न रोगो मरणं तस्य न निद्रा न क्षुधा तृषा /
न च मूर्च्छा भवेत्तस्य यो मुद्रां वेत्ति खेचरीम् // **61** //
na rogo maraṇaṃ tasya na nidrā na kṣudhā tṛṣā /
na mūrcchā bhavettasya yo mudrāṃ vetti khecarīm // 61 //

Tr. One who learns *khecarī mudrā,* does not get affected by disease, death, sleep, hunger, thirst and stupor. 61.

पीड्यते न तु रोगेण न च लिप्येत कर्मणा /
बाध्यते न च कालेन यो मुद्रां वेत्ति खेचरीम् // **62** //
pīḍyate na tu rogeṇa na ca lipyeta karmaṇā /
bādhyate na ca kālena yo mudrāṃ vetti khecarīm // 62 //

Tr. One who knows *khecarī mudrā,* does not suffer from disease, does not get bound by *karma* and is not affected by *kāla* (time). 62.

चित्तं चरति खे यस्माज्जिह्वा चरति खे गता /
तेनेयं खेचरीमुद्रा सर्वसिद्धैर्नमस्कृता // **63** //
cittaṃ carati khe yasmāj-jihvā carati khe gatā /
teneyaṃ khecarīmudrā sarvasidhair-namaskṛtā // 63 //

Tr. *khecarī mudrā* is respected by all the *siddhas,* because it enables one to make the mind void, as long as the tongue stays in the nasopharyngeal cavity. 63.

खेचर्या मुद्रितं येन विवरं लम्बिकोर्ध्वतः /
तस्य न क्षरते बिन्दुः कामिन्यालिंगितस्य च // **64** //
khecaryā mudritaṃ yena vivaraṃ lambikordhvataḥ /
tasya na kṣarate binduḥ kāminyāliṅgitasya ca // 64 //

Tr. If one has sealed the cavity (the upper part of the nasopharyngeal region) by an upturned tongue, one will not experience secretion of *bindu* even being embraced by a young woman. 64.

यावद् बिन्दुः स्थितो देहे तावन्मृत्युभयं कुतः /
यावद् बद्धा नभोमुद्रा तावद् बिन्दुर्न गच्छति // **65** //

yāvad binduḥ sthito dehe tāvan-mṛtyubhayaṃ kutaḥ /
yāvad baddhā nabhomudrā tāvad bindur-na gacchati // 65 //

Tr. There is no fear from death as long as the *bindu* remains in the body and with the performance of *nabhomudrā*, the *bindu* does not flow. 65.

चलितोऽपि यदा बिन्दुः सम्प्राप्तश्च हुताशनम् /
व्रजत्यूर्ध्वं[1] हठात् शक्त्या निरोधो[2] योनिमुद्रया // **66** //

calito'pi yadā binduḥ samprāptaśca hutāśanam /
vrajatyūrdhvaṃ haṭhāt śaktyā nirodho yoni-mudrayā // 66 //

Tr. Even if the *bindu* flows down to the place of fire (pelvic region), it can be prevented and forced to move upwards by the practice of *yonimudrā*. 66.

Note: Here *yonimudrā* is a synonym for *vajrolī*, as commented upon by *brahmānanda*. 66.

गोमांसं भक्षयेन्नित्यं पिबेदमरवारुणीम् /
कुलीनं तमहं मन्ये इतरे कुलघातकाः // **67** //

gomāṃsaṃ bhakṣayen-nityaṃ pibed-amaravāruṇīm /
kulīnaṃ tamahaṃ manye itare kulaghātakāḥ // 67 //

1.a-व्रजत्पूर्वं. 2.b- निरुद्धो.

Tr. I consider him noble, who eats *gomāṃsa* and drinks the intoxicating liquor (*amaravāruṇī*). Others are disgrace to their family. 67.

गोशब्देनोदिता जिह्वा तत्प्रवेशो हि तालुनि /
गोमांसभक्षणं तच्च महापातकनाशनम् **// 68 //**
gośabdenoditā jihvā tatpraveśo hi tāluni /
gomāṃsa-bhakṣaṇaṃ tacca mahāpātaka-nāśanam // **68** //

Tr. The term '*go*' stands for tongue, which is to be inserted in the *tālu* (roof of the nasopharyngeal cavity). This is literally "eating *go-māṃsa*", which eliminates the greatest of sins. 68.

जिह्वाप्रवेशसम्भूतो वह्निनोत्पादितं खलु /
चन्द्राच्च्यवति यः सारः सा स्यादमरवारुणी **// 69 //**
jihvā-praveśa-saṃbhūto vahninotpāditaṃ khalu /
candrāccyavati yaḥ sāraḥ sā syād-amaravāruṇī // **69** //

Tr. *amara-vāruṇī* (the divine nectar) is the flow of nectar, which is made to secrete from the moon by the heat generated by insertion of the tongue (in the cavity). 69.

नाभिदेशे भवत्येष भास्करो दहनात्मकः /
अमृतात्मा स्थिरो नित्यं तालुमध्ये तु चन्द्रमाः **// 70 //**
nābhideśe bhavatyeṣa bhāskaro dahanātmakaḥ /
amṛtātmā sthiro nityaṃ tālumadhye tu candramāḥ // **70** //

Tr. The blazing sun resides in the navel region, while the moon secreting nectar is always located in the *tālu* (palate). 70.

वर्षत्यधोमुखः चन्द्रो ग्रसत्यूर्ध्वमुखो रविः /
ज्ञातव्यं कारणं तच्च येन पीयूषमाप्यते **// 71 //**

varṣatyadhomukhaḥ candro grasatyūrdhva-mukho raviḥ /
jñātavyaṃ kāraṇaṃ tacca yena pīyūṣam-āpyate // 71 //

Tr. Facing down, the moon showers the nectar. The sun, facing upwards, sucks it. Therefore, the technique of preserving the nectar should be learnt. 71.

विशुद्धे परमे चक्रे धृत्वा सोमकलामृतम् /
अमृतं कन्धरे कृत्वा नासान्तः[1] सुषिरं क्रमात् **// 72 //**

viśuddhe parame cakre dhṛtvā somakalāmṛtam /
amṛtaṃ kandhare kṛtvā nāsāntaḥ suṣiraṃ kramāt // 72 //

Tr. One should stabilize the flow of nectar from the moon in the supreme *cakra* of *viśuddha*, located in the neck, in the cavity at the end of the nose. 72.

स्वयमुच्छलितं याति चञ्चलित्वा मुखं रवेः /
तन्मार्गादाहतं[2] याति वञ्चयित्वा मुखं रवेः **// 73 //**

svayam-ucchalitaṃ yāti cañcalitvā mukhaṃ raveḥ /
tanmārgādāhataṃ yāti vañcayitvā mukhaṃ raveḥ // 73 //

Tr. Being thus directed (the nectar), it skips and jumps off the mouth of the sun of its own and being hit, avoids the mouth of the sun. 73.

ऊर्ध्वं षोडशपत्रपद्मगलितं प्राणादवाप्तं हठात् /
ऊर्ध्वास्यो रसनां नियम्य विवरे शक्तिं परां चिन्तयेत् //

1.b-ततश्च. 2.a-ते मार्गेणाहतं.

उत्कल्लोलकलाजलं च विमलं धारामृतं यः पिबेत् /
निर्दोषः स मृणालकोमलवपुर्योगी परं जीवति // **74** //

ūrdhvaṃ ṣoḍaśapatra-padmagalitaṃ prāṇādavāptaṃ haṭhāt/
ūrdhvāsyo rasanāṃ niyamya vivare śaktiṃ parāṃ cintayet//
utkallolakalājalaṃ ca vimalaṃ dhārāmṛtaṃ yaḥ pibet /
nirdoṣaḥ sa mṛṇālakomalavapur yogī paraṃ jīvati // 74 //

Tr. One should meditate on the supreme *śakti* (*kuṇḍalī)* carefully inserting the tongue in the cavity, with upturned face and by raising the *prāṇa* up in the lotus of sixteen petals. The *yogī,* who drinks the divine nectar flowing from the supreme moon, maintains the body as tender as the lotus stalk and lives long without diseases. 74.

चुम्बन्ती यदि लम्बिकाग्रमनिशं जिह्वा रसस्यन्दिनी[1] /
सक्षारा[2]कटुकाम्लदुग्धसदृशी[3] मध्वाज्यतुल्या[4] तथा[5] //
व्याधीनां हरणं जरान्तकरणं शास्त्रादगमोद्‌गीरणम् /
तस्य स्यादमरत्वमष्टगुणितं सिद्धांगनाकर्षणम्[6] // **75** //

cumbantī yadi lambikāgram-aniśaṃ jihvā rasasyandinī /
sakṣārā-kaṭukāmladugdha-sadṛśī madhvājyatulyā tathā //
vyādhīnāṃ haraṇaṃ jarāntakaraṇaṃ śāstrādgamodgīraṇam /
tasya syādamaratvam-aṣṭaguṇitaṃ siddhāṅganākarṣaṇam /75

Tr. If the tip of the elongated tongue always sucks the flowing nectar, which tastes salty, pungent, sour or like milk, honey or *ghee*, one gets rid of all the diseases and old age, becomes proficient in the scriptures, attains immortality, accomplishes eight *siddhis* and receives the power of the deities presiding over the *cakras*. 75.

1.b-जिह्वाग्रं प्रच्युत . 2.b-भक्षासं . 3.b-सदृशं . 4.b-तुल्यं . 5.b-तदा . 6.b-सिद्धासनाकर्षणं .

Note: By the word *ūrdhvāsya, brahmānanda,* the commentator suggests *viparītakaraṇī.* 75.

सुषिरं[1] ज्ञानजनकं पञ्चस्रोतःसमन्वितम् /
तिष्ठन्ति खेचरीमुद्रा तस्मिन् शून्ये निरञ्जने // 76 //
suṣiraṃ jñānajanakaṃ pañcasrotaḥ-samanvitam /
tiṣṭhanti khecarīmudrā tasmin śūnye nirañjane // 76 //

Tr. The hollow, which is the confluence of five flows (*nāḍīs*), is the fountain head of wisdom. This pure void is the seat of *khecarī mudrā.* 76.

यत्पाताले विशति सुषिरं मेरुमूले तदस्ति[2] /
तस्मिंस्तत्वं[3] प्रवदति सुधीस्तन्मुखं[4] निम्नगानाम् //
चन्द्रात्सारः स्रवति[5] वपुषस्तेन मृत्युर्नराणाम् /
तं बध्नीयात् सुकरणमथो नान्यथा कायसिद्धिः // 77 //
yatpātāle viśati suṣiraṃ merumūle tadasti /
tasmiṃstatvaṃ pravadati sudhīstanmukhaṃ nimnagānām //
candrāt sāraḥ sravati vapuṣastena mṛtyur-narāṇām /
taṃ badhnīyāt sukaraṇam-atho nānyathā kāyasiddhiḥ //77 //

Tr. The wise opine that the opening of the void that lies in the bottom of the spine is the source of wisdom. The human being dies because the nectar secreted by the moon flows down. By controlling this with *khecarī mudrā,* one can easily attain a fortified body and not otherwise.77.

1.gss-गुचिरं. 2.b-यदस्ति. 3.b-तद्गच्चौतत्. 4.b-प्रवदतिस्तन्मुखं. 5.b—श्च्यवति.

एकं सृष्टिमयं बीजमेका मुद्रा च खेचरी /
एको देवो निरालम्ब एकावस्था मनोन्मनी // **78** //
ekaṃ sṛṣṭimayaṃ bījam-ekā mudrā ca khecarī /
eko devo nirālamba ekāvasthā manonmanī // 78 //

Tr. There is only one all pervading *bīja* of the creation (*OM*), there is only one *mudrā* named *khecarī*, there is only one deity – *nirālamba* (*brahman*) and only one state *unmanī* (*samādhi*). 78.

अथ मूलमुद्रा -
पार्ष्णीभागेन सम्पीड्य योनिमाकुञ्चयेद् गुदम् /
अपानमूर्ध्वमाकृष्य मूलबन्धोऽयमुच्यते // **79** //
atha mūla-mudrā:-
pārṣṇībhāgena sampīḍya yonimākuñcayed gudam /
apānamūrdhvam-ākṛṣya mūlabandho'yamucyate // 79 //

Tr. Press the perineum with the heel, contract the anus and raise the *apāna* upwards. This is called *mūla-bandha*. 79.

अधोगतमपानं वै ऊर्ध्वगं कुरुते हठात् /
आकुञ्चनेन तं प्राहुर्मूलबन्धं तु योगिनः // **80** //
adhogatam -apānaṃ vai ūrdhvagaṃ kurute haṭhāt /
ākuñcanena taṃ prāhur mūlabandhaṃ tu yoginaḥ // 80 //

Tr. The *apāna* is raised upwards with force by contracting (the anus). *yogīs* call this *mūla-bandha*. 80.

गुदं पार्ष्ण्या तु सम्पीड्य वायुमाकुञ्चयेद् बलात् /
वारं वारं यथा चोर्ध्वं समायाति समीरणः // **81** //

gudaṃ pārṣṇyā tu saṃpīḍya vāyumākuñcayed balāt /
vāraṃ vāraṃ yathā cordhvaṃ samāyāti samīraṇaḥ // **81** //

Tr. Press the perineum with the heel and repeatedly raise the *vāyu* with force, so that the *samīraṇa* moves upwards. 81.

प्राणापानौ[1] नादबिन्दू मूलबन्धेन[2] चैकताम्[3] /
ततो[4] योगस्य संसिद्धिं कुरुते[5] नात्र संशयः // **82** //
prāṇāpānau nādabindū mūlabandhena caikatām /
tato yogasya saṃsiddhiṃ kurute nātra saṃśayaḥ // **82** //

Tr. *mūla-bandha* leads to the union of *prāṇa* and *apāna*, *nāda* and *bindu*, which brings success in *yoga*, in which there is no doubt. 82.

अपानप्राणयोरैक्यात् क्षयान्[6] मूत्रपुरीषयोः /
युवा भवति वृद्धोऽपि सततं मूलबन्धनात् // **83** //
apānaprāṇayor-aikyāt kṣayān-mūtrapūrīṣayoḥ /
yuvā bhavati vṛddho'pi satataṃ mūlabandhanāt // **83** //

Tr. Through consistent practice of *mūla-bandha*, *prāṇa* and *apāna* are united, reducing faeces and urine and as a result, an old becomes young. 83.

अपाने चोर्ध्वगे जाते सम्प्राप्ते वह्निमण्डले /
तदानलशिखा दीर्घा वर्धते वायुनाहता[7] // **84** //
apāne cordhvage jāte samprāpte vahnimaṇḍale /
tadānalaśikhā dīrghā vardhate vāyunāhatā // **84** //

Tr. When the *apāna* rises up and reaches the region of fire

1.a-प्राणायामौ. 2.a-कुलबन्धेन. 3.a-चैकता. 4.b-गता. 5.b-कुर्वते. 6.b-क्षयो. 7.b-वायुना हठात्.

(navel region), the flame of the fire blazes forth, being stimulated by *vāyu*. 84.

Note: *vahnimaṇḍala* refers to the navel region, *analaśikhā*, refers to *jaṭharāgni* or gastric fire, which is the result of this practice. 84.

ततो यातौ वह्न्यपानौ प्राण[1]मुष्णस्वरूपकम्[2] /
तेनाभितः प्रदीप्तस्तु कुतो देहस्य संक्षयः // **85** //

tato yātau vahnyapānau prāṇam-uṣṇasvarūpakam /
tenābhitaḥ pradīptastu kuto dehasya saṃkṣayaḥ // 85 //

Tr. Then the fire and the *apāna* approach the *prāṇa*, which is hot by nature, the heat of the body is intensified altogether and the body does not come to decay. 85.

तेन कुण्डलिनी सुप्ता सन्तप्ता सम्प्रबोध्यते /
दण्डाहता भुजंगीव[3] निश्चितम् ऋजुतां व्रजेत् // **86** //

tena kuṇḍalinī suptā santaptā samprabodhyate /
daṇḍāhatā bhujaṅgīva niścitaṃ ṛjutāṃ vrajet // 86 //

Tr. Thus, the unmanifest *kuṇḍalī*, being agitated, gets awakened like a snake bitten with a stick certainly becomes straight. 86.

बिलं[4] प्रवेशिता सा तु ब्रह्मनाड्यन्तरे व्रजेत् /
तस्मान्नित्यं मूलबन्धः कर्त्तव्यो योगिभिः सदा // **87** //

bilaṃ praveśitā sā tu brahmanāḍyantare vrajet /
tasmānnityaṃ mūlabandhaḥ kartavyo yogibhiḥ sadā // 87 //

1.b-प्राण. 2.b-स्वरूपतां. 3.b-भुजगीं च. 4.b-बिम्बं.

Tr. Then, just as a serpent enters into a hole, she (*kuṇḍalī*) enters the *brahma-nāḍī* (*suṣumnā*). Therefore, a *yogī* should always practise *mūla-bandha*. 87.

Note: These verses give a rationale of arousal of *kuṇḍalinī* by the practice of *mūlabandha*. 85-87.

बन्धं[1] मूलबिलं[2] येन तेन विघ्नो विदारितः /
अजरामरतां याति यथा पञ्चमुखो हरः // **88** //
bandhaṃ mūlabilaṃ yena tena vighno vidāritaḥ /
***ajarāmaratāṃ yāti yathā pañcamukho haraḥ* // 88 //**

Tr. One, who has successfully applied *mūla-bandha*, overcomes obstacles. He, like five-headed *hara* (epithet of *śiva*), overcomes old age and becomes immortal. 88.

अमृतापूर्णदेहस्य योगिनो द्वित्रिवत्सरात् /
ऊर्ध्वं प्रवर्त्तिते रेतो ह्यणिमादिगुणोदयात् // **89** //
amṛtāpūrṇa-dehasya yogino dvitrivatsarāt /
***ūrdhvaṃ pravartito reto hyaṇimādi-guṇodayāt* // 89 //**

Tr. In two to three years time, as the body of a *yogī* fills up with nectar, and as the energy channelizes upwards, he attains supernatural powers like *aṇimā* etc. 89.

अथ उड्डियानबन्धः-
ऊर्ध्वं येन सुषुम्नायाः प्राणस्तूड्डियते यतः /
तस्मादुड्डियानाख्योऽयं[3] योगिभिः समुदाहृतः // **90** //
atha uḍḍiyāna-bandhaḥ:-
ūrdhvaṃ yena suṣumnāyāḥ prāṇastūḍḍiyate yataḥ /
***tasmāduḍḍiyānākhyo'yaṃ yogibhiḥ samudāhṛtaḥ* // 90 //**

1.a-बन्ध. 2.a-मूलविलयं. 3.b-तस्मादुड्डियानबन्धोऽयं.

Tr. The practice, which channelizes the *prāṇa* through *suṣumnā* in the upward direction, is called *uḍḍiyāna* by the *yogīs*. 90.

उड्डीनं कुरुते यस्मादविश्रान्तो महाखगः /
उड्डीयानं तदेव स्यात्तत्र बन्धो विधीयते // **91** //

uḍḍīnaṃ kurute yasmād aviśrānto mahākhagaḥ /
uḍḍīyānaṃ tadeva syāttatra bandho vidhīyate // 91 //

Tr. The practice, which makes the great bird (*prāṇa*) always move upwards incessantly, is known as *uḍḍiyāna*. 91.

उदरे पश्चिमं तानं नाभेरूर्ध्वं च कारयेत् /
उड्डियाणो ह्यसौ बन्धो मृत्युमातंगकेसरी // **92** //

udare paścimaṃ tānaṃ nābher-ūrdhvaṃ ca kārayet /
uḍḍiyāṇo hyasau bandho mṛtyumātaṅga-kesarī // 92 //

Tr. Retract the abdomen above the navel towards the back. This is *uḍḍiyāna*, which overcomes death, like a lion killing an elephant. 92.

उड्डियाणं तु सहजं गुरुणा कथितं सदा /
अभ्यसेत् सततं यस्तु वृद्धोऽपि तरुणो भवेत् // **93** //

uḍḍiyāṇaṃ tu sahajaṃ guruṇā kathitaṃ sadā /
abhyaset satataṃ yastu vṛddho'pi taruṇo bhavet // 93 //

Tr. As a result of continuous practice of *uḍḍiyāna*, as prescribed by *guru*, even the old person becomes young. 93.

नाभेरूर्ध्वमधश्चापि तानं कुर्यात् प्रयत्नतः /
षण्मासाभ्यासयोगेन जयेन्मृत्युर्न संशयः // **94** //

nābherūrdhvam-adhaścāpi tānaṃ kuryāt prayatnataḥ /
ṣaṇmāsābhyāsayogena jayen-mṛtyur na saṃśayaḥ // 94 //

Tr. One should effortfuly contract (the abdomen) above and below the navel. With six months practice, one certainly overcomes (premature) death. 94.

सति वज्रासने पादौ कराभ्यां धारयेद् दृढम् /
गुल्फदेशसमीपे च[1] कन्दर्प[2] तत्र पीडयेत् // **95** //[3]
sati vajrāsane pādau karābhyāṃ dhārayed dṛḍham /
gulphadeśasamīpe ca kandarpaṃ tatra pīḍayet // 95 //

Tr. Adopt *vajrāsana*, firmly hold the feet near the ankles with respective hands and press upon the genital at that spot. 95.

पश्चिमं तानमुदरे कारयेच्चिबुकं हृदि /
शनैः शनैर्यथा प्राणः स्कन्धसंगेन गच्छति // **96** //[3]
paścimaṃ tānamudare kārayeccibukaṃ hṛdi /
śanaiḥ śanair-yathā prāṇaḥ skandha-saṅgena gacchati //96 //

Tr. Contracting the abdomen towards the back, press the chin towards the chest in such a manner that the *prāṇa* gradually rises up along the shoulders. 96.

Note: The words '*cibukaṃ hṛdi*' refers to the technique of *jālandhara bandha*, which is described from verses 98 onwards. In the verse no. 97, it is suggested that *mūlabandha* is automatically formed during *uḍḍiyāna*. 96.

1.b- समीपेन. 2.b-गुदं. 3. These *ślokas* do not seem to pertain to *uḍḍiyāna bandha*.

सर्वेषामेव बन्धानामुत्तमो ह्युड्डियाणकः /
उड्डियाणे दृढे बन्धे मूलं स्वाभाविकं भवेत् // 97 //
sarveṣāmeva bandhānām-uttamo hyuḍḍiyāṇakaḥ /
uḍḍiyāṇe dṛḍhe bandhe mūlaṃ svābhāvikaṃ bhavet // 97 //

Tr. Among all the *bandhas, uḍḍiyāna* is the best. With firm application of *uḍḍiyāna, mūla (-bandha)* is automatically formed. 97.

Note: *uḍḍiyāna* is an exercise of the diaphram and the ribs. It is practised either in sitting or in standing position. There is no mention in the text about the phase of respiration. Traditionally when the practice is taken independently, it is done under exhalatory condition. When accompanied with *prāṇāyāma*, it is practised under inhalatory condition; but the anatomico-physiological mechanism differs in these two techniques. For detailed scientific investigation on exhalatory type of *uḍḍiyāna*, refer to YM (vol. I, III, IV, VI and VIII). 92-97.

अथ जालन्धरबन्धः -
कण्ठमाकुञ्च्य हृदये स्थापयेच्चिबुकं दृढम् /
बन्धो जालन्धराख्योऽयममृताक्षयकारकः // 98 //
atha jālandhara-bandhaḥ:-
kaṇṭhamākuñcya hṛdaye sthāpayeccibukaṃ dṛḍham /
bandho jālandharākhyo'yam-amṛtākṣaya-kārakaḥ // 98 //

Tr. Contracting the throat, firmly press the chin on the chest. This is *jālandhara-bandha*, which stops the flow of the nectar. 98.

बध्नाति हि शिराजालमधोगामिनभोजलम् /
ततो जालन्धरबन्धः कण्ठदुःखौघनाशकः // 99 //
badhnāti hi śirājālam-adhogāmi-nabhojalam /
tato jālandharabandhaḥ kaṇṭha-duḥkhaugha-nāśakaḥ // 99 //

Tr. The network of the nerves is tied up, preventing the downward flow of the (nectar). Moreover, *jālandhara-bandha* alleviates the disorders of the throat. 99.

जालन्धरे कृते बन्धे कण्ठसंकोचलक्षणे /
न पीयूषं पतत्यग्नौ न च वायुः प्रकुप्यति // **100** //
jālandhare kṛte bandhe kaṇṭhasaṅkoca-lakṣaṇe /
na pīyūṣaṃ patatyagnau na ca vāyuḥ prakupyati // 100 //

Tr. Application of *jālandhara-bandha* by contracting the throat, prevents the nectar falling into the fire and stops *vāyu* going astray. 100.

Note: The word *jāla* refers to the network of the nerves passing through the neck into the brain and *dhara* denotes holding back the nectar by exercising upward pull upon the spine and thus working upon the brain. One of the purposes of *jālandhara bandha* during *prāṇāyāma* is to exercise considerable pressure on the carotid sinus leading to the stimulation of the carotid nerves and after constant practice, slow down the heart and a trance like condition may supervene. *jālandhara bandha* is not only practised during *kumbhaka*, but also during *recaka* in *mūrcchā prāṇāyāma*, bringing about stupor. This technique also indicates the principle of *viparītakaraṇī*. 98-100.

बन्धत्रयमिदं श्रेष्ठं महासिद्धैर्निषेवितम् /
सर्वेषां हठतन्त्राणां साधनं योगिनो विदुः // **101** //
bandhatrayam-idaṃ śreṣṭhaṃ mahāsiddhair niṣevitam /
sarveṣāṃ haṭhatantrāṇāṃ sādhanaṃ yogino viduḥ // 101 //

Tr. The set of these three *bandhas* is made use of by the *siddhas*. The *yogīs* consider these greatly efficient during *haṭha* practices. 101.

मूलस्थानं समाकृष्य उड्डियानं तु कारयेत् /
कण्ठसंकोचनेनैव द्वे नाड्यौ स्तम्भयेद् ध्रुवम् // **102** //

mūlasthānaṃ samākṛṣya uḍḍiyānaṃ tu kārayet /
kaṇṭhasaṅkocanenaiva dve nāḍyau stambhayed dhruvam // 102 //

Tr. *uḍḍiyāna* should be practised by contracting the *mūla* (anus). The two *nāḍīs* (*iḍā* and *piṅgalā*) are blocked by contracting the throat (*jālandhara-bandha*). 102.

मध्यचक्रमिदं ज्ञेयं षोडशाधारबन्धनम् /
इडा च पिंगला बध्वा वाहयेत् पश्चिमं पथम् // **103** //

madhyacakram idaṃ jñeyaṃ ṣoḍaśādhāra-bandhanam /
iḍā ca piṅgalā badhvā vāhayet paścimaṃ patham // 103 //

Tr. *madhya-cakra* is considered the one which controls the sixteen *ādhāras*. (By practising *uḍḍiyāna*) the course of *prāṇa* in *iḍā* and *piṅgalā* is stopped and directed through the posterior path (*suṣumnā*). 103.

Note: *ṣoḍaśādhāra* refers to 16 vital points, which are big toes, ankles, knees, thighs, perineum, generative organ, navel, heart, neck, throat, uvula, nose, center of the eye-brows, forehead, head and *brahmarandhra*. 103.

अनेनैव विधानेन सेवयेत् पवनोऽनलम् /
ततो न जायते मृत्युर्जरारोगादिकं तथा // **104** //[1]

anenaiva vidhānena sevayet pavano'nalam /
tato na jāyate mṛtyur jarārogādikaṃ tathā // 104 //

Tr. Strict adherence to such practice alone merges the *pavana* into the *anala*, which further retards death, decay and ailments. 104.

1.b- अनुपलब्धश्लोक.

अधस्तात् कुञ्चनेनाशु कण्ठसंकोचने कृते /
मध्ये पश्चिमतानेन स्यात् प्राणो ब्रह्मनाडिगः **// 105 //**
adhastāt kuñcanenāśu kaṇṭhasaṅkocane kṛte /
***madhye paścimatānena syāt prāṇo brahmanāḍigaḥ* // 105 //**

Tr. Simultaneous contraction of the anus *(mūla-bandha)* and throat *(jālandhara-bandha)* accompanied with abdominal retraction towards the back *(uḍḍiyāna-bandha)* channelizes the *prāṇa* through the *brahma-nāḍī*. 105.

Note: Usually the three *bandhas* are simultaneously practised and not independently. They are specially used in the practice of *prāṇāyāma.* 105.

ब्रह्मस्थानं ततो रोधः प्रयाति पवनोऽनले /
ततो न जायते मृत्युर्न स्याच्चैव जरादिकम् **// 106 //**
brahmasthānaṃ tato rodhaḥ prayāti pavano'nale /
***tato na jāyate mṛtyur-na syāccaiva jarādikam* // 106 //**

Tr. As the *pavana* firmly merges with *anala* (fire) in the *brahma-sthāna*, one transcends death and overcomes old age. 106.

<u>अथ विपरीतकरणी -</u>
नाभिदेशे भवेदेष भास्करो दहनात्मकः /
अमृतात्मा स्थितो नित्यं तालुमध्ये तु चन्द्रमाः **// 107 //**
<u>atha viparīta-karaṇī:-</u>
nābhideśe bhavedeṣa bhāskaro dahanātmakaḥ /
***amṛtātmā sthito nityaṃ tālumadhye tu candramāḥ* // 107 //**

Tr. The blazing sun is located at the navel region, while the moon, the source of nectar, is always located in the palate. 107.

यत्किञ्चित् स्रवते चन्द्रादमृतं दिव्यरूपि च /
तत्सर्वं ग्रसते सूर्यः तेन पिण्डं विनश्यति // **108** //

yatkiñcit sravate candrād amṛtaṃ divyarūpi ca /
tatsarvaṃ grasate sūryaḥ tena piṇḍaṃ vinaśyati // 108 //

Tr. Whatever divine nectar is secreted from the moon, all that is consumed by the Sun. Therefore, the human body decays. 108.

तत्रास्ति कारणं दिव्यं सूर्यस्य मुखबन्धनम् /
गुरूपदेशतो ज्ञेयं न तु शास्त्रार्थकोटिभिः // **109** //

tatrāsti kāraṇaṃ divyaṃ sūryasya mukhabandhanam /
gurūpadeśato jñeyaṃ na tu śāstrārtha-koṭibhiḥ // 109 //

Tr. There is a unique way to seal the mouth of the sun, which can be learnt from the *guru* and never by going through millions of scriptures. 109.

ऊर्ध्वनाभिरधस्तालुरूर्ध्वं भानुरधः शशी /
करणी विपरीताख्या सर्वव्याधिविनाशिनी // **110** //

ūrdhvanābhir-adhastālur-ūrdhvaṃ bhānur-adhaḥ śaśī /
karaṇī viparītākhyā sarvavyādhi-vināśinī // 110 //

Tr. The practice, which puts the navel up and palate down, the sun up and moon down, is known as *viparīta-karaṇī.* It removes all the diseases. 110.

करणी विपरीताख्या गुरुवाक्येन लभ्यते /
नित्यमभ्यासयुक्तस्य जठराग्निविवर्द्धिनी // **111** //

karaṇī viparītākhyā guruvākyena labhyate /
nityam abhyāsayuktasya jaṭharāgni-vivardhinī // 111 //

1.a-सर्वव्याधिविनाशिनी .

Tr. *viparīta-karaṇī* is best learnt from the *guru*. Its daily practice stimulates the gastric fire. 111.

आहारो बहुलस्तस्य सम्पाद्यः साधकस्य तु /
अनाहारो यदि भवेदग्निर्देहं दहेत् क्षणात् // **112** //
āhāro bahulastasya saṃpādyaḥ sādhakasya tu /
anāhāro yadi bhaved agnir-dehaṃ dahet kṣaṇāt // 112 //

Tr. An aspirant requires increased quantity of food. If one does not take sufficient food, fire quickly consumes the body. 112.

अधःशिराश्चोर्ध्वपादः क्षणं स्यात् प्रथमे दिने /
क्षणाच्च किञ्चिदधिकमभ्यसेच्च दिने दिने // **113** //
adhaḥśirāścordhvapādaḥ kṣaṇaṃ syāt prathame dine /
kṣaṇācca kiñcidadhikam abhyasecca dine dine // 113 //

Tr. On the first day, one should remain in the topsy-turvy position for a short time. Every day, one should retain the posture longer increasing the time little by little. 113.

वलिश्च पलितं चैव षण्मासार्द्धेन नश्यति /
याममात्रं तु यो नित्यमभ्यसेत् स तु कालजित् // **114** //
valiśca palitaṃ caiva ṣaṇmāsārddhena naśyati /
yāmamātraṃ tu yo nityam abhyaset sa tu kālajit // 114 //

Tr. Grey hair and wrinkles disappear in six months with the practice. By practising three hours each day one overcomes premature death. 114.

Note: *viparītakaraṇī* is not only a technique, but is an important concept in *haṭhayoga*, which is involved in different *yogic* practices, like *jālandhara, khecarī* and *jihvābandha. pratyāhāra* is considered as *viparītakaraṇī* (GS: 59), which emphasizes on reversal process. The concept of *sūrya* at the navel and *candra* at the root of the palate and the nectar oozing out of the moon, is swallowed up by the sun at the navel, is not yet properly understood in terms of modern concept of anatomy and physiology.

The technique of *viparītakaraṇī* can be extended to any pose, which has it's head down and pelvic region raised up, such as *śīrṣāsana, sarvāṅgāsana* and *halāsana.*

KKHP describes *viparītakaraṇī* as upside down position of the body, in which one is advised to swallow the air by mouth and expel it through the anus. 107-114.

चित्ते समत्वमापन्ने वायौ व्रजति मध्यमे /
एषामरोली वज्रोली सदाभिमतेति च // **115** //[1]

citte samatvamāpanne vāyau vrajati madhyame /
eṣāmarolī vajrolī sadābhimateti ca // 115 //

Tr. When the *vāyu* is channelized through the middle path (*suṣumnā*), the mind becomes poised. Such a practice is regarded as *amarolī* and *vajrolī*. 115.

स्वेच्छया वर्त्तमानोऽपि योगोक्तैर्नियमैर्विना /
वज्रोलीं यो विजानाति स योगी सिद्धिभाजनम् // **116** //

svecchayā vartamāno'pi yogoktair niyamair vinā /
vajrolīṃ yo vijānāti sa yogī siddhibhājanam // 116 //

Tr. A *yogī,* who knows the practice of *vajrolī,* even if he acts of his own acord without following the yogic injunctions, attains success. 116.

1.b-अनुपलब्धश्लोक.

तत्र वस्तुद्वयं वक्ष्ये दुर्लभं यस्य कस्यचित् /
क्षीरं चैकं द्वितीयं च नारी च वशवर्त्तिनी // **117** //

tatra vastudvayaṃ vakṣye durlabhaṃ yasya kasyacit /
kṣīraṃ caikaṃ dvitīyaṃ ca nārī ca vaśavartinī // 117 //

Tr. There are two things, which are difficult for every one to secure: one is *kṣīra* (nectar flowing from the moon) and the other is to have control over the *nāḍī (citrā-nāḍī)*. 117.

मेहनेन शनैः सम्यगूर्ध्वं कुञ्चनमभ्यसेत् /
यत्नतः शरनालेन फूत्कारं वज्रकन्दरे[1] /
शनैः शनैः प्रकुर्वीत वायुसञ्चारकारणात्[2] // **118** //

mehanena śanaiḥ samyag ūrdhvaṃ kuñcanam abhyaset /
yatnataḥ śaranālena phūtkāraṃ vajrakandare /
śanaiḥ śanaiḥ prakurvīta vāyusañcārakāraṇāt // 118 //

Tr. One should effortfully blow through the tube into the urethra slowly to clear the passage for the flow of air and by appropriate contraction and manipulation of the pelvic organs, raise the secretions. 118.

बिन्दुर्मूलं शरीराणां शरीरेण प्रतिष्ठितः /
धारयन्ते शरीरे च[3] आपादतलमस्तकम् // **119** //

bindur mūlaṃ śarīrāṇāṃ śarīreṇa pratiṣṭhitaḥ /
dhārayante śarīre ca āpādatala-mastakam // 119 //

Tr. *bindu*, which is located in the body and which supports the whole body from head to feet, is the key to bodily existence. 119.

1.b-पुरुषो वापि नारी वा वज्रोलीसिद्धिमाप्नुयात्. 2.b-कारणम्. 3.a-शरीरेण.

नार्या भगे पतद्बिन्दुमभ्यासेनोर्ध्वमाहरेत् /
चलितं च स्वयं बिन्दुमूर्ध्वमाकृष्य रक्षयेत् // 120 //
nāryā bhage patad bindum abhyāsenordhvamāharet /
calitaṃ ca svayaṃ bindum ūrdhvam ākṛṣya rakṣayet //120//

Tr. The *bindu*, which is normally discharged and flows downwards, should be raised upwards with the practice and preserved. 120.

मरणं बिन्दुपातेन जीवितं बिन्दुधारणात् /
सुगन्धो योगिनो देहे जायते बिन्दुधारणात् /
यावद् बिन्दुः स्थिरो देहे तावत् कालभयं कुतः // 121 //
maraṇaṃ bindupātena jīvitaṃ bindu-dhāraṇāt /
sugandho yogino dehe jāyate bindu-dhāraṇāt /
yāvad-binduḥ sthiro dehe tāvat kālabhayaṃ kutaḥ // 121 //

Tr. Downward flow of the *bindu* leads to decay of the body, while it's preservation leads to life and creates pleasant smell in the body. So long *bindu* is retained in the body, there is no fear from death. 121.

स एव द्विविधो बिन्दुः पाण्डुरो लोहितः स्मृतः /
पाण्डुरः शुक्लमित्याहुर्लोहिताख्यं[1] महारजः // 122 //
sa eva dvividho binduḥ pāṇḍuro lohitaḥ smṛtaḥ /
pāṇḍuraḥ śuklam-ityāhur-lohitākhyaṃ mahārajaḥ // 122 //

Tr. There are two types of *bindu*: white and red. The white (*bindu*) is called *śukla* and red (*bindu*) is called *mahārajas*. 122.

---

1. a-लोहिताक्षं.

सिन्दुरद्रवसंकाशं[1] रविस्थाने स्थितं रजः /
याति बिन्दोः सहैकत्वं भवेद् दिव्यं वपुस्तदा[2] // **123** //
sinduradravasaṅkāśaṃ ravisthāne sthitaṃ rajaḥ /
yāti bindoḥ sahaikatvaṃ bhaved divyaṃ vapustadā // 123 //

Tr. The *rajas*, which is like red lead, is located in the region of sun. When the *bindu* is merged with *rajas*, one's body becomes divine. 123.

बिन्दुः शिवो रजः शक्तिर्बिन्दुरिन्दू रजो रविः /
उभयोः संगमादेव प्राप्यते परमं पदम् // **124** //
binduḥ śivo rajaḥ śaktir-bindur-indū rajo raviḥ /
ubhayoḥ saṃgamādeva prāpyate paramaṃ padam // 124 //

Tr. *bindu* is considered *śiva* and *rajas* is *śakti* ; *bindu* is moon, *rajas* is sun. By union of both, one certainly attains the highest state. 124.

शुक्रं चन्द्रेण संयुक्तं रजः सूर्येण संगतम् /
शशिस्थाने स्थितो बिन्दुस्तयोरैक्यं च दुर्लभम् // **125** //
śukraṃ candreṇa saṃyuktaṃ rajaḥ sūryeṇa saṅgatam /
śaśisthāne sthito bindus-tayoraikyaṃ ca durlabham // 125 //

Tr. *śukra* is connected with *candra* (moon), and *rajas* with *sūrya* (sun). The union of *bindu*, which is located in the moon, (with *rajas* located in the sun) is very rare. 125.

वायुना शक्तिचालेन प्रेरितं खे यदा रजः /
बिन्दुनैकत्वमायाति भवेद्दिव्यं वपुस्तदा // **126** //

1.a-सिन्दुराद्रवसंकाशं. 2.a-सहैसाया.

vāyunā śakticālena preritaṃ khe yadā rajaḥ /
bindunaikatvam āyāti bhaveddivyaṃ vapus-tadā // 126 //

Tr. By the practice of *śakticāla* and stimulation of the *vāyu*, when the *rajas* is channelized to the *kha* (*brahma-randhra*), it (*rajas*) is united with the *bindu*, as a result of which, the physique of a *yogī* turns divine. 126.

शुक्रं चन्द्रेण संयुक्तं रजः सूर्येण संगतम्[1] /
तयोः समरसैकत्वं[2] यो जानाति स योगवित् // **127** //
śukraṃ candreṇa saṃyuktaṃ rajaḥ sūryeṇa saṅgatam /
tayoḥ samarasaikatvaṃ yo jānāti sa yogavit // 127 //

Tr. One who knows the blending of *śukra*, connected with *candra* (moon) and *rajas* connected with *sūrya* (sun), is a true *yogī*. 127

चित्तायत्वं नृणां शुक्रं शुक्रायत्वं तु जीवितम् /
तस्माच्छुक्रं रजश्चैव रक्षणीयं प्रयत्नतः // **128** //
cittāyatvaṃ nṛṇāṃ śukraṃ śukrāyatvaṃ tu jīivitam /
tasmācchukraṃ rajaścaiva rakṣaṇīyaṃ prayatnataḥ // 128 //

Tr. The *śukra* (*bindu*) of a human being is controlled by his mind and the life depends on *śukra*. Therefore, *śukra* and *rajas* should be preserved with effort. 128.

ऋतुमत्या रजोऽप्येव निज[3]बिन्दुं च रक्षयेत् /
मेढ्रेणाकर्षयेदूर्ध्वं सम्यगभ्यासयोगवान् // **129** //

1.a-संगमः. 2.b-समरसत्वम्. 3.b-बीजम्.

ṛtumatyā rajo'pyeva nijabındum ca rakṣayet /
meḍhreṇākarṣayed ūrdhvaṃ samyag-abhyāsayogavān //129//

Tr. A menstruating woman should preserve the *rajas*, a man should preserve his *bindu,* by raising it upwards by contracting the perineum through the appropriate practice. 129.

Note: *brahmānanda,* the commentator of HP, considers this verse to be an interpolation, although he has tried to comment on it. 129.

अयं योगः[1] पुण्यवतां धन्यानां तत्वशालिनाम् /
निर्मत्सराणां सिध्येत न तु मत्सरशालिनाम् // **130** //
ayaṃ yogaḥ puṇyavatāṃ dhanyānāṃ tatvaśālinām /
nirmatsarāṇāṃ sidhyeta na tu matsaraśālinām // 130 //

Tr. Those who are pious, courageous, have gained insight into the reality, free from jealousy, attains success in this *yoga* and not those who are envious. 130.

पुरुषो वापि नारी वा वज्रोलीसिद्धिभाजनम् /
सहजोलिश्चामरोलिर्वज्रोल्या भेद[2] एव हि // **131** //
puruṣo vāpi nārī vā vajrolīsiddhibhājanam /
sahjoliścāmarolir-vajrolyā bheda eva hi // 131 //
Tr. Success in *vajrolī* can be attained by both male and female (aspirants). *sahajoli* and *amaroli* are but the two varieties of *vajrolī* alone. 131.

जले भस्मे विनिक्षिप्य दग्धगोमयसंभवम् /
वज्रोलीमैथुनादूर्ध्वं स्त्रीपुंसोः स्वांगलेपनम् // **132** //

1.b-असंयोगः. 2.b-वज्रोल्यभेद.

jale bhasme viniksipya dagdha-gomaya-sambhavam /
vajrolī-maithunād-ūrdhvam strīpuṃsoḥ svāṅgalepanam//132/

Tr. Both man and woman should besmear the body with ashes of (burnt) cow dung mixed up with water after the practice of *vajrolī*. 132.

आसीनयोः सुखेनैव मुक्तव्यापारयोः क्षणात् /
सहजोलिरियं प्रोक्ता सेव्यते योगिभिः सदा // **133** //
āsīnayoḥ sukhenaiva muktavyāpārayoḥ kṣaṇāt /
sahajoliriyaṃ proktā sevyate yogibhiḥ sadā // 133 //

Tr. Thus one sits in a state of Bliss unmindful of the worldly affairs. This is called *sahajoli*, which is always practised by the *yogīs*. 133.

Note: *muktavyāpāra,* in this context means void and nothing else. 133.

अयं[1] शुभकरो योगो भोगं मुक्तेऽपि[2] दक्षिणः /
तस्मात् पुण्यवतामेव अयं योगः[3] प्रसिध्यति // **134** //
ayaṃ śubhakaro yogo bhoge mukte'pi dakṣiṇaḥ /
tasmāt puṇyavatām-eva ayaṃ yogaḥ prasidhyati // 134 //

Tr. This is very auspicious (practice of) *yoga,* which is conducive to a *yogī,* both in material and spiritual (salvation) success. Therefore, only the meritorious ones attain success in this *yoga*. 134.

पुंसो बिन्दुं[4] समाकुञ्च्य सम्यगभ्यासपाटवात् /
यदि नारी रजो रक्षेत् संयोगे चापि[5] योगिनी // **135** //

1.a-अथ. 2.b-भुक्ते च. 3.b-असंयोग. 4.a-बिन्दु. 5.b-वापि.

puṃso binduṃ samākuñcya samyag-abhyāsa-pāṭavāt /
yadi nārī rajo rakṣet saṃyoge cāpi yoginī // 135 //

Tr. A woman is considered as *yoginī* if she protects the *rajas* (secretions of the lower part) by retraction of uniting *bindu* (secretion of the upper part) through appropriate practice. 135.

तस्याः किञ्चिद्रजो नाशं न गच्छति न संशयः /
तस्याः शरीरे नादस्तु बिन्दुतामेव[1] गच्छति // **136** //
tasyāḥ kiñcid rajonāśaṃ na gacchati na saṃśayaḥ /
tasyāḥ śarīre nādastu bindutāmeva gacchati // 136 //

Tr. Undoubtedly, she (such a *yoginī*) will not waste even a droplet of *rajas.* In her body, the *nāda* will get transformed into *bindu* (light). 136.

Note: A *yoginī,* who performs *vajrolī* and does not lose any part of the secretions, experiences *nāda* (internally aroused sound), which gets finer and finer and transformed into *bindu* (internally aroused light) which she perceives. 135-136.

स बिन्दुस्तद्रजश्चैव एकीभूय स्वदेहजैः[2] /
वज्रोल्यभ्यासयोगेन सर्वसिद्धिः प्रजायते // **137** //
sa bindus tadrajaścaiva ekībhūya svadehajaiḥ /
vajrolyabhyāsayogena sarvasiddhiḥ prajāyate // 137 //

Tr. *bindu* and *rajas* produced in the body, when united through the practice of *vajrolī*, brings about all the *siddhis.* 137.

पित्तोल्बणत्वात् प्रथमां च धारां विहाय नीयाच्च तथान्त्य[3] धाराम् /
निषेव्यते[4] शीतलमध्यधारा कापालिकैः खण्डमतैः समर्थैः // **138** //

1.a-बिन्दुनालो च. 2.a-स्वदेहजौ. 3.b-निःसारतयान्त. 4.a-निःसेव्यते.

pittolbaṇatvāt prathamāṃ ca dhārāṃ
vihāya nīyācca tathāntya-dhārām /
niṣevyate śītalamadhyadhārā
kāpālikaiḥ khaṇḍamataiḥ samarthaiḥ // 138 //

Tr. The first and the last flow (of the urine) should be avoided due to it's acidic contents. The adepts of *khaṇḍa-kāpālikas* consume the cool middle flow (of the urine). 138.

अमरीं यः पिबेन्नित्यं नस्यं[1] कुर्याद्[2] दिने दिने /
वज्रोलीमभ्यसेत् सेयममरोलीति कथ्यते // **139** //

amarīṃ yaḥ pibennityaṃ nasyaṃ kuryād dine dine /
vajrolīm abhyaset seyam amarolīti kathyate // 139 //

Tr. While undergoing the practice of *vajrolī*, when one daily tastes and snuffs the *amarī*, it is called *amarolī*. 139.

Note: *bhavadeva* in his YB, commenting on *vajrolī, sahajolī* and *amarolī* remarks that *vajrolī, sahajolī, amarolī,* comprise a composite process. There is no difference between them. They differ in names. But the function remains the same. When the Union of *candra* and *sūrya* takes place in the *yonisthāna*, it is called *amarolī.* When one's *bindu* is held inside with the help of *yonimudrā,* it is termed as *sahajolī.* To suck one's *bindu* and raise it upwards is *vajrolī.* A woman is also eligible for the practice of *vajrolī.* The purpose of *vajrolī* is *bindusiddhi. bhavadeva* also gives a *mantra,* which is used for *vajrolī,* as " *oṃ jrāṃ phaṃ kruṃ lluṃ jaṃ jaḥ svāhā".* (YB—a forthcoming publication from Lonavla Yoga Institute).115-139.

मेहनां[3] कुञ्चनादूर्ध्वं रजसापि च योगिनी /
अतीतानागतं वेत्ति खेचरी च भवेद् ध्रुवम् // **140** //

1.a-न शक्युं. 2.b-नस्यं कुर्वन्. 3.a-मेहनां.

mehanākuñcanādūrdhvaṃ rajasāpi ca yoginī /
atītānāgataṃ vetti khecarī ca bhaved dhruvam // 140 //

Tr. By contraction and suction, if the *yoginī* raises the *rajas* upwards, she knows the past and the future and quickly attains *khecarī.* 140.

देहसिद्धिं च लभते वज्रोल्यभ्यासयोगतः /
अयं शुभकरो योगो भोगे मुक्तौ च दक्षिणः // **141** //
dehasiddhiṃ ca labhate vajrolyabhyāsayogataḥ /
ayaṃ śubhakaro yogo bhoge muktau ca dakṣiṇaḥ // 141 //

Tr. Perfection in the practice of *vajrolī* yields a divine physique (*dehasiddhi*). Such an auspicious *yoga* (practice) is helpful both for material and spiritual success. 141.

कन्दोर्ध्वे कुण्डलीशक्तिरष्टधा कुण्डलाकृतिः[1] /
ब्रह्मद्वारमुखं नित्यं मुखेनाच्छाद्य तिष्ठति[2] // **142** //
kandordhve kuṇḍalī-śaktir-aṣṭadhā kuṇḍalākṛtiḥ /
brahmadvāramukhaṃ nityaṃ mukhenācchādya tiṣṭhati// 142/

Tr. The *kuṇḍalī-śakti* is located above the *kanda,* forming eight spirals. It stays obstructing the mouth of *brahma-dvāra* (opening of *suṣumnā*). 142.

येन मार्गेण गन्तव्यं ब्रह्मस्थानं निरामयम् /
मुखेनाच्छाद्य तदद्वारं प्रसुप्ता परमेश्वरी // **143** //
yena mārgeṇa gantavyaṃ brahmasthānaṃ nirāmayam /
mukhenācchādya tad-dvāraṃ prasuptā parameśvarī // 143 //

1.bगुप्ता मोक्षाय योगिनां. 2.b-बन्धनाय च मूढानां यस्तां वेत्ति स योगवित्.

Tr. The latent *parameśvarī* (*kuṇḍalī*) obstructs the very door, through which the path to blissful (state of) *brahmasthāna* leads. 143.

उद्घाटयेत्[1] कपाटं तु यथा कुञ्चिकया हठात् /
कुण्डलिन्या तथा योगी मोक्षद्वारं विभेदयेत् // **144** //

udghāṭayet kapāṭaṃ tu yathā kuñcikayā haṭhāt /
kuṇḍalīnyā tathā yogī mokṣadvāraṃ vibhedayet // 144 //

Tr. As a door is easily opened with a key, a *yogī* breaks open the door to salvation by *kuṇḍalinī.* 144.

कृत्वा सम्पुटितौ[2] करौ दृढतरं बध्वा तु पद्मासनम्[3] /
गाढं वक्षसि सन्निधाय चिबुकं ध्यानं ततश्चेतसि //
वारं वारमपानमूर्ध्वमनिलं प्रोच्चालयन् पूरितम् /
स्वं च प्राणमुपैति बोधमतुलं शक्तिप्रभावादतः // **145** //

kṛtvā sampuṭitau karau dṛḍhataraṃ badhvā tu padmāsanam/
gāḍhaṃ vakṣasi sannidhāya cibukaṃ dhyānaṃ tataścetasi//
vāraṃ vāramapānam ūrdhvam-anilaṃ proccālayan pūritam/
svaṃ ca prāṇam upaiti bodham-atulaṃ śakti-prabhāvād-ataḥ // 145 //

Tr. Firmly adopt *padmāsana* , fold the hands, firmly press the chin against the chest, repeatedly raise the *apāna* upwards forcefully so that it unites with *prāṇa.* Thus one attains unparallel wisdom of the highest order by intense concentration. 145.

कन्दोर्ध्वे कुण्डलीशक्तिः सुप्ता मोक्षाय योगिनाम् /
बन्धनाय च मूढानां यस्तां वेत्ति स योगवित् // **146** //

kandordhve kuṇḍalī-śaktiḥ suptā mokṣāya yoginām /
bandhanāya ca mūḍhānāṃ yastāṃ vetti sa yogavit // 146 //

1.a-उत्पाटयेत्. 2.a-संपुतौ. 3.b-गिद्धासनं.

Tr. The latent *kuṇḍalī-śakti*, which is located above the *kanda*, brings about liberation to a *yogī*, while it causes bondage to an ignorant. A true *yogī* is the one who awakens *kuṇḍalī*. 146.

ऊर्ध्वं मेढ्रादधो नाभेः कन्दो योऽस्ति खगाण्डवत् /
तत्र[1] नाड्यः समुद्भूताः सहस्राणां[2] द्विसप्ततिः // **147** //
ūrdhvaṃ meḍhrād adho nābheḥ kando yo'sti khagāṇḍavat /
tatra nāḍyaḥ samudbhūtāḥ sahasrāṇāṃ dvisaptatiḥ // 147 //

Tr. *kanda,* which resembles the egg of a bird, is placed above the genitals and below the navel. The seventy-two thousand *nāḍīs* originate from here. 147.

तत्र नाडीसहस्रेषु द्विसप्ततिरुदाहृतः /
प्राधान्य[3]प्राणवाहिन्यो भूयस्तत्र दश स्मृताः // **148** //
tatra nāḍī-sahasreṣu dvisaptatir-udāhṛtaḥ /
prādhānya-prāṇa-vāhinyo bhūyastatra daśa smṛtāḥ // 148 //

Tr. *nāḍīs* are said to be seventy-two thousand. But the prime conductors of *prāṇa* are only ten. 148.

इडा च पिंगला चैव सुषुम्ना च तृतीयका /
गान्धारी हस्तिजिह्वा च पूषा चैव[4] पयस्विनी // **149** //
अलम्बुषा कुहुश्चैव[5] शंखिनी च दश स्मृताः /
एवं नाडीमयं चक्रं विज्ञेयं योगिभिः सदा // **150** //
iḍā ca piṅgalā caiva suṣumnā ca tṛtīyakā /
gāndhārī hastijihvā ca pūṣā caiva payasvinī // 149 //
alambuṣā kuhuścaiva-śaṅkhinī ca daśa smṛtāḥ /
evaṃ nāḍīmayaṃ cakraṃ vijñeyaṃ yogibhiḥ sadā // 150 //

1.b- ततो. 2.b-सहस्राणि. 3.b-प्राधान्यात्. 4.a-प्रजावेव. b-प्रजा चैव. 5.a-कुहुकश्चैव.

Tr. The ten *nāḍīs* are — *iḍā, piṅgalā, suṣumnā* (the third), *gāndhārī, hasti-jihvā, pūṣā, payasvinī, alambuṣā, kuhu* and *śaṅkhinī*. A *yogī* should know the network of the *nāḍīs*. 149-150.

सततं प्राणवाहिन्यः सोमसूर्याग्निदेवताः /
इडा च पिंगला चैव सुषुम्ना च त्रयो मताः // **151** //
satataṃ prāṇavāhinyaḥ somasūryāgni-devatāḥ /
iḍā ca piṅgalā caiva suṣumnā ca trayo matāḥ // 151 //

Tr. It is considered that the three *nāḍīs,* namely – *iḍā, piṅgalā* and *suṣumnā,* having their presiding deities as *soma, sūrya* and *agni* respectively, are the prominent channels of *prāṇa*. 151.

इडा वामे स्थिता भागे पिंगला दक्षिणे स्थिता /
सुषुम्ना मध्यदेशे तु प्राणमार्गे त्रयः स्थिताः // **152** //
iḍā vāme sthitā bhāge piṅgalā dakṣiṇe sthitā /
suṣumnā madhyadeśe tu prāṇamārge trayaḥ sthitāḥ // 152 //

Tr. *iḍā* is situated on the left, *piṅgalā* on the right, while *suṣumnā* is in the middle. These three are the passages of *prāṇa*. 152.

प्राणोऽपानसमानश्चोदानव्यानौ च वायवः /
नागः कूर्मश्च कृकलो देवदत्तो धनञ्जयः // **153** //
प्राणाद्याः पञ्च विख्याता नागाद्याः पञ्च वायवः /
एते नाडीसहस्रेषु वर्त्तन्ते जीवरूपिणः // **154** //
prāṇo'pānasamānaścodānavyānau ca vāyavaḥ /
nāgaḥ kūrmaśca kṛkalo devadatto dhanañjayaḥ // 153 //
prāṇādyāḥ pañca vikhyātā nāgādyāḥ pañca vāyavaḥ /
ete nāḍī sahasreṣu vartante jīvarūpiṇaḥ // 154 //

Tr. The famous five *prāṇas* are—*prāṇa, apāna, samāna, udāna* and *vyāna* and the five *vāyus* are—*nāga, kūrma, kṛkala, devadatta* and *dhanañjaya*. *prāṇa* in the form of *jīva*, exists in thousands of *nāḍīs*. 153-154.

प्राणापानावसौ जीवोऽधश्चोर्ध्व[1] प्रधावति /
वामदक्षिणमार्गेण चञ्चलत्वे न दृश्यते // **155** //

prāṇāpānāvasau jīvo'dhaścordhvaṃ pradhāvati /
vāmadakṣiṇa-mārgeṇa cañcalatve na dṛśyate // 155 //

Tr. *jīva* (the embodied soul), in the form of *prāṇa* and *apāna*, moves upwards and downwards through left and right channels. It is not experienced because of its fickleness. 155.

आक्षिप्तो भुवि दण्डेन[2] यथोच्छलति[3] कन्दुकः /
प्राणोऽपानसमाक्षिप्तस्तथा जीवो हि गच्छति[4] // **156** //

ākṣipto bhuvi daṇḍena yathocchalati kandukaḥ /
prāṇo'pānasamākṣiptas tathā jīvo hi gacchati // 156 //

Tr. Being hit by a stick, a ball bounces up from the ground. Similarly, the *jīva*, being hit by *prāṇa* and *apāna*, keeps moving. 156.

रज्जुबद्धो यथा श्येनो गतोऽप्याकृष्यते पुनः /
गुणबद्धस्तथा जीवः प्राणापानेन कृष्यते // **157** //

rajjubaddho yathā śyeno gato'pyākṛṣyate punaḥ /
guṇabaddhastathā jīvaḥ prāṇāpānena kṛṣyate // 157 //

Tr. As a bird (lit. eagle), tied up to a string, is pulled back, so also the *jīva*, attached to the attributes, is attracted by *prāṇa* and *apāna*. 157.

---

1. b-ऊर्ध्वं चाधः. 2.b-भुजदण्डेन. 3.b-यथा चलति. 4.a-न मिश्रयेत्.

अपानः कर्षयेत्[1] प्राणं प्राणोऽपानं च[2] कर्षति /
अधऊर्ध्वस्थितौ एतौ यो जानाति स योगवित् // **158** //

apānaḥ karṣayet prāṇaṃ prāṇo'pānaṃ ca karṣati /
***adha-ūrdhva-sthitau etau yo jānāti sa yogavit* // 158 //**

Tr. *apāna* attracts *prāṇa* and *prāṇa* attracts *apāna*, remaining in the lower and the upper regions (of the body) respectively. One, who knows this, is considered a true *yogī*. 158.

हकारेण बहिर्याति सकारेण विशेत् पुनः /
हंसहंसेत्यतो मन्त्रं जीवो जपति सर्वदा // **159** //

hakāreṇa bahiryāti sakāreṇa viśet punaḥ /
***haṃsa-haṃsetyato mantraṃ jīvo japati sarvadā* // 159 //**

Tr. Exhalation produces a sound like '*ha*', while inhalation produces a sound like '*sa*'. The *jīva* constantly chants the *mantra*—*haṃsa haṃsa* (in the form of exhalation and inhalation). 159.

शतानि षट् दिवारात्रौ सहस्राण्येकविंशतिः /
एतत्संख्यायुतं मन्त्रं जीवो जपति सर्वदा // **160** //

śatāni ṣaṭ divārātrau sahasrāṇyeka-viṃśatiḥ /
***etat-saṃkhyā-yutaṃ mantraṃ jīvo japati sarvadā* // 160 /**

Tr. The *jīva* constantly chants the *mantra* for twenty one thousand and six hundred times in one day and night. 160.

अजपा नाम गायत्री योगिनां मोक्षदायिनी /
अस्याः संकल्पमात्रेण नरः पापैः प्रमुच्यते // **161** //

ajapā nāma gāyatrī yogināṃ mokṣadāyinī /
***asyāḥ saṃkalpamātreṇa naraḥ pāpaiḥ pramucyate* // 161 //**

1.a-कर्षते . 2.a-ऽपानं .

Tr. This is *ajapā gāyatrī,* which brings *mokṣa* to a *yogī.* A man gets rid of all the sins just by mere thought about it. 161.

अनया सदृशी विद्या अनया सदृशो जपः /
अनया सदृशं पुण्यं न भूतं न भविष्यति // **162** //

anayā sadṛśī vidyā anayā sadṛśo japaḥ /
anayā sadṛśaṃ puṇyaṃ na bhūtaṃ na bhaviṣyati // 162 //

Tr. A science (learning) or a chanting or a pious deed like this did not exist, nor will come into existence in future. 162.

कुण्डलिन्याः समुद्भूता गायत्री प्राणधारिणी /
प्रणवाद्यास्तथा विद्यात् यस्तं वेत्ति स योगवित् // **163** //

kuṇḍalinyāḥ samudbhūtā gāyatrī prāṇadhāriṇī /
praṇavādyās-tathā vidyāt yastaṃ vetti sa yogavit // 163 //

Tr. *gāyatrī,* having the nature of *prāṇa,* and also *praṇava etc.* have originated from *kuṇḍalinī.* One who knows this, is considered a true *yogī.* 163.

अम्भोधिशैलद्वीपानामाधारः शेषकुण्डली /
अशेषयोगतन्त्राणामाधारः कुण्डली तथा // **164** //

ambhodhi-śailadvīpānām ādhāraḥ śeṣa-kuṇḍalī /
aśeṣayogatantrāṇām-ādhāraḥ kuṇḍalī tathā // 164 //

Tr. Just as the coiled snake *śeṣa* is the support of the entire ocean, mountain and the islands, similarly, *kuṇḍalī* forms the base of all the *yogic* practices. 164.

कुण्डली कुण्डलाकारा सर्पवत् परिकीर्त्तिता /
सा शक्तिश्चालिता येन स मुक्तो नात्र संशयः // **165** //

kuṇḍalī kuṇḍalākārā sarpavat parikīrtitā /
sā śaktiścālitā yena sa mukto nātra saṃśayaḥ // 165 //

Tr. *kuṇḍalī* is considered coiled like a snake. One, who successfully activates it, certainly attains liberation. 165.

कुण्डलांगी कुण्डलिनी भुजंगी शक्तिरीश्वरी /
कुण्डल्यरुन्धती देवी शब्दाः पर्यायवाचकाः /// **166** //
kuṇḍalāṅgī kuṇḍalinī bhujaṅgī śaktirīśvarī /
kuṇḍalyarundhatī devī śabdāḥ paryāyavācakāḥ // 166 //

Tr. ***kuṇḍalāṅgī, kuṇḍalinī, bhujaṅgī, śakti, īśvarī, kuṇḍalī,*** *arundhatī, devī*-- are synonyms. 166.

गंगायमुनयोर्मध्ये बालरण्डा तपस्विनी /
बलात्कारेण गृह्णीयात् तद्विष्णोः परमं पदम् // **167** //
gaṅgā-yamunayor-madhye bālaraṇḍā tapasvinī /
balātkāreṇa gṛhṇīyāt tadviṣṇoḥ paramaṃ padam // 167 //

Tr. The humble young female ascetic (***kuṇḍalī***), which resides between *gaṅgā* and *yamunā*, should be tackled using force. That is the highest abode of *viṣṇu*. 167.

इडा भगवती गंगा पिंगला यमुना नदी /
इडापिंगलयोर्मध्ये बालरण्डा सरस्वती // **168** //
iḍā bhagavatī gaṅgā piṅgalā yamunā nadī /
iḍā-piṅgalayor-madhye bālaraṇḍā sarasvatī // 168 //

Tr. *iḍā* is the goddess *gaṅgā*, while *piṅgalā* is the river *yamunā*. The young ascetic *sarasvatī* (***kuṇḍalī***) lies between *iḍā* and *piṅgalā*. 168.

पुच्छं प्रगृह्य भुजगीं सुप्तामुद्बोध्य कर्षयेत्[1] /
निद्रां विहाय सा ऋज्वी ऊर्ध्वमुत्तिष्ठते हठात् // **169** //

puccham pragṛhya bhujagīṃ suptām-udbodhya karṣayet /
nidrāṃ vihāya sā ṛjvī ūrdhvaṃ uttiṣṭhate haṭhāt // 169 //

Tr. One should catch the sleeping serpent (*kuṇḍalī*) by the tail and pull her, thus awakening her from sleep. Coming out of the slumber and being awakened, she soon rises forcefully. 169.

प्रबुद्धा वह्नियोगेन मनसा[2] मरुता सह /
ऋजुत्व[3]गुणमादाय व्रजत्यूर्ध्वं सुषुम्नया // **170** //

prabuddhā vahniyogena manasā marutā saha /
ṛjutva-guṇam-ādāya vrajatyūrdhvaṃ suṣumnayā // 170 //

Tr. Being stimulated by the increase of heat, (*kuṇḍalī*), becomes straight and moves upwards through the *suṣumnā*, accompanied by mind and *prāṇa*. 170.

येन सञ्चालिता शक्तिः स योगी सिद्धिभाजनम् /
किमत्र बहुनोक्तेन कालं जयति लीलया // **171** //

yena sañcālitā śaktiḥ sa yogī siddhibhājanam /
kimatra bahunoktena kālaṃ jayati līlayā // 171 //

Tr. A *yogī*, who stimulates *śakti* (*kuṇḍalī*), accomplishes supernatural powers (*siddhis*). What to speak more? He easily transcends *kāla*. 171.

सव्यासनस्थास्य[4]फणावती सा प्रातश्च सायं प्रहरार्द्धमात्रम् /
प्रपूर्य सूर्यात् परिधाय[5] युक्त्या प्रगृह्य नित्यं परिचालनीया // **172** /

1.a-सुप्तामुद्बोधर्षच्च तां. 2.a-नामोनसा. 3.a-शुचिद्. 4.a-परिस्थिता चैव. 5.a-प्रपूर्यसौ परिधान.

savyāsanasthāsyaphaṇāvatī sā
prātaśca sāyaṃ praharārdhamātram /
prapūrya sūryāt paridhāya
yuktyā pragṛhya nityaṃ paricālanīyā // 172 //

Tr. One should skillfully catch hold of the hooded serpent, who is lying with the face backwards and stimulate her daily by exhaling through *sūrya nāḍī* for one and half hours, in the morning and evening. 172.

वज्रासनस्थितो योगी चालयित्वा तु कुण्डलीम् /
कुर्यादनन्तरं भस्त्रीं कुण्डलीमाशु बोधयेत् // **173** //

vajrāsanasthito yogī cālayitvā tu kuṇḍalīm /
kuryādanantaraṃ bhastrīṃ kuṇḍalīm āśu bodhayet // 173 //

Tr. A *yogī*, sitting in *vajrāsana* should activate *kuṇḍalī* and thereafter, should practise *bhastrikā.* Thus, *kuṇḍalī* is easily awakened. 173.

नाभे[1]राकुञ्चनं कुर्यात् कुण्डलीं चालयेत्ततः /
मृत्युचक्रं गतस्यापि तस्य मृत्युभयं कुतः // **174** //

nābher-ākuñcanaṃ kuryāt kuṇḍalīṃ cālayet-tataḥ /
mṛtyucakraṃ gatasyāpi tasya mṛtyubhayaṃ kutaḥ // 174 //

Tr. One should contract the navel and then move the *kuṇḍalī.* Thus, even though one may be in the trap of death, one remains free from fear of death. 174.

नासादक्षिणमार्गवाहिपवनात् प्राणो हि दीर्घीकृतः[2] /
चन्द्राम्भः[3] परिपूरितामृततनुः प्राग्घण्टिकायास्तथा[4] //
भिन्दन् कालविशालवह्निवशगान् भूरन्ध्रनाडीगणान् /
तत्कार्यं[5] कुरुते पुनर्नवतरं जीर्णद्रुमस्कन्धवत्[6] // **175** //

1.a-नामो. b-वायो. 2.b-प्राणोऽतिदीर्घीकृतः. 3.a-चन्द्रां नः. b-चन्द्राभः. 4.b-प्राग्घण्टिकास्तथा. 5.b-स्वकायं. 6.a-जीर्णेषु मस्कन्धवात्.

nāsā-dakṣiṇamārgavāhi-pavanāt prāṇo hi dīrghīkṛtaḥ /
candrāmbhaḥ paripūritāmṛta-tanuḥ prāg-ghaṇṭikāyāstathā //
bhindan kālaviśālavahnivaśagān bhrūrandhranāḍīgaṇān /
tatkāryaṃ kurute punar-navataraṃ jīrṇadrumaskandhavat //
175 //

Tr. By the process of carrying the *vāyu* through the right nostril and prolonging the *prāṇa* and filling the whole body with the nectar oozing from the moon in the upper part of the uvula, one is able to gain control over all the *nāḍīs* in the *bhrūrandhra* (center of the eye brows), thus rejuvenating himself like the trunk of an old tree, having young shoots or leaves. Thus he attains mastery over the fire and *kāla* (death, time). 175.

कुण्डलीं चालयित्वा तु कुर्याद् भस्त्रीं विशेषतः /
एवमभ्यसतो नित्यं यमिनः शंकते यमः // 176 //
kuṇḍalīṃ cālayitvā tu kuryād bhastrīṃ viśeṣataḥ /
evamabhyasato nityaṃ yaminaḥ śaṅkate yamaḥ // 176 //

Tr. Activate the *kuṇḍalī* specially by the practice of *bhastrikā.* With this practice, a *yogī* can control premature death. 176.

तदाभ्यसेत् सूर्यभेदमुज्जायीं चापि शीतलीम् /
एवमभ्यासयुक्तस्य यमस्तु यमिनः कुतः // 177 //
tadābhyaset sūryabhedam-ujjāyīṃ cāpi śītalīm /
evem-abhyāsayuktasya yamastu yaminaḥ kutaḥ // 177 //

Tr. After that, take up the practice of *sūrya-bheda, ujjāyī* and *śītalī.* A *yogī,* who practises in this manner, is not afraid of death. 177.

मुहूर्त्तद्वयपर्यन्तं निर्भयं चालनादसौ /
ऊर्ध्वमाकृष्यते[1] किञ्चित् सुषुम्नागतकुण्डली[2] **// 178 //**
muhūrtadvayaparyantaṃ nirbhayaṃ cālanādasau /
***ūrdhvam-ākṛṣyate kiñcit suṣumnāgata-kuṇḍalī* // 178 //**

Tr. If one fearlessly undertakes this practice for six hours, *kuṇḍalī* rises a little and enters into *suṣumnā*. 178.

तेन कुण्डलिनी तस्याः सुषुम्नायाः समुद्गता /
जहाति तस्मात् प्राणोऽयं सुषुम्नां व्रजति स्वतः **// 179 //**
tena kuṇḍalinī tasyāḥ suṣumnāyāḥ samudgatā /
***jahāti tasmāt prāṇo'yaṃ suṣumnāṃ vrajati svataḥ* // 179 //**

Tr. Thus, when the *kuṇḍalī* enters into *suṣumnā* leaving its place, *prāṇa* enters into *suṣumnā* automatically. 179.

तस्मात् सञ्चालयेन्नित्यं सुप्रसुप्तामरुन्धतीम् /
अस्याः सञ्चालनेनाशु योगी रोगैर्विमुच्यते **// 180 //**
tasmāt sañcālayen-nityaṃ suprasuptām-arundhatīm /
***asyāḥ sañcālanenāśu yogī rogair vimucyate* // 180 //**

Tr. Therefore, one should daily activate the latent *arundhatī* (*kuṇḍalinī*). By it's stimulation, a *yogī* becomes free from diseases. 180.

ब्रह्मचर्यरतस्यैव नित्यं हितमिताशनः[3] /
मण्डलाद् दृश्यते सिद्धिः कुण्डल्यभ्यासयोगिनः **// 181 //**
brahmacarya-ratasyaiva nityaṃ hitamitāśanaḥ /
***maṇḍalād-dṛśyate siddhiḥ kuṇḍalyabhyāsayoginaḥ* // 181 //**

1.b-ऊर्ध्वमाकर्षयेत्. 2.b-सुषुम्नां व्रजति स्वतः. 3.b-हितमिताशिनः.

Tr. A *yogī*, who sticks to celibacy and consumes moderate and wholesome food, attains success through the practice of *kuṇḍalī* in forty days. 181.

Note: *brahmānanda* interpretes the word *maṇḍala* meaning forty days. 181.

अभ्यासान्निःसृतां चान्द्रीं विभूत्या सह मिश्रयेत् /
तद्धारणं चोत्तमांगे दिव्यदृष्टिप्रदायकम् // **182** //
abhyāsān-niḥsṛtāṃ cāndrīṃ vibhūtyā saha miśrayet /
***tad-dhāraṇaṃ cottamāṅge divya-dṛṣṭi-pradāyakam* // 182 //**

Tr. *cāndrī* (nectar oozing from the moon), which is secreted through practice, should be merged with *vibhūti* (*rajas*) and retained in the superior (upper) regions, which results in divine insight. 182.

द्वासप्ततिसहस्राणां नाडीनां मलशोधनम् /
कुतः प्रक्षालणोपायः कुण्डल्यभ्यासतो विना // **183** //
dvāsaptati-sahasrāṇāṃ nāḍīnāṃ malaśodhanam /
***kutaḥ prakṣālaṇopāyaḥ kuṇḍalyabhyāsato vinā* // 183 //**

Tr. The seventy two thousand *nāḍīs* are (thus) cleansed of the impurities. Without the practice of *kuṇḍalī*, there is no other process of purification. 183.

मारुतस्य विधिं सर्वं मनोयुक्तं समभ्यसेत् /
अन्यथा त्वितरेऽभ्यासाः प्रयासायैव योगिनः // **184** //
mārutasya vidhiṃ sarvaṃ manoyuktaṃ samācaret /
***anyathā tvitare'bhyāsāḥ prayāsāyaiva yoginaḥ* // 184 //**

Tr. All the techniques involving *vāyu* should be practised with concentration. Otherwise, the practices are futile for the *yogīs.* 184.

अतिशुद्धा दश प्रोक्ता आदिनाथेन शम्भुना /
एकैका तासु यमिनां[1] महासिद्धिप्रदायिनी // **185** //
atiśuddhā daśa proktā ādināthena śambhunā /
***ekaikā tāsu yaminām mahāsiddhipradāyinī* // 185 //**

156. There is a set of ten highly pure *mudrās* propagated by *ādinātha śambhu.* Each one of them brings about great *siddhis* (supernatural powers) to the *yogīs.* 185.

राजयोगं विना पृथ्वी राजयोगं विना निशा /
राजयोगं विना मुद्रा विचित्रापि न राजते // **186** //
rājayogaṃ vinā pṛthvī rājayogaṃ vinā niśā /
***rājayogaṃ vinā mudrā vicitrāpi na rājate* // 186 //**

Tr. Without *rājayoga, āsana* is not effective, nor *niśā* (*kumbhaka*), nor even the various *mudrās.* 186.

उपदेशं हि मुद्राणां यो दत्ते साम्प्रदायिकम् /
स एव श्रीगुरुः स्वामी साक्षादीश्वर एव च // **187** //
upadeśaṃ hi mudrāṇāṃ yo datte sāmpradāyikam /
***sa eva śrīguruḥ svāmī sākṣād-īśvara eva ca* // 187 //**

Tr. One, who imparts the traditional (authentic) knowledge of *mudrās,* is certainly the *śrī-guru, svāmī.* He, indeed, is *īśvara* embodied. 187.

---

1. b-योगिनां.

तस्य[1] वाक्यपरो भूत्वा योऽभ्यसेत् समाहितः /
अणिमादिगुणैश्वर्यं जायते कालवञ्चनम् // **188** //

tasya vākyaparo bhūtvā yo'bhyaset samāhitaḥ /
aṇimādi-guṇaiśvaryaṃ jāyate kālavañcanam // 188 //

Tr. One who fully indulges in the practice and follows the advice of the teacher, achieves the supernatural powers like *aṇimā* etc., and transcends death. 188.

इति श्रीसहजानन्दसन्तानचिन्तामणिस्वात्मारामविरचितायां हठप्रदीपिकायां
पञ्चमोपदेशः // 5 //

iti śrī-shajānanda-santāna-cintāmaṇi-svātmārāma-viracitāyāṃ haṭhapradīpikāyāṃ pañcamopadeśaḥ // 5 //

Thus (ends) the fifth chapter of *haṭhapradīpikā*, composed by *svātmārāma*, an illustrious successor of *śrī-sahajānanda* // 5 //

1.a-तपो.

HAṬHAPRADĪPIKĀ

Sixth Chapter

<u>*अथ प्रत्याहारः-*</u>

चरतां चक्षुरादीनां विषयेषु यथाक्रमम् /
तत्प्रत्याहरणं तेषां प्रत्याहारः स उच्यते // **1** //

<u>atha pratyāhāraḥ--</u>
caratāṃ cakṣurādīnāṃ viṣayeṣu yathākramam /
tatpratyāharaṇaṃ teṣāṃ pratyāhāraḥ sa ucyate // 1 //

Tr. *pratyāhāra* is known as a technique by which the sense organs, such as eyes etc., that are engaged in their objects, are withdrawn systematically. 1.

यथा तृतीयकालस्थो रविः प्रत्याहरेत् प्रभाम् /
तृतीयांगे स्थितो योगी विकारं हन्ति मानसम् // **2** //

yathā tṛtīyakālastho raviḥ pratyāharet prabhām /
tṛtīyāṅge sthito yogī vikāraṃ hanti mānasam // 2 //

Tr. Just as the sun, being in the third phase (evening), withdraws the rays, a *yogī,* who is undergoing the third *aṅga* (member of *yoga* i.e. *pratyāhāra*) also does away with the impurities of the mind. 2.

अंगमध्ये यथांगानि कूर्मः संकोचयेद् ध्रुवम् /
योगी प्रत्याहरत्येवमिन्द्रियाणि तथात्मनि // **3** //

aṅgamadhye yathāṅgāni kūrmaḥ saṅkocayed dhruvam /
yogī pratyāharatyevam-indriyāṇi tathātmani // 3 //

Tr. As a tortoise quickly pulls the limbs within, similarly, a *yogī* withdraws the senses towards the Self *(ātman)*. 3.

यं यं शृणोति कर्णाभ्यां प्रियमप्यथवाप्रियम्[1] /
तं तमात्मेति विज्ञाय प्रत्याहरति योगवित् // **4** //
yaṃ yaṃ śṛṇoti karṇābhyāṃ priyam-apyathavāpriyam /
taṃ tam-ātmeti vijñāya pratyāharati yogavit // 4 //

Tr. Whatever favourable or unfavourable a *yogī* listens through the ears, he withdraws from all of them considering them as the Self. 4.

उष्णं वाप्यथवा शीतं यं यं स्पृशति चर्मणा /
तं तमात्मेति विज्ञाय प्रत्याहरति योगवित् // **5** //
uṣṇaṃ vāpyathavā śītaṃ yaṃ yaṃ spṛśati carmaṇā /
taṃ tam-ātmeti vijñāya pratyāharati yogavit // 5 //

Tr. Whatever hot or cold is touched by the skin, the eminent *yogī* withdraws from it knowing it as Self. 5.

अरम्यमथवा रम्यं[2] यं यं पश्यति चक्षुषा /
तं तमात्मेति विज्ञाय प्रत्याहरति योगवित् // **6** //
aramyam-athavā ramyaṃ yaṃ yaṃ paśyati cakṣuṣā /
taṃ tam-ātmeti vijñāya pratyāharati yogavit // 6 //

Tr. Whatever ugly or beautiful is seen by the eyes, a *yogī* withdraws from it knowing it as Self. 6.

अमिष्टमथवा मिष्टं यद्यत् स्पृशति जिह्वया /
तं तमात्मेति विज्ञाय प्रत्याहरति योगवित् // **7** //[3]

1.a-मप्याथमाप्रियम्. 2.a-अरभ्यामथावा रभ्याम्. 3.a-अनुपलब्धश्लोक.

amiṣṭam-athavā miṣṭaṃ yadyat spṛśati jihvayā /
taṃ tam-ātmeti vijñāya pratyāharati yogavit // 7 //

Tr. Whatever is palatable or unpalatable to the tongue, the *yogI* withdraws from it considering it as Self. 7.

अमेध्यमथवा मेध्यं यद्यज्जिघ्रति नासिका /
तं तमात्मेति विज्ञाय प्रत्याहरति योगवित् // 8 //
amedhyam-athavā medhyaṃ yadyad jighrati nāsikā /
taṃ tam-ātmeti vijñāya pratyāharati yogavit // 8 //

Tr. Whatever pure or impure smelt by the nose, the *yogī* considers it as Self and withdraws. 8.

चन्द्रामृतमयीं धारां प्रत्याहरति भास्करः /
तत्प्रत्याहरणं तस्याः[1] प्रत्याहारस्तदुच्यते // 9 //
candrāmṛtamayīṃ dhārāṃ pratyāharati bhāskaraḥ /
tatpratyāharaṇaṃ tasyāḥ pratyāhāras-taducyate // 9 //

Tr. The sun draws back the ambrosial flow of the moon. Similar is the case in the practice of *pratyāhāra*. 9.

Note: General meaning of *pratyāhāra* is withdrawal of sense-organs from the object of senses. However, another meaning of *pratyāhāra* given here is to imbibe on the mind that whatever one perceives through different senses should be considered as the nature of the Self. Along with these two types, VS mentions two more types of *pratyāhāra* : a) performance of the obligatory duties mentally within the self and without any external aids, b) holding the *prāṇa* successfully at the eighteen vital points after withdrawing

1.b-तस्मात्.

from the previous point. SUp mentions another type of *pratyāhāra* in the form of renouncing the results of the daily obligatory duties. DUp also endorses the same view. In KP, the term *pratyāhāra* has been used synonymously for *kumbhaka. devala* mentions different types of *kumbhakas* out of which *pratyāhāra* is one. According to *gorakṣa, pratyāhāra* is achieved through *viparītakaraṇī mudrā* (GS: 54-55). 1-9.

अथ धारणा -
आसनेन समायुक्तः प्राणायामं समभ्यसेत् /
प्रत्याहारेण सम्पन्नो धारणां च समभ्यसेत् // **10** //

atha dhāraṇā--
āsanena samāyuktaḥ prāṇāyāmaṃ samabhyaset /
pratyāhāreṇa sampanno dhāraṇāṃ ca samabhyaset // 10 //

Tr. Having been established in *āsana, prāṇāyāma* should be practised and *dhyāna* should be practised after *pratyāhāra*. 10.

हृदये पञ्चभूतानां धारणा च पृथक् पृथक् /
मनसो निश्चलत्वेन धारणा ह्यभिधीयते // **11** //
hṛdaye pañcabhūtānāṃ dhāraṇā ca pṛthak pṛthak /
manaso niścalatvena dhāraṇā hyabhidhīyate // 11 //

Tr. Holding the five *bhūtas* (elements) separately in the heart, while making the mind steady, is known as *dhāraṇā*. 11.

या पृथ्वी हरितालहेमरुचिरा तत्व[1] लकारान्विता /
संयुक्ता कमलासनेन हि चतुष्कोणा हृदि स्थायिनी //
प्राणं तत्र विलीय पञ्चघटिकाश्चित्तान्वितं धारयेत् /
एषा स्तम्भकरी सदा क्षितिजयं कुर्याद् भुवो धारणा // **12** //

1.a-तत्वं.

yā pṛthvī haritāla-hemarucirā tatvalakārānvitā /
saṃyuktā kamalāsanena hi catuṣkoṇā hṛdi sthāyinī //
prāṇaṃ tatra vilīya pañcaghaṭikāś-cittānvitaṃ dhārayet /
eṣā stambhakarī sadā kṣitijayaṃ kuryād bhuvo dhāraṇā /12 //

Tr. The earth element, which has deep golden yellow colour, having '*la*' (as the *bīja*), *brahmā* as the deity, having four corners, placed in the heart, should be concentrated upon with the *prāṇa* raised there and retained for five *ghaṭikās*. This is *bhuvo-dhāraṇā*, which brings restraint and by which one conquers earth element. 12.

अर्द्धेन्दुप्रतिमं च कुन्दधवलं कण्ठे तु तत्वं स्मृतम् /
यत्प्रत्यूषवकार[1] बीजसहितं युक्तं सदा विष्णुना //
प्राणं तत्र विलीय पञ्चघटिका[2] श्चित्तान्वितं[3] धारयेत् /
एषा दुःसहकालकूटशमनी स्याद्वारिणी धारणा // **13** //

ardhendupratimaṃ ca kundadhavalaṃ
kaṇṭhe tu tatvaṃ smṛtam /
yat-pratyūṣa-vakārabījasahitaṃ yuktaṃ sadā viṣṇunā //
prāṇaṃ tatra vilīya pañcaghaṭikāś-cittānvitaṃ dhārayet /
eṣā duḥsahakālakūṭaśamanī syād vāriṇī dhāraṇā // 13 //

Tr. The water element, which is as white as crescent moon and *kunda* flower (jasmine) is located in the throat, having '*va*' as *bīja* and is presided over by *viṣṇu* as deity. One should take the *prāṇa* there and hold it for five *ghaṭikās* with one-pointed mind. This is *vāriṇī-dhāraṇā*, which digests severe poisons. 13.

यत्तालुस्थितमिन्द्रगोपसदृशं तत्वं त्रिकोणोज्वलम्[4] /
तेजोरेफयुतं प्रवालरुचिरं रुद्रेण यत्संगतम् //
प्राणं तत्र विलीय पञ्चघटिका[2] श्चित्तान्वितं धारयेत् /
एषा वह्निजयं सदा विदधते[5] वैश्वानरी धारणा // **14** //

1.a-चकार. 2.a- घटिकं. 3.a- चित्वान्वितं. 4.a-त्रिलोकोज्वलं. 5.a-विदधती.

yattālusthitam indragopasadṛśaṃ tatvaṃ trikoṇojvalam /
tejorephayutaṃ pravālaruciraṃ rudreṇa yatsaṅgatam //
prāṇaṃ tatra vilīya pañcaghaṭikāś-cittānvitaṃ dhārayet /
eṣā vahnijayaṃ sadā vidadhate vaiśvānarī dhāraṇā // 14 //

Tr. The fire element, which is located in the palate and is as deep red as *indra-gopa* insect (cochineal), having three shining corners, '*ra*' as *bīja,* as brightly red as coral, which is presided over by *rudra* as deity. One should take the *prāṇa* there and hold it for five *ghaṭikās* with raft attention. This is *vaiṣvānarī-dhāraṇā,* by which one controls fire element. 14.

यद्भिन्नाञ्जनपुञ्जसन्निभमिदं तत्वं भ्रुवोरन्तरम्[1] /
तत्वं[2] वायुमयं यकारसहितं तत्रेश्वरो देवता //
प्राणं तत्र विलीय पञ्चघटिका[3]श्चित्तान्वितं धारयेत् /
एषा खे गमनं[4] करोति यमिनां स्याद्वायवी धारणा // **15** //

yad-bhinnāñjana-puñjasannibham-idaṃ
tatvaṃ bhruvorantaram /
tatvaṃ vāyumayaṃ yakārasahitaṃ tatreśvaro devatā //
prāṇaṃ tatra vilīya pañcaghaṭikāś-cittānvitaṃ dhārayet /
eṣā khe gamanaṃ karoti yamināṃ syād vāyavī dhāraṇā /15 //

Tr. The element of air is situated between the two eyebrows, bright like a heap of blazing fire, round in shape, consisting of *vāyu* and associated with the letter '*ya*' (as *bīja*) and *īśvara* as presiding deity. One should bring the *prāṇa* there and maintain it for five *ghaṭikās* with one-pointed mind. This *vāyavī-dhāraṇā* enables a *yogī* to move in the space. 15.

आकाशं सुविशुद्धवारिसदृशं यद्ब्रह्मरन्ध्रे स्थितम् /
तन्नादेन सदाशिवेन सहितं शान्तं हकारान्वितम् //[5]

1.a-लत्वा भ्रुवोरन्तरं. b-व्रतं भ्रुवोरन्तरे. 2.a-तत्व. 3.a-घटिकं. 4.a- स्वे गमनं. 5.a-अनुपलब्धपंक्ति.

प्राणं तत्र विलीय पञ्चघटिका[1]श्चित्तान्वितं धारयेत् /
एषा मोक्षफलप्रदा च यमिनां प्रोक्ता नभोधारणा // **16** //

ākāśaṃ suviśuddhavārisadṛśaṃ yad-brahmarandhre sthitam /
tannādena sadāśivena sahitaṃ śāntaṃ hakārānvitam //
prāṇaṃ tatra vilīya pañcaghaṭikāś-cittānvitaṃ dhārayet /
eṣā mokṣaphalapradā ca yamināṃ proktā nabhodhāraṇā//16//

Tr. The *ākāśa* element, which is as pure as water, is placed in the *brahma-randhra*,. It bears that (unheard) *nāda*, having *sadāśiva* as presiding deity and embedded with '*ha*' (as *bīja*). One should take the *prāṇa* there accompanied with mind for five *ghaṭikās*. This *nabho-dhāraṇā* brings liberation to the *yogīs*. 16.

स्तम्भनी द्रावणी चैव दाहनी भ्रामणी तथा /
मोचनी च भवन्त्येव भूतानां पञ्च धारणाः // **17** //

stambhanī drāvaṇī caiva dāhanī bhrāmaṇī tathā /
mocanī ca bhavantyeva bhūtānāṃ pañca dhāraṇāḥ // 17 //

Tr. These five *dhāraṇās* generate stability, dilution, burning, whirling and liberation respectively to the aspirants. 17.

कर्मणा मनसा वाचा धारणाः पञ्च दुर्लभाः /
विज्ञाय सततं योगी सर्वपापैः प्रमुच्यते[2] // **18** //

karmaṇā manasā vācā dhāraṇāḥ pañca durlabhāḥ /
vijñāya satataṃ yogī sarvapāpaiḥ pramucyate // 18 //

Tr. To integrate the five *dhāraṇās* by action, thought and word, is very rare. On acquiring this knowledge, a *yogī* always remains free from all the sins. 18.

1.a-घटिकं. 2.a-अनुपलब्धपंक्ति.

Note: The description of five types of *dhāraṇās* given here mostly tallies with the description of GS. According to *gorakṣa*, in *dhāraṇā, citta* as well as *prāṇa,* are carried to a certain *cakra* and made to stay there for 2 hours. *dhāraṇā* is said to be twelve times greater than *pratyāhāra* and *dhyāna* 12 times higher than *dhāraṇā.* The difference between *dhāraṇā, dhyāna* and *samādhi* is that of duration. *samādhi* is to be continued for 12 days, *dhyāna* for 24 hours and *dhāraṇā* for two hours. According to VS also, there are five types of *dhāraṇās* on the five elements in the body, with the respective letter and deity to be concentrated upon in each of these regions. *vyāsa,* in his commentary on *yogasūtra,* included regions external to the body also. *vasiṣṭha* does not accept external regions for *dhāraṇā. dhāraṇās* described by *gorakṣa* seem to be different from those described by *vasiṣṭha.* Though, in both descriptions, all the letters are common, the regions where the *tatvas* are to be meditated upon, are different. BYY (X: 191-192) mentions *dhāraṇā* after *dhyāna.* 10-18.

अथ ध्यानम् -

ध्यानं च सर्वचिन्तानां[1] निवृत्तिर्वै निगद्यते[2] /

या तत्वे निश्चला चिन्ता सैव ध्यानं प्रकीर्त्तितम् // **19** //

atha dhyānam--

dhyānaṃ ca sarvacintānāṃ nivṛttir vai nigadyate /

yā tatve niścalā cintā saiva dhyānaṃ prakīrtitam // 19 //

Tr. *dhyāna* is said to be the technique, which sets free the mind from all the thoughts. Practice of unswerving concentration of the thoughts, on any of the elements, is defined as *dhyāna.* 19.

1.a-सर्वचित्तानां. 2.a-धातुरेव हि पद्यते.

Note: According to MD (306: 7-8), there are two types of *dhyāna*, one concentration of mind and the other *prāṇāyāma*. *prāṇāyāma* is of two types-- with attribute and without attribute. 19.

द्विविधं भवति ध्यानं सगुणं निर्गुणं तथा /
सगुणं वर्णभेदेन केवलं निर्गुणं विदुः // **20** //
dvividhaṃ bhavati dhyānaṃ saguṇaṃ nirguṇaṃ tathā /
saguṇaṃ varṇabhedena kevalaṃ nirguṇaṃ viduḥ // 20 //

Tr. *dhyāna* is of two kinds— ***saguṇa*** and ***nirguṇa***. ***saguṇa*** has features like color etc. , while ***nirguṇa*** is known as absolute. 20.

अन्तश्चेतो बहिश्चक्षुरधःस्थाप्य हि सुखासनम् /
समत्वं च शरीरस्य ध्यानमुद्रेति[1] सिद्धिदा // **21** //
antaścceto bahiścakṣur-adhaḥsthāpya hi sukhāsanam /
samatvaṃ ca śarīrasya dhyānamudreti siddhidā // 21 //

Tr. Adopt a comfortable sitting posture, with the eyes gazing at an external point, while mind is focused inside, keeping the body straight and remaining motionless. This is ***dhyāna-mudrā***, which bestows success. 21.

Note: In these *ślokas*, the techniques of *dhyāna* on the five *tatvas* have been described. 21.

बहिरन्तःस्थितं शुद्धं निरालम्बं निरामयम् /
भावयेत् परमात्मानं[2] मुच्यते जन्मबन्धनात् // **22** //
bahirantaḥsthitaṃ śuddhaṃ nirālambaṃ nirāmayam /
bhāvayet paramātmānaṃ mucyate janmabandhanāt // 22 //

1.b-ध्यानमुद्राति . 2.a-ममव्योम .

Tr. Maintain purity externally and internally and concentrate on *paramātmā,* who is supportless and untainted. Doing so, one gets rid of the bondage of birth (and death). 22.

परमानन्दसंस्पर्शकारिणं विश्वधारिणम् /
भाव्यमन्तर्गतं[1] प्राणं वाग्यतः खेचरो भवेत् **// 23 //**
paramānandasaṃsparśakāriṇaṃ viśvadhāriṇam /
bhāvyamantargataṃ prāṇaṃ vāgyataḥ khecaro bhavet /23 //

Tr. The internal *prāṇa* should be meditated upon, which holds all the creation, which gives an experience of the utmost Blissful State and wherefrom the speech emanates. 23.

तद्बालार्कशताकारं[2] प्रज्वलद्भुवनत्रयम् /
धारयेद् हृदये तेजो वह्निना न च[3] दह्यते **// 24 //**
tadbālārkaśatākāraṃ prajvalad-bhuvanatrayam /
dhārayed hṛdaye tejo vahninā na ca dahyate // 24 //

Tr. That effulgent fire, which is like a hundred morning sun illuminating all the three worlds, should be retained in the heart. Doing so, one does not get affected by fire. 24.

पीयूषाकुलकल्लोलं द्रवीकुर्वज्जगत्त्रयम्[4] /
हृदये धारयेत्तोयं तस्माद्वारिभयं कुतः **// 25 //**
pīyūṣākulakallolaṃ dravīkurvaj-jagat-trayam /
hṛdaye dhārayet toyaṃ tasmād-vāribhayaṃ kutaḥ // 25 //

Tr. Water, which is like nectar overflowing and flooding the

1.b-भावयेत् सर्वगं. 2.b-सिताकारं. 3.b-नैव. 4.a-आयामाश्चाविभूतले.

three worlds, should be held in the heart. Doing so, one does not have fear from water. 25.

आभूधरभवाक्रान्तं भूतलं भूतसंकुलम् /
हृदये धारयेन्नित्यं तस्य नो पार्थिवं भयम्[1] // 26 //
ābhūdharabhavākrāntaṃ bhūtalaṃ bhūtasaṅkulam /
hṛdaye dhārayen-nityaṃ tasya no pārthivaṃ bhayam // 26 //

Tr. The earth, which supports the whole world inhabited by the creatures and is a composition of elements, should be always held in the heart. Doing so, one does not have fear from solids. 26.

धेनुः पृथ्वी जलं क्षीरं तेजो दधि समीरणः /
नवनीतं घृतं व्योम क्रमादेव निवेदयेत् // 27 //
dhenuḥ pṛthvī jalaṃ kṣīraṃ tejo dadhi samīraṇaḥ /
navanītaṃ ghṛtaṃ vyoma kramādeva nivedayet // 27 //

Tr. Earth as cow, water as milk, fire as curd, air as butter, ether as *ghee*, should be offered in this order. 27.

आधारं क्षोभणं स्थानं[2] पंकजं च चतुर्द्दलम् /
तत्पूर्वं प्रोच्यते योनिः कामाक्षा[3] सिद्धवन्दिता // 28 //
ādhāraṃ kṣobhaṇaṃ sthānaṃ paṅkajaṃ ca caturddalam /
tatpūrvaṃ procyate yoniḥ kāmākṣā siddhavanditā // 28 //

Tr. The seat of *ādhāra* (*cakra*) is very sensitive, with a lotus having four petals, before which the *yoni* is situated, which is known as *kāmākṣī*, worshipped by the *siddhas*. 28.

1.a-भवं. 2.b-क्षोभणस्थानं. 3.b-कामाक्षी.

आधारे प्रथमे चक्रे दीपं[1] काञ्चनसन्निभम्[2] /
नासाग्रे[3] दृष्टिरात्मानं ध्यात्वा मुञ्चति किल्विषम् // **29** //
ādhāre prathame cakre dīpaṃ kāñcanasannibham /
nāsāgre dṛṣṭirātmānaṃ dhyātvā muñcati kilviṣam // 29 //

Tr. Fixing the gaze at the tip of the nose, one should meditate on the Self, which is as bright as a golden light situated on the first *cakra,* that is *ādhāra.* Thus one frees one-self from the sins. 29.

स्वशब्देन भवेत् प्राणः स्वाधिष्ठानं तदाश्रयम् /
स्वाधिष्ठानं तु तच्चक्रं[4] सदा ध्येयं निगद्यते[5] // **30** //
svaśabdena bhavet prāṇaḥ svādhiṣṭhānaṃ tadāśrayam /
svādhiṣṭhānaṃ tu taccakraṃ sadā dhyeyaṃ nigadyate //30//

Tr. '*sva*' stands for *prāṇa, svādhiṣṭhāna* is the abode for that (*prāṇa*), *sva* (self) + *adhiṣṭhāna* (abode). This is how *svādhiṣṭhāna cakra* is defined, which should be meditated upon. 30.

मणिवत्तन्तूनां[6] पत्रं वायुनापूर्यते वपुः /
तन्नाभिमण्डलं चक्रं प्रोच्यते मणिपूरकम् // **31** //
maṇivattantūnāṃ patraṃ vāyunāpūryate vapuḥ /
tannābhimaṇḍalaṃ cakraṃ procyate maṇipūrakam // 31 //

Tr. As the beads of pearl are put together with a thread or a leaf strewn with fibers, likewise, the (human) body is filled with *vāyu.* In the body, the *cakra,* situated in the region of the navel, is called *maṇipūra.* 31.

1.b-दीप. 2.b-सन्निभे. 3.b-नासाग्र. 4.a-तदा चक्रं. 5.a-मेढ्रमेव. 6.b-मणीव तन्तुना.

तरुणादित्यसंकाशे चक्रे च मणिपूरके /
नासाग्रे दृष्टिरात्मानं ध्यात्वानन्दमयो भवेत् // **32** //
taruṇādityasaṅkāśe cakre ca maṇipūrake /
***nāsāgre dṛṣṭirātmānaṃ dhyātvānandamayo bhavet* // 32 //**

Tr. One meditates upon the Self placing it on the *maṇipūra cakra*, which is as effulgent as the morning sun, by fixing the gaze on the tip of the nose and experiencing complete Bliss. 32.

ऊर्ध्वं नाभेरधः कण्ठाद्वितस्तिर्यत्र पूर्यते /
तत्रास्ति पंकजं दिव्यं दिव्यलिंगविभूषितम् // **33** //
ūrdhvaṃ nābheradhaḥ kaṇṭhād-vitastir-yatra pūryate /
***tatrāsti paṅkajaṃ divyaṃ divyaliṅga-vibhūṣitam* // 33 //**

Tr. A divine lotus with the *liṅga*, is situated in the cavity (heart), which is located twelve digits above the navel and below the throat. 33.

कन्दमध्यात् समुत्पन्नं चतुरंगुलमुच्छ्रितम् /
द्वादशांगुलनालं च हृत्पद्मं योगिनो विदुः // **34** //
kandamadhyāt samutpannaṃ caturaṅgulam-ucchritam /
***dvādaśāṅgulanālaṃ ca hṛtpadmaṃ yogino viduḥ* // 34 //**

Tr. *yogīs* say that the *hṛt-padma*, which is four digits wide, having its stalk measuring twelve digits, is originated from the center of the *kanda*. 34.

अष्टपत्रमधश्चक्रं कदलीकुसुमप्रभम् /
हृत्पद्मं योगसम्पूर्णं यो जानाति स योगवित्[1] // **35** //

1.b-हृत्पद्मं यो विजानाति स योगी सिद्धिभाजनम्.

aṣṭapatram-adhaścakraṃ kadalī-kusumaprabham /
hṛtpadmaṃ yogasampūrṇaṃ yo jānāti sa yogavit // 35 //

Tr. One is recognized as true *yogī* , who knows the *hṛt-padma* (*cakra*) having eight petals at the base, which is as beautiful as the flower of plantain and contains all the wisdom of *yoga*. 35.

शब्दस्पर्शश्च रूपं च रसो गन्धस्तथात्मनः /
धीरहंकार इत्यष्टौ सन्ति तत्र महागुणाः[1] // **36** //
śabdasparśaśca rūpaṃ ca raso gandhas-tathātmanaḥ /
dhīrahaṅkāra ityaṣṭau santi tatra mahāguṇāḥ // 36 //

Tr. The eight characteristics such as sound, touch, appearance, taste, smell, mind, intellect and ego are found in this *cakra*. 36.

उत्पत्तिर्निधनं[2] तन्द्रा चिन्ता निद्रा क्षुधा तृषा /
विस्मयो व्याधिरुद्वेगो दश दोषा हृदि स्थिताः // **37** //
utpattir-nidhanaṃ tandrā cintā nidrā kṣudhā tṛṣā /
vismayo vyādhir-udvego daśa doṣā hṛdi sthitāḥ // 37 //

Tr. Birth, death, inertia, anxiety, sleep, hunger, thirst, astonishment, ailment and apprehension--- are the ten blemishes situated in the heart. 37.

ह्लादशोषौ रतिस्वेदकोऽपि हिंसाभयक्षमाः /
अष्टौ दोषा वसन्त्यत्र हृत्पद्मे दिवसं निशि // **38** //[3]
hlādaśoṣau ratisvedako'pi hiṃsā-bhaya-kṣamāḥ /
aṣṭau doṣā vasantyatra hṛtpadme divasaṃ niśi // 38 //

1.a-महावसाः . 2.b-मरणं . 3.b-अनुपलब्धश्लोक .

Tr. Delight, dryness, attachment, perspiration, lust, violence, fear, forgiveness – are the eight demerits residing in the *hṛt-padma* day and night. 38.

अष्टादश महादोषा हृत्पद्मे सन्ति देहिनाम् /
एभिर्विवर्जितो यस्तु स एव भुवि देवता // 39 //[1]
aṣṭādaśa mahādoṣā hṛtpadme santi dehinām /
***ebhir-vivarjito yastu sa eva bhuvi devatā* // 39 //**

Tr. These are eighteen great demerits lying in the *hṛt-padma* of the human beings. One, who is devoid of these, is considered as divinity on the earth. 39.

शृंगारहास्यकरुणारौद्रवीरभयानकाः /
बीभत्साद्भूतनामाष्टौ हृत्पद्मे नाम राजसाः // 40 //
śṛṅgāra-hāsyakaruṇā-raudra-vīra-bhayānakāḥ /
***bībhatsādbhūtanāmāṣṭau hṛtpadme nāma rājasāḥ* // 40 //**

Tr. The set of eight *rājasa* characteristics, situated in the *hṛt-padma* are: amorous sentiment, laughter, compassion, fierceness, valour, terror, horror and wonder. 40.

क्षमाप्रज्ञास्पृहाश्रद्धादयादम्भोद्भवा[2] धृतिः /
अमी सिद्धोदिता[3] भावाः सन्ति पद्मे दलाष्टके // 41 //
kṣamā-prajñā-spṛhā-śraddhā-dayā-dambhodbhavā dhṛtiḥ /
***amī siddhoditā bhāvāḥ santi padme dalāṣṭake* // 41 //**

Tr. Forgiveness, wisdom, craving, respect, generosity, arrogance, initiative and fortitude, are the merits situated in the eight petalled lotus, as described by the *siddhas*. 41.

1.b-अनुपलब्धश्लोक. 2.b-दम्भस्तथा. 3.a-मुखादयो.

जाड्यं मौढ्यं[1] तथोत्सु[2]क्यमुत्साहो मत्सरो दमः /
निन्दानृतादयो भावा हृदि तिष्ठन्ति देहिनाम् // **42** //
jāḍyaṃ mauḍhyaṃ tathotsukyam-utsāho matsaro damaḥ /
nindānṛtādayo bhāvā hṛdi tiṣṭhanti dehinām // 42 //

Tr. Lethargy, stupidity, anxiety, endeavor, jealousy, self-control, criticism and falsehood are located in the heart of human beings. 42.

स्वच्छन्दो ग्लानिरालस्य[3] शौर्यं तेजो निरोगता /
हिंसासूयादयो[4] भावा ज्ञेया हृत्कमले स्थिताः // **43** //
svacchando glānirālasyaṃ śauryaṃ tejo nirogatā /
hiṃsāsūyādayo bhāvā jñeyā hṛtkamale sthitāḥ // 43 //

Tr. Lack of restraint, languor, sloth, valour, brilliance, good health, violence, envy—are the characteristics found in the *hṛt-kamala*. 43.

विश्वासो विस्मृतिः क्षोभो गर्वोऽविद्या समीरणः /
कार्कश्यं मार्द्दवं चैव भावा हृदि शरीरिणाम् // **44** //
viśvāso vismṛtiḥ kṣobho garvo'vidyā samīraṇaḥ /
kārkaśyaṃ mārddavaṃ caiva bhāvā hṛdi śarīriṇām // 44 //

Tr. Confidence, forgetfulness, remorse, pride, ignorance, *samīraṇa* (breath), roughness, softness –are the dispositions situated in the heart of the human beings. 44.

अष्टौ च स्थायिनो भावा बहुधा व्यभिचारिणः /
सात्विका राजसा रौद्रा हृत्पद्मे सन्ति देहिनाम् // **45** //

1.a-नाद्यमौद्यं. 2.a-प्रभोत्. 3.a-निच्छेद्योगानि. 4.a-हिंसामूर्वादयो.

aṣṭau ca sthāyino bhāvā bahudhā vyabhicāriṇaḥ /
sātvikā rājasā raudrā hṛtpadme santi dehinām // 45 //

Tr. The eight dispositions (*bhāvas*), often primary or subordinate, which are : *sātvika, rājasika* and *tāmasa,* are situated in the *hṛt-padma* of the human beings. 45.

ज्ञानवैराग्यमैश्वर्यं धर्मो दिग्देवताष्टकम् /
सुखं दुःखादिकं सर्वे[1] हृत्पद्मे योगिनो विदुः // **46** //
jñānavairāgyam-aiśvaryaṃ dharmo dig-devatāṣṭakam /
sukhaṃ duḥkhādikaṃ sarve hṛtpadme yogino viduḥ // 46 //

Tr. Wisdom, detachment, supremacy, virtues, eight deities of eight directions, happiness and sorrow — all lie in the *hṛt-padma* of the *yogīs.* 46.

विद्युत्प्रभे च[2] हृत्पद्मे प्राणायामैर्विभेदिते /
नासाग्रे दृष्टिरात्मानं ध्यात्वा ब्रह्ममयो भवेत् // **47** //
vidyut-prabhe ca hṛtpadme prāṇāyāmair-vibhedite /
nāsāgre dṛṣṭirātmānaṃ dhyātvā brahmamayo bhavet // 47 //

Tr. One should meditate on the Self placed in the lotus heart, which is as bright as lightning, and purified by the practice of *prāṇāyāma*, fixing the gaze on the tip of the nose. Thus one becomes identified with *brahman.* 47.

विशब्देन स्मृतो हंसो नैर्मल्यं शुद्धिरुच्यते /
अतः कण्ठे विशुद्धं च चक्रं चक्रविदो विदुः // **48** //
viśabdena smṛto haṃso nairmalyaṃ śuddhirucyate /
ataḥ kaṇṭhe viśuddhaṃ ca cakraṃ cakravido viduḥ // 48 //

1.b-सर्वं. 2.b-विद्युत्प्रभेव.

Tr. '*vi*' denotes swan, '*śuddhi*' means purity. The experts of *cakras*, therefore, call it *viśuddha cakra,* which is located in the throat. 48.

निर्गुणं च शिवं शान्तं गगने[1] विश्वतोमुखम् /
नासाग्रे दृष्टिरेकाकी[2] ध्यात्वा ब्रह्मसमो भवेत् // **49** //
nirguṇaṃ ca śivaṃ śāntaṃ gagane viśvatomukham /
nāsāgre dṛṣṭirekākī dhyātvā brahmasamo bhavet // 49 //

Tr. One should meditate on the *śiva,* who is *nirguṇa* (without attributes), peaceful and omnipresent, placing it in the *gagana* (space) and fixing the gaze on the tip of the nose. Thus one becomes identified with *brahman.* 49.

सततं घण्टिकामध्ये विशुद्धे दीपकप्रभे /
नासाग्रे दृष्टिरात्मानं[2] ध्यात्वा दुःखं विमुञ्चति // **50** //
satataṃ ghaṇṭikāmadhye viśuddhe dīpakaprabhe /
nāsāgre dṛṣṭirātmānaṃ dhyātvā duḥkhaṃ vimuñcati // 50 //

Tr. One should always meditate on the *ātman* (Self), in the *viśuddha cakra*, which is as illuminating as the light and is located in the throat. Doing so, one attains freedom from misery. 50.

सवत्पीयूषसम्पूर्णे लम्बिका चन्द्रमण्डले /
नासाग्रे दृष्टिरात्मानं[2] ध्यात्वा मृत्युं प्रमुञ्चति // **51** //
sravat-pīyūṣasampūrṇe lambikā candramaṇḍale /
nāsāgre dṛṣṭirātmānaṃ dhyātvā mṛtyuṃ pramuñcati // 51 //

Tr. One should meditate on the *ātman* (Self), visualizing it

1.b-गगनं. 2.b-नासाग्रदृष्टिरात्मानं.

in the orb of moon located in the palate, wherefrom the nectar oozes and keep the gaze on the tip of the nose. Thus one transcends death. 51.

भ्रुवोरन्तर्गतं देवं सन्माणिक्यसुखोपमम्[1] /
नासाग्रे दृष्टिरात्मानं[2] ध्यात्वानन्दमयो भवेत् // **52** //

bhruvorantargatam devam sanmāṇikya-sukhopamam /
nāsāgre dṛṣṭir-ātmānaṃ dhyātvānandamayo bhavet // 52 //

Tr. One should meditate on the *ātman* (Self) visualizing it as a deity placed between two eye-brows, which is brightly shining like the rays of pure diamond, while keeping the gaze on the tip of the nose. Thus one is filled up with Bliss. 52.

ओंकारं यत्र शब्दः स्यात् तदाज्ञाचक्रमुच्यते /
तत्रात्मानं शिवं ध्यात्वा योगी मुक्तिमवाप्नुयात् // **53** //

oṃkāraṃ yatra śabdaḥ syāt tadājñācakram-ucyate /
tatrātmānaṃ śivaṃ dhyātvā yogī muktimavāpnuyāt //53//

Tr. *ājñā-cakra* is the one wherefrom the chanting of '*OM*' is produced. A *yogī*, meditating on *ātman* there in the form of *śiva*, attains liberation. 53.

निर्मलं गगनाकारं रविरत्नसमप्रभम्[3] /
आत्मानं सर्वगं[4] ध्यात्वा योगी मुक्तिमवाप्नुयात् // **54** //

nirmalaṃ gaganākāraṃ raviratna-samaprabham /
ātmānaṃ sarvagaṃ dhyātvā yogī muktimavāpnuyāt // 54 //

Tr. A *yogī* should meditate on the *ātman*, which is all-pervading, pure and vast as the sky and as bright as the rays of the sun. Thus he attains salvation. 54.

1.b-सन्मानिक्यं शिखोपमं. 2.b-नासाग्रदृष्टिरात्मानं. 3.a-रविल्लसन्निभं.4.a-सर्वगे

Note: In these *ślokas* the techniques of *dhyāna* on the different *cakras* have been presented. 28-54.

गुदं मेढ्रश्च नाभिश्च हृत्पद्मं कण्ठ उच्यते[1] /
घण्टिका लम्बिकास्थानं भ्रूमध्यं च नभोबिलम् // **55** //
कथितानि नवैतानि ध्यानस्थानानि योगिभिः /
उपाधितत्वयुक्तानि कुर्वन्त्यष्टगुणोदयम् // **56** //

gudaṃ meḍhraśca nābhiśca hṛtpadmaṃ kaṇṭha ucyate /
ghaṇṭikā laṃbikāsthānaṃ bhrūmadhyaṃ ca nabhobilam //55
kathitāni navaitāni dhyānasthānāni yogibhiḥ /
upādhitatvayuktāni kurvantyaṣṭaguṇodayam // 56 //

Tr. Anus, genitals, navel, lotus heart, throat, uvula, palate, center of the eye-brows and *nabho-bila* (*brahma-randhra*) – are the nine sites for meditation as told by the *yogīs.* Practice of meditation, accompanying attributes and elements, brings about the eightfold virtues. 55-56.

Note: Apart from the above said two techniques of *dhyāna*, herein practice of *dhyāna* has been recommended on nine vital points. 55-56.

एषु ब्रह्मात्मकं[2] तेजः शिवज्योतिरनुत्तमम् /
ध्यात्वा ज्ञात्वा विमुक्तिः स्यादिति गोरक्षभाषितम् // **57** //

eṣu brahmātmakaṃ tejaḥ śivajyotir-anuttamam /
dhyātvā jñātvā vimuktiḥ syād iti gorakṣabhāṣitam // 57 //

Tr. According to *gorakṣa*, meditation on these points visualizing the effulgence of *brahman* and unparallel brightness of *śiva*, leads to attainment of liberation. 57.

1.a-च षिसुद्दवाः . 2.a-ब्रह्मात्मिकं .

उपाधिश्च तथा तत्वं द्वयमेतदुदाहृतम् /
उपाधिः प्रोच्यते वर्णस्तत्वमात्मा विधीयते // **58** //

upādhiśca tathā tatvaṃ dvayam-etad-udāhṛtam /
upādhiḥ procyate varṇas-tatvam-ātmā vidhīyate **// 58 //**

Tr. There are two principles cited:-- *upādhi* and *tatva*. *upādhi* stands for attributes (qualities), while *tatva* stands for *ātman* (Self). 58.

उपाधेरन्यथा[1] ज्ञानं तत्वं[2] संस्थितिरन्यथा /
समस्तोपाधिविध्वंसः सदाभ्यासेन जायते // **59** //

upādheranyathā jñānaṃ tatvaṃ saṃsthitir-anyathā /
samastopādhi-vidhvaṃsaḥ sadābhyāsena jāyate **// 59 //**

Tr. *upādhi* is cognition of qualities, which otherwise do not exist, while *tatva* is perception of attributes. Annihilation of all the attributes takes place through consistent practice. 59.

अश्वमेधसहस्राणि वाजपेयशतानि च /
एकस्य ध्यानयोगस्य कलां नार्हन्ति[3] षोडशीम् // **60** //

aśvamedhasahasrāṇi vājapeyaśatāni ca /
ekasya dhyānayogasya kalāṃ nārhanti ṣoḍaśīm **// 60 //**

Tr. Thousands of *aśva-medha* or hundreds of *vājapeya* sacrifice are not even equal to one-sixteenth part attained through *dhyāna-yoga*. 60.

वज्रासनो नित्यमृजुप्रकायो भवेत् प्राणमिमं[4] नियम्य /
उद्बुद्धहृत्पद्मककर्णिकायां ध्यायेत् तत्वमयः स मुक्तः // **61** //

1.b-उपाधिरन्यथा. 2.b-तत्व. 3.a-कलानार्हन्ति. 4.a-मासं न प्राणं समं.

vajrāsano nityam-ṛjuprakāyo
bhavet prāṇam-imaṃ niyamya /
udbuddha-hṛtpadmaka-karṇikāyāṃ
dhyāyet tatvamayaḥ sa muktaḥ // 61 //

Tr. Adopt the posture of *vajrāsana* daily keeping the body erect, have control on the breath and visualize the *tatva* in the petals of the *hṛt-padma*. Thus one attains liberation. 61.

इति श्रीसहजानन्दसन्तानचिन्तामणिस्वात्मारामविरचितायां (हठप्रदीपिकायां)
षष्ठोपदेशः // 6 //

iti śrī-sahajānanda-santānacintāmaṇi-svātmārāma-viracitāyāṃ (haṭhapradīpikāyāṃ) ṣaṣṭhopadeśaḥ // 6 //

Thus (ends) the sixth chapter (of *haṭhapradīpikā*), composed by *svātmārāma*, an illustrious successor of *śrī-sahajānanda* // 6 //

HAṬHAPRADĪPIKĀ

Seventh Chapter

अथ राजयोगः-

ॐ नमः शिवाय गुरवे नादबिन्दुकलात्मने /
निरञ्जनपदं यान्ति यतो योगपरायणाः // 1 //

atha rājayogaḥ--
oṃ namaḥ śivāya gurave nādabindu-kalātmane /
nirañjanapadaṃ yānti yato yogaparāyaṇāḥ // 1 //

Tr. Salutation to *śrī-guru*, who is but *śiva* Himself, in the form of *nāda, bindu* and *kalā.* Those who engage themselves in *yoga,* attain the state of Absolute. 1.

Note: The words *nāda, bindu* and *kalā* have the technical meaning. The word *nāda* stands for internally aroused sound. *bindu* stands for the internally aroused light and *kalā* is the rich sensation felt all over the body. All these experiences indicate the development of *prāṇic* activity in the body. *śiva,* who is the source of all the activities, is said to be of the nature of *nāda, bindu* and *kalā.* 1.

अथेदानीं प्रवक्ष्यामि समाधिक्रमलक्षणम् /
मृत्युघ्नं च सुखोपायं ब्रह्मानन्दकरं परम् // 2 //

athedānīṃ pravakṣyāmi samādhikrama-lakṣaṇam /
mṛtyughnaṃ ca sukhopāyaṃ brahmānandakaraṃ param // 2 /

Tr. Now I shall narrate the detailed characteristics of *samādhi,* which brings freedom from death, absolute peace and highest Bliss. 2.

यत्समत्वं द्वयोरत्र जीवात्मपरमात्मनोः /
समस्तनष्टसंकल्पः समाधिः सोऽभिधीयते // **3** //
yat-samatvaṃ dvayoratra jīvātma-paramātmanoḥ /
samasta-naṣṭasaṅkalpaḥ samādhiḥ so'bhidhīyate // 3 //

Tr. *samādhi* is known as that technique of union of *jīvātman* and *paramātman* , which eliminates all the mental activities. 3.

अम्बुसैन्धवयोरैक्यं यथा भवति योगतः /
तथात्ममनसोरैक्यं समाधिरभिधीयते // **4** //
ambusaindhavayor-aikyaṃ yathā bhavati yogataḥ /
tathātmamanasor-aikyaṃ samādhir-abhidhīyate // 4 //

Tr. As the salt dissolves in the water when mixed, similarly, mind merges into *ātman*. This is known as *samādhi*. 4.

यदा संक्षीयते प्राणो मानसं प्रविलीयते /
यदा[1] समरसत्वं च समाधिः सोऽभिधीयते // **5** //
yadā saṃkṣīyate prāṇo mānasaṃ pravilīyate /
yadā samarasatvaṃ ca samādhiḥ so'bhidhīyate // 5 //

Tr. When *prāṇa* becomes subtle and mind steady, one attains the state of equillibrium, which is called *samādhi*. 5.

न गन्धं न रसं रूपं न च स्पर्शं न निःस्वनम्[2] /
नात्मानं च[3] परं वेत्ति योगी युक्तः समाधिना // **6** //
na gandhaṃ na rasaṃ rūpaṃ na ca sparśaṃ na niḥsvanaṃ /
nātmānaṃ ca paraṃ vetti yogī yuktaḥ samādhinā // 6 //

1.b-तदा. 2.b-न च स्वनं. 3.b-न.

Tr. On attaining the state of *samādhi*, the *yogī* does not remain aware of sensation of smell, taste, appearance, touch, breath and himself or others. 6.

राजयोगस्य माहात्म्यं को वा जानाति तत्वतः[1] /
ज्ञानं मुक्तिः[2] स्थितिः सिद्धिर्[3] गुरूवाक्येन लभ्यते // 7 //
rājayogasya māhātmyaṃ ko vā jānāti tatvataḥ /
jñānaṃ muktiḥ sthitiḥ siddhir-guruvākyena labhyate // 7 //

Tr. Who can know the greatness and esssence of *rājayoga*? One can attain the knowledge, liberation and accomplishments only through the teachings of *guru*. 7.

Note: Here, the importance of the *guru* and his blessings, is emphasized. 7.

खाद्यते न स[4] कालेन बाध्यते न स[5] कर्मणा /
साध्यते न च[6] केनापि योगी युक्तः समाधिना // 8 //
khādyate na sa kālena bādhyate na sa karmaṇā /
sādhyate na ca kenāpi yogī yuktaḥ samādhinā // 8 //

Tr. A *yogī*, who has attained the state of *samādhi* does not perish by time, is not bound by *karma* and is not ruled over by anybody. 8.

दुग्धं क्षीरे घृते सर्पिरग्नौ वह्निरिवार्पितः /
तन्मयत्वं[7] व्रजत्येव योगी लीनः पदे पदे // 9 //
dugdhaṃ kṣīre ghṛte sarpir-agnau vahnir-ivārpitaḥ /
tanmayatvaṃ vrajatyeva yogī līnaḥ pade pade // 9 //

1.gss-तत्वाविद्. 2.a-ज्ञानमुक्तिः.gss-ज्ञानान्मुक्तिः. gss- सिद्धा. 4.b-च. 5.b-च. 6.b-स. 7.a-तन्मयं त्वं.

Tr. Each moment the *yogī*, who has attained *samādhi*, remains absorbed like milk in milk, *ghee* in *ghee* and fire in fire . 9.

राजयोगं विना पृथ्वी राजयोगं विना निशा /
राजयोगं विना मुद्रा विचित्रापि न राजते // **10** //
rājayogaṃ vinā pṛthvī rājayogaṃ vinā niśā /
rājayogaṃ vinā mudrā vicitrāpi na rājate // 10 //

Tr. Without *rāja-yoga* as an aim, the *pṛthvī (āsana)* or *niśā* (*kumbhaka*) or even the amazing *mudrās* are futile. 10.

हठस्य विधिवत् सर्वमतः सर्वं समभ्यसेत् /[1]
इतरत्र न कर्त्तव्या मनोवृत्तिर्मनीषिणा // **11** //
haṭhasya vidhivat sarvam-ataḥ sarvaṃ samabhyaset /
itaratra na kartavyā mano-vṛttir-manīṣiṇā // 11 //

Tr. All the techniques of *haṭha-yoga* should be properly practised. A wise man should not get distracted else-where. 11.

विनापि मध्यमा नाडी दृढन्यासेन[2] योगिनाम् /
आसनप्राणसंयामैर्मुद्राभिः सरला भवेत् // **12** //
vināpi madhyamā nāḍī dṛḍha-nyāsena yoginām /
āsanaprāṇasaṃyāmair-mudrābhiḥ saralā bhavet // 12 //

Tr. (*kuṇḍalinī*) becomes straight through the firm adaptation of *āsana, prāṇāyāma* and *mudrās* even without *madhyamā nāḍī*. 12.

अभ्यासेन हि मुद्राणां तदुदेति समाधिना /
सर्वयोगस्य मार्गोऽयमुन्मनीकारलक्षणम्[3] // **13** //

1.b-तस्माद्धठस्य कर्त्तव्यं विधिवत् परिशीलनम्. 2.b-राजयोगेन. 3.b-समुदेष्यति.

abhyāsena hi mudrāṇāṃ tadudeti samādhinā /
sarvayogasya mārgo'yam-unmanī-kāralakṣaṇam // 13 //

Tr. Practice of *mudrās* lead to *samādhi.* This is the process of different *yogas* leading to the state of *unmanī.* 13.

दुर्लभो विषयत्यागो दुर्लभं तत्वदर्शनम् /
दुर्लभा सहजावस्था सद्गुरोः करुणां विना // **14** //
durlabho viṣayatyāgo durlabhaṃ tatvadarśanam /
durlabhā sahajāvasthā sadguroḥ karuṇāṃ vinā // 14 //

Tr. It is difficult to give up material attachment, to realize the truth and to attain the *sahajāvasthā* without the grace of a genuine *guru.* 14.

यावन्नैव प्रविशति चिरान्मारुतो मध्यमार्गम् /[1]
यावद् बिन्दुर्न भवति दृढः प्राणवातप्रबुद्धः[2] //
यावद् व्योम्नः[3] सहजसदृशं जायते नैव चित्तम्[4] /
तावज्ज्ञानं[5] वदति तदिदं दम्भमिथ्यापलापः // **15** //
yāvannaiva praviśati cirān-māruto madhyamārgam /
yāvad bindur-na bhavati dṛḍhaḥ prāṇavāta-prabuddhaḥ //
yāvad-vyomnaḥ sahajasadṛśaṃ jāyate naiva cittaṃ /
tāvaj-jñānaṃ vadati tadidaṃ dambhamithyāpralāpaḥ // 15 //

Tr. So long as the current of *prāṇa* does not move into the (*suṣumnā),* and the *bindu* does not get steady by the control of *prāṇāyāma*, the *citta* does not attain the state of *sahaja* so long merged with *ākāśa* (the state of realization is not attained), it is hypocrisy and boast, when one talks of *jñāna.* 15.

1.gss-यावन्नैव प्रविशति मरुत् विज्वरो मध्यमार्गे. 2.gss-प्राणवत् सुप्रबुद्धः. 3.b-व्योम्ना. 4.gss-तत्वं.
5.gss-तावत्सर्वं

Note: In this verse the essence of *haṭhayoga* is expressed. 15.

विविधैरासनैः कुम्भैर्विचित्रकरणैरपि /
प्रबुद्धायामादिशक्तौ प्राणः शून्ये विलीयते // **16** //
vividhair-āsanaiḥ kumbhair vicitrakaraṇair-api /
prabuddhāyām-ādiśaktau prāṇaḥ śūnye vilīyate // 16 //

Tr. The *prāṇa* merges into the void of the awakened *ādiśakti* (*kuṇḍalī*) as a result of (the practice of) the various *āsanas*, *kumbhakas* and various *mudrās*. 16.

उत्पन्नशक्तिबोधस्य त्यक्तनिःशेषकर्मणः /
योगिनः सहजावस्था स्वयमेव प्रकाशते // **17** //
utpanna-śaktibodhasya tyaktaniḥśeṣakarmaṇaḥ /
yoginaḥ sahajāvasthā svayameva prakāśate // 17 //

Tr. A *yogī* spontaneously attains the *sahaja (samādhi)* state when *śakti* (*kuṇḍalī)* is aroused and entire *karmas* are abandoned. 17.

सुषुम्नावाहिनी[1] प्राणे शून्ये विशति मारुतः /
तदा सर्वाणि कर्माणि निर्मूलयति योगवित् // **18** //
suṣumnāvāhinī prāṇe śūnye viśati mārutaḥ /
tadā sarvāṇi karmāṇi nirmūlayati yogavit // 18 //

Tr. A *yogī* destroys all the *karmas,* when *prāṇa* moves into the *suṣumnā.* 18.

ज्ञानं कुतो मनसि जीवति देवि यावत्
प्राणोऽपि जीवति मनो म्रियते न तावत् /

1.b-वाहिनि.

प्राणो मनो द्वयमिदं विलयं प्रयाति
मोक्षं स गच्छति नरो न कथञ्चिदन्यः // 19 //

jñānaṃ kuto manasi jīvati devi yāvat
prāṇo'pi jīvati mano mriyate na tāvat /
prāṇo mano dvayam-idaṃ vilayaṃ prayāti
mokṣaṃ sa gacchati naro na kathañcid-anyaḥ // 19 //

Tr. O beloved! How can knowledge (of truth) descend on the mind, so long as the *prāṇa* remains active and the mind does not cease its activities. When mind and *prāṇa* cease to act, then alone one attains liberation. 19.

रसस्य मनसश्चैव चञ्चलत्वं स्वभावतः /
रसे बद्धे मनो बद्धं किन्न सिध्यति भूतले // 20 //

rasasya manasaścaiva cañcalatvaṃ svabhāvataḥ /
rase baddhe mano baddhaṃ kinna siddhyati bhūtale //20//

Tr. Fickleness of both mercury and mind is natural. By stabilizing mind and mercury, what can not be attained in the world? 20.

मूर्च्छितो हरते व्याधिं मृतो जीवयति स्वयम् /
बद्धः खेचरतां धत्ते रसो वायुश्च भैरवि // 21 //

mūrcchito harate vyādhiṃ mṛto jīvayati svayam /
baddhaḥ khecaratāṃ dhatte raso vāyuśca bhairavi // 21 //

Tr. O *bhairavī!* When treated properly, mercury and *prāṇa* remove diseases. When inactive, they enliven an individual. And when they are stabilised, they enable one to move in the space. 21.

इन्द्रियाणां मनो नाथो मनोनाथश्च मारुतः /
मारुतस्य लयो नाथः स लयो नादमाश्रितः // 22 //

indriyāṇāṃ mano nātho manonāthaśca mārutaḥ /
mārutasya layo nāthaḥ sa layo nādamāśritaḥ // 22 //

Tr. Mind is the lord of the senses, *māruta* (*prāṇa*) is the lord of the mind, *laya* (absorption) is the lord of *māruta* and that *laya* is governed by *nāda* (sound). 22.

अयमेव तु मोक्षाख्यो मास्तु[1] चापि[2] मतान्तरः /
मनःप्राण[3]लयो नाद एकः कश्चित् प्रवर्त्तते // **23** //
ayameva tu mokṣākhyo māstu cāpi matāntaraḥ /
manaḥprāṇalayo nāda ekaḥ kaścit pravartate // 23 //

Tr. This (*laya*) may be the state of liberation or may not be so, as others would opine. But *laya* (state of *mokṣa*) takes place when *manas* and *prāṇa* are merged in *nāda*. 23.

सकलोच्छिन्नसंकल्पो निर्दोषाशेषचेष्टितः /
स्वावगम्यो लयः कोऽपि मनोवाचामगोचरः // **24** //
sakalocchinna-saṅkalpo nirdoṣāśeṣa-ceṣṭitaḥ //
svāvagamyo layaḥ ko'pi manovācām-agocaraḥ // 24 //

Tr. When the stage of *laya* arises, all the mental resolutions are stopped, all the efforts are purified (cease to exist), which can only be experienced and can not be grasped by mind or expressed by words. 24.

प्रणष्टोच्छ्वासनिःश्वासाः प्रध्वस्तविषयग्रहाः /
निश्चेष्टा निर्विकाराश्च लयं यान्ति च योगिनः // **25** //
praṇaṣṭocchvāsa-niḥśvāsāḥ pradhvasta-viṣayagrahāḥ /
niṣceṣṭā nirvikārāśca layaṃ yānti ca yoginaḥ // 25 //

1.a-वास्तु. 2.b-वापि. 3.b-प्राणो.

Tr. When exhalation and inhalation are stopped, objects are not perceived, no action is performed and there is no mind or expression, then this *laya* is established in the *yogī*. 25.

द्वासप्ततिसहस्राणि नाड्यो रुद्राणि पञ्जरे /
सुषुम्ना शाम्भवी शक्तिः शेषास्त्वेव[1] निरर्थकाः // **26** //

dvāsaptati-sahasrāṇi nāḍyo rudrāṇi pañjare /
suṣumnā śāmbhavī śaktiḥ śeṣāstveva nirarthakāḥ // 26 //

Tr. O *rudrāṇī !* There are seventy-two thousand *nāḍīs* in the body, among which, *suṣumnā* is *śāmbhavī śakti* (through which *kuṇḍalī* moves). All others (*nāḍīs*) are insignificant. 26.

ज्ञात्वा सुषुम्नासम्भेदं कृत्वा वायुं च मध्यमम् /
स्थित्वा[2] सदैव संस्थाने प्राणं रन्ध्रं निरोधयेत् // **27** //

jñātvā suṣumnāsambhedaṃ kṛtvā vāyuṃ ca madhyamam /
sthitvā sadaiva saṃsthāne prāṇaṃ randhraṃ nirodhayet //27/

Tr. Learning the intricacy of *suṣumnā* and channelising the *prāṇa* through it, while maintaining a suitable posture, *prāṇa* has to be stabilised in *brahmarandhra*. 27.

सूर्याचन्द्रमसौ हुत्वा[3] विदित्वा कायपञ्जरे /
सव्यदक्षिणनाडीस्थो मध्ये भवति मारुतः // **28** //

sūryācandramasau hutvā viditvā kāyapañjare /
savyadakṣiṇanāḍīstho madhye bhavati mārutaḥ // 28 //

Tr. The *prāṇa,* which moves through left and right channels in the body, flows through the middle path i.e. *suṣumnā,* leaving the *sūrya* and *candra nāḍīs*. 28.

1.a-शेषास्तेव. 2.b-तिष्ठन्. 3.b-हित्वा.

वायुः परिवृतो[1] यस्मादग्निना सह कुण्डलीम् /
बोधयित्वा सुषुम्नायां प्रविशेदनिरोधतः // **29** //
vāyuḥ parivṛto yasmād-agninā saha kuṇḍalīm /
bodhayitvā suṣumnāyaṃ praviśed-anirodhataḥ // 29 //

Tr. The retreated *vāyu*, alongwith *agni*, arouses *kuṇḍalī* and enters into *suṣumnā* without any obstructions . 29.

सुषुम्नावाहिनी[2] प्राणे सिध्यत्येव मनोन्मनी /
अन्यथा त्वितरेऽभ्यासाः प्रयासायैव[3] योगिनः // **30** //
suṣumnāvāhinī prāṇe siddhyatyeva manonmanī /
anyathā tvitare'bhyāsāḥ prayāsāyaiva yoginaḥ // 30 //

Tr. As a result of *prāṇa* entering into *suṣumnā*, the state of *manonmanī* is attained. Otherwise, all other efforts of the *yogīs* are futile. 30.

पवनो बध्यते[4] येन मनस्तेनैव बध्यते /
तयोर्विनष्ट एकस्मिन्नुभावपि विनश्यतः // **31** //
pavano badhyate yena manastenaiva badhyate /
tayor-vinaṣṭa ekasmin-nubhāvapi vinaśyataḥ // 31 //

Tr. Whatever controls *pavana* (*prāṇa*) controls mind. If one ceases to function, (consequently) the function of both would cease. 31.

यत्रैव लीयते वायुर्मनस्तत्रैव लीयते /
दुग्धाम्बुवत् सम्मिलितावुभौ मानसमारुतौ // **32** //
yatraiva līyate vāyur-manas-tatraiva līyate /
dugdhāmbuvat sammilitāvubhau mānasamārutau // 32 //

1.a-परिवितो. 2.b-वाहिनि. 3.a-अत्र चित्तान्तरेऽभ्यासप्रत्याशान्तिव. 4.a-बद्धते.

Tr. Wherever mind merges, there merges the *pavana*. Both mind and *māruta* are blended like milk and water. 32.

यतो मरुत् तत्र मनःप्रवृत्तिर्यतो मनस्तत्र मरुत्प्रवृत्तिः[1] /
एकस्य नाशादपरस्य नाशस्तत्रैकवृत्तेरपरस्य वृत्तिः // **33** //

yato marut tatra manaḥpravṛttir-
yato manastatra marutpravṛttiḥ /
ekasya nāśād-aparasya nāśas-
tatraikavṛtter-aparasya vṛttiḥ // 33 //

Tr. Whenever *māruta* is active, mind also becomes active and vice versa. When one is stopped, other also stops and when one acts, other also acts. 33.

यत्र दृष्टिर्लयस्तत्र भूतेन्द्रियसनातनी[2] /
स्याच्छक्तिः सर्वभूतानि दृष्टिर्लक्षेण संगता // **34** //

yatra dṛṣṭir-layastatra bhūtendriya-sanātanī /
syāc-chaktiḥ sarvabhūtāni dṛṣṭir-lakṣeṇa saṃgatā // 34 //

Tr. The interaction between the objects of perception and senses is eternal in the form of *śakti.* Therefore, wherever the mind is fixed, it merges into it. 34.

वेदशास्त्रपुराणानि सामान्यगणिका इव /
एकैव शाम्भवीमुद्रा गुप्ता कुलवधूरिव // **35** //

vedaśāstra-purāṇāni sāmānya-gaṇikā iva /
ekaiva śāmbhavī-mudrā guptā kulavadhūriva // 35 //

Tr. The *vedas, śāstras* and *purāṇas* are like public women.

1.b-निवृत्तिः . 2.b-भूतेन्द्रियलयमृतः .

śāmbhavī mudrā alone is like a respectable lady, who is not exposed to everybody. 35.

अन्तर्लक्ष्यं बहिर्दृष्टिर्निमेषोन्मेषवर्जिता /
एषा सा शाम्भवीमुद्रा सर्वतन्त्रेषु गोपिता // **36** //
antarlakṣyaṃ bahir-dṛṣṭir-nimeṣonmeṣa-varjitā /
eṣā sā śāmbhavī-mudrā sarvatantreṣu gopitā // 36 //

Tr. Fixing the mind on an internal object, while keeping the eyes open without blinking, is known as *śāmbhavī mudrā,* which is a secret preserved in all the *tantras.* 36.

अन्तर्लक्ष्यविलीनचित्तपवनो योगी यदा वर्त्तते /
दृष्ट्या[1] निश्चलतारया बहिरसौ पश्यन्नपश्यत्यपि //
मुद्रेयं खलु शाम्भवी भवति सा युष्मत्प्रसाद[2]गुरोः /
शून्याशून्यविवर्जितं स्फुरति यत्तत्वं पदं शाम्भवम् // **37** //
antar-lakṣyavilīna-cittapavano yogī yadā vartate /
dṛṣṭyā niścalatārayā bahirasau paśyannapaśyattyapi //
mudreyaṃ khalu śāmbhavī bhavati sā yuṣmat-prasādaguroḥ /
śūnyāśūnya-vivarjitaṃ sphurati yat-
tatvaṃ padaṃ śāmbhavam // 37 //

Tr. When the *yogī* is in a state where both *citta* and *prāṇa* are merged in the internal object of concentration and the gaze directed outwards but steady, seeing yet not seeing, that indeed is *śāmbhavī mudrā,* which is received only by fortunate ones by the grace of a *guru,* who bestows the state of *śāmbhavī,* transcending both *śūnya* and *āśūnya.* 37.

1.gss-दृष्ट्वा. 2.gss-प्रसादात्.

अर्द्धोद्घाटितलोचनः[1] स्थिरमना नासाग्रदत्तेक्षणः /
चन्द्रार्कावपि लीनतामुपनयेन्निष्पन्दभावान्तरे //
ज्योतिरूपमशेषबाह्यरहितं देदीप्यमानं परम् /
तत्वं तत्पदमेति वस्तुपरमं वाच्यं किमत्राधिकम् // **38** //
arddhodghāṭita-locanaḥ sthiramanā nāsāgradattekṣaṇaḥ /
candrārkāvapi līnatām-upanayen-niṣpandabhāvāntare //
jyoti-rūpam-aśeṣa-bāhyarahitaṃ dedīpyamānaṃ param /
tatvaṃ tatpadameti vastuparamaṃ vācyaṃ kimatrādhikam38

Tr. Keeping the eyes half-open and mind poised, fix the gaze on the tip of the nose, slow down the pace of both *iḍā* and *piṅgalā,* maintain an internal calm, visualize the ultimate Reality as brightly shining internal light. Thus, one attains the Absolute State of *tatva* (Self), beyond all material realm. What else remains to be said? 38.

केचिदागमजालेन केचिन्निगमसंकुलान्[2] /
केचित्तर्केण मुह्यन्ति नैव जानन्ति शांकरीम् // **39** //
kecidāgamajālena kecin-nigamasaṃkulān /
kecit-tarkeṇa muhyanti naiva jānanti śāṅkarīm // 39 //

Tr. Some get bewildered by contradictory views available in the *āgamas*, some by those expressed in the *nigamas,* others are perplexed by logic and reasoning. No one knows *śāṅkarī* (the highest State of Consciousness). 39.

Note: *āgama* is a tradition or spiritual teaching associated with the non-vedic doctrines. The term is used in contradistinction

---

1.a-अर्ध्योच्चाटितलोचनः . gss-अर्द्धोद्घाटितलोचनः . 2.b, gss-कुलाः .

to *nigama* or the pure vedic texts. In general, the term *āgama* is applied to the scriptures and theological manuals of the principal Hindu sects. They contain mythological, epic, ritualistic and metaphysical matter.

śaivaites traditionally list 28 *āgamas* and 108 *upāgamas* from which all *śaivaite* doctrine is drawn.

The *śāktas* recognize 77 *āgamas*, which are known as the *śāktāgamas* or *tantras.* The *vaiṣṇavas* consider the *pañcarātra āgamas* to be authoritative, although they often refer to their scriptures as *saṃhitā.* The Jaina *āgamas* collectively constitute the Jaina canon.

nigama is a pure vedic tradition. The second part of the Nirukta is called *naigama-kāṇḍa,* which includes the etymologics of a large number of *nigama* words, extracted from vedic passages. The *smṛtis* or *dharmaśāstra* also belong to the category of *nigama.*

tarka means an argument justifying a certain conclusion. It is an important aid to the attainment of valid knowledge and is one of the sixteen philosophical topics of the *nyāya.* 39.

श्रीशाम्भव्याश्च खेचर्या अवस्था तु न भेदतः[1] /
तारां ज्योतिःषु[2] संयोज्य किञ्चिदुच्चालयेद् भ्रुवौ // **40** //
मुक्तासने स्थितो योगी मुद्रां सन्धाय शाम्भवीम् /
दिवा न पूजयेल्लिंगं रात्रौ चैव न पूजयेत् // **41** //
सततं पूजयेल्लिंगं दिवारात्रं[3] न पूजयेत् /
मानसैरुपचारैश्च लिंगपूजनमाचरेत् // **42** //

śrīśāmbhavyāśca khecaryā avasthā tu na bhedataḥ /
tārāṃ jyotiḥṣu saṃyojya kiñcid-uccālayed bhruvau // 40 //
muktāsane sthito yogī mudrāṃ sandhāya śāmbhavīm /
divā na pūjayel-liṅgaṃ rātrau caiva na pūjayet // 41 //

1.b-भेदस्तु न हि विद्यते . 2.b-ताराज्योतिषु . 3.b-दिवारात्रौ .

satataṃ pūjayel-liṅgaṃ divārātraṃ na pūjayet /
mānasair-upacāraiśca liṅgapūjanam-ācaret // 42 //

Tr. There can be no distinction drawn between the states of *śrī śāmbhavī* and *khecarī*. Direct the vision towards the (internal) *jyoti* and raise the eye-brows a bit. Sitting in *muktāsana*, a *yogī* should adopt the *śāmbhavī mudrā*. The *liṅga* should not be meditated upon during day (when *piṅgalā* is active) or night (when *iḍā* is active). But the *liṅga* should be constantly meditated upon when both are inactive (when *suṣumnā* is active) with a concentrated mind. 40-42.

Note: *liṅga* is a symbol of *śiva*. It has been a popular object of worship in India from pre-historic to modern period. There are three types of *śiva-liṅgas* mentioned. They are *itara, svayaṃbhu* and *bāṇa*. they are symbolically connected with the *cakras* in the human body. For example, *itara-liṅga* is connected with *ājñā-cakra*, *svayaṃbhu-liṅga* with *mūlādhāra-cakra* and *bāṇa-liṅga* is connected with the *anāhata-cakra*. 40-42.

सुषिरं ज्ञानजनकं पञ्चस्रोतःसमन्वितम् /
तिष्ठते खेचरीमुद्रा तस्मिन् शून्ये निरञ्जने // **43** //

suṣiraṃ jñānajanakaṃ pañcasrotaḥ-samanvitam /
tiṣṭhate khecarīmudrā tasmin śūnye nirañjane // 43 //

Tr. A tiny little hollow in the region of five openings, where upon the mind is concentrated, which bestows wisdom. Such a state is called *khecarī mudrā*, which is of the nature of void and *nirañjana*. 43.

सोमसूर्यद्वयोर्मध्ये निरालम्बे तले पुनः[1] /[2]
तिष्ठते खेचरीमुद्रा तत्र स्थाने न संशयः // **44** //

1.b-निरालम्बं तलं च यत्. 2.gss-सूर्याचन्द्रमसोर्मध्ये निरालम्बेऽनिले पुनः.

somasūryadvayor-madhye nirālambe tale punaḥ /
tiṣṭhate khecarī-mudrā tatra sthāne na saṃśayaḥ // 44 //

Tr. *khecarī mudrā*, undoubtedly, is placed in that supportless void between both *soma* and *sūrya*. 44.

संस्थिता व्योमचक्रे या सा मुद्रा नाम खेचरी /
मुद्राणां च परा[1] मुद्रा भद्रां सिद्धिं प्रयच्छति // **45** //
saṃsthitā vyomacakre yā sā mudrā nāma khecarī /
mudrāṇāṃ ca parā mudrā bhadrāṃ siddhiṃ prayacchati /45 /

Tr. The ***mudrā*** named ***khecarī***, which is the finest of all the ***mudrās*** and which confers auspicious ***siddhis***, is situated in the ***vyoma-cakra***. 45.

सोमसूर्योदिता धारा[2] साक्षाद्वै शिववल्लभा /
पूजयेदतुलां दिव्यां[3] सुषुम्नां पश्चिमे मुखे // **46** //
somasūryoditā dhārā sākṣād-vai śivavallabhā /
pūjayed-atulāṃ divyāṃ suṣumnāṃ paścime mukhe // 46 //

Tr. The stream, which flows from *soma* and *sūrya* is itself *gaṅgā* dear to *śiva*, which fills the unique and divine *suṣumnā* from the posterior side . 46.

पुरस्ताच्चैव पूरयेत् निश्चला खेचरी भवेत् /
अभ्यस्ता[4] खेचरीमुद्रा उन्मनी सम्प्रजायते // **47** //
purastāccaiva pūrayet niścalā khecarī bhavet /
abhyastā khecarī-mudrā unmanī samprajāyate // 47 //

1.b-चापरा. 2.a-सोमसूर्योजिता. 3.b-पूरयेन्मारुतं दिव्यं.4.a-अन्यस्तां.

Tr. This *suṣumnā* when filled from the anterior part, is undoubtedly *khecarī*. The state of *unmanī* is realized through the practice of *khecarī mudrā*. 47.

अभ्यसेत् खेचरीं तावद्यावत्स्याद्योगनिद्रितः /
सम्प्राप्तयोगनिद्रस्य कालो नास्ति कदाचन // **48** //
abhyaset khecarīṃ tāvad-yāvat syād-yoganidritaḥ /
***samprāptayoganidrasya kālo nāsti kadācana* // 48 //**

Tr. *khecarī* should be practised until the state of *yoga-nidrā* is attained, after which, *kāla* (time) ceases to exist. 48.

भ्रुवोर्मध्ये शिवस्थानं मनस्तत्र विलीयते /
ज्ञातव्यं तत्पदं तुर्यं तत्र[1] कालो न विद्यते // **49** //
bhruvor-madhye śivasthānaṃ manastatra vilīyate /
jñātavyaṃ tatpadaṃ turyaṃ tatra kālo na vidyate // 49 ///

Tr. The place of *śiva* lies in the center of the eyebrows, wherein mind should be merged. This is the *turya* state, (fourth state of consciousness), where the *kāla* (time) does not exist. 49.

चन्द्रसूर्यद्वयोर्मध्ये मुद्रां दद्याच्च खेचरीम् /
निरालम्बमहाशून्ये व्योमचक्रे व्यवस्थिताम् // **50** //
candrasūrya-dvayor-madhye mudrāṃ dadyācca khecarīm /
***nirālamba-mahāśūnye vyomacakre vyavasthitām* // 50 //**

Tr. The *khecarī mudrā* is practised between *candra* and *sūrya* in the *vyoma cakra*, which is absolute, supportless and void. 50.

1.b-यत्र.

निरालम्बं मनः कृत्वा न किञ्चिदपि चिन्तयेत् /
स बाह्याभ्यन्तरे व्योम्नि घटवत्तिष्ठति[1] ध्रुवम् // **51** //

nirālambaṃ manaḥ kṛtvā na kiñcidapi cintayet /
sa bāhyābhyantare vyomni ghaṭavattiṣṭhati dhruvam // 51 //

Tr. Making the mind free from objects, one should not think of anything. Thus certainly one remains like a pot filled with space internally and externally. 51.

बाह्यवायुर्यथा लीनः स्वस्य मध्ये न संशयः /
स्वस्थानं गच्छति प्राणः सूर्योऽग्नौ[2] पवने तथा // **52** //

bāhyavāyur-yathā līnaḥ svasya madhye na saṃśayaḥ
svasthānaṃ gacchati prāṇaḥ sūryo'gnau pavane tathā //52 //

Tr. When the external *vāyu* firmly merges in the middle path (*suṣumnā*), the *prāṇa* goes back to *pavana*, its own origin, like the sun going to *agni* (fire). 52.

एवमभ्यस्यमानस्य वायुमार्गे[3] दिवानिशम् /
अमृतं प्लावयेद्देहमापादतलमस्तकम् // **53** //

evam-abhyasyamānasya vāyumārge divāniśam /
amṛtaṃ plāvayed-deham-āpādatalamastakam // 53 //

Tr. Such a practice enables nectar to fill the body from top to bottom and up the channels of *vāyu* in *suṣumnā*. 53.

अभ्यासाज्जीर्यते वायुर्मनस्तत्रैव लीयते /
सिध्यते च सदा कायो महाबलपराक्रमः // **54** //

abhyāsāj-jīryate vāyur-manas-tatraiva līyate /
sidhyate ca sadā kāyo mahābalaparākramaḥ // 54 //

1.b-तिष्ठते. 2.a-सूर्योग. 3.a-वायुमार्ग.

Tr. Through the practice, activities of *pavana* are minimized and the mind gets merged therein. As a result, one develops a body replete with increased energy and valour. 54.

शक्तिमध्ये मनः कृत्वा शक्तिं मनसि मध्यतः /
मनसा मन आलोक्य धारयेत् परमं पदम् // 55 //
śaktimadhye manaḥ kṛtvā śaktiṃ manasi madhyataḥ /
manasā mana ālokya dhārayet paramaṃ padam // 55 //

Tr. Merge the mind into *śakti* and *śakti* into mind. Observe the mind by the mind and meditate on the Supreme state. 55.

खमध्ये कुरु चात्मानमात्ममध्ये च खं कुरु /
सर्वं च खमयं कृत्वा न किञ्चिदपि चिन्तयेत् // 56 //
khamadhye kuru cātmānam-ātmamadhye ca khaṃ kuru /
sarvaṃ ca khamayaṃ kṛtvā na kiñcidapi cintayet // 56 //

Tr. Merge the *ātman* into void and void into *ātman*. Perceive the void *(ātman)* everywhere and do not think of anything else. 56.

अन्तःशून्यो बहिःशून्यः शून्यकुम्भ इवाम्बरे /
अन्तःपूर्णो बहिःपूर्णः पूर्णः कुम्भ इवाम्भसि // 57 //
antaḥśūnyo bahiḥśūnyaḥ śūnyakumbha ivāmbare /
antaḥpūrṇo bahiḥpūrṇaḥ pūrṇaḥ kumbha ivāmbhasi // 57 //

Tr. Perceive the void inside and outside like an empty pot in the space. Further, observe everything inside and outside pervaded by *ātman* like a filled pot in the water. 57.

बाह्यचिन्ता न कर्त्तव्या तथैवान्तरचिन्तयन् /
सर्वचिन्तां परित्यज्य न किञ्चिदपि चिन्तयेत् // **58** //

bāhyacintā na kartavyā tathaivāntaracintayan /
sarvacintāṃ parityajya na kiñcidapi cintayet // 58 //

Tr. One should neither think anything external, nor anything internal. Give up all the worries and just do not think. 58.

संकल्पमात्रकलनैव[1] जगत्समग्रं
संकल्पमात्रकलना हि मनोविलासः //
संकल्पमात्रकलनैव कृतिस्तु नित्या
संकल्पनिश्चयमवाप्नुहि स्वात्मशान्तिम्[2] // **59** //

saṅkalpamātrakalanaiva jagatsamagraṃ
saṅkalpamātrakalanā hi manovilāsaḥ /
saṅkalpamātrakalanaiva kṛtistu nityā
saṅkalpaniścayam-avāpnuhi svātmaśāntim // 59 //

Tr. The whole universe is just a mental projection. Imagination is also mind's play (fancy), even daily activities of a person are also mind's whim, hence abandon mental construction and attain the internal peace. 59.

कर्पूरमनले यद्वत् सैन्धवं सलिले यथा /
तथा सन्धायमानं च[3] मनस्तत्त्वे विलीयते // **60** //
karpūram-anale yadvat saindhavaṃ salile yathā /
tathā sandhāyamānaṃ ca manastatve vilīyate // 60 //

Tr. Just as camphor merges in fire and salt dissolves in water, so also mind directed towards *tatva* (Self), gets merged with it (*tatva*). 60.

1.b-कलनेन. 2.b-संकल्पमत्रमृद्धयवनिर्विकल्पमाश्रित्य निश्चयमवाप्नुहि चात्मशान्तिम्. 3.b-सन्धीयमानम्.

निराद्यन्तं निरालम्बं निःप्रपञ्चं निराश्रयम् /
निरामयं निराकारं तत्वं तत्वविदो विदुः // **61** //
nirādyantaṃ nirālambaṃ niḥprapañcaṃ nirāśrayam /
nirāmayaṃ nirākāraṃ tatvaṃ tatvavido viduḥ // 61 //

Tr. The seekers of *tatva* (Self) know it as having no beginning or end, aloof, free from complexity, supportless, free from ills and without form. 61.

निश्चलं निर्मलं नित्यं विक्रियं निर्गुणं तथा /
व्योमविज्ञानमानन्दं ब्रह्म ब्रह्मविदो विदुः // **62** //
niścalaṃ nirmalaṃ nityaṃ vikriyaṃ nirguṇaṃ tathā /
vyomavijñānam-ānandaṃ brahma brahmavido viduḥ //62 //

Tr. The knowers of *brahman* consider it (*brahman*) as immobile, pure, eternal, immutable, attributeless, all-pervading like space and blissful. 62.

ज्ञेयं सर्वमतीतं च ज्ञानं च मन उच्यते /
ज्ञानं ज्ञेयं मनश्चैव नान्यः पन्था द्वितीयकः // **63** //
jñeyaṃ sarvam-atītaṃ ca jñānaṃ ca mana ucyate /
jñānaṃ jñeyaṃ manaścaiva nānyaḥ panthā dvitīyakaḥ//63 //

Tr. Whatever is perceived becomes a part of memory and cognition is mind. There lies no other option but to annihilate perception, object of perception and the mind. 63.

मनोदृश्यमिदं सर्वं यत्किञ्चित्सचराचरम् /
मनसोऽप्युन्मनीभावेऽद्वैतभावं प्रचक्षते // **64** //

manodṛśyam-idaṃ sarvaṃ yatkiñcit sacarācaram /
manaso'pyunmanībhāve'dvaitabhāvaṃ pracakṣate // 64 //

Tr. All that is animate or inanimate, is but mind's projection. On attaining the state of *unmanī*, one perceives unity. 64.

ज्ञेयवस्तुपरित्यागात् विलयं याति मानसम् /
मानसे विलयं[1] याते कैवल्यमवशिष्यते // **65** //
jñeyavastu-parityāgāt vilayaṃ yāti mānasam /
mānase vilayaṃ yāte kaivalyam-avaśiṣyate // 65 //

Tr. On relinquishing the objects of perception, mind merges (in the Absolute), after which only *kaivalya* remains. 65.

लयो लय इति प्राहुः कीदृशं लयलक्षणम् /
पुनर्न वासनोत्थानो[2] लयो विषयविस्मृतिः // **66** //
layo laya iti prāhuḥ kīdṛśaṃ layalakṣaṇam /
punarna vāsanotthāno layo viṣayavismṛtiḥ // 66 //

Tr. One talks of *laya*. But what are the characteristics of *laya* ? *laya* is forgetting the objects of experience as a result of which no further desires arise. 66.

एवं नानाविधोपायाः सम्यक्स्वानुभवान्विताः /
समाधिमार्गाः कथिताः पूर्वाचार्यैर्महात्मभिः // **67** //
evaṃ nānāvidhopāyāḥ samyak-svānubhavānvitāḥ /
samādhimārgāḥ kathitāḥ pūrvācāryair-mahātmabhiḥ // 67 //

1.b-विलये. 2.b-अपुनर्वासनोत्थानो.

Tr. Thus, there are number of techniques of *samādhi* as related by the eminent ancient teachers on the basis of their experiences. 67.

इति श्रीसहजानन्दसन्तानचिन्तामणिश्रीस्वात्मारामविरचितायां हठप्रदीपिकायां सप्तमोपदेशः // 7 //

iti śrī-sahajānanda-santāna-cintāmaṇi-śrīsvātmārāma-viracitāyāṃ haṭhapradīpikāyāṃ saptamopadeśaḥ // 7 //

Thus (ends) the seventh chapter of ***haṭhapradīpikā***, composed by *svātmārāma*, an illustrious successor of *śrī-sahajānanda* // 7 //

HAṬHAPRADĪPIKĀ

Eighth Chapter

अथ नादानुसन्धानम्[1] -

सुषुम्नायै कुण्डलिन्यै सुधायै चन्द्रजन्मने /
मनोन्मन्यै नमस्तुभ्यं महाशक्त्यै चिदात्मने // 1 //

atha nādānusandhānam--
suṣumnāyai kuṇḍalinyai sudhāyai candrajanmane /
manonmanyai namastubhyaṃ mahāśaktyai cidātmane // 1 //

Tr. I bow down to you, O *suṣumnā, kuṇḍalinī, sudhā* (ambrosia oozing from the moon), *unmanī*, the absolute energy *(śakti)* and pure Consciousness ! 1.

उन्मन्यवाप्तये शीघ्रं द्वौ मार्गौ मम सम्मतौ /
तथ्यं[2] परमसौख्यं वा नादोपासनमेव च[3] // 2 //

unmanyavāptaye śīghraṃ dvau mārgau mama sammatau /
tathyaṃ paramasaukhyaṃ vā nādopāsanameva ca // 2 //

Tr. According to me, there are two paths to quickly secure the state of *unmanī.* They are – knowledge leading to absolute Bliss and practice of *nādopāsanā.* 2.

अशक्ततत्वबोधानां मूढानामपि सम्मतम् /
प्रोक्तं गोरक्षनाथेन नादोपासनमेव च[4] // 3 //

aśaktatatvabodhānāṃ mūḍhānām-api sammatam
proktaṃ gorakṣanāthena nādopāsanameva ca // 3 //

1.b-अनुपलब्धपंक्ति. 2.b-तद्यत्. 3.b-वा. 4.b-नादोपासनमुच्यते.

Tr. *nādopāsana*, as propagated by *gorakṣanātha*, is suitable even to the common men, who are unable to grasp the intricacies of *tatva*—the Supreme Reality. 3.

श्रीआदिनाथेन सपादकोटिलयप्रकाराः कथिता जयन्ति[1] /
नादानुसन्धानकमेव नान्यं मन्यामहे धन्यतमं लयानाम् // **4** //
śrīādināthena sapādakoṭilayaprakārāḥ kathitā jayanti /
nādānusandhānakameva nānyaṃ manyāmahe
dhanyatamaṃ layānām // 4 //

Tr. *śrī ādinātha* has narrated one crore and a quarter (innumerable) techniques of *laya*, which flourish. But we believe that *nādānusandhāna* alone is the best of all the *layas* (absorption). 4.

श्रवणमुखनयनयुगलनासारोधनमेव कर्त्तव्यम् /
शुद्धसुषुम्नासरणः स्फुटममलः श्रूयते नादः // **5** //
śravaṇa-mukha-nayanayugala-nāsārodhanameva kartavyam /
śuddha-suṣumnāsaraṇaḥ sphuṭamalaḥ śrūyate nādaḥ // 5 //

Tr. One should close the ears, mouth, eyes and nose. Consequently, a clear and distinct *nāda*, originating in the passage of purified *suṣumnā*, is heard. 5.

मुक्तासने स्थितो योगी मुद्रां सन्धाय शाम्भवीम् /
शृणुयाद्दक्षिणे कर्णे[2] नादमेकान्तके सुधीः // **6** //
muktāsane sthito yogī mudrāṃ sandhāya śāmbhavīm /
śṛṇuyāddakṣiṇe karṇe nādamekāntake sudhīḥ // 6 //

Tr. A wise *yogī*, adopting *muktāsana* in an isolated place, while performing *śāmbhavī mudrā*, should attentively hear the *nāda* in the right ear. 6.

1.a-नयन्ति. 2.b-शृणुयाद्दक्षिणकर्णे.

सर्वचिन्तां परित्यज्य सावधानेन चेतसा /
नादमेवानुसन्धत्ते योगसाम्राज्यमिच्छता // 7 //
sarvacintāṃ parityajya sāvadhānena cetasā /
nādamevānusandhatte yogasāmrājyam-icchatā // 7 //

Tr. One who wants vast knowledge of *yoga*, abandons all the thoughts and with a very attentive mind listens to *nāda* alone. 7.

आदौ औदासीन्यपरो[1] भूत्वा सदाभ्यासेन संयमी /
उन्मनीकरणं[2] सद्यो नादमेव च वर्धयेत्[3] // 8 //
ādau audāsīnyaparo bhūtvā sadābhyāsena saṃyamī /
unmanīkaraṇaṃ sadyo nādameva ca vardhayet // 8 //

Tr. A *yogī*, after mastering indifference, should regularly practise listening to *nāda*, to bring about the *unmanī* state immediately. 8.

शीते काले चोपटी[4] वा कुटी वा पथ्याहारे गोपयो वा पयो वा /
भक्ष्ये[5] भिक्षावन्दमारण्यकन्दं पाणी[6] द्रोणी खर्परो[7] भोज्यपात्रम् // 9 //
śīte kāle copaṭī vā kuṭī vā
pathyāhāre gopayo vā payo vā /
bhakṣye bhikṣāvandam-āraṇyakandaṃ
pāṇī droṇī kharparo bhojyapātram // 9 //

Tr. During winter one may put on four-fold garment or remain in a shelter, he may take cow milk or water, he may subsist on alms or on roots available in the forest, he may eat in the hands or in the bowl made of leaves or in a piece of a broken jar. 9.

1.a-आसीन्. 2.b-करणं. 3.b-धारयेत्. 4.b-शाटिका. 5.a-भक्षे. 6.a-पाणो. 7.a-कायरा.

सर्वचिन्तां परित्यज्य सर्वकाले च सर्वदा[1] /
नादमेवानुसन्धत्ते तेन[2] चित्तं विलीयते // **10** //
sarvacintām parityajya sarvakāle ca sarvadā /
nādamevānusandhatte yadi cittaṃ vilīyate // 10 //

Tr. Giving up all the thoughts, one shoud listen to the *nāda* continuously all the time, in which *citta* (mind) merges. 10.

काष्ठे[3] प्रवर्त्तितो वह्निः काष्ठेन सह शाम्यति /
नादे प्रवर्त्तितं चित्तं नादेन सह लीयते // **11** //
kāṣṭhe pravartito vahniḥ kāṣṭhena saha śāmyati /
nāde pravartitaṃ cittaṃ nādena saha līyate // 11 //

Tr. Just as fire in the burning wood extinguishes along with the wood, likewise, the *citta* which is concentrated on *nāda*, merges with *nāda*. 11.

विस्मृत्य सकलं बाह्यं नादे दुग्धाम्बुवन्नरः /
एकीभूयाथ सहसा चिदाकाशे विलीयते // **12** //
vismṛtya sakalaṃ bāhyaṃ nāde dugdhāmbuvan-naraḥ /
ekībhūyātha sahasā cidākāśe vilīyate // 12 //

Tr. As the aspirant forgets all the external environment and becomes one with *nāda,* merges in *cidākāśa* easily, like milk in water. 12.

नादानुसन्धानसमाधिभाजां योगीश्वराणां हृदये प्ररूढम् /
आनन्दमेकं वचसामवाच्यं जानाति तं[4] श्रीगुरुनाथ एव // **13** //

1.b-सर्वथा. 2.a-यदि. 3.b-काष्ठैः. 4.b-न.

nādānusandhānasamādhibhājāṃ
yogīśvarāṇāṃ hṛdaye prarūḍham /
ānandamekaṃ vacasāmavācyaṃ
jānāti taṃ śrīgurunātha eva // 13 //

Tr. The eminent *yogīs*, who experience the state of *samādhi* by meditating on *nāda*, experience an inexplicable joy in their heart which *śrī gurunātha* alone knows. 13.

कर्णौ पिधाय हस्ताभ्यां यः शृणोति ध्वनिं मुनिः /
तत्र चित्तं स्थिरं[1] कुर्याद्यावत् स्थिरपदं व्रजेत् // **14** //
karṇau pidhāya hastābhyāṃ yaḥ śṛṇoti dhvaniṃ muniḥ /
tatra cittaṃ sthiraṃ kuryād-yāvat sthirapadaṃ vrajet // 14 //

Tr. By closing the ears, the *yogī* should listen to the sound which is heard by concentrating on it, till he attains undisturbed state of consciousness. 14.

अभ्यस्यमानो नादोऽयं बाह्यतां वर्धयेद् ध्वनिम् /
पक्षाद्[2] विक्षेपमखिलं जित्वा योगी सुखी भवेत् // **15** //
abhyasyamāno nādo'yaṃ bāhyatāṃ vardhayed dhvanim /
pakṣād vikṣepam-akhilaṃ jitvā yogī sukhī bhavet // 15 //
Tr. Through the practice on *nāda* externalization of the mind stops in a fortnight and the *yogī* becomes happy, by overcomong all the distractions. 15.

श्रूयते प्रथमाभ्यासे नादो नानाविधो महान् /
वर्धमाने ततोऽभ्यासे श्रूयते सूक्ष्मसूक्ष्मतः // **16** //
śrūyate prathamābhyāse nādo nānāvidho mahān
vardhamāne tato'bhyāse śrūyate sūkṣma-sūkṣmataḥ // 16 //

1.a-निरा. 2.b-तेन.

Tr. In the initial practice, various sounds are heard. With the progress of the practice one hears more and more subtle sounds. 16.

आदौ जलधिजीमूतभेरीनिर्झरनिस्वनः[1] /
मध्ये मर्दलशंखोत्थघण्टाकोलाहलस्तथा // **17** //
अन्ते तु किंकिणीवृन्दवीणाभ्रमरनिःस्वनः /
इति नानाविधो नादः श्रूयते देहमध्यगः // **18** //

ādau jaladhi-jīmūta-bherī-nirjhara-nisvanaḥ /
madhye mardala-śaṅkhottha-ghaṇṭākolāhalastathā // 17 //
ante tu kiṅkiṇī-vṛndavīṇā-bhramara-niḥsvanaḥ /
iti nānāvidho nādaḥ śrūyate dehamadhyagaḥ // 18 //

Tr. Initially sounds resembling to those of the ocean, thunder, big drum, waterfall are heard. In the intermediate stage sounds similar to those of small drum, conch (blown), bell and gong and finally sounds like those of tinkling of tiny bells, *viṇā* and humming of bee are heard. Thus different *nādas* are heard within the body. 17-18.

महति श्रूयमाणेऽपि मेघभेर्यादिके ध्वनौ /
तत्र सूक्ष्मात् सूक्ष्मतरं नादमेव परामृशेत् // **19** //

mahati śrūyamāṇe'pi meghabheryādike dhvanau /
tatra sūkṣmāt sūkṣmataraṃ nādameva parāmṛśet // 19 //

Tr. Even though loud sounds of cloud (thunder) and drum are heard, one should listen to extremely subtle sounds. 19.

ध्वनिमुत्सृज्य वा सूक्ष्मे सूक्ष्ममुत्सृज्य वा ध्वनौ /
रममाणमपि क्षिप्तं मनो नातः[2] प्रचालयेत् // **20** //

dhvanimutsṛjya vā sūkṣme sūkṣmam-utsṛjya vā dhvanau /
ramamāṇamapi kṣiptaṃ mano nātaḥ pracālayet // 20 //

1.b-भेरीजन्यो हि निस्वनः . 2.a-नात्र .

Tr. The sound to be heard may be loud or subtle, but the mind should always be concentrated on the sound alone. 20.

Note: In the light of the previous line suggesting to concentrate on the subtle and subtler sound, here instead of the word '*dhvanimutsṛjya*', it is appropriate to understand the word '*ghanamutsṛjya*'. Similarly, in place of '*dhvanau*' the word '*ghanau*' is suitable. In many copies of HP the word '*ghana*' is preferably used in place of '*dhvani*'. 20.

यत्र कुत्रापि वा नादे लगति प्रथमं मनः /
तत्रैव निश्चलो भूत्वा तेन सार्द्धं विलीयते **// 21 //**
yatra kutrāpi vā nāde lagati prathamaṃ manaḥ /
tatraiva niścalo bhūtvā tena sārddhaṃ vilīyate // 21 //

Tr. In whichever sound the mind gets absorbed initially, one should concentrate on it and thus merge into it. 21.

मकरन्दं पिबन् भृंगो[1] गन्धं नापेक्षते यथा /
नादासक्तं तथा चित्तं विषयं न हि कांक्षति **// 22 //**
makarandaṃ piban bhṛṅgo gandhaṃ nāpekṣate yathā /
nādāsaktaṃ tathā cittaṃ viṣayaṃ na hi kāṅkṣati // 22 //

Tr. As a bee while relishing the nectar does not care for fragrance, so also, the mind being absorbed in the *nāda*, does not hanker after the objects. 22.

नादश्रवणतश्चित्तमन्तरंगभुजंगमम् /
विस्मृत्य सर्वमेकाग्रं कुत्रचिन्न हि धावति **// 23 //**
nādaśravaṇataścittam-antaraṅga-bhujaṅgamam /
vismṛtya sarvamekāgraṃ kutracinnahi dhāvati // 23 //

1.a-पिवत्यंगो.

Tr. The mind having been absorbed in the internal *nāda* by forgetting everything does not wander around like a serpent being quiet when listening to sound. 23.

मनो मत्तगजेन्द्रस्य विषयोद्यानचारिणः /
निरोधने[1] समर्थोऽयं निनादो निशितांकुशः // **24** //
mano mattagajendrasya viṣayodyāna-cāriṇaḥ /
nirodhane samartho'yaṃ ninādo niśitāṅkuśaḥ // 24 //

Tr. The sharp goad of *nāda* is capable of controlling the mind, which like an excited elephant, wanders in the garden of sense objects. 24.

अन्तरंगतुरंगस्य रोधे व्याधायतेऽपि च[2] /
नादोपास्तिरतो नित्यमवगम्या हि योगिभिः /
नादस्तुरंगसारंगबन्धने वागुरायते // **25** //
antaraṅgaturaṅgasya rodhe vyādhāyate'pi ca /
nādopāstirato nityam-avagamyā hi yogibhiḥ /
nādasturaṅgasāraṅga-bandhane vāgurāyate // 25 //

Tr. *nāda* is able to control the internal mind, which is like a horse. Similarly, nāda is able to successfully snare (the mind), which is of the nature of deer and horse (in swiftness). Therefore, the *yogīs* should consistently undertake the practice of *nādopāsanā.* 25.

Note: Here is an analogy of the swiftness of deer and horse given to the fickleness of the mind. Just as the speed of the horse is controlled and a deer is hunted by a hunter, similarly, mind is controlled and made inactive through the practice of *nādānusandhāna.* 25.

1.a-नीयमने. 2.b-जीवनः परिधावने.

युक्तं वियुक्तं चाञ्चल्यं नादगन्धकजारणात् /
मनः पारदमाप्नोति निरालम्बाख्यखेऽटनम्[1] // 26 //

yuktaṃ viyuktaṃ cāñcalyaṃ nādagandhaka-jāraṇāt
manaḥ pāradam-āpnoti nirālambākhyakhe' ṭanam // 26 //

Tr. As the mercury when treated with sulphur, becomes stable, so also slowly and steadily the mind being absorbed into *nāda*, gives up fickleness and merges into the space, which is Absolute and supportless. 26.

बद्धं चेन्नादयोगेन[2] सद्यः सन्त्यक्तचापलम् /
प्रयाति सुतरां चैक्यं पक्षच्छिन्ननगा इव // 27 //

baddhaṃ cennādayogena sadyaḥ santyakta-cāpalam /
prayāti sutarāṃ caikyaṃ pakṣacchinna-nagā iva // 27 //

Tr. Being absorbed in *nāda*, (the mind) immediately gives up its fickleness and consequently attains one-ness (with the Absolute), like a bird clipped off the wings. 27.

तावदाकाशसंकल्पो यावच्छब्दः प्रवर्त्तते /
निःशब्दं परमं[3] ब्रह्म परमात्मा स[4] गीयते //28 //

tāvadākāśasaṅkalpo yāvacchabdaḥ pravartate /
niḥśabdaṃ paramaṃ brahma paramātmā sa gīyate // 28 //

Tr. So long as sound exists, *ākāśa* too is perceived. The Absolute soundless state is considered as the state of *brahma* equated with *paramātman*. 28.

1.a-खोटकम्. From नादस्तु... खेऽटनम् not in b. 2.a-चेन्नादमध्येन. 3.b-तत्परं. 4.b-परमात्मेति.

यत्किञ्चिन्नादरूपेण श्रूयते शक्तिरेव सा /
यस्तच्छ्रोता[1] निराकारः स एव परमेश्वरः // **29** //
yatkiñcinnādarūpeṇa śrūyate śaktireva sā /
yastacchrotā nirākāraḥ sa eva parameśvaraḥ // 29 //

Tr. Whatever is heard in the form of *nāda*, it is the form of *śakti* (*kuṇḍalī*). One who hears the sound is the nature of formless *parameśvara*. 29.

नादः[2] शक्तिरिति ज्ञेयं नादज्ञानं सदाशिवः /
ज्ञेयज्ञाने[3] विलीने तु सोन्मन्येवावशिष्यते // **30** //
nādaḥ śaktiriti jñeyaṃ nādajñānaṃ sadāśivaḥ
jñeya-jñāne vilīne tu sonmanyevāvaśiṣyate // 30 //

Tr. *nāda* should be known as *śakti*, while perception of *nāda* is *sadāśiva*. The state of *unmanī* prevails when perception and perceived become one. 30.

नादो यावन्मनस्तावन्नादान्ते तु मनोन्मनी /
सशब्दं कथितं व्योम निःशब्दं ब्रह्म कथ्यते // **31** //
nādo yāvanmanastāvan-nādānte tu manonmanī /
saśabdaṃ kathitaṃ vyoma niḥśabdaṃ brahma kathyate//31//

Tr. Mind exists so long as *nāda* exists. When *nāda* stops, the *unmanī* state is attained. The space has its object as sound. Soundless state is the state of Absolute *brahma*. 31.

सदा नादानुसन्धानात् संक्षीणा वासना भवेत् /
निरञ्जने विलीयेत निश्चितं मारुतो मनः // **32** //

1.b-तत्तच्छ्रोता. 2.b-नाद. 3.a-ज्ञेये ज्ञाने.

sadā nādānusandhānāt saṅkṣīṇā vāsanā bhavet /
nirañjane vilīyeta niścitaṃ māruto manaḥ // 32 //

Tr. Through the consistent practice of *nādānusandhāna* all cravings are attenuated and both *māruta* and mind are certainly merged into *nirañjana* (Absolute). 32..

नादकोटिसहस्राणि बिन्दुकोटिशतानि च /
सर्वे तत्र लयं यान्ति यत्र देवो निरञ्जनः // 33 //
nādakoṭisahasrāṇi bindukoṭiśatāni ca /
sarve tatra layaṃ yānti yatra devo nirañjanaḥ // 33 //

Tr. All the thousands of crores of *nāda* and hundreds of crores of *bindu* are merged in the Absolute. 33.

काष्ठगोष्ठीप्रसंगेन किं सखे श्रूयतामिदम्[1] /
पुरा मत्स्येन्द्रबोधार्थम् आदिनाथोदितं वचः // 34 //
kāṣṭhagoṣṭhīprasaṅgena kiṃ sakhe śrūyatām-idam /
purā matsyendra-bodhārthaṃ ādināthoditaṃ vacaḥ // 34 //

Tr. O dear friend! Even in a light mood listen to the words told earlier by *ādinātha* to educate *matsyendra.* 34.

ज्ञात्वा सुषुम्नासंभेदं[2] कृत्वा वायुं च मध्यगम् /
कृत्वा नादमिदं स्थाने[3] प्राणरन्ध्रे[4] निरोधयेत् // 35 //
jñātvā suṣumnāsaṃbhedaṃ kṛtvā vāyuṃ ca madhyagam /
kṛtvā nādamidaṃ sthāne prāṇarandhre nirodhayet // 35 //
Tr. Acquiring the knowledge of piercing through the

1.a-श्रूयतामिदम्. 2.a-भेदो हि. 3.b-स्थानं. 4.b-प्राणरन्ध्रं.

suṣumnā, channelizing the *vāyu* (*prāṇa*) into the middle path (*suṣumnā*) and placing the *nāda* in this place, one should merge the prāṇa in *brahma-randhra*. 35.

Note: This verse appears already in 7.27. 35.

अथ योगावस्था --

आरम्भश्च घटश्चैव तथा परिचयोऽपि च /
निष्पत्तिः सर्वयोगेषु योगावस्था प्रकीर्त्तिता // **36** //

atha yogāvasthā:--
ārambhaśca ghaṭaścaiva tathā paricayo'pi ca /
niṣpattiḥ sarvayogeṣu yogāvasthā prakīrtitā // 36 //

Tr. *ārambha, ghaṭa, paricaya* and *niṣpatti* are the states of yoga described in all the *yogas*. 36.

अथ आरम्भावस्था--

ब्रह्मग्रन्थेर्भवेद् भिन्नानन्दः शून्यसम्भवः /
विचित्रक्वणको[1] देहेऽनाहतः[2] श्रूयते ध्वनिः // **37** //
सम्पूर्णहृदये[3] शून्ये[4] आरम्भो योगवान् भवेत् /
दिव्यगन्धो दिव्यचक्षुस्तेजस्वी च अरोगवान्[5] // **38** //

atha ārambhāvasthā:--
brahmagranther-bhavedbhinnānandaḥ śūnyasambhavaḥ /
vicitrakvaṇako dehe'nāhataḥ śrūyate dhvaniḥ // 37 //
sampūrṇhṛdaye śūnye ārambho yogavān bhavet /
divyagandho divyacakṣus-tejasvī ca arogavān // 38 //

Tr. On attainment of the *ārambha* state a *yogī* develops a lustrous body, deep insight, complete well-being, sweet fragrance, contentment in heart enjoying void. He gets the *brahma-granthi* pierced, unbridled joy emanating from absolute void and hearing of a divine unstruck tinkling sound. 37-38.

1.b-विचित्रः क्षणिको . 2.b-ऽनाहतं . 3.b-सम्पूर्ण ˙ हृदये . 4.gss-सम्पूर्णः हृदयः शुन्यः . 5.b-चापरो हरः .

<u>*अथ घटावस्था--*</u>

द्वितीयायां घटं कृत्वा[1] वायुर्भवति मध्यगः /
दृढासनो भवेद्योगी ज्ञानी देवसमस्तथा // **39** //
विष्णुग्रन्थेर्भवेद् भिन्नः[2] परमानन्दसूचकः /
अतिशून्यविभेदश्च[3] भेरीशब्दस्तथा[4] भवेत्[5] // **40** //

<u>atha ghaṭāvasthā:--</u>

dvitīyāyāṃ ghaṭaṃ kṛtvā vāyur-bhavati madhyagaḥ /
dṛḍhāsano bhaved-yogī jñānī devasamas-tathā // 39 //
viṣṇugranther-bhaved bhinnaḥ paramānanda-sūcakaḥ /
atiśūnya-vibhedaśca bherīśabdas-tathā bhavet // 40 //

Tr. Approaching the second state, the *vāyu* (*prāṇa*) courses through the middle path in the body, *āsana* becomes stable, the *yogī* gets wisdom and becomes like a god. Consequently, the *viṣṇu-granthi* is pierced, various sounds like that of the kettle drum are heard in the void (***atiśūnya***), heralding Absolute Bliss. 39-40.

<u>*अथ परिचयावस्था--*</u>

तृतीयायां[6] तु ततो भित्वा[7] जायते[8] मर्द्दलध्वनिः[9] /
महाशून्यं समायाति सर्वसिद्धिसमाश्रयः[10] // **41** //

<u>atha paricayāvasthā:--</u>

tṛtīyāyāṃ tu tato bhitvā jāyate marddaladhvaniḥ /
mahāśūnyaṃ samāyāti sarvasiddhi-samāśrayaḥ // 41 //

Tr. In the third state, one clearly hears the sound of kettle drum, (*prāṇa*) reaches the ***mahāśūnya*** (center of the eye brows) resulting in attainment of all the ***siddhis*** (supernatural powers). 41.

1.a-द्रितीयभेदमुक्तस्तु . gss-घटीकृत्य . 2.b-भिन्नात् . 3.a-अतिभेदश्च . b-अतिशून्ये तथा . 4.b-तुल्यो . 5.b-ध्वनिस्मृतः . 6.a-तृतीयं . 7.b-तज्जित्वा . 8.gss-तृतीयायां ततो भित्वा विहायो . 9.b-सर्वदेहगः . 10.b-gss-समाश्रयं .

चित्तं[1] मनस्ततो[2] जित्वा सहजानन्दसम्भवः /
दोषदुःखजरामृत्युक्षुधातृषाविवर्जितः // **42** //
cittaṃ manas-tato jitvā sahajānanda-sambhavaḥ /
doṣaduḥkha-jarāmṛtyu-kṣudhātṛṣā-vivarjitaḥ // 42 //

Tr. (The *yogī*) controlling the mind and *citta*, attains the stage of spontaneous happiness and becomes free from all ills, sufferings, old age, death, hunger and thirst. 42.

अथ निष्पन्नावस्था[3]--
रुद्रग्रन्थिं ततो भित्वा सर्वपीठगतोऽनिलः /
निष्पत्तौ[4] वैणवः शब्दः क्वणद्वीणाक्वणो भवेत् // **43** //
atha niṣpannāvasthā:--
rudragranthiṃ tato bhitvā sarvapīṭhagato'nilaḥ
niṣpattau vaiṇavaḥ śabdaḥ kvaṇad'vīṇākvaṇo bhavet // 43 //

Tr. In the state of *niṣpatti*, after piercing the *rudra-granthi*, the *anila* (*prāṇa*) approaches *sarva-pīṭha* (all the *cakras*) which generates a sound like the musical notes of a finely tuned *viṇā*.43.

एकीभूतं तेन[5] चित्तं राजयोगविधायकम् /
सृष्टिसंहारकर्त्तासौ योगीश्वरसमो भवेत् // **44** //
ekībhūtaṃ tena cittaṃ rājayogavidhāyakam /
sṛṣṭisaṃhāra-karttāsau yogīśvarasamo bhavet // 44 //

Tr. Then *citta* becomes concentrated which state is known as *rāja-yoga*. After attaining this state, a *yogī* gains the power to create and destroy like *īśvara* (God). 44.

1.b-चिन्ता. 2.gss-चित्तानन्दं ततो. 3.b-निष्पत्यवस्था. gss-निष्टावस्था. 4.gss-निष्पन्नो. 5.a-तथा.

अस्तु वा मास्तु वा मुक्तिरत्रैवाखण्डितं महत् /
लयामृतमिदं सौख्यं राजयोगादवाप्यते // **45** //

astu vā māstu vā muktir-atraivākhaṇḍitaṃ mahat /
layāmṛtam-idaṃ saukhyaṃ rājayogād-avāpyate // 45 //

Tr. There may or may not exist a state of (final) emancipation, but this certainly is a state of profound uninterrupted Bliss. This Blissful absorptive state is attained through *rājayoga*. 45.

राजयोगपदं प्राप्तं[1] सुखोपायं च चेतसा[2] /
सद्यः प्रत्ययसन्धायी जायते नादलोलुपः // **46** //

rājayogapadaṃ prāptaṃ sukhopāyaṃ ca cetasā /
sadyaḥ pratyaya-sandhāyī jāyate nādalolupaḥ // 46 //

Tr. After attaining the Blissful state of *rājayoga* through the mind absorbed in *nāda*, one gets instantaneous Realization. 46.

सर्वे हठलयोपाया राजयोगपदावधिः /
राजयोगपदं प्राप्य जायतेऽसौ निरञ्जनः // **47** //

sarve haṭhalayopāyā rājayoga-padāvadhiḥ /
rājayogapadaṃ prāpya jāyate'sau nirañjanaḥ // 47 //

Tr. All ***haṭha*** and ***laya*** techniques are for attaining the state of *rāja-yoga*. On attaining the state of *rājayoga*, one gets the Absolute State. 47.

तत्वं बीजं हठः क्षेत्रमौदासीन्यं जलं स्मृतम् /
उन्मनी कल्पलतिका सद्य एव भविष्यति // **48** //

1.b-प्राप्य. 2.gss-चेतसां.

tatvaṃ bījaṃ haṭhaḥ kṣetram-audāsīnyaṃ jalaṃ smṛtam /
unmanī kalpalatikā sadya eva bhaviṣyati // 48 //

Tr. *tatva* (Self) is the seed, *haṭha* is the soil and indifference is water. (When all these are put together) the creeper of *unmanī* flourishes quickly. 48.

मनःस्थैर्ये स्थिरो वायुस्ततो बिन्दुस्थिरो भवेत् /
बिन्दुस्थैर्योदयात् सत्यं पिण्डस्थैर्यं प्रजायते // **49** //
manaḥsthairye sthiro vāyus-tato bindusthiro bhavet /
bindusthairydayāt satyaṃ piṇḍa-sthairyaṃ prajāyate // 49 //

Tr. Stability of the mind brings stability of the *vāyu* (*prāṇa*), as a result of which *bindu* becomes stable. When stability of the *bindu* is achieved, the *pinda* (body) truly stabilizes. 49.

राजयोगसमाधिश्च[1] उन्मनी च मनोन्मनी /
अमरोघौघ[2]चान्द्रीव निरालम्बं निरञ्जनम् // **50** //
अमनस्को लयश्चैव शून्यात् शून्यं परं पदम् /
जीवन्मुक्तिश्च सहजं तुर्यं चेत्येकवाचकम् // **51** //
rājayoga-samādhiśca unmanī ca manonmanī /
amaroghaugha-cāndrīva nirālambaṃ nirañjanam // 50 //
amanasko layaścaiva śūnyāt śūnyaṃ paraṃ padam /
jīvanmuktiśca sahajaṃ turyaṃ cetyeka-vācakam // 51 //

Tr. *rāja-yoga, samādhi, unmanī, manonmanī, amarogha, cāndrī, nirālamba, nirañjana, amanaska, laya, śūnyā-śūnya, parama-pada, jīvan-mukti, sahaja* and *turya* – are synonyms. 50-51.

1.b-राजयोगः समाधिः स्यात्. 2.b-अमरौघा च.

इति श्रीसहजानन्दसन्तानचिन्तामणिस्वात्मारामविरचितायां
हठप्रदीपिकायाम् अष्टमोपदेशः //8//

***iti śrī-sahajānanda-santāna-cintāmaṇi-svātmārāma-viracitāyāṃ haṭhapradīpikāyām aṣṭamopadeśaḥ* // 8 //**

Thus (ends) the eighth chapter of *haṭhapradīpikā*, composed by *svātmārāma*, an illustrious successor of *śrī-sahajānanda* // 8 //

HAṬHAPRADĪPIKĀ

Ninth Chapter

<u>अथ कालज्ञानम्–</u>

अक्षीणकर्मबन्धस्तु ज्ञात्वा मृत्युमुपस्थितम् /
उत्क्रान्तिकाले संसृत्य[1] पुनर्योगित्व[2]मिच्छति // **1** //

<u>atha kāla-jñāna--</u>
akṣīṇakarmabandhastu jñātvā mṛtyum-upasthitam /
utkrāntikāle saṃsṛtya punar-yogitvam-icchati // 1 //

Tr. By predicting the time of death, one whose *karmas* have not been fully exhausted, can wish a *yogic* life again at the time of death. 1.

तस्मादसिद्धयोगेन सिद्धयोगेन वा पुनः /
ज्ञेयान्यरिष्टानि सदा येनोत्क्रान्तौ न सीदति // **2** //

tasmād-asiddhayogena siddhayogena vā punaḥ /
jñeyānyariṣṭāni sadā yenotkrāntau na sīdati // 2 //

Tr. Therefore, a *yogī* at the time of death with the use of the knowledge of the accomplished or unaccomplished *yoga,* does not falter. 2.

अरिष्टानि विशिष्टानि सर्वं वक्ष्यामि त्वं शृणु /
येषामालोकनान्मृत्युं निजं[3] जानाति योगवित् // **3** //

ariṣṭāni viśiṣṭāni sarvaṃ vakṣyāmi tvaṃ śṛṇu /
yeṣāmālokanānmṛtyuṃ nijaṃ jānāti yogavit // 3 //

1.b-सन्त्यज्य. 2.b-पुनर्योगी त्वं. 3.b-स्वयं.

Tr. Listen to the special indications of death that I am going to narrate from the study of which, a *yogī* knows the time of his death. 3.

Note: The *ariṣṭa* or the signs of approaching death are generally classified as *āntara* (internal), *bāhya* (external) and *svāpna* (related to dreams) (AR-28: 4933). 3.

देवमार्गं ध्रुवं शुक्रं सोमच्छायामरुन्धतीम् /
यो न पश्येत् न जीवेत् स नरः संवत्सरात् परम् // **4** //
devamārgaṃ dhruvaṃ śukraṃ somacchāyām-arundhatīm /
yo na paśyet na jīvet sa naraḥ saṃvatsarāt param // 4 //

Tr. A man, who does not see the path of the stars, *dhruva* (polar star), *śukra* (Venus), reflection of the moon and *arundhatī* (morning star), does not live more than one year. 4.

अरश्मिबिम्बं सूर्यस्य वह्नेश्चैवांशुमालिनः /
दृष्ट्वैकादशमासाच्च नरो नोर्ध्वं स जीवति // **5** //
araśmibimbaṃ sūryasya vahneścaivāṃśumālinaḥ /
dṛṣṭvaikādaśamāsācca naro nordhvaṃ sa jīvati // 5 //

Tr. A man who does not see the rays of the luminous sun and fire does not live beyond eleven months. 5.

अद्यान्[1] मूत्रपुरीषं यः सुवर्णरजतं तथा /
प्रत्यक्षमथवा स्वप्ने जीवितं दशमासकम् // **6** //
adyān mūtrapūriṣāṃ yaḥ suvarṇarajataṃ tathā /
pratyakṣam-athavā svapne jīvitaṃ daśamāsakam // 6 //

1.b-दृष्ट्वा. c.वान्त्याम्.

Tr. One who consumes urine, faeces, gold or silver in a state of awakening or dream, lives only for ten months. 6.

दृष्ट्वा प्रेतपिशाचादीन् गन्धर्वनगराणि च /
सुवर्णवर्णवृक्षांश्च नवमासान् स जीवति // 7 //
dṛṣṭvā pretapiśācādīn gandharvanagarāṇi ca /
suvarṇavarṇavṛkṣāṃśca navamāsān sa jīvati // 7 //

Tr. One who perceives apparitions, demons, cities of *gandharvas* (semi-gods) and golden trees, lives for nine months. 7.

स्थूलः कृशः कृशः स्थूलो योऽकस्मादेव जायते /
प्रवृत्तिश्च[1] निवृत्तिश्च तस्यायुश्चाष्टमासिकम् // **8** //
sthūlaḥ kṛśaḥ kṛśaḥ sthūlo yo'kasmādeva jāyate /
pravṛttiśca nivṛttiśca tasyāyuścāṣṭamāsikam // 8 //

Tr. One who is fat suddenly becomes thin or vice versa or suddenly becomes interested or disinterested (in any object without a reason) lives for eight months. 8.

खण्डयेत् स्वापदः[2] पार्ष्णि पादस्याग्रेऽथवा भवेत् /
पांशुकर्द्दमयोर्मध्ये सप्तमासान् स जीवति // **9** //
khaṇḍayet svāpadaḥ pārṣṇi pādasyāgre'thavā bhavet /
pāṃśu-karddamayor-madhye saptamāsān sa jīvati // 9 //

Tr. If animals like dogs etc. interrupt by coming infront of the foot on the dust or mud, he lives for seven months. 9.

कपोतगृध्रो काकोलूकादयो वापि मूर्धनि /
निपतन्ति यदा[3] जन्तोः[4] षण्मासायुःप्रदर्शकः[5] // **10** //

1.a-प्रकृत्याश्च. 2.a-खण्डयेच्चापदः.c-खण्डयस्य पदं. 3.b-तदा. 4.c-कृष्णादयो वा खगोलीनं.5.c-षण्मासान्मृत्युदर्शकः.

kapotagṛdhro kākolūkādayo vāpi mūrdhani /
nipatanti yadā jantoḥ ṣaṇmāsāyuḥ-pradarśakaḥ // 10 //

Tr. If pigeon, vulture, crow, owl or raven fall on the head of a person, it indicates that his life is for six months. 10.

हन्यते काकश्रेणिभिः पांशुवर्णेन वा नरः /
स्वच्छायां वान्यथा दृष्ट्वा चतुर्मासान् स जीवति // **11** //
hanyate kākaśreṇibhiḥ pāṃśuvarṇena vā naraḥ /
svacchāyāṃ vānyathā dṛṣṭvā caturmāsān sa jīvati // 11 //

Tr. A man who is attacked by a group of crows, gray in color and sees his distorted shadow remains alive for four months. 11.

अनभ्रां विद्युतं दृष्ट्वा दक्षिणां दिशमाश्रिताम् /
पयसीन्द्रधनुर्वापि जीवितं द्वित्रिमासिकम् // **12** //
anabhrāṃ vidyutaṃ dṛṣṭvā dakṣiṇāṃ diśam-āśritām /
payasīndradhanur-vāpi jīvitaṃ dvitrimāsikam // 12 //
Tr. One lives for two or three months if he sees lightning without clouds in the southern direction or a rainbow in the water. 12.

श्रुतिपथं यदा शब्दो नाधिरोहति सर्वथा /[1]
कृष्णत्वं दन्तजिह्वायां त्रिपक्षे म्रियते ध्रुवम् // **13** //[2]
śrutipathaṃ yadā śabdo nādhirohati sarvathā /
kṛṣṇatvaṃ dantajihvāyāṃ tripakṣe mriyate dhruvam // 13 //
Tr. Death is inevitable in three fortnights, if one does not hear sound coming to the ear-path at all or teeth or tongue turning black. 13.

1.a-श्रुतिपथं वदेद्यस्य सर्वहिर्गन्धनाशनम्. 2.c-श्रुतिपथं वदेद्यस्तु सप्ताहैः गन्धनाशनम् / कृष्णत्वं दन्तजिह्वायां त्रिपञ्चाह्ने ध्रुवं म्रियेत्.

घृते तैले तथादर्शे तोये वा स्वात्मनो मुखम्[1] /
यः पश्येद् द्विशिरस्कां तु मासादूर्ध्वं न जीवति // **14** //
ghṛte taile tathādarśe toye vā svātmano mukham /
yaḥ paśyed dviśiraskāṃ tu māsād-ūrdhvaṃ na jīvati // 14 //

Tr. If one sees reflection of one's own body having two heads in *ghee*, oil, mirror or water, does not live for more than one month. 14.

इन्द्रियाणि न गृह्णीयुः स्वकीयान् विषयान् यदि /
मासान्ते मरणं तस्य भविष्यति न संशयः // **15** //
indriyāṇi na gṛhṇīyuḥ svakīyān viṣayān yadi /
māsānte maraṇaṃ tasya bhaviṣyati na saṃśayaḥ // 15 //

Tr. One undoubtedly passes away in one month, if one's sense organs do not perceive their respective objects. 15.

दर्पणे स्वात्मनः कायमास्यं[2] वा यो न पश्यति /
मासान्ते मरणं तस्य भविष्यति न संशयः // **16** //
darpaṇe svātmanaḥ kāyam-āsyaṃ vā yo na paśyati /
māsānte maraṇaṃ tasya bhaviṣyati na saṃśayaḥ // 16 //

Tr. One certainly will die in a month, if one does not see one's body or the face reflected in the mirror. 16.

जिह्वामूलो[3] भवेत् स्थूलो[4] रोमहर्षसमुद्गमे /
मणिबन्धं वीक्ष्य स्थूलं म्रियते सार्धमासतः // **17** //
jihvāmūlo bhavet sthūlo romaharṣa-samudgame /
maṇibandhaṃ vīkṣya sthūlaṃ mriyate sārdhamāsataḥ//17 //

1.a-नात्मनस्तनुम्. 2.b-मुखम्. 3.b-जिह्वामूलं. 4.b-स्थूलं.

Tr. One collapses in half a month if one experiences the base of the tongue turning fat at the time of goose flesh or a swollen wrist. 17.

यस्यास्ति शिथिला[1] गन्धो गात्रे[2] शवसमोऽपि वा[3] /
तस्यार्धमासके ज्ञेयं योगिनो[4] नृप जीवितम् // **18** //
yasyāsti sadṛśo gandho gātre śavasamo'pi vā
tasyārdhamāsake jñeyaṃ yogino nṛpa jīvitam // 18 //

Tr. O king! One survives for half a month if one's own body becomes enfeebled or smells like that of a corpse. 18.

सेवकांश्च तथा भस्मभुजं स्यान्निर्ज्जलां[5] नदीम्[6] /
दृष्ट्वा स्वप्ने दशाहान्ते मृत्युरेकादशेऽहनि // **19** //
sevakāṃśca tathā bhasmabhujaṃ syānnirjalāṃ nadīm /
dṛṣṭvā svapne daśāhānte mṛtyurekādaśe'hani // 19 //

Tr. One who dreams of servants, smeared with ashes and a river without water passes away on eleventh day. 19.

यत्र वै स्नातमात्रस्य[7] कपोलमाशु[8] शुष्यति /
पिबतश्च जलं शोषो दशाहं सोऽपि जीवति // **20** //
yatra vai snātamātrasya kapolam-āśu śuṣyati /
pibataśca jalaṃ śoṣo daśāhaṃ so'pi jīvati // 20 //

Tr. On experiencing sudden dryness of the cheeks after the bath or dryness after drinking water, one survives only for ten days. 20.

1.a-सदृशो. 2.b-गात्रं. 3.b-शवसमं यदा. 4.a-यो. 5.a-निर्जला.c-कैशांगारास्तथा भस्माः भुजंगा निर्जलां.6.a-नदी. 7.b-स्नातमात्रेण. 8.b-चाशु.

यस्यापि हन्यते दृष्टिर्भूते रात्रौ दिवाथवा /
स मृत्युं सप्तरात्रान्ते पुमान् प्राप्नोत्यसंशयम् // **21** //
yasyāpi hanyate dṛṣṭir-bhūte rātrau divāthavā /
sa mṛtyuṃ saptarātrānte pumān prāpnotyasaṃśayam // 21 //

Tr. One certainly meets death after seven nights when one loses the eyesight during day or night. 21.

उष्णं यस्य शरीरार्धमर्द्धं चापि च शीतलम् /
कर्णश्रुतिविनाशो वा सप्तरात्रे मरिष्यति // **22** //
uṣṇaṃ yasya śarīrārdham-arddhaṃ cāpi ca śītalam /
karṇaśruti-vināśo vā saptarātre mariṣyati // 22 //

Tr. On experiencing one side of the body hot and the other side cold or total loss of hearing, one meets death after seven nights. 22.

लोहदण्डधरं ह्रस्वं[1] कृष्णवस्त्रपरिच्छदम् /
स्वप्ने प्रापद्यतस्तस्य त्रिरात्रे[2] मरणं[3] भवेत् // **23** //
lohadaṇḍadharaṃ hrasvaṃ kṛṣṇavastra-paricchadam /
svapne prāpadyatas-tasya trirātre maraṇaṃ bhavet // 23 //

Tr. One expires on the third night after dreaming of a dwarf holding an iron rod and wearing black clothes. 23.

अभितो[4] मारुतो यस्य मर्मस्थानानि कृन्तति /
नो हर्षत्यम्बुसंस्पर्शं[5] तस्य मृत्युरुपस्थितः // **24** //
abhito māruto yasya marmasthānāni kṛntati /
no harṣatyambusaṃsparśaṃ tasya mṛtyurupasthitaḥ // 24 //

1.b-दृष्ट्वा. c-हृत्पादमवशुष्यति. 2.a-त्रिरात्रा. 3.a-मरणे. 4.a-अभिन्यो.c-सम्भिन्नो. 5.b-न रोमाञ्चहर्षौ स्तस्.

Tr. Death is immediate for the one who finds that all the vital points are completely eroded by the *māruta* (*prāṇa*) and who does not experience shivering by touching water. 24.

ऋक्ष[1]वानरयुग्मस्य[2] गायन्यो दक्षिणां दिशम् /
स्वप्ने प्रयाति तस्यापि मृत्युकाल उपस्थितिः // **25** //

ṛkṣavānara-yugmasya gāyanyo dakṣiṇāṃ diśam /
svapne prayāti tasyāpi mṛtyukāla upasthitiḥ // 25 //

Tr. One faces immediate death who dreams of a pair of bears and monkeys singing in the southern direction. 25.

रक्ताम्बरधरां[3] दृष्ट्वा गायन्तीं हसन्तीं च ताम् /
दक्षदिशान्तरे नारीं स्वप्ने पश्यन्न जीवति // **26** //

raktāmbaradharāṃ dṛṣṭvā gāyantīṃ hasantīṃ ca tām /
dakṣadiśāntare nārīṃ svapne paśyanna jīvati // 26 //

Tr. After dreaming of a woman wearing red clothes either singing or laughing in the southern direction, one does not live. 26.

स्वप्नेऽग्निं प्रविशेद्यस्तु न च निष्क्रामते[4] पुनः /
जलप्रवेशादपि वा तदन्तं तस्य जीवितम् // **27** //

svapne'gniṃ praviśedyastu na ca niṣkrāmate punaḥ /
jalapraveśādapi vā tadantaṃ tasya jīvitam // 27 //

Tr. On dreaming of one's own self entering into fire or water and not coming out, one expires immediately. 27.

आपादमस्तकतलाद्यस्तु निमग्नः[5] पंकसागरे /
स्वप्ने पश्यन्य आत्मानं स सद्यो म्रियते तु वै[6] // **28** //

1.b-रक्षो. 2.b-काकस्य. 3.c-रक्तकृष्णाम्बरधरा. 4.a-निष्क्रमते. c-स्वाप्नोऽग्निं प्रवेशेत् यस्तु निःक्रमते पुनः. 5.a-ग्निमयः. 6.b-ध्रुवम्.

āpādamastakatalādyastu nimagnaḥ paṅkasāgare /
svapne paśyanya ātmānaṃ sa sadyo mriyate tu vai // **28** //

Tr. One meets with immediate death after dreaming one's own self sunk into the sea of mud from head to toes. 28.

करालैर्विकटैरुक्षैः[1] पुरुषैरुद्यतायुधैः /
पाषाणैस्ताडितः स्वप्ने सद्यो मृत्युरुपस्थितः[2] // **29** //
karālair-vikaṭairukṣaiḥ puruṣair-udyatāyudhaiḥ /
pāṣāṇaistāḍitaḥ svapne sadyo mṛtyur-upasthitaḥ // 29 //

Tr. People who in the dream state see themselves being chased by rough and horrifying men with arms and throwing stones and making fangs of teeth. face death right away. 29.

यस्य वै भुक्तमात्रस्य हृदयं पीडयेत् क्षुधा /
जायते दन्तघर्षश्च[3] स गतायुर्न संशयः // **30** //
yasya vai bhuktamātrasya hṛdayaṃ pīḍayet kṣudhā /
jāyate dantagharṣaśca sa gatāyur-na saṃśayaḥ // 30 //

Tr. One certainly has exhausted life, who experiences pain in the heart or brushing of the teeth immediately after consuming food. 30.

दीपादिगन्धनो चेति स्वप्नेऽस्या हि तथा निशि /[4]
नात्मानं परनेत्रस्य[5] वीक्ष्यते नो स जीवति // **31** //
dīpādigandhano ceti svapne'syā hi tathā niśi /
nātmānaṃ paranetrasya vīkṣyate no sa jīvati // 31 //

1.b-कुत्सितैरुक्षैः. 2.a-मृत्युर्न वै नृणां. 3.a-दन्तहर्षश्च. 4.b-जात्यन्धमन्धसामान्यं स्वप्ने वाप्यथवा दिने. c-दीपादिगन्धं नो वेत्ति स्वप्नेऽग्निं तथा निशि. 5.b-स्वात्मानं परनेत्राभ्यां.

Tr. One does not live who does not get the smell of a lamp in dream in the night and also does not see the reflection of his own image in others eye. 31.

शक्रायुधं[1] चार्धरात्रे दिवाग्रहगणं तथा /
दृष्ट्वा मन्येत संक्षीणमात्मनो जीवितं नरः // **32** //
śaktyāyudhaṃ cārdharātre divāgrahagaṇaṃ tathā /
dṛṣṭvā manyeta saṃkṣīṇam-ātmano jīvitaṃ naraḥ **// 32 //**

Tr. A man should know that life has exhausted who sees the weapon of *indra* (thunder bolt) at midnight and the planets in the day time. 32.

नासिका वक्रतामेति कर्णयोर्नमनं[2] तथा /
नेत्रं च वामं भवति यस्य तस्यायुरुद्गतम्[3] // **33** //
nāsikā vakratāmeti karṇayor-namanaṃ tathā /
netraṃ ca vāmaṃ bhavati yasya tasyāyurudgatam **// 33 //**

Tr. Life has come to an end for the one who sees his nose twisted, ears bending and the eyes squinting to the left. 33.

आरक्ततामेति मुखं जिह्वा वाप्यसिता भवेत् /
तदा प्राज्ञो विजानीयान्मृत्युमासन्नमागतम्[4] // **34** //
āraktatāmeti mukhaṃ jihvā vāpyasitā bhavet /
tadā prājño vijānīyān-mṛtyum-āsannam-āgatam **// 34 //**

Tr. A wise learns that the death is at the doorstep whose mouth has turned red and the tongue black. 34.

1.b-शक्त्यायुधं. 2.a-नमनोन्नतं. 3.b-स गतायुर्न संशयः. 4.b-आसन्नं मृत्युसंगमं.

यस्य कृष्णपरा[1] जिह्वा पद्माकारं तु वै मुखम् /
गण्डं वा पिण्डिका रक्ता[2] तदन्तं तस्य जीवितम् // **35** //
yasya kṛṣṇaparā jihvā padmākāraṃ tu vai mukham /
gaṇḍaṃ vā piṇḍikā raktā tadantaṃ tasya jīvitam // 35 //

Tr. One's life diminished, whose tongue has turned black, mouth has shaped up like a lotus and cheek and calf have become red. 35.

उष्ट्रासनयानेन[3] यः स्वप्ने दक्षिणां दिशम् /[4]
न पश्येच्चक्षुषो ज्योतिर्यश्च सोऽपि न जीवति // **36** //[5]
uṣṭrāsanayānena yaḥ svapne dakṣiṇāṃ diśam /
na paśyec-cakṣuṣo jyotir-yaśca so'pi na jīvati // 36 //

Tr. In the dream state one who finds himself seated on a camel's carriage (cart) going in the southern direction and whose eyes do not shine, does not live. 36.

नग्नं क्षपणकं स्वप्ने हसन्तं नृत्यतत्परम् /
एकं च लक्षं विभ्रासां विद्यान्मृत्युमुपस्थिताम्[6] // **37** //
nagnaṃ kṣapaṇakaṃ svapne hasantaṃ nṛtyatatparam /
ekaṃ ca lakṣaṃ vibhrāsāṃ vidyān-mṛtyum-upasthitām /37 //

Tr. One can know that death has arrived when he dreams a naked mendicant laughing and dancing and reflecting a flood of light. 37.

1.b-कृष्णा परा. 2.b-वापि तथा रक्तं. 3.b-उष्ट्रासनं समारूढो. c-उष्ट्रारासभयानेन. 4.c-पिधाय कर्णौ निर्घोषं न शृणोत्यात्मसम्मतम्. 5.c-प्रयाति तं विजानीयात् सद्यो मृत्युर्भवेन्नृणाम्. 6.a-उपस्थितम्. b-एकं चा चञ्चलां विद्यान्मृत्युमासन्नसंस्थितम्.

पततो यस्य वै गर्त्ते स्वप्ने दारु पिधीयते[1] /
नतो तिष्ठति यः स्वप्ने[2] तदन्तं तस्य जीवितम् // **38** //
patato yasya vai garte svapne dāru pidhīyate /
nato tiṣṭhati yaḥ svapne tadantaṃ tasya jīvitam // 38 //

Tr. **One does not live when he dreams himself falling down in a pit and getting covered by wooden plank or bending forward. 38.**

ऊर्ध्वं च दृष्टिः[3] न च सम्प्रतिष्ठा
रक्ता पुनः सम्परिवर्त्तमानाः /
मुखस्य चोष्मा सुषिरा च नाभिः
शंसन्ति पुंसामपरं शरीरम् // **39** //
ūrdhvaṃ ca dṛṣṭiḥ na ca sampratiṣṭhā
raktā punaḥ samparivartamānāḥ /
mukhasya coṣmā suṣirā ca nābhiḥ
śaṃsanti puṃsām-aparaṃ śārīram // 39 //

Tr. **The body of a person perishes to take up another when one can not raise and fix the eyes upwards and the eyes are red and unsteady, the mouth becomes dry and the depression in the navel increases. 39.**

स्ववस्त्रममलं शुक्लं रक्तं पश्यन्यथा[4] सितम् /
पुमान् स मृत्युमाप्नोति गतायुस्तं विनिर्द्दिशेत् // **40** //
svavastram-amalaṃ śuklaṃ raktaṃ paśyan yathāsitam /
pumān sa mṛtyum-āpnoti gatāyustaṃ vinirdiśet // 40 //

Tr. **A person has exhausted the life span and faces death when he sees his white cloth turning red or red cloth turning white. 40.**

1.b-पादौ समीक्षते. c-स्वप्ने द्वारं पिधीयते. 2.b-न ततो तिष्ठते यस्तु.c-न चोत्तिष्ठते यः स्वप्नात्. 3.b-दृष्टिर्. 4.b-तथा.

स्वभावविपरीतं च प्रकृतेश्च विपर्ययम् /
कथयन्ति मनुष्याणां समासन्नं यमान्तिकम् // 41 //
svabhāvaviparītaṃ ca prakṛteśca viparyayam /
kathayanti manuṣyāṇāṃ samāsannaṃ yamāntikam // 41 //

Tr. It is said that the death has arrived for the man who behaves against his habit or whose nature has become distorted. 41.

योगिनां ज्ञानविदुषामन्येषां च महात्मनाम् /
प्राप्ते काले तु पुरुषैस्तद्विज्ञेयं विचक्षणैः[1] // 42 //
yogināṃ jñānaviduṣām-anyeṣāṃ ca mahātmanām /
prāpte kāle tu puruṣais-tadvijñeyaṃ vicakṣaṇaiḥ // 42 //

Tr. The *yogīs*, the eminent scholars and other great persons, thus should know when the time to pass away has approached near. 42.

Note: All the signs of approaching death described in this chapter are also found mentioned in AR (28: 4931-4969). These are also available in HP(J) (MS No. 9732-56, RORI, Jodhpur. 42.

इति श्रीसहजानन्दसन्तानचिन्तामणिस्वात्मारामविरचितायां
श्रीहठप्रदीपिकायां नवमोपदेशः // 9 //
iti śrī-sahajānanda-santānacintāmaṇi-svātmārāma-viracitāyāṃ śrī-haṭhapradīpikāyāṃ navamopadeśaḥ // 9 //

Thus (ends) the ninth chapter of *haṭhapradīpikā,* composed by *svātmārāma,* an illustrious successor of *śrī-sahajānanda* // 9 //

1.gss-प्राप्तं तं कालपुरुषं सुविज्ञाप्य विचक्षणैः .

HAṬHAPRADĪPIKĀ

Tenth Chapter

अथ विदेहमुक्तिः[1] –

पूर्वाह्ने वापराह्ने वा मध्याह्ने वापरे क्वचित्[2] /
यत्र वा रजनीभावस्तच्चारिष्टं[3] निरीक्षयेत् // **1** //

atha videha-muktiḥ:--
pūrvāhne vāparāhne vā madhyāhne vāpare kvacit /
yatra vā rajanībhāvas-taccāriṣṭaṃ nirīkṣayet // 1 //

Tr. One should know the signs of death in the morning, noon, afternoon, in the darkness or at any time of the day. 1.

विनिश्चित्यायनं[4] कालं तिष्ठेद्योगपरायणः[5] /
बुध्या निरुध्य द्वाराणि सदा[6] मीलितलोचनः // **2** //
न्यासतः सुप्रसन्नात्मा निर्द्वन्द्वो विजितेन्द्रियः /
कुरुते युक्तकर्माणि[7] नित्यनैमित्तिकानि च // **3** //

viniścityāyanaṃ kālaṃ tiṣṭhed-yogaparāyaṇaḥ /
budhyā nirudhya dvārāṇi sadā mīlitalocanaḥ // 2 //
nyāsataḥ suprasannātmā nirdvandvo vijitendriyaḥ /
kurute yuktakarmāṇi nitya-naimittikāni ca // 3 //

Tr. Deciding the time of summer solstice (*uttarāyaṇa*) and remaining devoted to *yoga*, one should restrain the senses and close the eyes, to perform the prescribed daily and occasional (*naimittika*) observances without conflict and with cheerful mind. 2-3.

1.a-विदेहमुक्तः. 2.c-ततस्त्वाभ्यन्तरैः चिह्नैः वा बाह्यैर्वा कालसूचकैः / विनिश्चित्यात्मनः कालमन्यैः वा परमार्थवित् / विनिश्चित्यात्मनः कालं बासाभ्यन्तरलक्षणैः // 3.a-भव सदारिष्ट. 4.a-त्यायनः. 5.a-वासाभ्यन्तरलक्षणैः. 6.a-न च. 7.b-श्रमकर्माणि.

Note: The word *ayana* means the progress of the sun to the north or the south of the equator. Thus there are two *ayanas*—*uttarāyaṇa* and *dakṣiṇāyana.* *uttarāyaṇa* is considered to be auspicious period during which a *yogī* leaves his body.

nitya karmas are the actions performed daily for which no merits are earned, but if they are not done, one gets demerits. *naimittika karmas* are actions prescribed to be done on particular occassions, for which one does not earn merits but if not done one gets demerits. 2.

योगेन पदमात्मानं[1] गुहायां प्राप्य चेतसा /
तारके जयते[2] नित्यं जितासुः कामवर्जितः // **4** //

yogena padam-ātmānaṃ guhāyāṃ prāpya cetasā /
tārake jayate nityaṃ jitāsuḥ kāmavarjitaḥ // 4 //

Tr. On controlling the *prāṇa* and desires, one realizes the Self at the core of the heart through the practice of *yoga* and ever enjoys the *tāraka* (Blissful State of *brahma*). 4.

जपेच्च तारकं[3] ब्रह्म निष्कामश्चाच्युतप्रियः /
रात्रिभागे तथैवाह्नि योगं युञ्जीत तत्ववित् // **5** //

japecca tārakaṃ brahma niṣkāmaścācyutapriyaḥ /
rātribhāge tathaivāhni yogaṃ yuñjīta tatvavit // 5 //

Tr. An aspirant who is dear to *acyuta* (the Supreme Conscious Being) should engage in yoga by chanting *praṇava* day and night leaving all the cravings. 5.

मुक्तासने[4] सनारुह्य[5] समकायशिरोधरः /
नासाग्रे[6] दृष्टिरेकाकी[7] जपेदोंकारमक्षरम् // **6** //

1.c-परमात्मानं. 2.b-तारकयति. c-ओंकारेण यजेन्नित्यं. 3. gss-तारकं तपते. 4.a-युक्तासने. 5.b-समासाद्य. 6.b-नासाग्रं. 7.gss-नासाग्रदृष्टिरेकाकी.

muktāsane samāruhya samakāyaśirodharaḥ /
nāsāgre dṛṣṭirekākī japedoṃkāram-akṣaram // 6 //

Tr. Adopting *muktāsana* and keeping the body erect one should gaze at the tip of the nose and should recite '*OM*' with concentration. 6.

भूर्भुवःस्वरिमे लोकाश्चन्द्रसूर्याग्निदेवताः /
यस्य मात्रासु तिष्ठन्ति तत्परं ज्योतिरोमिति // 7 //
bhūr-bhuvaḥ-svarime lokāścandrasūryāgni-devatāḥ /
yasya mātrāsu tiṣṭhanti tatparaṃ jyotiromiti // 7 //

Tr. The three *mātrās* of the syllable '*OM*', which is effulgent, represent the three worlds (*bhūḥ, bhuvaḥ* and *svaḥ*) presided over by the deities—moon, sun and fire respectively. 7.

अकारश्च उकारश्च[1] मकारो बिन्दुसंज्ञकः /
त्रिधा मात्रा स्थिता यत्र तत्परं ज्योतिरोमिति // 8 //
akāraśca ukāraśca makāro bindusañjakaḥ /
tridhā mātrā sthitā yatra tatparaṃ jyotiromiti // 8 //
Tr. The Supreme *mantra* '*OM*', which is effulgent, further represents the three *mātrās* --'*a*', '*u*' and '*ma*' along with *bindu*. 8.

त्रयः कालास्त्रयो वेदास्त्रयो देवास्त्रयोऽग्नयः /
त्रयो लोकाः स्थिता यत्र तत्परं ज्योतिरोमिति // 9 //
trayaḥ kālās-trayo vedās-trayo devās-trayo'gnayaḥ /
trayo lokāḥ sthitā yatra tatparaṃ jyotiromiti // 9 //
Tr. The Supreme *mantra* '*OM*', which is effulgent, stands for the triads of time, *vedas, agnis* (fires) and regions. 9.

1.b-तथोकारो.

Note: Past, present and future are the three *kālas* (times) referred to here. Three *vedas* are *ṛk, yajuḥ* and *sāman*. Three devas are *brahmā, viṣṇu* and *maheśvara* and three *lokas* are *svarga* (heaven), *pṛthvvī* (earth) and *pātāla* (lower region under the earth). 9.

इच्छा क्रिया तथा ज्ञानं ब्राह्मी रौद्री च वैष्णवी /
त्रिधा शक्तिः स्थिता यत्र तत्परं ज्योतिरोमिति // **10** //

icchā kriyā tathā jñānaṃ brāhmī raudrī ca vaiṣṇavī /
tridhā śaktiḥ sthitā yatra tatparaṃ jyotiromiti // 10 //

Tr. The Supreme *mantra* '*OM*', which is effulgent, represents *icchā-śakti* (desire), *kriyā-śakti* (action) and *jñāna-śakti* (knowledge) which are respectively ***brāhmī, raudrī*** and ***vaiṣṇavī śakti*** in nature . 10.

शुचिर्वाप्यशुचिर्वापि यो जपेत् प्रभवं सदा /
न स लिप्यति योगेन पद्मपत्रमिवाम्भसा // **11** //

śucir-vāpyaśucirvāpi yo japet prabhavaṃ sadā /
na sa lipyati yogena padmapatram-ivāmbhasā // 11 //

Tr. One, who always recites '*OM*' irrespective of being clean or unclean, will not be affected through contact like a lotus in water. 11.

वचसा च जपेद्विद्वांश्चक्षुषा च समभ्यसेत् /
मनसा संस्मरेन्नित्यं तत्परं ज्योतिरोमिति // **12** //

vacasā ca japed-vidvāṃcakṣuṣā ca samabhyaset /
manasā saṃsmaren-nityaṃ tatparaṃ jyotiromiti // 12 //

Tr. A wise should always chant the Supreme (*mantra*) '*OM*', the light of the Supreme Spirit, verbally, keeping the gaze (between the eyebrows) with a concentrated mind. 12.

विदेहमुक्तये ज्ञानी त्यक्त्वा मरणजं ध्रुवम् /
बद्धपद्मासनो धीमान् समसंस्थानकन्धरः // **13** //

videhamuktaye jñānī tyaktvā maraṇajaṃ dhruvam /
baddhapadmāsano dhīmān samasaṃsthānakandharaḥ // **13** //

Tr. The wise who has controlled the mind (*dhī*), should adopt *padmāsana* by keeping the body firm and erect, to attain *videha-mukti* relinquishing the fear of unavoidable death. 13.

Note: There are two kinds of liberations. One is called *jīvanmukti* and the other is *videhamukti*. *jīvanmukti* is a state in which a *yogī* performs his duties unattached with joy or sorrow. When his body is destroyed in course of time he attains *videhamukti*. The term *videha* means 'without body'. 13.

निरुध्य प्राणापानौ च दन्तैर्दन्तांश्च संस्पृशन् /
प्राणवायुसमक्षेपैः[1] संक्षिप्तो हृदयाम्बुजे // **14** //

nirudhya prāṇāpānau ca dantair-dantāṃśca saṃspṛśan /
prāṇavāyu-samakṣepaiḥ saṃkṣipto hṛdayāmbuje // **14** //

Tr. Keep the teeth together, contract the *prāṇa* and *apāna* (through *kumbhaka*) in the lotus of the heart. 14.

Note: Most of the readings and also in other texts the phrase '*dantair-dantān-asaṃspṛśan*' occurs, which has altogether opposite meaning. It means without touching the teeth together. 14.

ओंकारं तु धनुः कृत्वा गुणं सत्वं[2] नियोजयेत् /
आत्मानं प्राणमासाद्य[3] वृतो भूतेन्द्रियादिभिः // **15** //
दशद्वाराणि संयम्य जपेदोंकारमुत्तमम् /[4]
षट्त्रिंशद्भिः सहयुतः परमात्मनि लीयते // **16** //

1b-कुम्भकाद्यैस्. c-प्राणवायुमनःक्षेपैः. 2.a-सप्तं. 3.a-तवात्मा नवबाणोऽपि. c-तत्रात्मा रमणोऽपि वृतो.
4.a-दशद्वारं मार्गणत् पत्र अं प्राप्य ततः परम्. c-दशमद्वारमार्गेण मोक्षं प्राप्य ततः परम्.

oṃkāraṃ tu dhanuḥ kṛtvā guṇaṃ satvaṃ niyojayet /
ātmānaṃ prāṇam-āsādya vṛto bhūtendriyādibhiḥ // 15 //
daśadvārāṇi saṃyamya japed-oṃkāram-uttamam /
ṣaṭtriṃśadbhiḥ sahayutaḥ paramātmani līyate // 16 //

Tr. Making '*OM*' as a bow, making the *satva* (*guṇa*) as string and aiming at *ātman* with *prāṇa* as the arrow, the devoted aspirant (of *yoga*), by bringing control of *bhūtas* and *indriyas* together. Controlling the ten openings, alongwith thirty-six *tatvas* and reciting the Supreme *OM*, one should merge in *paramātmā*. 15-16.

Note: The ten openings are—two eyes, two ears, two nostrils, one mouth, anus, generative organ and *brahma-randhra*.

In regard to the science of Cosmic principle, *tatvas* mark different stages of evolutions. According to *śaivas* there are 36 *tatvas*. According to *vaiṣṇavas* 32 and according to *sāṃkhya* 25. All these tatvas ultimately merge into the *paramātman*. 16.

एतद्धि[1] परम आकाशमतीन्द्रियमगोचरम् //
यत्तु ध्यानेनाख्यातुं शक्यते[2] न च वस्तुतः // 17 //
etaddhi parama ākāśam-atīndriyam-agocaram //
yattu dhyānenākhyātuṃ śakyate na ca vastutaḥ // 17 //

Tr. The realization of the Supreme Self in the form of space is beyond the scope of the senses. This can only be realized in the state of *dhyāna* and can not be related through words. 17.

1.a-न ता. 2.a-शक्यन्त.

<u>अथ जीवन्मुक्तिः</u>[1] –
जीवन्मुक्तः स्वदेहोऽहं विचरामि जगत्त्रये /
इति सञ्जायते वाञ्छा योगिनस्तं निबोधयेत् // **18** //

atha jīvanmuktiḥ –
jīvanmuktaḥ svadeho'haṃ vicarāmi jagat-traye /
iti sañjāyate vāñchā yoginastaṃ nibodhayet // 18 //

Tr. "Having become *jīvanmukta* (liberated during life) I travel in the three worlds". When such a desire arises, the *yogī* should be awakened and brought to consciousness. 18.

शरीरं नो त्यजेदेव कालः कस्यापि कुत्रचित् /
अन्तः[2]शरीररक्षार्थं यत्नः कार्यस्तु योगिना // **19** //
śarīraṃ no tyajedeva kālaḥ kasyāpi kutracit /
antaḥśarīra-rakṣārthaṃ yatnaḥ kāryastu yoginā // 19 //

Tr. The loss of the gross body is inevitable. But one should try to protect the subtle body (*sūkṣma-śarīra*). 19.

सततं योगिभिर्यत्नादरिष्टानां विचारणम् /
कर्त्तव्यं येन कालोऽसौ ह्ययं गच्छति निष्फलः[3] // **20** //
satataṃ yogibhir yatnād ariṣṭānāṃ vicāraṇam /
kartavyaṃ yena kālo'sau hyayaṃ gacchati niṣphalaḥ // 20 //

Tr. The *yogīs* should always try to identify the signs of death, so that he can evade death. 21.

ज्ञात्वा कालं च तं सम्यक् लयस्थानं समाश्रितः /
युञ्जीत योगं कालस्तु यथासौ जायते फलः // **21** //

1.a-जीवन्मुक्तः . 2.b-ततः . 3.a-ऽसौ ज्ञातो हन्ति बलान्वितः .

jñātvā kālaṃ ca taṃ samyak layasthānaṃ samāśritaḥ /
yuñjīta yogaṃ kālastu yathāsau jāyate phalaḥ // 21 //

Tr. After knowing the time (of death) and resorting to the *laya-sthāna* (*brahma-sthāna*), one should devote to *yoga* so that time is properly utilized. 21.

बद्धसिद्धासनो देहं पूरयेत् प्राणवायुना /
कृत्वा दण्डस्थिरं बुध्या दशद्वाराणि रोधयेत् // 22 //
baddhasiddhāsano dehaṃ pūrayet prāṇavāyunā /
kṛtvā daṇḍasthiraṃ budhyā daśadvārāṇi rodhayet // 22 //

Tr. Sitting in *siddhāsana* and keeping the trunk erect, one should fill up the body with *prāṇa-vāyu* and close the ten openings with concentrated mind. 22.

बन्धयेत् खेचरीं मुद्रां ग्रीवायां च जलन्धरम् /
अपान[1]मूलबन्धं च उड्डियानं तथोदरे // 23 //
bandhayet khecarīṃ mudrāṃ grīvāyāṃ ca jalandharam /
apānamūlabandhaṃ ca uḍḍiyānaṃ tathodare // 23 //

Tr. Thereafter one should adopt *khecarī mudrā* and *jālandhara bandha* in the throat, *mūlabandha* to control *apāna* and *uḍḍiyāna bandha* in the abdomen, 23.

उत्थाप्य भुजगीं शक्तिं मूलाद्वातैरधःस्थिताम् /
सुषुम्नान्तर्गतां पञ्चचक्राणां नन्दिनी[2] शिवाम् // 24 //
utthāpya bhujagīṃ śaktiṃ mūlādvātair-adhaḥsthitām /
suṣumnāntargatāṃ pañcacakrāṇāṃ nandinīṃ śivām // 24 //

1.b-अपाने. 2.c-मेदिनीम्.

Tr. Raise the *kundalinī* located below, stimulate *mūlādhāra* and the *apāna-vāyu*, causing *kuṇḍalinī* to enter into *suṣumnā* by piercing the five *cakras*. 24.

बन्धं कृत्वाश्रयं नीत्वा यान्ति बुद्धिनियोजिताम् /
सहसदलपद्मस्थां शिवलीलां विचिन्तयेत् // **25** //

bandhaṃ kṛtvāśrayaṃ nītvā yānti buddhiniyojitām /
sahasradala-padmasthāṃ śivalīlāṃ vicintayet // 25 //

Tr. After adopting the *bandha*, one should wisely raise (the *kuṇḍalī*) to the lotus of thousand petals and meditate on the play of *śiva*. 25.

तया सार्द्धं ततो योगी शिवेनैकात्मतां व्रजेत् /
परमानन्दपरो भूत्वा प्रवृत्तिमपि[1] सन्त्यजेत् // **26** //

tayā sārddhaṃ tato yogī śivenaikātmatāṃ vrajet /
paramānandaparo bhūtvā pravṛttimapi santyajet // 26 //

Tr. Thus, the *yogī* becomes united with *śiva* and shunning all the activities enjoys the Supreme Bliss. 26.

ततस्त्यक्त[2]मनोऽभ्यासमहम्भावविवर्जितः[3] /
सर्वांगकल्पनाहीनं कथं कालो जयेत तम्[4] // **27** //

tatas-tyaktamano'bhyāsam-ahambhāvavivarjitaḥ /
sarvāṅgakalpanāhīnaṃ kathaṃ kālo jayeta tam // 27 //

Tr. He, moreover, gives up all the mental constructions, ego consciousness and becomes devoid of every idea. How can *kāla* win over him ? 27.

1.a-विवृतिमपि. 2.a-लक्ष. gss-लक्ष्य. 3.gss-विवर्जितम्. 4.c-न हन्ति तम्.

स एव कालः स शिवः स सर्वो नापि किञ्चन /
कः केन हन्यते तत्र म्रियते वापि कश्चन // **28** //
sa eva kālaḥ sa śivaḥ sa sarvo nāpi kiñcana /
kaḥ kena hanyate tatra mriyate vāpi kaścana // 28 //

Tr. He himself is *kāla, śiva*, all-pervading and at the same time a non-entity. Thus who can kill him and with what? 28.

ततो व्यतीते समये कालस्य भ्रान्तिरूपिणम्[1] /
योगी सुप्तोत्थित एव[2] बोधं याति निबोधत[3] // **29** //
tato vyatīte samaye kālasya bhrāntirūpiṇam /
yogī suptotthita eva bodhaṃ yāti nibodhata // 29 //

Tr. It should be understood, when the time (of death) passes out. The *yogī* dispels the illusion of time like a person coming out of slumber and attains wisdom. 29.

एवं सिद्धो भवेद्योगी वञ्चयित्वा विधानतः /
कालं कलितसंसारं पौरुषेणाद्भुतेन हि[4] // **30** //
evaṃ siddho bhavedyogī vañcayitvā vidhānataḥ /
kālaṃ kalitasaṃsāraṃ pauruṣeṇādbhutena hi // 30 //

Tr. Thus the *yogī* through exceptional endeavour systematically defeats the world governed by *kāla* and becomes a *siddha*. 30.

तत्रापि भवने[5] योगी विहरत्येक एव सः /
पश्यन् संसारवैचित्र्यं स्वेच्छया निरहंकृतिः // **31** //

1.b-भ्रान्तिचेतसः . gss—भ्रान्तिरूपितम् . 2.gss-इव . 3.gss-निबोधतः . 4.b-तु . gss-च . 5.c-तत्र त्रिभुवने .

tatrāpi bhavane yogī viharatyeka eva saḥ /
paśyan saṃsāravaicitryaṃ svecchayā nirahaṃkṛtiḥ // 31 //

Tr. The *yogī*, shredding ego, moves alone at will in the three worlds and sees the diversities of the world. 31.

द्वाराणां[1] नवकं निरुध्य[2] मरुतं[3] पीत्वा[4] दृढं धारितम् /
नीत्वाकाशमपानवह्निसहितं शक्त्या समुच्चालितम्[5] //
आत्मध्यानयुतस्त्वनेन विधिना विन्यस्य[6] मूर्ध्नि ध्रुवम् /
यावत्तिष्ठति तावदेव मरुतां संघेन संस्तूयते[7] // **32** //

dvārāṇāṃ navakaṃ nirudhya marutaṃ
pītvā dṛḍhaṃ dhāritam /
nītvākāśam-apānavahnisahitaṃ
śaktyā samuccālitam //
ātmadhyānayutastvanena vidhinā
vinyasya mūrdhni dhruvam /
yāvattiṣṭhati tāvadeva marutāṃ
saṅghena saṃstūyate //32 //

Tr. Controlling all the nine openings, inhale air and retain it firmly, raise the *prāṇa* along with *apāna* and *vahni* (*kundalī*) to *ākāśa*, driving the *śakti* (*kundalī*) with *prāṇa* to *brahma-randhra*, while contemplating on the Supreme Self. As long as one maintains such a state, one is highly praised by the gods. 32.

पिंगलाकुररः सर्पः पेषस्कारी[8] च कीटकः /
इषुकारः कुमारी च षडेते गुरवो मताः // **33** //

piṅgalākuraraḥ sarpaḥ peṣaskārī ca kīṭakaḥ /
iṣukāraḥ kumārī ca ṣaḍete guravo matāḥ // 33 //

1.b-द्वाराण्येव. 2.a,b-द्वाराणां निरुध्य. 3.b-तं मरुतं. 4.a-नीता. 5.b-समुच्चारितं. 6.a-विनास्य. b-सिद्धो हि. 7.a-सघ्नेन स्तूयते. 8.b-सर्पपेशस्कारी.

Tr. *piṅgalā* (name of a prostitute), *kurara* (a type of deer), snake, miller, insect, maker of a bow and a virgin—these are widely accepted gurus (of *dattātreya*). 33.

Note: Here six types of teachers are mentioned, which are included in the 24 *gurus* of *dattātreya*.

Although the verse refers to six *gurus*, actually seven *gurus* have been mentioned. 33.

गुरूपदेशविषयमालोक्याखिलपद्धतिम्[1] /
तस्मान्निवेशिते[2] यस्तु योगी सिद्धिमुपाश्णुते[3] // **34** //

gurūpadeśaviṣayam-ālokyākhila-paddhatim /
tasmānniveśite yastu yogī siddhim-upāṣṇute // 34 //

Tr. A *yogī,* who devotedly follows the instructions of the *guru,* after practising the entire technique, attains success. 34.

दृष्टिः स्थिरा यस्य विनापि दृश्यं
वायुः स्थिरो यस्य विना प्रयत्नम् /
चित्तं स्थिरं यस्य विनावलम्बं
स एव योगी सद्गुरुः[4] स सेव्यः // **35** //

dṛṣṭiḥ sthirā yasya vināpi dṛśyam
vāyuḥ sthiro yasya vinā prayatnam /
cittaṃ sthiraṃ yasya vināvalambaṃ
sa eva yogī sadguruḥ sa sevyaḥ // 35 //

Tr. A *yogī* is considered a *sad-guru*, whose gaze is fixed without seeing an object, *vāyu* is stable without an effort and the mind becomes steady without the object of concentration. Such a *guru* should be accepted. 35.

1.a-कावलीम्. 2.a-तया निवेशयन्ते. 3.b-अवाप्नुयात्. 4.gss-स गुरुः.

प्रवेशे निर्गमे वामे दक्षिणे चोर्ध्वमध्यगः /
न यस्य वायुर्वहति स मुक्तो नात्र संशयः // **36** //

pravesc nirgame vāme dakṣiṇe cordhvamadhyagaḥ /
na yasya vāyur-vahati sa mukto nātra saṃśayaḥ // 36 //

Tr. One is undoubtedly considered liberated whose *prāṇa* does not move during inhalation or exhalation through left or right nostril, or even upwards or in the center. 36.

सर्वे हठलयाभ्यासा राजयोगस्य सिद्धये /
राजयोगं समारूढः पुरुषः कालवञ्चकः // **37** //

sarve haṭhalayābhyāsā rājayogasya siddhaye /
rājayogaṃ samārūḍhaḥ puruṣaḥ kālavañcakaḥ // 37 //

Tr. All the *haṭha* and *laya* practices are meant for accomplishment of *rāja-yoga.* On attaining *rāja-yoga*, a person transcends *kāla.* 37.

Note: A *yogī* in the state of *samādhi* can onlv transcend the death. 37.

इडायां[1] पिंगलायां च चरतश्चन्द्रभास्करौ /
चन्द्रस्तामस इत्युक्तः सूर्यो राजसमुच्यते[2] // **38** //

iḍāyāṃ piṅgalāyāṃ ca carataścandrabhāskarau /
candrastāmasa ityuktaḥ sūryo rājasam-ucyate // 38 //

Tr. *candra* functions in *iḍā* and *bhāskara* in *piṅgalā. candra* is considered *tāmasa* and *sūrya* as *rājasa.* 38.

तावेव धत्ते[3] सकलं दिवारात्रिदिनात्मकम् /
सुषुम्ना शाम्भवी शक्तिः तृतीया समुदीरिता[4] // **39** //

1.b-इलायां. 2.b-राजस उच्यते. 3.a-धत्त. b-दत्तः. 4.a-भोक्तरि सुषुम्नाकालवपुसमेतिदुदाकृतम्.

tāveva dhatte sakalaṃ divārātri-dinātmakam /
suṣumnā śāmbhavī śaktiḥ tṛtīyā samudīritā // 39 //

Tr. These two make day and night, while the third *śakti suṣumnā* is called *śāmbhavī*, (which is beyond day and night). 39.

स्नातं तेन समस्ततीर्थनिचये दत्तं महीमण्डलम् /
विप्रेभ्यः पितृदेवताः सुरगणास्सन्तर्पिताः कोटयः //
जप्ता मन्त्रसहस्रकोटिरधुना तप्तं च तीव्रं तपः /
यस्य ब्रह्मविचारणे क्षणमपि प्राप्नोति धैर्यं मनः // **40** //[1]

snātaṃ tena samastatīrthanicaye dattaṃ mahīmaṇḍalam /
viprebhyaḥ pitṛdevatāḥ suragaṇās-santarpitāḥ koṭayaḥ //
japtā mantrasahasrakoṭiradhunā taptaṃ ca tīvraṃ tapaḥ /
yasya brahmavicāraṇe kṣaṇamapi prāpnoti dhairyaṃ manaḥ
// 40 //

Tr. One who finds his mind concentrated on *brahman* even for a moment, is equal to the dip in the waters of all the centres of pilgrimage, donation of the whole earth, satisfying all the *brāhmins*, ancestors and the gods through libation of water, chanting of thousands of crores of *mantras* and performance of severe penance. 40.

योगशास्त्रं पठेन्नित्यं किमन्यैः शास्त्रविस्तरैः /
यत्स्वयं चादिनाथस्य निर्गतं वदनाम्बुजात् // **41** //

yogaśāstraṃ paṭhennityaṃ kimanyaiḥ śāstravistaraiḥ /
yatsvayaṃ cādināthasya nirgataṃ vadanāmbujāt // 41 //

1.a-स्नातं ते समस्ततीर्थ इति भेद ता च पृथ्वीद्वजेय / ज्ञानां च कृतं स्वनः समयुतां देवाश्च सम्पूजिताः // सत्यं तेन सुतर्पिताश्च पितरः स्वर्गं वानीता पुनः येषाम् / बुहाविर्चरणे क्षणमपि प्राप्नोति धैर्यं मनः //

Tr. One should always study the science of *yoga* daily, which has originated from *ādinātha* Himself. What is the use of all other scriptures? 41.

इति सकलयोगशास्त्रसिन्धोः परिमथितादवकृष्य सारभूतम्[1] /
अनुभवन्तु हठामृतं यमीन्द्रा[2] यदि भवतामजरामरत्ववाञ्छा // 42 //

iti sakalayogaśāstra-sindhoḥ
parimathitād-avakṛṣya sārabhūtam /
anubhavantu haṭhāmṛtaṃ yamīndrā
yadi bhavatām-ajarāmaratva-vāñchā // 42 //

Tr. O *yogīs* ! Here is presented the precise literature in essence in the form of nectar from an ocean of all the *yogic* scriptures, which should be experienced by the *yogīs,* who want to become free from old age and immortal. 42.

भवभयवनवह्निं मुक्तिसोपानमार्गम् /
प्रकटितपरमार्थं गुह्यरूपं च तुभ्यम्[3] //
सकृदपि पठनीयं[4] यः शृणोति प्रबोधम् /
भवति स दृढकायो भाजनं मुक्तिभुक्त्योः[5] // 43 //

bhavabhaya-vanavahniṃ muktisopānamārgam /
prakaṭitaparamārthaṃ guhyarūpaṃ ca tubhyam //
sakṛdapi paṭhanīyaṃ yaḥ śṛṇoti prabodham /
bhavati sa dṛḍhakāyo bhājanaṃ mukti-bhuktyoḥ /43/

Tr. This is the way to liberation, to overcome the miseries of the world like the fire destroying the forest, wherein the secrets of the Supreme State are exposed to you. One gains a healthy body and becomes eligible for worldly enjoyment and liberation, even if

---

1.a-सारं भूतं. 2.b-हठामृतवैभवाम्. 3.b-हि शस्त्रम्. 4.b-परभक्त्या. 5.a-मुक्तियुक्त्योः.

one studies just once and carefully follows the instructions. 43.

इति श्रीसहजानन्दसन्तानचिन्तामणिस्वात्मारामविरचितायां हठप्रदीपिकायां दशमोपदेशः // **10** //

iti śrī-sahajānanda-santāna-cintāmaṇi-svātmārāma-viracitāyāṃ haṭhapradīpikāyāṃ daśamopadeśaḥ // 10 //

Thus (ends) the tenth chapter of ***haṭhapradīpikā,*** composed by ***svātmārāma***, an illustrious successor of ***śrī-sahajānanda*** // 10 //

सम्पूर्णः समाप्तोऽयमिति[1]

sampūrṇaḥ samāpto'yaimiti

The complete book ends here

1.b-शुभं भवतु extra.

योगप्रकाशिका

हठप्रदीपिकाव्याख्या

बालकृष्णकृता

A Commentary by *bālakṛṣṇa* on *haṭha-pradīpikā*
with ten chapters

योगप्रकाशिका
yogaprakāśikā

Chapter I

Folio missing–

.... इति भावः / इदं त्ववधेयं हठयोगः राजयोगः अवधूतयोग इति त्रयः पर्यायाः हठप्रदीपिकायां हठयोगः राजयोगस्य साधनमिति वारं वारमुच्यते तदर्थे राजयोगाद् भिन्नो हठयोगो दर्शनीयः यद्यपि हठयोगराजयोगौ द्वावप्यवधूतयोगावेव तथापि यत्र हठयोग इत्युच्यते तत्र साधनमिति विशेषणीयं यत्र राजयोग इत्युच्यते तत्र सिद्ध इति विशेषणीयम् / इत्थं च हठयोगविद्या साधनावधूतयोगविद्या सर्वापेक्षया शिरोमणिं सिद्धराजयोगम् आरोढुं निश्रेणिरूपा विराजत इति / गुरुप्रणामपूर्वकं चिकीर्षितुं प्रतिजानीते प्रणम्येति / श्रीमत्स्येन्द्रनाथेन स्वग्रन्थेषु गुरौ मयि च भेदबुद्धिर्न कर्त्तव्येत्युक्तत्वान्नाथाभिन्नं गुरुं प्रणम्येत्यर्थः / आत्मन्येवारमणं क्रीडा यस्य तेन रामनाथनामकेन श्रीमन्महावधूतदेशिकेन केवलं राजयोगाय सिद्धावधूतयोगसिद्धये हठविद्यानियमपूर्वक अवधूतयोगविद्यासाधनावधूतयोगविद्या उपदिश्यत इति भावः // **2** //

श्रीनाथाय नमो नमः //

एतादृशं राजयोगं सिद्धावधूतयोगमजानतां बहुमतध्वान्तभ्रान्तियुक्तानां अन्धानां जीवानां हठप्रदीपिकां नियमपूर्वकसाधनयोगविद्याप्रदीपिकां श्रीमदात्मारामहासिद्धः रामनाथनामकः कृपया कुरुते अत एव कृपालुरिति पाठो युक्ततर इति भावः // 3 //

नन्वियं विद्या खण्डितानुष्ठातुरभावात् // व्यग्रचित्तत्वाद्वेति शंकान् निरस्यति हठविद्यां हीति अखण्डनियमानुष्ठानेन केवलं

श्रीमन्महामत्स्येन्द्रगोरक्षनाथादयो विश्वगुरव एव जानते यत्कृपां विना ब्रह्मादिभिरप्यलभ्या तेषां मत्स्येन्द्रादीनां कृपया तच्छिष्यगणान्तर्गतो राजनाथो जानीत इति भावः // **4** //

इदानीं तच्छिष्यवर्गसेवकवर्गाणां योगस्य च गौरवं दर्शयति / श्री आदिनाथेत्यादिना श्लोकपञ्चकेन // **5-6-7-8-9** //

आदिपदेन सर्वसिद्धस्वरूपाः ग्राह्याः सिद्धत्वं च असिद्धताशून्यत्वम् असिद्धता च मायिकी तद्रहितत्वं केवलशुद्धचैतन्यरूपनाथस्वरूपा इति यावत् / यथा शिवेन शक्त्यावासेनास्वनापूर्वकं त्रिपुरतारकशुम्भनिशुम्भादिदैत्याः पराजिताः / तत्रानेकसेनाकरणं लोकसंग्रहार्थम् असहायेन शिवादिनैव क्षणमात्रेण तेषां भस्मीकर्त्तुं शक्यत्वात् / तथा श्रीआदिनाथादिभिरपि महासिद्धैर् हठमहात्म्येन कालः पराजितः इति वर्णनं लोकसंग्रहार्थं तैः स्वशक्त्यैव कालस्य पराजेतुं शक्यत्वादिति भावः // **9** // श्रीः श्रीः /

श्रीनाथाय नमो नमः / श्री /

ननु शाल्यर्थं प्रणीतकुल्यायाः पानार्थत्वमिव सिद्धावधूतयोगमुपदिष्टसाधनावधूतयोगविद्यायाः संसारतापनिवृत्तिरानुषंगिकं प्रयोजनं प्रेक्षवत् प्रवृत्यर्थमुपदिशति संसारेति / यथा अशेषजगदाधारः कूर्म विशेषस्तथा समस्तयोगमध्ये साधनावधूतयोगो निःश्रेणीरूपः सन् संसारताप-निवर्त्तक इति योजना यथा सौरस्तापो मठाश्रयिणं जनं न स्पृशति तथा संसारतापो हठमठाश्रयिणं योगिनं न स्पृशतीति / तापमठपदाभ्यां सूचितो दृष्टान्त इति भावः // **10** //

हठविद्या साधनावधूतयोगविद्या प्रयत्नेन गोप्या अन्यथा सुषुम्ना-नर्गलात्वरूपसिद्धाभावप्रसंगात्/ अनर्गला सुषुम्ना च हठसिद्धिश्च जायत

इति वक्ष्यमाणत्वात् / वीर्यं फलजननानुकुलसामर्थ्यं तद्वतीत्यर्थः / स्पष्टमन्यत् // **11** //

श्रीनाथाय नमो नमः /

Folio Missing.

......स्संस्कारः सम्भूतिमुपलक्षणामुत्पत्तिं तदन्यथानुत्पत्तिकल्पितं विनाशं जानाति स योगविदित्यर्थः / एतेन शरीरयाथात्म्यज्ञानं सुसम्पाद्यमिति भावः // 17 //

इदानीं पञ्चभूतानामुत्पत्तिलयौ सपरिकरावाह सर्वेषामिति / चराचरपदार्थानामादिराकाश इत्यर्थः / शब्दो लक्षणं ज्ञापकं यस्येति विग्रहः // 18-19-20 //

भूतोत्पत्तिमुक्त्वा तेषां स्वकीयगुणान् योनिजन्यगुणांश्च सामान्यत आह पञ्चानामिति / वायावेको योनिजन्यो गुणस्तद्योनिरेकत्वात् द्वौ तेजसि त्रयोऽप्सु चत्वारः पृथिव्यामिति विवेकः // 21 //

श्रीनाथाय नमो नमः /

उक्तगुणनियमो योनिनियमानुरोधादित्याह मरुत इति // 22 //

फलितार्थमाह एवेति तान् गुणान् विशेषरूपेण दर्शयति शब्दस्पर्शश्चेति // 23 / 24 //

इदानीमुत्पन्नभूतानां स्वस्वयोनौ लयं दर्शयति पृथ्वीति पृथ्वी जले लीना जलं तेजसि तेजो वायौ वायुर्व्योम्नि इति फलितोऽर्थः // 25 //

भूतसृष्टिप्रसंगात् भूताधिष्ठातृदेवता आह क्षिताविति देवपदमुत्तरतनं पूर्वत्रापकृष्यते तथा च क्षितौ ब्रह्मदेव इय्रादिरीत्यान्वयो योज्यः // 26 //

जगत आद्यकारणमाकाश इत्युक्तमसंगतं तस्य जडत्वादित्याशंक्य निरस्यति तावदिति, इदमत्राकूतम् आ समन्तात् काश्यते दीप्यत इति व्युत्पत्या चिदाकाश अखण्डनाथपरमानन्दस्वरूप आकाशशब्दपदार्थः स च द्विविधः सगुणो निर्गुणश्च सगुण आकाश इत्युच्यते निर्गुणश्च परं ब्रह्म परमात्मेति गीयत इति // 27 //

विशेषरूपेणोक्तं द्विविधं सृष्टिं द्विविधं लयं सामान्यरूपेणोपसंहरन् सिद्धान्तमाह / आकाशादिति आश्रयेदिति अखण्डनाथपरमानन्दस्वरूपेणैकतां सम्पादयेदिति भावः // 28 //

परब्रह्मपरमात्मादिशब्दाभिधेयस्याकाशस्य प्राप्तिर्बन्धनिवृत्तिं विना न घटते तां चेदपरोक्षज्ञानरूपौषधं विनेत्याह हृदीति // 29 //

उक्तार्थे मुण्डकश्रुतिं प्रामाणयति भिद्यत इति / परं ब्रह्मादिस्थानमवरं न्यूनं यस्य तस्मिन् कार्यकारणोभयरूपेण स्थिते तस्मिन् वा साक्षात्कृते सति हार्दाविद्याप्रचयो विनश्यति विद्याया अविद्यानिवर्त्तकत्वात् / अत एव सर्वसंशयाः छिद्यन्ते इत्थं च निवर्त्ताविद्यस्य छिन्नसंशयस्य महायोगिन इह जन्मनि जन्मान्तरे वा सञ्चितानि भाविजन्मापातकानि कर्माणि अप्रवृत्तफलानि पुण्यपापरूपाणि क्षीयन्त इति भावः // 30 //

विज्ञानस्य सामान्यतो बन्धनिवर्त्तकत्वमुक्तं तं बन्धं विशेषतो दर्शयति // 31 //

यदा सर्वे विलीयन्ते कामा येऽस्य हृदि श्रिताः / अथ मर्त्त्योऽमृतो भवति अत्र ब्रह्म समश्नुत इति कठवल्लीश्रुतिमर्थतः पठति यदेति तत्र मोक्षो सत्यमृतो भवति मृतं मरणं तदभावादिति कृतनिश्चय इति भावः // 32 //

ज्ञानोदयात् सर्वकामनिवर्त्तौ तत्वं स्वयमेव प्रकाशयत इत्युपसंहरति अभाव इति // 33 //

तच्च ज्ञानं योगसाध्यं न कर्मोपासनादिसाध्यं तस्य स्थिरेन्द्रियधारणापूर्व-कत्वाभावात् वासनासमानकालिकत्वाच्चेत्याशयवानाह यच्चेति इदानीं तं योगं सांगं निरूपयितुमुपक्रमते स षडंगेति // 34 //

तान्यंगान्याह आसनमिति // 35 //

द्वादशसंख्याकप्राणायामेन प्रत्याहारो भवति तावत्संख्याकप्रत्याहारेण धारणा जायते तत्संख्याकधारणाया ध्यानं तत्संख्याकध्यानेन समाधिरिति श्लोकद्वयस्य समुदितार्थ इदं चोत्तरत्र स्पष्टीकरिष्यामः // 36-37 //

तावता किं जातमित्यत आह यत्समाधेरिति / परज्योतिषि अनन्ते व्यापके समाधिना समस्तनष्टसंकल्पेन स्वच्छान्तःकरणेन जीवेन साक्षात्कृते सति क्रिया प्रयत्नाः तज्जन्यं कर्म पुण्यपापरूपं तदधीनं गतागतं विद्यत इति भावः // 38 //

आसनादीनां प्रत्येकं फलमाह / आसनेन रुजं रोगम् अद्भूतं मोक्षजननानुकूलं तथा चासनादिसमाध्यन्तानुष्ठानेन निर्म्मलान्तःकरणस्सन् शुभाशुभे कर्मणि त्यक्त्वा मोक्षं प्रपद्यत इति भावः / न च

सिद्धसिद्धान्तपद्धतावष्टांगयोगः कथित इह च षडंगयोग कथ्यत इति वाच्यं यमनियमयोरग्रे वक्ष्यमाणत्वात् / अत्र इदं रहस्यं प्राणायामद्विषट्केनेत्यादिनासनादीनामुत्तरोत्तरजननद्वारा योगांगत्वं गम्यते/ आसनेनेत्यादिना पृथक्फलश्रवणात् साक्षात्तदंगत्वमपि तथा च द्विविधमप्यंगत्वं विवक्षितमित्यनुसन्धेयम् // 39-40 //

गोरक्षशतकोक्त्या योगं प्रशंसन्नुपसंहरति द्विजेति/ ब्राह्मणैरधीतास्तैत्तिरियाद्याश्शाखा यस्य तथाभूतस्य श्रुतिरूपकल्पशाखिनः फलीभूतं संसारतापकर्मकच्छिदिक्रियाकारणं योगं भजत इत्यर्थः // 41 //

सुराज्ये सुभिक्षे देशे धनुष्प्रमाणपर्यन्तमेकान्ते मठिकामध्ये परिमिताहारशालिना साधनावधूतयोगिना स्थातव्यमन्यथा हठसिद्धिर्न स्यादित्याह सुराज्येति // 42-43 //

अल्पद्वारत्वादिप्राकारसंवेष्टितत्वान्तं योगमठस्य साधनावधूतयोगाभ्यासिभिर्लक्षणं प्रोक्तमित्याह अल्पेति / छिद्रावटविटपैः शून्यं नात्युच्चं नातिनीचं नातिविस्तीर्ण सम्यग्गोमयेन निविडं लिप्तं तत्र मठे स्थित्वा योगोऽभ्यसनीय इति भावः // 44-45 //

इदानीं योगसाधकवर्गमाह / अथेति निश्चयात् अनेन साधनेनेदं कार्यमवश्यं साधयामीत्याकारकत्वात् / तत्वज्ञानात् हठांगविषयकयथार्थनिश्चयात् / नैश्चल्यात् समुच्यतैरतैः षड्भिर्योगसिद्धिरिति भावः // 46 //

श्रुतिप्रतीतिः श्रुतिवाक्ये प्रामाण्यनिश्चयः गुरुप्रतीतिर् गुरौदेवतात्वनिश्चयपूर्वको गुरुवाक्ये प्रामाण्यनिश्चयः / स्वात्मप्रतीतिः स्वकीयानुभवः मनोनिरोधः मनसो विषयेभ्यः परांमुखीकरणं एतानि

नृणारणिमणिन्यायेन कारणानि किन्तु दण्डचक्रादिवत् समुच्चितान्येवेत्याह एतानीति // 47 //

अथ योगबाधकवर्गमाह अथेति / अत्याहारः अपरिमिताहारः प्रयासः श्रमः प्रजल्पो बहुभाषणं नियमाग्रहः वक्ष्यमाणनियमापरिपालनं लौल्यं स्रक्चन्दनवनितादिविषयकम् // 48 //

दुर्जनप्रीतिं वर्जयेत् / उत्तरत्र वर्जयेद् इत्यनुषज्यते // 49 //

अथेति गोधूमाः प्रसिद्धाश्शालयः सामान्यव्रीहयः षष्टिका षष्टिरात्रेण पच्यमानाश्शालयः अतिलघुभूता इति यावत् / एतत्कर्मकं भोजनमग्र्यमग्रे भवं मुख्यमित्यर्थः खण्डो घनीभूता शर्करा पटोलः 'परवर' इति महाराष्ट्रभाषायां प्रसिद्धश्शाकविशेषः / पञ्चानां शाकानां समाहारः पञ्चशाकं वक्ष्यमाणम् /50 //

वैजयन्ती पताका तद्वत्प्रतिकृतिराकृति इव प्रतिकृताविति कन् तस्य लुक् तथा च पताकासमानाकारवृक्षजन्यपताकासमानाकारो वा शाक इत्यर्थः मत्स्या तुल्यपुष्पजन्यत्वात् मत्स्याक्षी पुनर्नवा गद्धपूर्णेति वनौषधिवर्गादवगन्तव्यं क्षीरपर्णा मेघनादीपदार्थनिर्णयार्थ कोशान्तरमन्वेष्टव्यं गव्यं गोर्विकारो दुग्धादि अत्यन्तपौष्टिकं भोजनं भोज्यं करणे ल्युट् // 51-52 //

अथ कुपथ्यमाह / कट्विति सुवीरदेशोद्भवतैलम् अजासम्बन्धिमांसं पीण्याकस्तिलादीनां मृजीर्षः कदशनं कुत्सिताशनम् अतिलवणादिप्रसक्तम् अत्यन्तलवणयुक्तमित्यर्थः // 53-54 //

अथ दशयमानाह / अथेति / अहिंसा रागः ततः प्राप्तक्रमकीटादिहिंसा न कर्त्तव्या सत्यभाषणं चौर्याभावो ब्रह्मचर्यं स्त्रीसंगराहित्यं ब्रह्मणिनिष्ठा वा / क्षमा अव्यग्रचित्तता धृतिर्धैर्यं मिताहारो वक्ष्यमाणः शौचं पवित्रता // 55 //

यस्य पुरुषस्य यावानाहारस्तस्य चत्वारो भागाः कल्प्यास्तत्र द्वौ भागौ भक्षितव्यौ जलपानानुरोधेनैको भागस्त्याज्यो वायुसञ्चारार्थमपरो भागस्तृतीयभागकार्यस्याम्बुना कृतत्वात् फलतश्चतुर्थांशविवर्जित इत्युक्तिरिति भावः // 56 //

दशनियमानाह / अथेति / तप आलोचनं तप आलोचन इति प्रसिद्धे अस्ति परलोक इति मतिर्यस्य सोऽयमास्तिकस्तस्य भावस्तत्वं सिद्धान्तश्रवणं गुरुमुखादिति शेषः / ह्रीर्ल्लज्जा मतिर्मननं तपो द्वन्द्वसहनं च निद्राहारशीतोष्णसुखदुःखादिरूपं द्वन्द्वसहनं तप इत्यभियुक्तोक्ते हुतं होमः पापरूपपांशुनामिमे नियमा निवर्त्तका इति भावः न च <u>सिद्धसिद्धान्तपद्धतौ</u> यमनियमयोरष्टांगयोगेषु परिगणनं कृतम् इह च पृथगुक्तौ किम्बीजमिति वाच्यं इच्छाया एव नियामकत्वात् पृथगुक्तावप्यंगत्वाविरोधात् / अन्यच्च फलस्तत्रत्येन अस्मदीयं सर्वमविरुद्धमिति निरवद्यम् // 57-58 //

इति श्रीहठप्रदीपिकाव्याख्यायां वैंकटरामयज्वसूनुना बालकृष्णेन विरचितायां योगप्रकाशिकायां प्रथमोपदेशः // 1 //

योगप्रकाशिका
yogaprakāśikā

Chapter II

प्रथमोपदेशे राजयोगं प्रति सिद्धावधूतयोगं प्रति साधनावधूतयोगस्यांगत्वं प्रसाधितं तदंगान्यासनादीनि षड्डुक्तानि तत्रासनस्य प्रथमांगत्वात् संगसंगत्या तन्निरूपयितुं द्वितीयोपदेश आरभ्यते / हठस्येत्यादिना / हठनिरूपितप्रथमांगत्वादासनं प्रथमं निरूपिते तस्मादासनानुष्ठानान्नीरोगत्वादिसिद्धिरिति भावः // 1 //

चतुरशीतिलक्षसंख्याका जीवयोनयस्तत्संख्याकान्यासनानि तेषामसंख्याकावान्तरभेदान् जीवो ज्ञातुं नार्हति तस्मादासनापरपर्यायपीठानां मध्ये षोडशभिरूनं शतमासनानि सुकराणि शिवेनोदाहृतानीति विशिष्टार्थः /2-3-4 //

स्वस्तिकासनं लक्षयति / अथेति / उभे पादतले जानूर्वोरन्तरे अन्तराले संस्थाप्य ऋजुकायो नम्रकायः सुखेनासीनः तदासनं स्वस्तिकासनमित्यन्वयः /5 /

गोमुखासनं लक्षयतिं / सव्ये पृष्ठपार्श्वे दक्षिणगुल्फं नियोजयेत् दक्षिणे पृष्ठपार्श्वे सव्यगुल्फं नियोजयेत् गोमुखस्याकृतिरिवाकृतिर्यस्य तत्तथा // 6 //

वीरासनं लक्षयति एकं दक्षिणपादं एकस्मिन् सव्ये ऊरौ सुष्ठु संस्थितं यथा स्यात्तथा विन्यस्य इतरस्मिन् सव्यपादे दक्षिणोरुं विन्यस्य सुखासीन इत्यनुषज्यते // 7 //

व्युत्क्रमविशिष्टाभ्यां गुल्फाभ्यां गुदं नियम्य निबध्य समाहित एतदासनं कूर्मासनमिति योजना // 8 //

कुक्कुटासनबन्धे तिष्ठन् हस्ताभ्यां कन्धरावच्छेदे सम्बध्य कन्धरं सम्बध्येति फलितोऽर्थः कूर्मवदुत्तानं शेते एतत् कुक्कुटासनघटितमिदमासनमुत्तानकूर्मासनमित्यर्थः // 9 //

पूर्व पद्मासनं कृत्वा जानूर्वोरन्तरे हस्तौ निवेश्य भूमौ संस्थाप्य करावित्यनुषज्यते व्योमस्थ इत्यनेन करयोरेव भूमिसम्बन्धोऽन्तराणामाकाशमात्रसम्बन्ध इति सूचितं तदेतत् पद्मासनेन घटितं कुक्कुटासनमिति भावः // 10 //

पादांगुष्ठौ हस्ताभ्यां गृहीत्वा कर्णपर्यन्तं धनुर्वदाकर्षणं कृत्वा समाहित इत्यनुषज्यते तदेतद्धनुरासनमित्यन्वयः // 11 //

वामोरुमूलार्पितदक्षिणपादः दक्षिणजानोर्बहिर्वेष्टितवामपादं हस्तेन गृहीत्वा परिवर्त्तितांगं यथा स्यात्तथा तिष्ठेत् इदं श्रीमत्स्यनाथप्रोक्तमासनं ज्ञेयम् // 12 //

तस्य फलमाह मत्स्येन्द्रेति / मत्स्येन्द्रपीठं जठराग्निप्रदीप्तिं ददाति प्रचण्डानां रुजां मण्डलस्य खण्डनास्त्रं भवत्यभ्यासतः पुंसां दण्डस्थिरत्वं पृष्ठदण्डस्य स्थिरत्वमवक्रत्वं ददातीति भावः // 13 //

भूमौ दण्डरूपौ प्रसार्य हस्ताभ्यां पादाग्रद्वीतयं गृहीत्वा जान्वोः परितो न्यस्तस्स्थापितो ललाटदेशो येन स तथाभूतः सन् इदं उक्तविशेषेण विशिष्टं पश्चिमतानासनमभ्यसेदित्याहुः // 14 //

तस्य फलमाह इतीति / इदमासनं पश्चिमवाहिनं मध्ये वाहिनं करोत्युदरे कार्श्यं कृशत्वं स्पष्टमन्यत् // 15 //

भूमिं करद्वयेनावष्टभ्य करद्वयसन्धिदेशयोः स्थापितो नाभिपार्श्वो येन तथाभूतः सन् दण्डवत् भूमेः सकाशादाकाशे उत्थितस्तत्पीठं मयूरकनामकं बोध्यम् // 16 //

तच्चाशेषरोगान्नाशयति दोषान् कफवातादिरूपानिति रोगदोषयोर् भेदः कुत्सितं बहुभुक्तमन्नं भस्मकरोति कालकूटः सदृशं विषं जारयति // 17 //

भूमावुत्तानं यथा स्यात्तथा शववत् शयनं शवासनमिदं च तत्तदासनानुष्ठानजन्यश्रमपरिहारद्वारा चित्तविश्रान्तिकारकमिति भावः // 18 //

चतुरशीत्यासनेषु चत्वार्यासनानि सारभूतानि तेष्वपि सिद्धासनं सारं तस्मिन्नासने साधनावधूतयोगिना सदा तिष्ठेदित्यन्वयः // 19-20 //

सिद्धासनं लक्षयति अथेति/ योनेः स्थानं स्वार्थे कप्रत्यय एकपादमूलेन घटितं युक्तं कृत्वा विन्यसेत् तिष्ठेदनन्तरं मेढ्रे एकं पादमितरं पादं नियतं यथा स्यात्तथा विन्यसेत् स्थाणुर्निश्चलस्सम्यग् जितेन्द्रियो निश्चलदृशा भ्रुवोर्मध्यं पश्येत् पश्यन् वा एतत् सिद्धासनं मोक्षप्रतिबन्धकाज्ञानानिवर्तकमित्यर्थः // 21 //

मतान्तरेण सिद्धासनं लक्षयति मतान्तरे त्विति / मेढ्रादुपरि सव्यं गुल्फं स्थापयित्वा तदुपरि दक्षिणगुल्फं विन्यस्य भ्रुवोरन्तरं पश्यन्नित्यनुषज्यते / ननु सिद्धासनस्य द्वैविध्ये किमुभयमपि सिद्धसम्मतमुतान्यतरदिति शंकां वारयति पूर्वोक्तमेव सत्सम्मतमिति सतां महासिद्धानां सम्मतमित्यर्थः // 22 //

एके सिद्धासनमेतत् प्राहुरन्ये वज्रासनमपरे मुक्तासनं परे गुप्तासनम् /23/

सिद्धासने मतभेदमुपन्यस्य तस्य सदृष्टान्तं पूज्यत्वमाह यमेष्विति / उक्तेषु दशसु यमेषु मिताहारः पूज्यः शिवसम्प्रीतिजनकत्वादुक्तेषु दशसु नियमेषु अहिंसा पूज्या नरकाधायकत्वात् तद्वत् सर्वासनेषु सिद्धासनं पूज्यं सर्वनाडीस्थमल-निवर्त्तकत्वात् तस्मात् सिद्धासनं सदाभ्यसनीयम् / यद्यपि धौत्यादिकर्मणां नाडीमलनिवर्त्तकत्वं वक्ष्यते तथापि सर्वनाडीस्थमलनिवर्त्तकं कस्यापि कर्मणो नास्ति अत एव द्वासप्ततीत्याद्युपन्यासः // 24-25 //

श्रीनिरञ्जननाथाय नमो नम इति /
निष्पत्तिं चतुर्थां योगावस्थां वक्ष्यमाणलक्षणाम् // 26 //

सदृष्टान्तं प्रयोजनान्तरमाह द्वाभ्यां प्राणवायौ वक्ष्यमाणलक्षणे केवलकुम्भके सावधानं बद्धे सति अनायासेनोन्मनी मनसस्सुस्थिरीभावरूपा यथोत्पद्यते तथैकस्मिन् सिद्धासने प्रसाधिते सति वक्ष्यमाणलक्षणं बन्धत्रयं स्वयमेवोपजायत इति योजना // 27-28 //

सिद्धासनं सदृष्टान्तं स्तुवन्नुपसंहरति न चेति / केवलकुम्भकसदृशः कुम्भकोऽष्टसु कुम्भकेषु न विद्यते स्पष्टमन्यत् // 29 //

श्रीमन्नाथो विजयते तराम् / श्रीनिरञ्जननाथात्मकगोरक्षनाथाय नमः / इदानीं पद्मासनं लक्षयति अथेति / वामोरूपरि दक्षिणं विन्यस्य तथा वामं चरणं दक्षोरूपरि विन्यस्य पृष्ठान्तरिताभ्यां कराभ्यां पादांगुष्ठौ दृढं धृत्वा हृदये चुबकं निधाय नासाग्रमालोकयेत् / संयमिनामुक्तयमादिविशिष्टानां सिद्धानामित्यन्वयः 30

श्रीमन्महामत्स्येन्द्रनाथसम्मतं पद्मासनं निर्वक्ति द्वाभ्यां मतान्तरे त्विति / उत्तानौ चरणौ ऊरुसंस्थौ प्रयत्नतोऽभ्यासतः कृत्वोरुमध्ये उत्तानौ पाणी

ऊरुसंस्थौ कृत्वा नासाग्रे दृष्टिं विन्यस्य दन्तमूलं जिह्वयोत्तभ्य चिबुकं वक्षस्युत्थाप्य स्थापयित्वा मन्दं मन्दं प्राणवायुमुत्थाप्य तिष्ठेदित्यन्वयः // 31-32-33 //

सिंहासनं लक्षयति द्वाभ्यां वृषणसम्बन्धिन्या तदधोवर्त्तिन्यास्सीवन्यास्तत्संज्ञकाया रेखायाः पार्श्वयोर्गुल्फौ क्षिपेत् दक्षिणे सव्यगुल्फं सव्यके दक्षिणगुल्फं क्षिपेदित्यनुषज्यते जान्वोरुपरि हस्तौ स्थापयित्वा हस्तांगुली सम्प्रसार्य व्यात्तवक्त्रः सिंहसदृशवक्त्रो नासाग्रन्यस्तलोचनो निरीक्षेतेत्यन्वयः / बन्धत्रयस्य वक्ष्यमाणलक्षणस्य // 34-35-36 //

श्रीनिरञ्जनात्मकगोरक्षनाथाय नमो नमः श्री /

भद्रासनं लक्षयति / अथेति / पूर्वार्धव्याख्यातं पार्श्वपादौ पादपार्श्वौ हस्ताभ्यां दृढं बध्वा तिष्ठेदिति योजना // 37 //

इदमेव गोरक्षासनमित्याहुरित्याह भद्रासनमिति // 38 //

पीठादिसाधनानि हठयोगफलपर्यन्तमभ्यसनीयानि इत्याह पीठादिति / आदिनांगान्तरं गृह्यते चित्रकुम्भकसर्वाण्युक्तानि वक्ष्यमाणानि च साधनानि. साधनावधूतयोगे उपयुज्यन्तो राजयोग एव फलमिति विग्रहस्तस्य फलरूपत्वं ग्रन्थकृदेव वक्ष्यति राजयोगसमाधिस्स्यात् उन्मनी च मनोन्मनीत्यादिना // 39 //

इति श्रीहठप्रदीपिकाव्याख्यायां योगप्रकाशिकायां द्वितीयोपदेशः // 2 //

योगप्रकाशिका
yogaprakāśikā

Chapter III

द्वितीयोपदेशे सप्रपञ्चमासनानि निरूपितान्यधुना तादृशासनबन्धस्थितेन योगीन्द्रेण कर्त्तव्यानि नाडीविशुद्धिकारकाणि षट्कर्माणि निरूपयितुं तृतीयोपदेश आरभ्यते / न चासननिरूपणानन्तरं क्रमप्राप्तप्राणायामनिरूपणमुचितं तदुपेक्ष्य क्रियमाणं षट्कर्मनिरूपणमसंगतमिति वाच्यम् / शुद्धिमेति यदा सर्व नाडीचक्रमनाकुलम् / तदेव जायते योगी प्राणसंग्रहणे क्षम इत्यदिना षट्कर्म प्रयोज्यनाडीशुद्धिं विना प्राणायामस्य कर्त्तुमशक्यत्वस्य वक्ष्यमाणत्वादेवमिति तत्तल्लक्षणैरासनेषु ज्ञातेषु इत्यर्थस्तन्मध्ये यस्मिन् कस्मिंश्चिदासनस्थितो योगीन्द्रो नाडीशुद्धिमभ्यसेत् विकरणस्य नित्यत्वात् श्यनभावः / अथ मुद्राया आदिभूतां पवनक्रियां प्राणायामसंज्ञकामभ्यसेदित्यन्वयो यथाश्रुतार्थस्य प्रकृतानुपयोगात् मुद्रायाः प्राणायामस्य च तत्तदुपदेशे निरूपयिष्यमाणत्वात् त्रयाणां नाडीविशुध्यादीनां प्रयोजनैक्यानुरोधात् / इहोपन्यासो वेति भावः // 1 //

श्रीनिरञ्जनात्मकगोरक्षनाथाय नमो नमः /

उक्तनियमेष्वनलसस्तरुणादिरभ्यासान्नाडीशुद्धिप्रयोजककर्मणां सिद्धिम् आप्नोत्याह / युवेति // 2 //

न केवलं नाडीशुध्यादिरभ्यासात् सिध्यति किन्त्वासनादीन्यपीत्याहासनमिति // 3 //

नन्वेकवारमेतदनुष्ठानात् सिध्यति नेत्याह / क्रियायुक्तस्येति नित्यानुष्ठातुरेव सिद्धिरिति भावः // 4 //

कर्मसु विषये परिमितचेष्टावतः परिमितस्वप्नावबोधस्य योगो दुःख-निवर्त्तको नान्यस्येत्यर्थः // 5 //

अधुना सामान्यप्रयोजनं दर्शयन् कर्त्तव्यमाह भेद इति // 6 //

“शिश्नोदररतायैतन्न देय” एतत् योगज्ञानमेतेन शिश्नोदररतस्त्याज्यो नन्वेतन्मते त्याज्यपदार्थोऽप्रसिद्ध इति शंकां निरस्यति मयि इति स्वच्छे बोधस्वरूपसमुद्रे बुद्बुदतुल्यस्य विश्वस्य हेयत्वादिति भावः // 7-8 //

तानि कर्माणि नाम्ना निर्द्दिशति धौतीति वक्ष्यते / अनन्तरमेव सम्यग् विविच्य प्रतिपादयिष्यते मयेति शेषः // 9 //

इदं धौत्यादिरूपं शरीरविशुद्धिकारकमलौलिकगुणसम्पादकमिति भावः // 10 //

तेषां कर्मणां क्रमेण लक्षणमाह अथेति चतुरंगुलविस्तारं हस्तपञ्चदशेन परिच्छिन्नमार्द्रं वस्त्रं ग्रसेत् भक्षयेत् / पुनर्बहिर्निष्कासयेदेतत् ग्रसनपूर्वक - प्रत्याहरणमभ्यासात् सिध्यतीति धौतीकर्मवित् प्रोवाचेत्यन्वयः //11-12-13 //

अथ वस्तीकर्म लक्षयति / अथेति / नाभिः प्रमाणमस्य नाभिदघ्नं तस्मिन् जले तिष्ठन् पायौ इन्द्रियविशेषे न्यस्तेन नाडीविशेषेणोत्कटमासनं यस्य तस्य तथाभूतः सन्नाधारनामकशक्तेः सकाशादपानं संकूचितम् // 14 //

तस्य फलमाह द्वाभ्याम् // 15-16 //

श्रीनिरञ्जनात्मकगोरक्षनाथाय नमो नमः / श्री श्री /

इदानीं नेतिकर्म लक्षयति सूत्रमिति वितस्तिपरिमाणकं सूत्रं नासिकानाले प्रवेशयेत् / प्रविष्टस्य तस्य मुखद्वारा निर्गमनात् नेतिकर्मसिद्धिरित्यन्वयः // 17

तस्य फलमाह कपालं शुध्यत्यनयेति कपालशोधनी जत्रूत्तरजातरोगसंघं निहन्तीत्यर्थः // 18 //

त्राटकं लक्षयति अथेति / अश्रुसम्पातपर्यन्तं सूक्ष्मं पुरोवर्त्ति वस्तु निरीक्षेदेतत् कर्म पूर्वाचार्यैस्त्राटकं स्मृतमित्यन्वयः / यत्नतस्त्राटकं सुवर्ण मञ्जुषावत् गोप्यमिति भावः // 19-20 //

नौलीकर्म लक्षयति /अथेति शीघ्रं तुन्दं वृद्धनाभिं सव्यापसव्यतः शतादिवारं भ्रामयेदित्यन्वयः // 21 //

हठक्रियाणां मध्ये मौलिरूपाया नौल्याः फलमाह मन्दाग्नीति // 22 //

कपालभस्त्रीकर्म लक्षयति / लोहकारस्येति भस्त्री अग्निप्रदीपिका प्रसिद्धा तद्वत् सव्यापसव्यत उदरं कुर्यादित्यन्वयः // 23 //

षट्कर्मोत्तरं गजकरणीमाह उदरेति करिभिर्वायुवेगात् शुण्डाद्वारा जलस्याकर्षणं क्रियते तद्वदपानं वायुं कण्ठनाले आकृष्योदरगतपदार्थान् बहिर्निष्क्रामयन्ती गजदृष्टान्तत्वात् गजकरणीति संज्ञेति भावः // 24 //

निरूपितकर्मणां निरूपयिष्यमाणप्राणायामप्रयोजकत्वरूपसंगतिं सूचयन्नुपसंहरति मलाकुलास्विति // 25-26 //

इति श्रीहठप्रदीपिकाव्याख्यायां योगप्रकाशिकायां तृतीयोपदेशः // 3 //

योगप्रकाशिका
yogaprakāśikā

Chapter IV

अथ धौत्यादिषट्कर्मभिर्विशुद्धनाडीकेन साधनावधूतयोगिना कर्त्तव्यं क्रमप्राप्तं प्राणायामं निरूपयितुं चतुर्थोपदेश आरभ्यते / अथेति / अनन्तरं प्राणायामं निरूप्यत इति योजना प्राण आयम्यते स्थिरीक्रियते येन रेचकादिनेति करणव्युत्पत्या प्राणस्थिरतासाधनत्वं प्रा...

Folio missing...

...धिकशतद्वयसंख्याकैरोंकारैर्युक्तमन्तरंगं प्राणं कुम्भय चत्वारिंशत्संख्याकैरोंकारैरुक्तं प्राणं पिंगलया त्यजेत्यर्थः // 18 //

प्राणायामवैलक्षण्येनाधिकारिवैलक्षण्यमाह द्वाभ्यामुत्तमेऽधिकारिणे प्राणायामस्य त्रिगुणा प्रोक्ता मात्रेत्यपकृश्यते येन षट्त्रिंशद्वारं प्राणायामोऽनुष्ठीयते स उत्तमाधिकारीति पर्यवसितोऽर्थ उत्तमेऽभ्यास इति वा अधमे प्राणायामस्य द्वादशी मात्रा द्वादशवारं प्राणायाम इत्यर्थः / मध्यमेऽधिकारिणी द्विगुणा चतुर्वि ंशतिसंख्याका मात्रा भवेत् / बद्धपद्मासने उत्तमेऽधिकारिणि उत्तमाधिकारिणः प्राण उत्तिष्ठतीत्यर्थः // 19-20 //

उक्तत्रिविधाभ्यासापेक्षयाधिकतराधिकतमाभ्यासस्य फलं सदृष्टान्तमाह द्वाभ्यां मण्डूकवदयं गच्छतीति भावः // 21-22 //

प्राणायामानुष्ठानजन्यश्रमजन्येन स्वेदजलेन गात्रमर्द्दनं कार्यमित्याह / जलेनेति // 23 //

प्राणायामाभ्यासस्य प्रथमे काले क्षीरान्नभोजनमेव प्रशस्तमित्याह यथेति // 24-25 //

अव्यतिरेकाभ्यां परिमितप्राणायामाभ्यासेन सर्वरोगक्षय / इत्याह प्राणेति // 26 //

प्राणायामव्यतिक्रमे विशेषतो दोषमाह // 27 //

यथासम्भवं रेचकादिकर्त्तव्यमित्याह युक्तमिति // 28 //

श्रीनाथाय नमो नमः / श्रीनिरञ्जननाथात्मकगोरक्षनाथाय नमो नमः / श्रीनाथाय नमो नमः /

यथेष्टं वायुधारणं जठराग्निप्रदीपकं नाडीशोधकं च तस्मान्नादाभिव्यक्त्यादिरित्याह यथेष्टमिति // 29 //

वायुनिरोधस्यावान्तरप्रयोजनमाह / यावदिति / यावता चित्तं निर्विषयं तावता दृष्टिर्भ्रुवोर्मध्ये स्थिरा भवति तथा च कालभयं नास्तीतित्यर्थः // 30 //

इदानीं प्राणायामाभ्यासजन्यनाडीसमुदायशोधनस्य कार्यमाह सुषुम्नेति / मारुतः सुषुम्नायां प्रविश्य सञ्चरतीति भावः // 31 //

तस्य परमप्रयोजनमाह / मारुतेति / इयमेव मनोन्मनी मोक्षादिशब्दैर्व्य वहृयते तत्वं चोपरिष्टाद्वक्ष्यति // 32 //

उन्मनीसिद्धये योगिनो वक्ष्यमाणलक्षणान् कुम्भकान् कुर्वन्ति विचित्रां सिद्धिं तत्तत्कुम्भकाभ्यासजन्यफलरूपाम् // 33 //

तदभ्यासस्य कालभेदमाह प्रातरिति / एकैकस्मिन् काले मन्दं मन्दमशीतिपर्यन्तं चतुर्वारमभ्यसेदिति भावः // 34 //

अथ कुम्भकान् नाम्ना निर्दिशति सूर्यभेदनेति / न चात्र पूरकान्ते त्वित्यादिकथनमसंगतमिति वाच्यं निरूपयिष्यमाणकुम्भकानन्तर्गतस्यास्य प्राणायामस्य सूचीकटाहन्यायेनेहैव कथनसम्भवादिति भावः // 35 //

तं प्राणायामं सप्रयोजनं लक्षयति त्रिभिः पूरकान्ते वायोराकर्षणोत्तरं जालन्धराख्यो बन्धः कर्त्तव्यस्तल्लक्षणं च कण्ठमाकुञ्च्य हृदये स्थापयेच्चिबुकं दृढं बन्धो जालन्धराख्यो ममामृतांकुरदायक इति कुम्भकान्ते रेचकादावुड्डीयानाख्यो बन्धः कर्त्तव्यः / ऊर्ध्वं येन सुषुम्नायाः प्राणस्तूड्डीयते यतः / तस्मादुड्डीय बन्धोऽयं योगिभिः समुदाहृत इति तल्लक्षणं वक्ष्यति / अधस्तादाधारशक्तेरधोभागे आकुञ्चनेन कण्ठसंकोचने च कृते सति कण्ठादपरशक्त्योर्मध्यभागे पश्चिमतानेन पश्चिमतानाख्यविधिना प्राणो मध्यनाडीगः गुदस्थितमपानमूर्ध्वमुत्थाप्य प्राणं कण्ठादधो नयेदित्यन्वयः // 36-37-38 //

सूर्यभेदकुम्भकं लक्षयति द्वाभ्यां सिद्धाद्यन्यतमासने स्थित्वोक्तलक्षणं वज्रासनं कृत्वा केशनखपर्यन्तं निश्चेष्टता यथा स्यात्तथा कुम्भयेदिति भावः // 39-40 //

तस्य फलमाह कपालेति // 41 //

श्रीनाथाय नमो नमः / श्रीनिरञ्जनात्मकगोरक्षनाथाय नमः /

उज्जायीकुम्भकं लक्षयति सार्द्धश्लोकेन हृदयप्रवृत्तिकण्ठान्तं सस्वनं यथा गच्छति तथा केशनखपर्यन्तं प्राणान् कुम्भयेदिति योजना तस्य फलं नाडीसमुदायच्छिद्रगतदोषनाशनम् // 42-43-44 //

सीत्कारं कुम्भकं लक्षयति अथेति कुम्भकं जृम्भाख्यं सदा वक्त्रे कुर्यात् घ्राणेन यथेष्टं विसर्जयेत् तेन द्वितीयः कामदेवो भवत्यथ चतुष्षष्टिसंख्याका योगिन्यो मन्त्रशास्त्रप्रसिद्धास्ताभिः पूज्य इत्यर्थः // 45-46 //

सीत्कारकुम्भकाभ्यासी योगीन्द्रो भूमिमण्डले यथेष्टं देहधारणं कुर्याद् इत्यर्थः स इत्यध्याहार्यः // 47 //

अस्मिन्नेव कुम्भके प्रकारान्तरं दर्शयति जिह्वेति / जिह्वामूलस्थितेन रन्ध्रेण यो योगीन्द्रः प्राणं सततमाकर्षयेत् तथा रसनातालुसंयोगेन // 48-49 //

शीतलीकुम्भकं लक्षयत्यथेति / जिह्वया वायुमापूर्य केशनखपर्यन्तं कुम्भकरूपसाधनं कुर्यादित्यर्थः / घ्राणरन्ध्राभ्यामुभाभ्यामिलादिभेदमनादृत्य रेचयेदिति भावः // 50 //

तस्य फलमाह गुल्मेति // 51 //

भस्त्रिकाकुम्भकं लक्षयति अथेति श्लोकद्वयं व्याख्यातप्रायमधस्तादासनप्रघट्टके // 52-53 //

घ्राणेन रेचयेद् हृदयकण्ठकपालपर्यन्तं यथा लगति सस्वनं तथा पूरयेत् श्रमप्राप्तौ दक्षिणेन रेचयेत् हृत्पद्मपर्यन्तं मारुतं वेगेन पूरयेत् पूरितं पुनर्विरिचयेत्/ एवं रीत्या पुनरभ्यसनीयमिति भावः // 54-55 //

सदृष्टान्तं पूरितपवनस्य चालनमाह // 56 //

लघ्विति अध्याहृताभ्यासक्रियाविशेषणं तथा अंगुलीभ्यां नासिकामध्यं दृढं धारयेदित्यर्थः // 57 //

कुण्डलीबोधनं तद्विकासं दण्डाहतसर्पवद्दीर्घीकरणमिति यावत् / तच्च मोक्षप्रदमिति फलितोऽर्थः // 58 //

प्रयोजनान्तरमाह ब्रह्मेति / सुषुम्नानाडीद्वारसंस्थकफादिनिवर्त्तकम् अथ च वक्ष्यमाणग्रन्थ्यादित्रयनिवर्त्तकमित्यर्थः // 59 //

अस्य कुम्भकसाधनस्य झटित्युन्मनीजनकत्वमित्याह / उन्मनीति // 60 //

भ्रामरीकुम्भकं लक्षयत्यथेति / वेगेन सञ्जात उद्घोषो यस्मिन् पूरके तं भृंगनादतुल्यं भृंगीनादतुल्यं रेचकं कुर्यादानन्दलीलेति / आनन्दप्रादुर्भाव इत्यर्थः // 61 //

श्रीनाथाय नमो नमः / श्रीनिरञ्जनात्मकगोरक्षनाथाय नमो नमः / श्रीनाथजी /

मूर्च्छाकुम्भकं लक्षयति अथेति / जालन्धरयुक्तलक्षणं मूर्च्छेति मूर्च्छापूर्व कसुखप्रद इत्यर्थः // 62 //

प्लावनीकुम्भकं लक्षयति अन्तरिति / अन्तःसञ्चारितेनाधारमारुतेनापानवायुना पूरितमुदरं यस्येति विग्रहः / न च प्लावनीकुम्भकः पुरस्तान्न परिगणित इति वाच्यं प्लावनीति अष्टकुम्भका इति पाठान्तरे तत्परिगणनात् तथा चेयं शंका यश्चोभयोस्समो दोष इति न्यायमनुसरतीति भावः // 63 //

केवलकुम्भकं लक्षयत्यथेति / साधनसहितकेवलकुम्भको निरूप्यत इत्यर्थः / केवलकुम्भकस्य द्वैविध्यमाह / सहित इति / सहितसंज्ञककेवलकुम्भकः साधनं तदभिन्नकेवलकुम्भकस्तस्य फलमिति भावः // 64 //

श्रीनाथाय नमः /

साधनसंज्ञिकेवलकुम्भकं लक्षयत्यथेति / पूर्वं रेचयेत् पश्चात् पूरयेत् सहितकुम्भकः केवलकुम्भकसिद्धिपर्यन्तम् अभ्यसेदित्यर्थः // 65 //

फलीभूतकेवलकुम्भकं लक्षयति / अथेति / लक्षणवाक्यं निगदव्याख्यानम् // 66 //

तस्य सामान्यप्रयोजनमाह / केवलेति तस्यार्थमाह रेचेति // 67 //

केवलकुम्भकेन यत् यथेष्टं वायुधारणं तस्य परमप्रयोजनमाह सिद्धमिति राजयोगेन निर्विकल्पकसमाधियोगेन प्राप्यं पदं स्थानमखण्डनाथपरमानन्दस्वरूपं

साकारनिराकारातीतं गच्छतीति भावः / अथवा राजयोगो मुक्तिः पद्यते साक्षान्निरूप्यते येन निर्विकल्पकसमाधिं जनयतीति भावः // 68 //

तदेव विसदयति कुम्भकमिति / केवलकुम्भकाभ्यासेन चित्तं दग्धपर्णवत् निर्वासनं भवतीत्यर्थः / अन्यद् व्याख्यातम् // 69 //

केवलकुम्भकस्य राजयोगप्रापकत्वं तथा हठसिद्धिप्रयोजकत्वम् अपीत्याह कुम्भकादिति / केवलादित्यर्थः / कुण्डलीबोधात् सुषुम्नानाडीशुद्धिद्वारा हठसिद्धिर्भवतीत्यर्थः // 70 //

इदानीं साधनावधूतसिद्धावधूतयोगयोर्निष्पत्त्यवस्थापर्यन्तमभ्यासो विधीयते हठं विनेति नियमपूर्वकसाधनावधूतयोगं विनेत्यर्थस् तल्लक्षणमधस्तादवोचाम / राजयोगं विना राजयोगप्रापककेवलकुम्भकं विना न च राजयोगपदस्य फलीभूतराजयोगपरत्वं किं न स्यादिति वाच्यं तथात्वे केवलं राजयोगाय हठविद्योपदिश्यत इति प्रतिपादितसाध्यसाधनभावस्य संगत्यापत्तेर् मुक्तिपर्यायस्य राजयोगपदस्य वक्ष्यमाणस्य बाध्यतापत्तेश्चेति दिक् // 71-72

हठसिद्धौ सत्यां बाह्यान्तरचिह्नान्याह / वपुरिति / हठसिद्धिज्ञापकं वपुःकृशत्वादित्यर्थः / नादस्यान्तरशब्दविशेषस्य स्फुटत्वं स्फुटाभिव्यक्तिविषयत्वमित्यर्थः / बिन्दुजयं खेचरीमुद्राप्रसंगे वक्ष्यते यमनियमासनषट्कर्मप्राणायामैर्वपुःकृशत्वादियथासम्भवं सिध्यतीति निरवद्यम् // 73 //

इति श्रीहठप्रदीपिकाव्याख्यायां योगप्रकाशिकायां चतुर्थोपदेशः // 4 //

योगप्रकाशिका
yogaprakāśikā

Chapter V

तृतीयोपदेशे द्वासप्ततिसहस्रेषु नाडीषु मलशोधनं षट्कर्माभ्यासेन भवतीत्युक्तं चतुर्थोपदेशे विनैव तानि कर्माणि केवलप्राणायामाभ्यासेन तदिति केषाञ्चिद् आचार्याणां मतमुपन्यस्तमिदानीं मुद्राभ्यासजन्यकुण्डलीबोधं विनोक्तनाडीमलशोधने उपायान्तरं नास्तीति प्रतिपादयितुं पञ्चमोपदेश आरभ्यते / न च प्राणायामनिरूपणानन्तरं प्रत्याहारनिरूपणमुचितमिति वाच्यम् / मुद्राभ्यासजन्यकुण्डलीबोधं विना प्राणायामाभ्यासोऽपि योगिनां श्रमाय एव भवतीत्यादिनार्थाय मुख्यसिद्धान्तात् / न च तथा सति प्राणायामनिरूपणात् पूर्वमेव मुद्रानिरूपणं न्याय्यमिति वाच्यम् / तृतीयचतुर्थपञ्चमोपदेशानामेककार्यकारितया तेषां क्रमे इच्छाया एव नियामकत्वादिति दिक् / यथा समस्तद्वीपादिसहितपृथ्वी आधारः फणीन्द्रस्तथा समस्तयोगाधारः कुण्डलीत्याह / सशैलेति // 1 //

श्रीनाथाय नमः /

कुण्डलीप्रबोधस्य परमप्रयोजनमाह / सुप्तेति / यदा कुण्डलितसर्पवत् स्थिता कुण्डली दीर्घदण्डवद् भवति तदा मुकुलितपद्माकाराणि चक्राणि विकसितानि भवति भ्रमाश्च भिद्यन्ते इति भावः // 2 //

तदा सुषुम्नामार्गो राजमार्गवन्निर्मलो भवतीत्यर्थः // 3 //

शून्यपदवीपर्यायानाह सुषुम्नेति // 4 //

प्रयोजनानुवादपूर्वकमुपदेशार्थं प्रतिजानीते तस्मादिति / उक्तप्रयोजनसद्भावादित्यर्थः // 5 //

श्रीनाथाय नमो नमः / श्री / श्रीनिरञ्जनात्मकगोरक्षनाथाय नमो नमः / श्रीनाथाय नमो नमः / श्रीः / श्रीः /

अवान्तरप्रयोजनानुवादपूर्वकं कुण्डलीबोधोपयोगिन्यो दशमुद्रानाम्ना निर्द्दिशति चतुर्भिः / आदिनाथोपदिष्टं मुद्रादशकं सर्वसिद्धानां मध्ये श्रेष्ठं रत्नसम्पुटवत् कुलस्त्रीसुरतवच्च गोप्यमित्यन्वयः // 6-7-8-9 //

वज्रोलीं विभजते / वज्रोलीति // 10 //

महामुद्रादिपञ्चकं प्रस्तौति / महामुद्रेति / नभोमुद्रा खेचरी // 11 //

श्रीनाथाय नमः /

महामुद्रां लक्षयति वक्ष इति / वक्षसि स्थापितं मुखं चिबुकविशेषो येन तथाभूतस्सन् वामपादेन चिरं योनिं सम्पीड्य तथा प्रसारितं दक्षिणं पादं हस्ताभ्यां धृत्वा वायुना कुक्षिभागद्वयमापूर्य रेचयेद् इत्यन्वयः / कुक्षिस्थनाडीयुगलमिति विग्रहः / न च प्रसरितमित्यत्रेऽनुपपत्तिः / प्रसारितमिति पाठकल्पने छन्दोभंगापत्तिरिति वाच्यं प्रसरः प्रसरणं जातमस्येति व्युत्पत्त्या तारकादि-तारकितं नभ इतिवदस्य साधुत्वोपपत्तेरिति भावः // 12 //

मतान्तरेण महामुद्रां लक्षयति पादेति / वामपादमूलेन योनिं सम्पीड्य वायुना मुखं पूरयेत् कण्ठेति पूरितवायोर् बहिर्निर्गमनप्रतिबन्धं कृत्वेत्यर्थः / तं वायुं ब्रह्मरन्ध्रे धारयेत् // 13-14 //

तस्य विसर्जनकालमाह / चन्देति चन्द्रनाड्यां समभ्यस्य सूर्यनाड्यां पुनरभ्यसेत् / द्वयोरभ्यासयोः समसंख्याकत्वे विसर्ग इति भावः // 15 //

उक्तमुद्राभ्यासस्य सदृष्टान्तं प्रयोजनमाह / यथेति / यदा कुण्डलिनीबोधसमये वायोर्बहिर्निर्गमनमतः प्रवेश इति यत्पुटद्वयं तदाश्रितां मरणावस्थां हरते महामुद्रेति भावः // 16-17 //

महाक्लेशादिनिवर्त्तकत्वात् / महामुद्रेत्याह महेति // 18 //

श्रीनाथ /

प्रयोजनान्तराण्याह/ चतुर्भिः / एतस्य पथ्यापथ्यविचारो नास्ति कालकूटसदृशं विषं पीयूषवत् स्वयमेव जीर्यति / अपि च य इमामभ्यसेत् तस्य क्षयादयो दोषा नश्यन्ति / अन्यन् निगदव्याख्यानम् // 19-20-21-22 //

महाबन्धं लक्षयति त्रिभिः / वामपादस्य पार्ष्णिभागेन योनिस्थाने नियोजयेत् दक्षिणं पादं वामोरूपरि संस्थाप्य मुखे वायुं पूरयित्वा हृदयं चिबुकेन निष्पीड्य योनिमाकुञ्च्य सुषुम्नानाडीमध्ये स्थिरीभावं सम्पाद्यापूरितं वायुं कुम्भकेन धारयित्वा रेचयेत् / इलापिंगलाभ्यां क्रमेण पूर्ववदभ्यसेद् इत्यर्थः / इलापिंगलाद्वारा वायोरभ्यासात् तत्क्रियां प्रति तयोरंगत्वमिति भावः // 23-24-25 //

अस्य फलमाह द्वाभ्या महाबन्धो हि सर्वनाडीनामूर्ध्वगतिं करोति / इलादित्रितयरूपिणी या त्रिवेणी गंगायमुनासरस्वतीरूपा तया प्राणवायोः सम्बन्धं करोति केदारं ब्रह्मरन्ध्रम् उन्मनीभावं वा प्रापयतीत्यर्थः // 26-27 //

महाबन्धं मतान्तरेण विधातुमुपन्यस्यति मतान्तरेत्विति कण्ठसंकोचरूपं कण्ठबन्धं न कुर्यादिति पूर्वार्द्धार्थः / दन्तानां राज राजदन्त इति समासः /

राजदन्तादित्वात् पूर्वनिपातः / तालुमूलद्वयं जिह्वयोत्तम्भयेदिति मुख्यपाठः // 28 //

महावेधं लक्षयितुं संगतिं वर्णयति सूपेति // 29 //

महावेधं लक्षयति त्रिभिः, कण्ठमुद्रया कण्ठसंकोचलक्षणयात्यन्तं वायूनां गतिं निरुध्य भूमौ न्यस्तहस्तयुगलो जंघाद्वयं समाकृष्य भूमिमत्यन्तं सन्ताडयेत् / तदा मध्यगो वायुः स्फुरन् इलादिसम्बन्धाद् अमृताय प्रगल्भते आपूरितवायोर विसर्जनकालमाह मृतेति // 30-31-32 //

स चोदरमांसवृध्यादिनिवर्त्तक इत्याह वलीति / वलितं पलितं कम्पनं निवर्त्तयतीति भावः // 33 //

महामुद्रादित्रयाणां प्रयोजनमाह द्वाभ्यां तत्तत्काले अष्टवारमभ्यासेन पुण्यसमुदायसंग्राहकं पापसमुदायनिवर्त्तकमित्यर्थः / यामं याममिति पाठे त्वत्यन्तसंयोगे द्वितीयेति भावः // 34-35 //

महाबन्धादिसमभ्यासिनां साधकानां प्रथमसाधनमाह सम्यगिति (36)

इदानीं खेचरीमुद्रां निरूपयति अथेति / कपालकुहरे ब्रह्मरन्ध्रे वक्ष्यमाणप्रकारेण प्रविष्टा जिह्वा अत एव विपरीतगा दृष्टिश्च भ्रूमध्यं गता सा खेचरीत्यन्वयः // 37 //

श्रीः / श्रीनिरञ्जनात्मकगोरक्षनाथाय नमो नमः / श्रीनाथाय नमो नमः / श्रीः /

खेचरीसिद्धौ चिह्नमाह / छेदेनेति जिह्वायाः छेदनचालनप्रादुर्भावैः वर्द्धते क्रियमाणे यदा सा भ्रूमध्यं स्पृशति तदा तत्सिद्धिरित्यर्थः // 38 //

जिह्वायाः छेदनोपायमाह त्रिभिः / पद्मपत्रतुल्येन सुतीक्ष्णशस्त्रेण शरीरस्थरोमाणि छिन्द्यात् / पश्चात् यथोचितं पथ्यं कृत्वा स्वकीयमंगं योगिप्रसिद्धचूर्णेन प्रघर्षयेत् / पुनः सप्तदिनानन्तरं तथैव रोमच्छेदनं कार्यमेवं च षण्मासाभ्यासेन रसनामूलबन्धो विनश्यतीति समुदायार्थः // 39-40-41 //

इदानीं जिह्वावर्द्धनोपायमाह / अथेति / संवादप्रारम्भार्थकोऽथशब्दः वेष्टितं वस्त्रं शनैरुत्कर्षयेत् / स चयमागमनकालं जानातीत्यर्थः // 42 //

शिरोवेष्टनवस्त्रलक्षणमाह / वितस्तीति // 43 //

मुखे प्रविष्टं वस्त्रं षण्मासानन्तरं बहिर्निष्कासयेत् तेन रसनावृद्धिरित्यर्थः/ अधोभागे चिबुकं तन्मूलं च क्रमात् प्रयाति तथा तिर्यक् श्रोत्रविलानन्तरमयि वर्द्धेत इत्यर्थः // 44-45 //

जिह्वायाः ब्रह्मरन्ध्रान्तर्गामित्वमाह पुनरिति / पूर्वजिह्वासदृशी द्वितीया जिह्वा ब्रह्मरन्ध्रमभिव्याप्य तिष्ठेदित्यन्वयः // 46 //

श्रीनाथाय नमो नमः /

जिह्वायाः ब्रह्मद्वारप्रवेशोपायमाह चतुर्भिः / अंगुल्यग्रेण तालुमूलं संघृष्य शरीरे स्थितं मलं विशोधयेदंगुल्यग्रेण पुनस्तालुमूलं संघृष्य जिह्वां तत्र प्रवेशयेत् तच्च मस्तकस्थमहावज्रमयं कपाटं भिनत्ति / एवं चैवमभ्यासशालिनो महायोगिनो

जिह्वा ब्रह्मद्वारं गच्छेदिति भावः // 47-48-49-50 //

तस्य प्रयोजनमाह / षट्चक्राणीति / तानि सिद्धसिद्धान्तपद्धतौ प्रसिद्धानि मूले स्थितकुण्डलिनी दण्डाहतसर्पवद् दीर्घीकृत्वाधःशिरा ऊर्ध्वपादो ब्रह्मग्रन्थ्यादित्रयं प्रकाररूपेण स्थितं भित्वा / अतो हेतोः प्राणं शिरोविलमलं नीत्वा चित्तेन नीतं प्राणम् एकीकृत्य लिंगामृतं यः पिबति स शिव इत्यन्वयः // 51 //

ऊर्ध्वेति / ब्रह्मरन्ध्रप्रविष्टजिह्वां सप्तधारारूपेण स्पन्दमानममृतपुञ्जमाह्लादप्रयोजकेन्दुवच्छीतलमंगं यस्येति विग्रहः / तस्मादिति अमृतपानादित्यर्थः / अत एव मृत्युः प्रेरितरोगाप्रसक्तिरत एव मृत्युर मरणप्रयोजकमार्गेण भ्रमित्वा तुष्णीं गच्छतीति भावः // 52 //

दिव्यकल्पं खेचरीमुद्राख्यं तन्मयत्वमिति / आकाशमयत्वमित्यर्थः / यथा कीटकविशेषो भृंगानुसन्धायी तन्मयो भवति तद्वत् // 53 //

श्रीगोरक्षनाथाय नमो नमः / श्रीः /

खेचरीमुद्राभ्यासिनो महासिद्धस्य काकचञ्चुवत् स्वकीयचञ्चुपुटं कृत्वा जलपानं कर्त्तव्यमित्याह / काकेति / जलपानप्राणायामाभ्यासाभ्यां निर्जरो भवतीति भावः // 54 //

त्रिपथे इलादिनाडीमार्गे ब्रह्मरन्ध्र इति यावत् / त्रिवेण्याख्ये आकाशतुल्ये मार्गे वा सञ्चरन् / तत्त्रिपथपरिवर्त्तनं खेचरीति व्योमचक्रमिति चोच्यते // 55 //

ऊर्ध्वगां कपालकुहरगामिनीभ्रूमध्यगामिनीं वा रसनां कृत्वेत्यर्थः //56 //

खेचरीं व्युत्पादयति खेति निरस्तस्सन्त्यक्तः क्रियाक्रमस्तत् तदा श्रमोचितक्रियाकलापो यस्मिन् तस्मिन् अखण्डनाथपरमानन्दस्वरूपे खे चरतीति खेचरी शिवैक्यप्रापिका किञ्च भवदुःखहारिणीत्यन्वयः // 57 //

सोमपानमिति अमृतपानमित्यर्थः // 58 //

पूर्वश्लोकफलितार्थं सदृष्टान्तं विशदयति / इन्धनानीति // 59 //

सोमकलेति खेचरीमुद्राभ्यासेनामृतकलापूर्णमित्यर्थः / तक्षकेन सर्पविशेषेण दष्टस्य विशसितस्य // 60-61-62 //

प्रकारान्तरेण खेचरीं व्युत्पादयति चित्तमिति // 63 //

येन कर्त्ता खेचर्यादिकरणेन छेदनचालनदोहैर्दीर्घीकृतो जिह्वा लम्बिका तदूर्ध्वदेशे स्थितं विवरं मुद्रितमिति सम्बन्धः // 64 //

योनिमुद्रयेति मन्त्रशास्त्रप्रसिध्ययेत्यर्थः // 65 //

हुताशनमिति योनिमण्डलमित्यर्थः // 66 //

गोमांसमिति संकेतवाक्यं विवृणोति द्वाभ्याम् // 68-69 //

श्रीनाथाय नमो नमः / श्रीनिरञ्जनात्मकगोरक्षनाथाय नमो नमः / श्री /

अमृतप्रस्रवणं सपरिकरमाह / नाभीति / येन कारणेनामृतं प्राप्यते तत्कारणं ज्ञातव्यमित्यन्वयः // 70-71 //

सूर्यस्यामृतपानप्रतारणापूर्वकं खेचर्यभ्यासिनस्तत्स्थानप्राप्त्युपायमाह विशुद्धेति द्वाभ्याम् / खेचरीमुद्राव्योमचक्रापरपर्याये विशुद्धे चक्रे चन्द्रकलाप्रसृतममृतं धृत्वा खेचरीमुद्रयामृतं निरुध्येति फलितोऽर्थः / ततः कन्धरावच्छेदेन स्थिते छिद्रविशेषे अमृतं धारयेदित्यर्थः / तस्मात् सुषिराद् एवं क्रमेण प्राप्तं स्वयमुच्छलितं शीघ्रगममृतं पातुं सूर्यस्य मुखं चञ्चलं सद्यः / तन्मुखममृताभिमुखं भवतीत्यर्थः / तदिति सूर्यमुखानुरोधिमार्गात् प्रच्युतममृत एव सूर्यमुखं वञ्चयित्वा मार्गान्तरेण गच्छतीति भावः // 72-73 //

सप्रयोजनममृतपानं सोपायं वर्णयत्यूर्ध्वमिति षोडशपत्राणि यस्मिन् पद्मे तस्मादूर्ध्वं यथा स्यात्तथा गलितममृतं प्राणैर्लब्धमूर्ध्वास्यः सन् रसनां सुषिरे नियम्य पिबेदित्यन्वयः / उत्कृष्टकल्लोलं चन्द्रकलाप्रसृतं जलमित्यर्थः // 74 //

रसग्रहणस्य प्रयोजनान्तरमाह चुम्बन्तीति / भ्रुवोरग्रमनिशं चुम्बन्ती छेदनादिभिर्दीर्घीकृता जिह्वा यदि क्षरकटुकाम्लैरमिश्रितदुग्धतुल्यं रसं गृह्णीयात्तदा शास्त्रादीनामनधीतानामपि स्वतःस्फुरणं भवतीति भावः // 75 //

श्रीः / निरञ्जनेऽखण्डनाथपरमानन्दस्वरूपे तिष्ठन्ति मुद्रापञ्चभिः प्रवाहैर्युक्तं सप्तभिर्वा युक्तं सत् यस्मात् सुषिरादमृतं प्रच्यवति तन्नाडीच्छिद्रं ज्ञानजनकं करोति तद्द्वारा सञ्चरन् महासिद्धः सर्वज्ञो भवतीति भावः // 76 //

तत्सुषिरं प्रस्तौति यदिति तद्वदिति महाकाशवद् व्यापकं तथा अमृतप्रवाहरूपाणां नदीनां मुखमित्यर्थः / चन्द्रशरीराच्च्युतं सारं यथा सूर्यो न गृह्णीयात्तथा बध्नीयादन्यथा कार्यसिद्धिर्न स्यादिति योजना // 77 //

खेचरीमुपसंहरति एकमिति सर्वत्रैकशब्दो मुख्यार्थो वेदितव्यः // 78 //

श्रीनाथाय नमो नम: /

इदानीं मूलमुद्रा निरूप्यते अथेति /पार्ष्णिभागेन योनिं सम्पीड्यापानमूर्ध्वम् आकृष्य गुदमाकुञ्चयेदित्यन्वयः // 79 //

मतान्तरेण मूलबन्धं लक्षयति अधोगतमिति // 80 //

पुनर्मतान्तरेण लक्षयति गुदमिति // 81 //

मूलबन्धमभ्यासेन परस्परं प्राणादयः / एकतां गता योगसिद्धिं कुर्वत इति सम्बन्धः // 82 //

तस्य प्रयोजनमाह अपानेति // 82 //

न केवलं युवत्वसिद्धिः किन्तु शरीरस्य नाश एव नास्ति इत्याह द्वाभ्यां प्रदीप्ते जठराग्नौ तच्छिखा दीर्घा वर्धते न वह्न्यपानप्राणा उष्णतां प्राप्तास्तेषामुष्णीभवनेन सर्वशरीरे जठराग्निः प्रदीप्तः सञ्चरति ततश्च मरणावस्थाप्रयोजककफाद्यप्रसर इति भावः // 84-85 //

तेनाग्न्यादिना सन्तप्ता कुण्डलनी दण्डाहतभुजंगीव दीर्घतां व्रजेदिति योजना // 86 //

दीर्घीभूता सा कुण्डलनी अपानवायुना सुषुम्नानाडीद्वारं मूलाधारबिलं वा प्रवेशिता सती ब्रह्मनाड्यन्तरं व्रजेदित्यन्वयः कुण्डलनी दीर्घीभावप्रयोजकत्वात् मूलबन्धोऽभ्यसनीय इति भावः // 87 //

श्रीनाथाय नमः /

मतान्तरेण सदृष्टान्तं प्रयोजनान्तरमाह द्वाभ्यां मूलेति / मूलाधारबिलमित्यर्थः // 88-89-90 //

मतान्तरेण सदृष्टान्तं बन्धविधानं प्रतिजानीते उड्डीनमिति // 91 //

विधेयमाह उदरेति / उदरे पश्चिमं तानमधोवाहिनमपानं प्राणं वा नाभेरूर्ध्वं कारयेत् // 92 //

प्रयोजनान्तरमाह / द्वाभ्यां सहजं स्वतः सिद्धं यथा स्यात्तथा सदाभ्यसेत् तानमिति प्राणस्य सञ्चलनं कुर्यादित्यर्थः // 93-94 //

पश्चिमतानं प्रकारान्तरेण वर्णयति द्वाभ्याम् / उक्तलक्षणे वज्रासने बद्धे सती गुल्फदेशसमीपेन मेढ्रं वा प्रपीडयेत् चिबुकं हृदि कृत्वा प्राणस्योर्ध्वसञ्चलनं कारयेत्तेन प्राणाः स्कन्धसन्धिं गच्छतीत्यर्थः // 95-96 //

उड्डीयानबन्धमुपसंहरति सर्वेषामिति / मूलमिति मूलबन्धोऽनायासेन सिध्यतीत्यर्थः // 97 //

जालन्धरबन्धं लक्षयत्यथेति // 98 //

जालन्धरपदं व्युत्पादयति बध्नातीति शिरोजालं बध्नाति चन्द्रकलाप्रसृतममृतं धारयतीति जालन्धरबन्धः // 99 //

श्रीनाथाय नमो नमः / श्रीनिरञ्जनात्मकगोरक्षनाथाय नमो नमः / श्रीनाथाय नमः /

तदेव स्पष्टयति जालन्धरेति // 100 //

बन्धत्रयं प्रस्तौति बन्धेति मूलोड्डीयानजालन्धरबन्धनं त्रयं साधनमित्यन्वयः // 101 //

पश्चिमतानविधिं सपरिकरं निरूपयितुमारभते मूलेति / मूलाधारस्थानमित्यर्थः / इलापिंगले स्तम्भेदित्यर्थः // 102 //

उक्तलक्षणं नाडीस्तम्भनं मध्यचक्रसंज्ञकं भवति सिद्धसिद्धान्तपद्धतौ प्रतिपादितानां षोडशाधाराणां निरोधने साधनं च द्वे नाड्याविति संग्रहवाक्यं विवृणोति इडेति सुषुम्नामार्गे पवनं सम्यक् चालयेदित्यर्थः // 103 //

अस्य प्रयोजनमाहानेनेति, पश्चितानविधिनेत्यर्थः // 104 //

द्वाभ्यां श्लोकाभ्यां प्रतिपादितं पश्चिमतानविधिमेकेन संगृह्णाति अधस्तादिति // 105 //

विपरीतकरणीं लक्षयत्यथेति / अत्रत्यश्लोकत्रयं खेचरीमुद्रा प्रघट्टके व्याख्यातम् // 106-107-108 //

विपरीतकरणमाहोर्ध्वनाभिरिति /ऊर्ध्वं नाभिरधस्तालु अधःशिरा ऊर्ध्वपादश्च तिष्ठेदित्यर्थः / फलितार्थमाहोर्ध्वभानुरिति भानुरत्र दहनस्वरूपो विवक्षितः //109-110-111 //

ऊर्ध्वनाभिरिति संग्राहकवाक्यं विवृणोति / अधःशिरेति // 112 //

वलितमौदरमांसं पलितं मुखात् प्रच्युतं जलम् // 113 //

वज्रोलीं लक्षयितुं प्रशंसति स्वेच्छयेति // 114 //

तत्र वज्रोल्यभ्यासे // 115 //

ऊर्ध्वं यथा स्यात्तथा बिन्दोराकर्षणं मेढ्रेणाभ्यसेदित्यर्थः शरेति मेढ्रनालेनेत्यर्थः / वायुसञ्चारकारणमिति बिन्दोराकर्षणं कारणमित्यर्थः // 116-117 //

शरीरस्य बिन्दुमूलकत्वात् तत्स्थितैर्बिन्दुधारणमूलकत्वादवश्यं बिन्दुधारणं वज्रोल्यभ्यासेन कर्त्तव्यमित्याह बिन्दुरिति // 118 //

नारीसंयोगे बिन्दुपतनं स्यादित्याशंक्य निरस्यति नार्या इति / पततो बिन्दोरूर्ध्वमाहरेदाहीयमाणं स्वयं चलितं बिन्दुमाकृष्येत्यन्वयः // 119-120-121 //

बिन्दुं विभजते स एवेति // 122 //

यदा पिंगलायां स्थितं लोहिताख्यं रजो बिन्दुना सहैकत्वं प्रतिपद्यते तदा दिव्यशरीरो भवतीति सम्बन्धः // 123 //

शिवः स्वरूपो बिन्दुरिन्दुदेवताकस्तद्देवताकनाड्यां वसतीति तद्देवताकत्वव्यपदेशस्तथा रजोऽपि योज्यमुभयोरिति तयोरेकीकरणादित्यर्थः // 124 //

रविस्थाने स्थितस्य लोहिताख्यस्य रजसो बिन्दुनैकत्वं प्रसाधितमिदानीं पाण्डुराख्यस्य चन्द्रस्थाने स्थितस्य बिन्दोरजसैकत्वं प्रतिपद्यते शुक्लमिति // 125 //

तत्फलमाह वायुनेति / प्रकृष्टशक्त्या प्रेरितेन वायुना बहिर्निष्कासितं रजो यदा बिन्दुनैकत्वं गच्छति तदा भवेदित्यन्वयः // 126 //

तयोः समरसत्वे चित्तेति चित्तस्य बहिर्विषयत्वनिरोधपूर्वकत्वात् शुक्लसंरक्षणस्येति भावः // 128 //

उक्तरीतिं नार्यामप्यतिदिशति ऋतुमत्या इति / मेढ्रेणेत्युपलक्षणम् // 129 //

वज्रोलीयोगं प्रशंसत्ययमिति // 130 //

सहजोलीं निरूपयितुमारभ्यते सहजोलिरिति वज्रोल्यपेक्षयानयोरीषद्भेदवत्वमिति व्यक्तिभविष्यति // 131 //

सहजोलीं लक्षयति / द्वाभ्यां वज्रोलीजन्यमैथुनादूर्ध्वं स्त्रीपुंसोरुक्तभस्मना यत्स्वांगलेपनं सा सहजोलिरित्यन्वयः / समासान्तविधेरनित्यत्वात् स्त्रीपुंसोरिति प्रयोगः // 132-133 //

भोगयुक्तोऽप्ययं योगो मुक्तिप्रद इत्याहायमिति // 134 //

उक्तयोगं नार्या योजयति पुंस इति स्त्रीपुंसयोः संयोगे योगिनः पुंसो बिन्दुं समाकृष्य यदि स्वकीयं रजो रक्षेत् तदा तच्छरीरस्थनादो बिन्दुमयो भवतीत्यन्वयः // 135-136 //

तदेकीभावस्य प्रयोजनमाह स इति / सदेहजै रजोभिः // 137 //

सहजोल्यभ्यासप्रसाधितसुधापानं वर्णयति पित्तेति / आद्यन्तधारयोर दोषवत्वान् मध्यधारा ग्राह्या कापालिकैर्महासिद्धैः शक्तिकलागतैरित्यन्वयः // 138 //

अमरोलीं लक्षयति / अमरीमिति / नासिकायै हितं नस्यं तस्मै हितमिति यत्प्रत्ययः / नेत्यादिह्यनस्यादिहृसंज्ञिकं कर्म कुर्वन् पिबेदित्यन्वयः // 139 //

तत्फलमाह द्वाभ्यामतीतेति / भूतभविष्यत्कालिकं वस्त्वित्यर्थः // 140-141 //

शक्तिचालनं निरूपयितुमारभ्यते कन्दोर्ध्वेति / मेढ्रादूर्ध्वं नाभेरधस्तात् स तिष्ठति सर्वनाडीनामुत्पत्तिकारणं कन्दमित्याचक्षते महासिद्धाः स च त्र्यणुकतुल्यः परमाणुतुल्यवति मतद्वयं तत्संगृह्य वक्ष्यति खगाण्डवदिति अवकाशस्थाणुवदित्यर्थः / तादृशकन्दादुपरिष्टात् प्रसुप्ता कुण्डलीत्यर्थः // 142 //

येन सुषुम्नामार्गेणाखण्डनाथपरमानन्दस्वरूपं प्राप्यं स्थानं तस्य मार्गस्य द्वारमाच्छाद्य निद्रातीत्यर्थः / अत एव मूढा बद्धा भवन्ति // 143 //

योगिनां मोक्षसाधनोपायमाहोद्‌घाटयेदिति // 144 //

मोक्षद्वारभेदनस्य फलमाह / कृत्वेति चेतसि ध्यानं कुर्वन् / अधस्तात् कुञ्चनादिना पूरितमपानवायुमूर्ध्वं यथा स्यात्तथा प्रोच्चालयन् तथा चापानः प्राणेनैकत्वं प्रतिपद्यते / ततश्च कुण्डलीबोधो भवति तेन च साधको मोक्षजननानुकूलं योगविशेषानुभवरूपं ज्ञानं लभत इति भावः // 145 //

श्रीगोरक्षनाथाय नमो नमः / श्रीः /

कन्दोर्ध्वेति संग्रहवाक्यं विवृणोत्यूर्ध्वमिति / अन्यद् व्याख्यातम् // 146 //

तत्र कन्दे प्रकृतोपयोगिन्यो नाड्य आह प्राधान्यादिति प्राणसञ्चारशालिन्य इत्यर्थः // 147 //

अथ दशनाड्यो नाम्ना निर्द्दिशति इडेति // 148-149 //

तास्वपि मुख्या सोमादिदेवताकास्तिस्रो नाडीर्लक्षयति / सततमिति तासां स्थानमाहेडेति // 150 //

प्राणनागादिकान् दशवायूनाह प्राण इति जीवरूपिण इति जीवत्वप्रयोजकत्वात् जीवरूपित्वमिति भावः // 152-153 //

प्राणाद्यधीनगतिशालित्वं जीवस्य दर्शयति / प्राणेति इलापिंगलाभ्यां गच्छद्भ्यां प्राणापानाभ्यां सह जीव ऊर्ध्वमधश्च प्रधावति / अत एव चञ्चलत्वे न दृश्यतेति भावः // 154 //

सदृष्टान्तं जीवस्य गमनमाक्षिप्त इति // 155 //

चलतो जीवस्याकर्षणं सदृष्टान्तमाह / रज्जुबद्ध इति / श्येनपक्षिविशेषगुणबद्ध इति सत्वादिभिर्बद्ध इत्यर्थः / अन्यथा अखण्डपरमानन्दस्वरूपस्य जीवपदलक्षस्य शुद्धचैतन्यस्य कर्षणादेरसम्भवादिति भावः / प्राणापानेनेति समाहारः द्वन्द्वः // 156 //

श्रीः / प्राणापानयोरपि परस्परमाकर्षकत्वमाहापान इति / गुदहृदययोः स्थिताविर्त्यर्थः // 157 //

हंसमन्त्रस्य योजनमाह / हकारेणेति // 158 //

षट्शताधिकैकविंशतिसहस्रसंख्यायुक्तं मन्त्रं जीवो नित्यं जपतीत्याह शतानीति // 159 //

नन्विदमसंगतमित्यत आहाजपेति न विद्यते जपो यस्या इति विग्रहः / विनैव यत्नं अनायासेन जपो भवतीति भावः // 160 //

अनया सदृशीत्याद्याः श्लोकाः प्रायेणाव्याख्याताः सर्वविद्यानां कुण्डलीत उत्पत्तिमाह कुण्डलिन्या इति // 161-162-163-164-165-166 //

गंगायमुनयोरिति संकेतवाक्यं व्याचष्टे / इडेति बालरण्डेति तद्ववदतिपवित्रेत्यर्थः // 167 //

सर्पाकारां कुण्डलिनीं पुच्छं गृहीत्वा हठाभ्यासेनोद्बुध्योध्वमाकर्षयेदित्याह / पुच्छमिति // 168 //

वह्निना सन्तप्ता सती मनोमारुताभ्यां सह गच्छतीति अन्वयः // 169 //

शक्तिचालनं प्रशंसति येनेति // 170 //

शक्तिचालनप्रकारमाह / परितः कुण्डलितसर्पवत् स्थिताया कुण्डलीं सूर्य-नाड्या वायुमापूर्य कुम्भयित्वा तामुद्बुध्य नित्यं परिचालयेदित्यर्थः // 171 //

भस्त्रिकासंज्ञककुम्भकाभ्यासेन कुण्डलीबोधनं कर्त्तव्यमित्याह वज्रेति // 172 //

कालं जयति लीलया इत्युक्तमुपसंहरति / वायुरिति / मृत्युप्रेरितरोगसहस्रावृतस्यापि महासिद्धस्य न कालभयमित्यर्थः // 173 //

फलान्तरं वर्णयति नासेति / पिंगलामार्गसञ्चारिवाय्वपेक्षया प्राणोऽतिदीर्घीकृतो येन तं विशिनष्टि चन्द्राभ इति / कण्टग्थितघण्टिकासमानाकारग्रन्थिविशेषादूर्ध्व स्थितान्

कालरूपविशालवह्निवशगान् भूरन्ध्रनगगणान् भिन्दन् स्वकीयं शरीरं जीर्णद्रुमस्य स्कन्धवदत्यन्तनवीनं कुरुत इति सम्बन्धः // 174 //

उपदर्शितसिद्धिं दृष्ट्वा यमो विभेतीत्याह / द्वाभ्यां भस्त्रिकासूर्य भेदनमुज्जायीशीतलीकुम्भकान् कुर्वाणस्तान् प्रतीतिभावः // 175-176 //

प्राणस्य सुषुम्नागामित्वं दर्शयति द्वाभ्यामत्यन्तचालनेनोर्ध्वं यथा स्यात्तथाकर्षयेत्तेनाकर्षणेन सुषुम्नायास्सकाशान्निष्कासिता अत एव सुषुम्नां त्यजति तथा च सुषुम्नाद्वारमनर्गलं करोतीत्यर्थः / तस्य प्रयोजनमाह तस्मादिति // 177-178 //

शक्तिचालनमुपसंहरति तस्मादिति // 179 //

शक्तिचालनाभ्यासिनः सिद्धिं दर्शयति / ब्रह्मचर्येति // 180 //

सुधामिश्रितविभूतिधारणं सप्रयोजनमाहाभ्यासादिति // 181 //

शक्तिचालनं नाडीशोधने मुख्यसाधनमित्याह / द्वासप्ततीति // 182 //

कुण्डल्यभ्यासं विनान्यत्राभ्यासो वृथेत्याह / मारुतस्येति // 183 //

सप्रयोजनं सदृष्टान्तमुपदेशार्थं स्तुवन्नुपसंहरति अतिशुद्धा इति // 184 //

यथा महीपालं चन्द्रमसं विना पृथ्वीनिशे न राजेते तथा राजयोगाभ्यासेनैव मुद्रा शोभां धत्ते इति निरवद्यम् // 185-186-187 //

बालकृष्णो दाक्षिणात्यो मानसिंहप्रसादतः /
योगशास्त्रेषु गाम्भीर्ये लब्धवान् गतिमुत्तमाम् //

इति श्रीहठप्रदीपिकाव्याख्यायां योगप्रकाशिकायां पञ्चमोपदेशः // 5 //

योगप्रकाशिका
yogaprakāśikā

Chapter VI

आसनप्राणायामप्रसाधितनिवृत्तरोगपापेन साधनावधूतयोगिना कर्त्तव्यानि क्रमप्राप्तानि प्रत्याहारधारणाध्यानानि निरूपयितुं षष्ठोपदेश आरभ्यते अथेति / प्रत्याहारसामान्यलक्षणमाह / चरतामिति / रूपादिविषयेषु गच्छतां ज्ञानेन्द्रियाणां विषयेभ्यः परांमुखीकरणं प्रत्याहार इति योजना // 1 //

सदृष्टान्तसप्रयोजनं प्रत्याहारं दर्शयति द्वाभ्याम् / तृतीयकाले सन्ध्याकाले आसनापेक्षया तृतीयांगे प्रत्याहार इति यावद्विकारं कामक्रोधादिरूपम् // 2-3 //

प्रत्याहारं विषये विशेषरूपेण दर्शयति पञ्चभिः / एतेन तुल्ययुक्त्या इन्द्रियवत् विषयाणां तज्ज्ञानतरंगाणां चात्मनि प्रत्याहारो वेदितव्यः // 4-5-6-7-8 //

पुनः प्रत्याहारं मतान्तरेण लक्षयति / चन्द्रेति / इदं विपरीतकरणीप्रघट्टके व्याख्यातप्रायम् // 9 //

धारणां लक्षयितुं प्रत्याहारेण संगतिं दर्शयति अथेति यथासनस्य प्राणायामांगत्वमुपदर्शितं तथा प्रत्याहारस्य धारणांगत्वमित्याहासनेनेति // 10 //

मनोनैश्चल्यप्रयोजिकाया हृदये पञ्चभूतानामवस्थितिः साधारणपदवाच्येत्यन्वयः // 11 //

विशेषरूपेण धारणामाह / या पृथ्वीति / तत्वपदवाच्या लंबीजयुक्ताधिष्ठात्रा ब्रह्मणाक्षिप्तौ ब्रह्मा जले विष्णुरित्यादिना पञ्चभूताधिष्ठात्री देवता निरूपितास्तत्र पृथिव्या चित्तान्वितं प्राणं पञ्चघटिकाभिव्याप्य धारयेद इत्यर्थः // 12 //

एवमेवाग्निमां चतस्रो धारणा योजयितव्या // 13 //

यदि तालुमूले स्थितं रंबीजयुतम् // 14 //

यदिति चूर्णीकृताञ्जनपुञ्जसदृशं वृत्तं वर्त्तुलाकारमिति कश्चिद् वृत्तं स्थितमिति तत्वं यंबीजयुतम् // 15 //

श्रीः / आकाशमिति नादरूपेण सदाशिवेन सहितं बीजयुतम् // 16 //

आसां प्रयोजनं दर्शयति स्तम्भनीति / सर्वत्र करणे ल्युट // 17-18 //

ध्यानं लक्षयत्यथेति सर्वचिन्तानिवृत्तिपूर्वका या तत्वविषयिणी चिन्ता तद ध्यानमित्यर्थः // 19 //

ध्यानं विभजते द्विविधमिति वर्णेति / उपासनोपयोगी धर्मो वर्णस्तत् / भेदेनेत्यर्थः // 20 //

श्रीनाथजी / ध्यानमुद्रां लक्षयत्यन्तरिति / तत्वविषयकं मनः कुर्वन्नेव हि इति निवर्त्तकरण इन्द्रियग्राम इत्यर्थः / ग्रीवाशिरः प्रवृत्तेः समत्वमिति भावः // 21 //

आकाशध्यानं दर्शयति / बहिरन्तरिति व्यापकमित्यर्थः / शुद्धं स्वच्छं निरालम्बं साकारनिराकारभिन्नं निरामयमुत्पत्त्यादिरहितं तस्य परमात्मस्वरूपत्वं निःशब्दं च परं ब्रह्म परमात्मेति गीयते इत्यादिना व्यवस्थापितम् // 22 //

क्रमप्राप्तं वायुध्यानं दर्शयति परमानन्देति / सुषुम्नायां स्वस्य गमनद्वारा ब्रह्मानन्दप्रयोजकत्वमधस्तादुक्तं वागिति मौनिः ध्यायेदिति भावः // 23 //

तेजोध्यानमाह तदिति प्रसिद्धमित्यर्थः प्रज्वलत् प्रकाशयत् // 24 //

अपां ध्यानमाह / पीयूषेति // 25 //

पृथ्वीध्यानमाह / आभूधरेति / भूधराकुलनामानः पर्वतास्तदभवा उपपर्वतास्तैर्व्याप्तं आ इति भिन्नं पदम् / भूतसंकुलमित्यत्रान्वेति // 26-27 //

आधारचक्रं लक्षयति आधारमिति / आधारपूर्वकं योनिरिति कामाक्षीति निगद्यते // 28 //

तदधिकरणकमात्मध्यानं प्रयोजनं लक्षयत्याधारेति सर्वचक्रापेक्षया प्राथम्यं विवक्षितम् // 29 //

स्वाधिष्ठानचक्रं लक्षयति स्वेति // 30 //

मणिपूरचक्रं लक्षयति / मणीति / यथा मणयः पत्राणि च तन्तुना पूर्यन्ते तथा वायुना वपुः पूर्यते तत्र परिमण्डलाकारम् // 31-32 //

हृत्पद्मचक्रं लक्षयति ऊर्ध्वमिति / तत्र वितस्तिपरिमाणके देशे कन्दलक्षणमध्यस्ताद् व्याख्यातं तच्चाधोमुखम् // 33-34 //

सदृष्टान्तं दर्शयति अष्टपत्रमिति // 35 //

हृत्पद्मस्थगुणानाह शब्द इति // 36 //

तत्रत्यदोषानाहोत्पत्तिरिति // 37 //

तत्रत्यराजसान् गुणानाह / शृंगारेति // 38 //

क्षमादिकान् भावानाह क्षमेति // 39 //

तामसगुणानाह जाड्यमिति // 40 //

मिश्रितानाह द्वाभ्यां स्वच्छन्द इति भावप्रधानो निर्देशः // 41-42 //

विश्वासप्रवृत्तयोऽष्टौ भावा स्थायिनोऽन्ये च पूर्वदर्शिता भावाः कादाचित्का त्रिविधान् गुणानुपसंहरति // 43 //

ज्ञानमिति इन्द्रादिदेवताष्टकम् // 44 //

हृत्पद्मचक्रमुपसंहरति विद्युत्प्रभेति // 45 //

विशुद्धचक्रं व्युत्पादयति विशब्देनेति // 46 //

तत्र ध्येयमाह / निर्गुणमिति // 47 //

मुख्यप्रयोजनमुक्त्वान्यदप्याह द्वाभ्यां लम्बिकायुक्ते चन्द्रमण्डले // 48-49 //

ध्यानान्तरमाह भ्रुवोरिति // 50 //

आज्ञाचक्रं लक्षयत्योंकार इति // 51-52 //

नवध्यानस्थानान्याह गुदमिति // 53 //
कथितानीति उपाधीति / अनन्तरमेव व्याख्यास्यति // 54 //

एषु उपदर्शितनवस्थानेषु गोरक्षेति विवेकमार्त्तण्डे श्रीगोरक्षनाथेन विस्तरेणैतन्निरूपितं तत्रत्यश्लोका एव प्रायेणास्मिन्नुपदेशे पतिता इत्याकूतम् // 55 //

उपाधीति संग्राहकं व्याचष्टे उपाधिश्चेति वर्ण उपासनोपयोगी गुणः // 56 //

वस्तुगत्या निर्गुणत्वेन स्थितस्य सगुणत्वेन ज्ञानमुपाधिस्तदपेक्षया प्रकारान्तरेण परमात्मतत्त्वस्थितिरिति भावः // 57 //

ध्यानयोगं प्रशंसति / अश्वमेधेति // 58 //

उपदेशार्थमुपसंहरति वज्रासन इति // 59 //

इति श्रीहठप्रदीपिकायां व्याख्यायां योगप्रकाशिकायां षष्ठोऽध्यायः 6 //

योगप्रकाशिका
yogaprakāśikā

Chapter VII

ध्यानसञ्जाताद्भूतैश्वर्यशालिना साधनावधूतयोगिना कर्त्तव्यं क्रमप्राप्तं समाध्यपरपर्यायं सर्वयोगापेक्षया शिरोमणिं राजयोगं निरूपयितुं सप्तमोपदेश आरभ्यते / अथेति / शिष्टाचारप्राप्तं मंगलं ग्रन्थमध्ये रचयति नय इति / यत इति ल्यपलोपे पञ्चमीयं सन्धाय अखण्डनाथपरमानन्दस्वरूपं प्रतिपद्यते शिवात्मको नादः शक्तिर्बिन्दुः कला इच्छा तत् तृतीयात्मन तस्मै नमः शिवायेत्यर्थः // 1 //

समाधिभेदान् लक्षयितुं प्रतिजानीते / अथेति समाधिक्रमः समाधिभेदस्तथा च नानाविधान् समाधीन् प्रतिपादयिष्यामीत्यर्थः // 2 //

विवेकमार्त्तण्डोक्ताः समाधिभेदाः निरूप्यन्ते त्रिभिः समत्वमैक्यं समस्तो नष्टः संकल्पो यत्र समाधिः // 3 //

समाध्यन्तरमाह अम्बुसैन्धवयोरिति // 4 //

समरसत्वमेकरसत्वमिति यावत् // 5 //

समाधियोगिनामवस्थानमाह / न गन्धमिति // 6 //

राजयोगोपदेष्टुगुरोर्गौरवं दर्शयति राजयोगस्येति / ज्ञानं योगानुभवः स्थितिरैहिकी सिद्धिरणिमाद्याः // 7-8 //

फलतस्तन्मयत्वं प्रतिपादितं सदृष्टान्तं दर्शयति / दुग्धमिति // 9 //

राजयोगेति पद्यं व्याख्यातम् // 10 //

उक्तराजयोगसिद्धये हठयोगोऽवश्यमभ्यसनीय इत्याह तस्मादिति /11 //

विनैवासनादिभिः समाधिमात्रेणैवानर्गला सुषुम्ना स्यादित्याह विनापीति 12

राजयोगहठयोगयोरेकं प्रयोजनं दर्शयत्यभ्यासेनेति / मुद्राणामभ्यासेन समाधिना चोन्मनीभवनमुदेतीत्यन्वयः / नन्वेवं द्वयोः समप्राधान्यं स्यादिति चेदिष्टापत्तिरित्याह / सर्वयोगस्येति सर्वयोगस्यायं मार्गो यदुन्मनीं जनयतीति भावः //13 //

उन्मन्यपरपर्यायसहजावस्थां सदृष्टान्तं गौरवयति दुर्लभ इति // 14 //

यद्येवं न स्यात्तदा सर्वं दाम्भिकमित्याह / यावदिति / सुषुम्नामार्गं यावद् वायुर्न प्रविशति यावच्च वज्रोल्यभ्यासेन बिन्दुर्न बद्धः यावच्च कुम्भकादिना प्राणो न स्थिरीकृतः यावच्चाकाशतुल्यमात्मतुल्यं च चित्तं न जातं तावदित्यन्वयः // 15 //

यदा संक्षीयते प्राण इत्युक्तं व्याचष्टे विविधैरिति विचित्रैर्नेत्यादिकर्मभिः प्रबुद्धायां दण्डाहतसर्पवद् ऋजुत्वं प्राप्तायां कुण्डलिन्यां सत्यामखण्डनाथरूपे शून्ये विलीयत इत्यर्थः // 16 //

इत्थं च सहजावस्था स्वयमेव प्रकाशत इत्याह / उत्पन्नेति // 17 //

त्यक्तनिःशेषकर्मत्वं साधयितुं सुषुम्नेति // 18 //

प्राणमनसोर्लयं विना न मोक्ष इत्याह / ज्ञानमिति // 19 //

श्रीनिरञ्जनात्मकगोरक्षनाथाय नमो नमः / श्रीः /

रसस्येति वायोरित्यपि पूरणीयमन्यथा रसो वायुश्च भैरवीत्यस्यां गत्यापंत्तेरिति भावः // 20 //

किं न सिध्यतीत्युक्तं विशिष्य दर्शयति मूर्च्छत इति बद्धो रसो वायुश्च खेचरत्वं सम्पादयति तथा मनश्च बद्धमुन्मनीभावमिति गूढाभिप्रायः // 21 //

प्राणादीनां लयं दर्शयतीन्द्रियाणामिति / मनःप्रेर्यत्वादिन्द्रियाणां तन्नाथत्वं तस्येत्यर्थः / लयनादौ वक्ष्यमाणलक्षणौ // 22 //

नादप्राणमनसा लयो मोक्ष इति सिद्धसिद्धान्तमाहायमेवेति /23 //

लयं विशिनष्टि सकलेति // 24-25 //

उक्तमोक्षे साधनकलायं संक्षेपतो दर्शयति पञ्चभिः / रुद्राणीति सम्बोधनं पञ्जरे शरीरे शेषाः शक्तयः // 26 //

संस्थाने ब्रह्मस्थाने तिष्ठन् ब्रह्मरन्ध्रे प्राणं निरुन्ध्यात् // 27 //

हित्वा निरुध्य शरीरस्थितनाडीभेदान् विदित्वा मध्ये सुषुम्नामार्गे //28 //

यस्माद्वायुः शरीरे परितो गच्छति तस्माद्वायुस्सुषुम्नायां प्रविशेदित्यन्वयः // 29 //

तथा चोन्मनीभावापरपर्यायमोक्षसिद्धिरित्याह सुषुम्नेति // 30 //

वायुमनसोरेकजातीयधर्मवत्वं साधयति त्रिभिः / येन कुम्भादिना तयोः प्राणमनसोर्मध्ये // 31-32 //

यत इति यं विषयं प्राप्य मरुत्प्रवर्त्तते तत्र विषये मनःप्रवृत्तिर्यस्माद् विषयात् मनो निवर्त्तते ततो मरुदपि तत्र तयोर्मध्ये एकस्य स्थितावपरस्य स्थितिरित्यन्वयः // 33 //

यत्रेति यत्र दृष्टिर्लयस्तत्र भूतानामिन्द्रियाणां च लयः पवनप्रवृत्तीनां लयेन यत्सिषाधयिषितं तदाह स्यादिति / यदा सर्वाणि भूतानि दृष्टिश्चाखण्डनाथेनैकीभूतानि भवन्ति तदा खेचरी शक्तिः सम्पूर्णा भवतीति भावः // 34 //

खेचरीमुद्रामहिमानं दर्शयति वेदेति शम्भोरागता शाम्भवी // 35 //

श्रीनाथाय नमो नम: /

अन्तरिति / अन्तःस्थितात्मवस्तुविषयिणी भ्रूमध्यगोचरा दृष्टिः शाम्भवी-मुद्रा // 36 //

अन्तर्लक्ष्ये विलीनौ चित्तपवनौ यस्येति विग्रहो निश्चला ज्योतिःस्वरूपा तारा यस्यास्तया दृष्ट्या / बहिर्विषयं पश्यन् अप्युदासीन इत्यर्थः / ततश्च गुरुभूतात् युष्मत् प्रसादात् साकारनिराकारविवर्जितं तत्वं स्फुरतीति भावः 37 //

अर्द्धेति अर्द्धमुद्घाटिते उच्चालिते लोचने यस्य स तत्पदमेतीत्यन्वयः / निष्पन्दभावं सर्वविकाररहितं तच्च तदान्तरमन्तःस्थितं वाच्यमिति / इतोऽधिकं न किञ्चिद्वस्त्वस्तीति भावः // 38 //

केचिदिति / वैखानसाद्यागमसमुदायेन // 39 //

शाम्भवी खेचरीपर्यायेत्याह श्रीति / ज्योतिःपुञ्जेऽखण्डनाथस्वरूपे तारां मेलयित्वा भ्रुवौ किञ्चिदुच्चालयेत् // 40 //

मुक्तेति सन्धाय सम्यक् कृत्वा लिंगं लीनं तिरोहितमखण्डनाथस्वरूपम्41

एतादृशशाम्भवीमुद्रायुक्तस्य महासिद्धस्य विनैव पूजामययलतः सदा पूजा घटत इत्याह सततमिति // 42 //

सुषिरमिति पद्यं व्याख्यातम् // 43 //

खेचरीप्रसंगात् विशेषान्तरमाह सोमेति / इलापिंगलयोर्मध्ये यन्निरालम्बमाकाशस्वरूपं तलमस्ति तत्र स्थान इत्यन्वयः // 44 //

उक्तलक्षणे व्योमचक्रे // 45 //

इलापिंगलयोर्मध्ये या सुषुम्ना तिष्ठति तस्या मुखे मारुतं पूरयेदित्यन्वयः // 46 //

मारुतं प्रथमं पूरयेत्ततश्च निश्चलया खेचर्योन्मनीभावसिद्धिरिति भावः// 47 //

योगरूपा निद्रा निर्विकल्पकसमाधिरूपा सञ्जाता अस्येति विग्रहः 48 //

कालो नास्तीत्युक्तं दृढयति / भुवोरिति शिवस्थानं शिवस्वरूपं स्थानं तुर्य पदा विधेयं तज्ज्ञानात् कालनिवृत्तिरिति भावः // 49 //

श्रीनाथाय नमो नमः /

व्योमचक्रे व्यवस्थितां खेचरीमिलापिंगलयोर्मध्ये कुर्यादित्यन्वयः //50 //

निरालम्बं निर्विषयं सर्वचिन्ताभावविषयिणी चिन्ता कार्या नेत्याह / स बाह्येति // 51 //

एवं सति बाह्यवायुवत् / आन्तरोऽपि प्राणः सन्ध्याकाले सूर्योऽग्नाविव वायौ लीयत इत्याह बाह्येति // 52 //

खेचरीमार्गाभ्यासस्य प्रयोजनमाह द्वाभ्याम् // 53-54 //

अथ शाम्भवी निरूप्यते शक्तीति शक्तिमनसोरैक्यं कृत्वेत्यर्थः / तथा च निर्विषयं मनः कुर्वन् परमपदं लभत इति भावः // 55 //

खेति सर्वतत्वानामात्मा तन्यत्वं सम्भाव्य घटवत्तिष्ठेदिति भावः //56 //

परमदृष्टान्तमाहान्तरिति // 57 //

न किञ्चिदपि चिन्तयेदित्युक्तं विशिष्य दर्शयति बाह्येति // 58 //

जगतां वासनामात्रपरिकल्पितत्वात् तां त्यक्त्वात्मशान्तिं लभस्व इत्युपदिशति संकल्पेति संकल्पो वासनानिर्विकल्पं साकारनिराकारातीतं समाधिना अनुभूय इत्यर्थः // 59 //

मनस्तत्वे लयं सदृष्टान्तं दर्शयति कर्पूरमिति / सन्धीयमानं समाधिना दग्धपर्णवत् निर्वासनीकृतम् // 60 //

तत्वं दर्शयति निराद्यन्तमिति / उत्पत्त्यादिरहितमालम्बनरहितं यथा फलादिवृक्षादिकमलं व्यतिष्ठति न तथा निष्प्रपञ्चमसंगम् // 61 //

व्योमवद् व्यापकं निःशब्दव्योमस्वरूपं वा // 62 //

उक्तब्रह्मसम्प्राप्तौ ज्ञेयज्ञानमनसामेकीकरणं साधनं नान्यद् इत्याह / ज्ञेयमिति / सर्वात्मकमतीतं ज्ञेयं ज्ञानं तदनुभवत्रिपुटीसमरसकरमेव मोक्ष इति भावः // 63 //

अन्वयव्यतिरेकाभ्यां मनः कल्पितं द्वैतमित्याह / मनोदृश्यमिति / मनःकल्पितमित्यर्थः // 64 //

उन्मनीभावं दर्शयति ज्ञेयेति // 65 //

अपुनरिति न विद्यते पुनर्वासनाया उत्थानं यत्रेति विग्रहः / लयपर्यायमाह विलयेति // 66 //

उपदेशार्थमुपसंहरति / एवमिति / समाधिमार्गाः समाधिभेदाः स्वानुभवारूढाः नानाविधसाधनयुक्ताः पूर्वाचार्यैः श्रीगोरक्षनाथप्रभृतिभिः प्रतिपादिता इति निरवद्यम् // 67 //

इति श्रीहठप्रदीपिकाव्याख्यायां योगप्रकाशिकायां सप्तमोपदेशः // 7 //

श्रीनाथाय नमो नमः / श्रीः //

योगप्रकाशिका
yogaprakāśikā

Chapter VIII

सप्तभिरुपदेशैर्यमादिसमाध्यन्ता मुख्याधिकारिविषया योगा निरूपिताः / इत उत्तरं मन्दाधिकारिविषयकं नादोपासनं सपरिकरं निरूपयितुमष्टमोपदेश आरभ्यते / नादोपासनांगं मंगलमारचयति / सुषुम्नाया इति चिदात्मकं महाशक्तिविशेषणं तच्च शिवस्याभ्यन्तरे शक्तिः शक्तेरभ्यन्तरे शिवः / अन्तरे नैव जानीयाच्चन्द्रचन्द्रिकयोरिवेत्यादिना <u>सिद्धसिद्धान्तपद्धतौ</u> पिण्डपदसमरसभावप्रघट्टके बहुधा निरूपितं अन्यद् व्याख्यातप्रायम् // 1 //

यद्यप्युन्मन्यवाप्तये कुम्भकादीनि बहूनि साधनान्युपदिष्टानि तथापि द्वौ मार्गौ साधनतमावित्याह / उन्मनीति परमसौख्यं सार्वभूमादिपदप्राप्तिजन्यम् //2 //

श्रीगोरक्षनाथोपदिष्टनादानुसन्धानयोगस्य गौरवं दर्शयति // 3 //
श्रीगोरक्षनाथाय नमो नमः / श्रीः /
श्रीआदिनाथेनेति / पूर्वोपदेशोक्तनानाविधलययोगापेक्षया मन्दोद्दिधीर्षया प्रवृत्तस्य सुलभकारणकलापस्य धंन्यतमत्वं युक्तमिति भावः // 4 //

नादानुसन्धानयोगिनः साधनमुपदिशति / श्रवणेत्यादिना सुषुम्नाशरणं गृहं यस्य स नादः साधनावधूतयोगिनानुसन्धेय इत्यर्थः // 5 //

मुक्तेति पद्मासनप्रघट्टके व्याख्यातं शाम्भवीं खेचरीम् // 6 //

सर्वेति जीवात्मपरमात्मनोरैक्यं योगस्तत्साम्राज्यलक्ष्मीमिच्छता साधनावधूतयोगिनेत्यर्थः // 7 //

असंगो भूत्वा नादमेवानुसन्ध्यादिति भावः // 8 //

साधनान्तरमाह शीतेति / शीतनिवारणार्थं वस्त्रं वा पर्णकुटिका वा सम्पाद्या / भक्ष्ये विषये भिक्षा वा श्रेष्ठमारण्यकन्दं वा भोज्यपात्रापेक्षायां द्रोणपरिमाणसदृशिपाणिद्रोणि खर्परो वा // 9 //

सर्वेति तेन नादेन सह चित्तं विलीयते // 10 //

तदेव सदृष्टान्तं विशदयति काष्ठैरिति // 11 //

यत्र नादेन चित्तं विलीयते तं सदृष्टान्तमाह / विस्मृत्येति // 12 //

नादेति प्ररूढं प्रादुर्भूतमानन्दं श्रीगुरुनाथ एव जानाति नान्यः // 13 //

श्रीनाथाय नमः /

कर्णाविति पिधायाच्छाद्य ध्वनिं ध्वनिसामान्यं तत्र ध्वनौ स्थिरं यथा भवति तथा चित्तं कुर्यात् यावत् स्थिरं च तत्पदं वाखण्डनाथपरमानन्दस्वरूपं प्रपद्यते तावदित्यर्थः // 14 //

नादानुसन्धानस्य प्रयोजनमाहाभ्यस्यमान इति बाह्यतां बहिर्विषयाभिमुखतां चित्तस्य निवर्त्तयतीत्यर्थः/ विक्षेपविक्षेपशक्तिम् //15-16 //

नानाविधत्वं दर्शयत्यादाविति आदौ मध्ये अन्ते च देहमध्यगं नादं श्रूयमाणं सदृष्टान्तं दर्शयति जलधीति // 17-18 //

तत्र भेर्यादिजन्ये महति ध्वनौ सत्यपि सूक्ष्मतमं नादमेवानुसन्दध्यादिति भावः // 19 //

नादमेवेत्यवकारव्यावर्त्त्यं दर्शयति / ध्वनिमिति सूक्ष्मे सूक्ष्मतमे वा नादविशेषे ध्वनौ महति शब्द इति भेदः / अतो ध्वनिसूक्ष्मान्यतरस्यात्मनो न चालयेत् // 20 //

तथा च येन केनापि नादेन चित्तलयः सम्पाद्य इत्याह यत्रेति // 21 //

नातः प्रचालयेदित्यनेन लब्धं विषयपरांमुखीकरणं सदृष्टान्तं विशदयति मकरन्दमिति पुष्परसमित्यर्थः // 22 //

विषयं न हि कांक्षतीत्युक्तं सहेतुकं दृढयति नादेति // 23 //

न हि धावतीत्युक्तं पुनः समर्थयति मन इति निरोधने बहिर्गमनप्रतिबन्धकरणे // 24 //

अन्तरंगेति तुरंगवद्वेगशालिनो मनसो निरोधे नादोपास्ति सदृशं साधनं नेति भावः // 25 //

बद्धमिति / सन्त्यक्तं चापल्यं येन तन्मनो नादेनैक्यं प्रतिपद्यते त्यक्तचापल्येत्यत्र दृष्टान्तः पक्षच्छिन्नेति तद्वन्निश्चलं सदित्यर्थः // 26 //

तावदिति पद्यं व्याख्यातम् // 27 //

नादयोगं प्रशंसति यत्किञ्चिदिति // 28 //

नाद इति शक्तिरूपो नादो ज्ञेयस्तज्ज्ञानं सदाशिवरूपं तयोर्लये सत्युन्मनीभावः शिष्यत इत्यर्थः // 29 //

नादो यावदितीदमपि पद्यं व्याख्यातप्रायम् // 30 //

पार्यवसितार्थमाह सदेति // 31 //

नादभेदा बिन्दुभेदाश्चाखण्डनाथपरमानन्दस्वरूपे लीना भवन्ति इत्याह / नादकोटीति // 32 //

किमप्रस्तुतप्रसंगेनापि तु परमानिष्टे यमादिनाथमत्स्येन्द्रनाथसंवादरूपेण संक्षिप्य दर्शयति / काष्ठेति द्वाभ्याम् // 33-34 //

चतस्रो योगावस्था दर्शयत्यथेति // 35 //

श्री / ब्रह्मग्रन्थे रजोगुणजन्यका कामक्रोधादिसमुदायस्य भेदनात् नादानन्दजनक अखण्डनाथपरमानन्दसम्भव अनाहतो नादनाख्यसंयोग-जन्यशब्दध्वनिसदृशो नादयोगाभ्यासकाले देहे हृदये शून्ये हार्दाकाशे श्रूयत इत्यर्थः/ इदानीमयं साधको योगवान् भवतीति भावः // 36-37 //

घटावस्थां दर्शयत्यथेति / घटावस्थायां शरीरं समग्रीवशिरःकायं कृत्वा वायुः सुषुम्नानाडीगो यथा स्यात्तथा कार्यः // 38 //

विष्णुग्रन्थेः सत्वगुणकार्यसमुदायस्य भेदादतिशून्ये महासिद्धप्रसिद्धे // 39 //

परिचयावस्थां दर्शयत्यथेति तस्यां विष्णुग्रन्थिभेदं जित्वा सर्वदेहव्यापी ध्वनिर्जायमानो महाशून्यं प्रतिपद्यते शून्यातिशून्यमहाशून्यानि महासिद्धसंकेतसमधिगम्यानि सहजेति / उन्मन्यवस्थाकालिकानन्दप्रभवः // 40-41 //

परिपक्वावस्थामाहाथेति / तमोगुणकार्यसमुदायं जित्वा सर्वचक्रगतो वायुर्निष्पत्त्यवस्थायां वेणुसम्बन्धीशब्दतुल्यो योगीश्वरोऽखण्डनाथस्तत्तुल्य इत्यर्थः // 42-43 //

अस्त्वीति अत्रैव नादानुसन्धानसमाधियोग एव लयेति / उक्तयोगजन्यो यो लयस्तज्जन्यं परमसुखजनकम् // 44 //

राजयोगसमाधिप्राप्यं स्थानं सुखप्रयोजको नादानुसन्धानलक्षण उपायो यस्येति विग्रहः / प्रकृष्टलययोगशालिनादलोलुपो जायत इत्यन्वयः // 45 //

सर्वेति हठलययोगसाधनानि राजयोगप्राप्तिपर्यन्तमनुष्ठेयानि तदुत्तरं त्रिपुटीलयेन निरञ्जनो भवतीति भावः // 46 //

तत्वमित्यादि हठः साधनावधूतहठयोगः / उदासीन्यमनास्था अन्यत्सर्वं व्याख्यातम् // 47-48 //

राजयोगपर्यायानाह द्वाभ्याम् // 49-50 //

इति श्रीहठप्रदीपिकाव्याख्यायां योगप्रकाशिकायां अष्टमोपदेशः // 8 //

योगप्रकाशिका
yogaprakāśikā

Chapter IX

अक्षीणकर्मबन्धस्य महासिद्धस्य प्राणोत्क्रमणसमयप्राप्तौ शरीरस्थितिर्न सम्भवतीत्यतो मृत्युप्राप्तिसूचकान्यरिष्टानि ज्ञात्वा पुनः शरीरस्थितिदृढीकरणार्थं कालज्ञानमुपदेष्टुं नवमोपदेशमारभ्यते / अथेति / उत्क्रान्तिकाले समुपस्थितं मृत्युं तिरस्कृत्य पुनः समाधिं सम्पादयेदिति भावः // 1 //

तस्मान्मृत्यूपस्थात् सिद्धसाधनान्यतरयोगेन शरीरं रक्षेत् न सीदति न तिष्ठति // 2 //

अरिष्टानीति / तत्र लक्षणयुक्तानि येषामरिष्टानाम् // 3 //

श्रीनाथाय नमो नमः /
देवेति / ध्रुवं ध्रुवस्थानं शुक्रग्रहमरुन्धतीनक्षत्रम् // 4 //

सूर्यवह्निचन्द्रमसां निस्तेजस्कं बिम्बं दृष्ट्वेत्यन्वयः // 5 //

प्रत्यक्षं यथा तथा दृष्ट्वा // 6 //

दृष्ट्वेति स्वप्न इति चानुवर्त्तते मृगतृष्णिकोदकसदृशानि गन्धर्वनगराणि // 7 //

यः स्थूलो विनैव कारणं भवति तथा इष्टानिष्टसाधनताज्ञानं विनैव प्रवृत्तिनिवृत्ती जायेते तस्येत्यर्थः // 8 //

श्वादिः पादाग्रं खण्डयेत् यस्य पादाग्रे पांशुकर्दमयोः सम्बन्धः / आकस्मिकः स्यात्तस्येत्यन्वयः // 9 //

वायुं वायुगमनम् // 10-11-12 //

श्रुतीति कर्ममार्गमित्यर्थः / तथा कृष्णदन्तं कृष्णजिह्वां च दृष्ट्वा म्रियत इत्यन्वयः // 13 //

आदर्शे मुखं शिरोरहितं द्विशिरस्कं वा पश्येत् // 14-15-16 //

रोमाञ्चसमये हर्षसमये च // 17 //

यस्येति यः सुगन्धो योगाभ्यासेन जायत इत्युक्तं तस्य शैथिल्यं द्रष्टव्यम् // 18 //

सेवकेति मृत्युः स्यादित्यन्वयः // 19-20-21-22 //

लोहेति कृष्णवस्त्रमाच्छादकं यस्य तं पुरुषं स्वप्ने जानतो मृत्युः स्यादित्यन्वयः // 23-24 //

राक्षसवानरकाका नामास्यं दृष्ट्वा यः स्वप्ने दक्षिणां दिशं प्रयाति तस्येत्यन्वयः // 25 //

स्वप्नेति पुनर्वह्नेः सकाशात् न निष्क्रामति तस्य तात्कालिकं मरणं द्रष्टव्यम् // 27 //

आपादमस्तकं पंकसागरे मग्नं पश्यन् // 28-29 //

यस्येति यस्य भोजनोत्तरकालमेव क्षुधा प्रादुर्भवति // 30 //

जातीति / उत्पत्तिविशिष्टान्ध्यवन्तमित्यर्थः // 31 //

श्रीनाथाय नमो नमः / श्रीः /
अर्द्धरात्रे इन्द्रायुधं दिवा नवग्रहान् दृष्ट्वेत्यन्वयः // 32 //

नासिकेति / वामाक्षि स्पन्दते // 33 //

आरक्तेति आसन्नं सन्निहितम् // 34-35 //

उष्ट्रेति दक्षिणां दिशं यो गच्छेत् यश्चक्षुषोर्गतिर्न पश्यति // 36-37-38 //

ऊर्ध्वमिति / दृष्टिर्भवति यदा सम्यक् न तिष्ठतीति सम्प्रतिष्ठा परितो भ्राम्यन्ति नाभेः सुषिरं छिद्रमधिकं भवति तदा शरीरं न तिष्ठतीत्यर्थः // 39 //

शुक्लं वस्त्रं रक्तं रक्तं शुक्लं पश्यन्नित्यन्वयः // 40-41 //

उपदेशार्थमुपसंहरतीत्यन्वयः // 42 //

इति श्रीहठप्रदीपिकाव्याख्यायां योगप्रकाशिकायां नवमोपदेशः // 9 //

योगप्रकाशिका
yogaprakāśikā

Chapter X

पूर्वोपदिष्टारिष्टसूचितकालज्ञानमहासिद्धस्य सपरिकरां विदेहकैवल्यमुक्तिं जीवन्मुक्तिं च निरूपयितुं दशमोपदेश आरभ्यते अथेत्यादिना पूर्वापरार्थमनुवदति पूर्वाह्णेति / यत्र दिनान्तरगते समयान्तरे तत्पूर्वोक्तदेशोक्तम् // 1 //

विधेयमाह विनिश्चित्येत्यादिना / अयनमुत्तरायणमिन्द्रियाणि द्वाराणि /2/

शुभकर्माणि श्रौतस्मार्त्तानि // 3 //

गुहायां शरीरे स्थितमात्मानं योगेन चेतसा चानुभूय तारके ब्रह्मणि प्रयतितव्यं जितासुः कुम्भकादिना बद्धवायुः // 4 //

अच्युतेति अखण्डनाथपरमानन्द इत्यर्थः // 5 //

जपेच्चेत्युक्तं विवृणोति मुक्तेति // 6 //

यस्योंकारस्य मात्रासु अवयवेषु तदोंकाररूपमक्षरं ज्योतिर् अखण्डनाथ-परमानन्दस्वरूपमित्यनुसन्धाय जपेत् // 7 //

यत्रोंकारे // 8 //

भूतभविष्यद्वर्त्तमानाः काला वेदा ऋगाद्याः देवा ब्रह्माद्या अग्नयोर गार्हपत्याद्या लोकाः पातालाद्या तत्परमित्यादि व्याख्यातम् // 9-10 //

प्रभवत्यस्मादिति प्रभवमोंकारम् // 11 //

चक्षुषा नासाग्रस्थितेन // 12 //

समानं संस्थानं संस्थितिर्यस्येति विग्रहस्समग्रीवशिरःकाय इति यावत् 13

हृदयाम्बुजे संक्षिप्तो निरुद्धः // 14 //

आत्मानं जीवात्मानं वृत्तः परिवृत्तस्साधकः // 15 //

दशज्ञानेन्द्रियाणि कर्मेन्द्रियाणि षट्त्रिंशदभिस्तत्वैः संयुतः परमात्मनि देहादिवासनां त्यक्त्वा विलीयते // 16 //

एतदात्मतत्वं ध्यानैकगोचरं न तु वाग्विषयः / इत्थं विदेहकैवल्यं महासिद्धैरगोचरं निरूपितमथो जीवन्मुक्तिस्सम्यक् निरूप्यते // 17 //

तत्सन्देहकर्तृकं विचरणोपायं गुरोः सकाशाद् विविच्य जानीयाद् इति भावः // 18 //

तदेव दर्शयति शरीरमिति कस्यापि रामकृष्णादेरपि // 19 //

येनारिष्टविचारणेन // 20 //

लयस्थानं ब्रह्मरन्ध्रं फलमिति छेदः निष्प्रयोजनो यमो भवतीति भावः // 21 //

बद्धेत्यादिपदचतुष्टयं मुद्राप्रघट्टके व्याख्यातप्रायं वातैस्ताडितां कुण्डलिनीं मूलबन्धमाश्रयं ब्रह्मस्थानम् // 22-23-24-25 //

तस्य प्रयोजनमाह तयेति प्रवृत्तीत्युपलक्षणसर्वव्यापारं सन्त्यजेदित्यर्थः 26

तदेवाह तत इति त्यक्तमनोऽभ्यासं त्यक्तमनो व्यापारं महासिद्धं कथं कालं गृह्णीयात् // 27 //

प्रत्युतमाह सिद्ध एव कालाद्यात्मा भवतीति भावः // 28 //

कालसमयेऽतिक्रान्ते सुप्तोत्थितवत् योगी यथेष्टं जगत्त्रये विहरतीत्याह / तत इति // 29 //

एवमिति कालं कल्पितसंसारं चाद्भूतयोगसामर्थ्येन वञ्चयित्वा इत्यन्वयः // 30 //

भवने जगत्त्रये // 31 //

द्वाराणीति इन्द्रियाणि निरुध्य प्राणं पीत्वा पूरकं कृत्वा कुम्भकेनोदरं कृत्वा अपानवह्निभ्यां सहितं प्राणमाकाशं नीत्वा कुण्डलिन्या सञ्चालितं प्राणं मूर्ध्नि ब्रह्मरन्ध्रे मरुता देवेन सिद्धेन च योगसाम्राज्यमर्मज्ञेन संस्तूयते इत्यन्वयः // 32 //

पिंगलावेश्याकुररः मृगविशेषः / षडेते गुरवः दत्तात्रयेणाऽवधूतशिरोमणिना अंगीकृता इति सर्वप्रसिद्धः // 33 //

गुरूपदेशेति अखिलपद्धतिं सिद्धसिद्धान्तपद्धत्यादिकां तस्यां पद्धतौ // 34 //

दृष्टिरिति पद्यं व्याख्यातम् // 35 //

प्रवेशेति वामदक्षिणनासाद्वारयोः प्राणवायोः प्रवेशनिर्गमसमये यस्य महासिद्धस्य वायुर्न चलति विनैव कुम्भकादिना यथेष्टं वायुधारणं भवति स मुक्त इति भावः // 36 //

सर्वेत्यादिपद्यत्रयं व्याख्यातम् // 37-38-39 //

नन्वेवं निर्विकल्पकसमाधिशालिनां योगीश्वराणां बहुकालं नित्यनैमित्तिककर्मणां लोपेन प्रत्यवायाद्यापत्तिरिति अत उत्तरं पठति स्नानमिति / तेन ब्रह्मविचारनिबद्धधिषणाशालिनेत्यर्थः / इदमत्राकूतमाश्रयिणं अधिकृत्य कर्मानुष्ठानं प्रवर्त्तते न त्वत्याश्रमिणमवधूतमिति / अथ वा यदि कश्चिदवधूत एव त्यक्त्वाश्रमाभिमानो ब्रह्मविचारे यतते तथापि क्षणमात्रं ब्रह्मविचारणेनैव कोट्यावधितीर्थादौ स्नानादिजन्यफलस्य जायमानत्वान्नोक्तदोषावकाश इति /40/

श्रीनाथाय नमो नमः /

अथैवमिति वैशेषिकादिशास्त्रान्तरेषु परिश्रमः कुतो न क्रियत इत्यत आह / योगशास्त्रमिति / अयमभिसन्धिर् वैशेषिकादीनि शास्त्राणि द्वैतप्रतिपादने बद्धकटाक्षाणि सन्ति चित्तश्लेषं बद्धयितुं प्रगल्भानि योगशास्त्रं तु चित्तप्रसादसाम्राज्यसन्धायिद्वैताद्वैतविवजितपरमाद्वैतादिशब्दाभिधेयाखण्डनाथपरम-

नन्दस्वरूपं प्रतिपादयत् चित्तक्लेशम् आत्यन्तिकं निवर्त्तयितुं प्रगल्भते इतरां तदेतदग्रिमश्लोके मुक्तिसोपानमार्गं प्रकटितपरमार्थमिति विशेषणाभ्यां स्पष्टीकृतं भवति // 41-42 //

भवेति प्रबोधं प्रबोधजनकमखण्डनाथपरमानन्दस्वरूपविषयकानुभव-जनकमिति यावत् / स इति / अजरामरकायो महासिद्धो मुक्तिभुक्त्योः पूर्णपात्रं भवति / मुक्तेः पूर्वनिपातोऽभ्यर्हितत्वादिति निरवद्यम् // 43 //

क्वेदं योगाधिगाम्भीर्यं क्व मत्पाण्डित्यवैभवम् / तथा नाथकृपया कृता योगप्रकाशिका // 1 //

मात्सर्यमुत्सार्य सुधिभिरेषा सञ्चिन्तनीया सुसमाहितेन / स्वान्ते न दोषप्रसरो यदि स्यात्स मामकीनो न गुणो गुरूणाम् // 2 //

सामुद्रामृतपायिनोऽपि विबुधारम्भादिसौख्ये रता
मर्त्याः कामकलासु बद्धधिषणा मुग्धाधरं संश्रिताः /
यो देहाख्यकरण्डके विनिहिते चान्द्रे सुधामाधुरी
सौभाग्ये रमतेतरां स जयति श्रीनाथदीक्षागुरुः // 3 //

सामुद्रीं केचिदिच्छन्ति सुधां कान्ताधरस्थिताम् /
परे वयं तु शाशांकीं सुधां संस्पृहयामहे // 4 //

इति श्रीहठप्रदीपिकाव्याख्यायां योगप्रकाशिकायां दशमोपदेशः // 10 //

ग्रन्थश्च समाप्तिमगमत् / शुभं भवतु //

Appendix

(Verses mentioned in gss (page.38-40: हठप्रदीपिकायां दशमोपदेशे...) not found in the 10th chapter of this text but scattered in other chapters in the present text.)

आदिनाथोदितं सर्वमष्टैश्वर्यप्रदायकम् /
वल्लभं सर्वसिद्धानां दुर्लभं महतामपि //
ādināthoditaṃ sarvam-aṣṭaiśvaryapradāyakam /
vallabhaṃ sarvasiddhānāṃ durlabhaṃ mahatāmapi //

पीड्यते न तु रोगेण न च लिप्यते कर्मणा /
बध्यते न च कालेन यो मुद्रां वेत्ति खेचरीम् //
pīḍyate na tu rogeṇa na ca lipyate karmaṇā /
badhyate na ca kālena yo mudrāṃ vetti khecarīm //

ऊर्ध्वो षोडशपत्रपद्मगलितं प्राणादवाप्तं हठात् /
ऊर्ध्वास्यो रसनां नियम्य विवरे शक्तिं परां चिन्तयेत् //
उत्कल्लोलकलाजलं च विमलं धारामृतं यः पिबेत् /
निर्द्दोषः स मृणालकोमलवपुर्योगी परं जीवति //
ūrdhvo ṣoḍaśapatrapadmagalitaṃ prāṇādavāptaṃ haṭhāt /
ūrdhvāsyo rasanāṃ niyamya vivare śaktiṃ parāṃ cintayet //
utkallolakalājalaṃ ca vimalaṃ dhārāmṛtaṃ yaḥ pibet /
nirddoṣaḥ sa mṛṇālakomalavapur-yogī paraṃ jīvati //

यत्पाताले विशति सुषिरं मेरुमूले तदस्ति /
तस्मिंस्तत्वं प्रविशति सुधीस्तन्मुखं निम्नगानाम् //
yatpātāle viśati suṣiraṃ merumūle tadasti /
tasmiṃstatvaṃ praviśati sudhīstanmukhaṃ nimnagānām //

चन्द्रात् सारः स्रवति वपुषा तेन मृत्युर्नराणाम् /
तं बध्नीयात् सुकरणमथो नान्यथा कायसिद्धिः //
candrāt sāraḥ sravati vapuṣā tena mṛtyurnarāṇām /
taṃ badhnīyāt sukaraṇamatho nānyathā kāyasiddhiḥ //

बद्धं मूलबिलं येन तेन विघ्नो विदारितः /
अजरामरतां याति यथा पञ्चमुखो हरः //
baddhaṃ mūlabilaṃ yena tena vighno vidāritaḥ /
ajarāmaratāṃ yāti yathā pañcamukho haraḥ //

तत्रास्ति कारणं दिव्यं सूर्यस्य मुखबन्धनम् /
गुरूपदेशतो ज्ञेयं न तु शास्त्रार्थकोटिभिः //
tatrāsti kāraṇaṃ divyaṃ sūryasya mukhabandhanam /
gurūpadeśato jñeyaṃ na tu śāstrārthakoṭibhiḥ //

येन सञ्चालिता शक्तिः स योगी सिद्धिभाजनम् /
किमत्र बहुनोक्तेन कालं जयति लीलया //
yena sañcālitā śaktiḥ sa yogī siddhibhājanam /
kimatra bahunoktena kālaṃ jayati līlayā //

ज्ञानं कुतो मनसि जीवति देवि यावत् /
प्राणोऽपि जीवति मनो नृपते न तावत् //
jñānaṃ kuto manasi jīvati devi yāvat /
prāṇo'pi jīvati mano nṛpate na tāvat //

प्राणो मनो द्वयमिदं विलयं प्रयाति /
मोक्षः स गच्छति न कथञ्चिदन्यः //

prāṇo mano dvayamidaṃ vilayaṃ prayāti /
mokṣaḥ sa gacchati na kathañcidanyaḥ //

इन्द्रियाणां मनो नाथो मनोनाथश्च मारुतः /
मारुतस्य लयो नाथः स लयो नादमाश्रितः //
indriyāṇāṃ mano nātho manonāthaśca mārutaḥ /
mārutasya layo nāthaḥ sa layo nādamāśritaḥ //

अन्तर्लक्ष्यं बहिर्दृष्टिर्निमेषोन्मेषवर्जिता /
एषा सा शाम्भवी मुद्रा सर्वतन्त्रेषु गोपिता //
antar-lakṣyaṃ bahir-dṛṣṭir-nimeṣonmeṣavarjitā /
eṣā sā śāmbhavī mudrā sarvatantreṣu gopitā //

शक्तिमध्ये मनः कृत्वा शक्तिं मनसि मध्यतः /
मनसा मन आलोक्य धारयेत् परमं पदम् //
śaktimadhye manaḥ kṛtvā śaktiṃ manasi madhyataḥ /
manasā mana ālokya dhārayet paramaṃ padam //

अन्तःशून्यो बहिःशून्यः शून्यः कुम्भ इवाम्बरे /
अन्तःपूर्णो बहिःपूर्णः पूर्णः कुम्भ इवाम्भसि //
antaḥśūnyao bahiḥśūnyaḥ śūnyaḥ kumbha ivāmbare /
antaḥpūrṇo bahiḥpūrṇaḥ pūrṇaḥ kumbha ivāmbhasi //

संकल्पमात्रकलनैव जगत्समग्रम्
    संकल्पमात्रकलना हि मनोविलासः /
संकल्पमात्रकलनैव कृतिस्तु नित्या
    संकल्पनिश्चयमवाप्नुहि चात्मशान्तिः //
saṃkalpamātrakalanaiva jagatsamagraṃ
    saṃkalpamātrakalanā hi manovilāsah /

saṃkalpamātrakalanaiva kṛtistu nityā
saṃkalpaniścayamavāpnuhi cātmaśāntiḥ //

ज्ञेयं सर्वमतीतं च ज्ञानं च मन उच्यते /
ज्ञानं ज्ञेयं मनश्चैव नान्यः पन्था द्वितीयकः //
jñeyaṃ sarvam-atītaṃ ca jñānaṃ ca mana ucyate /
jñānaṃ jñeyaṃ manaścaiva nānyaḥ panthā dvitīyakaḥ //

श्रीआदिनाथेन सपादकोटिर्लयप्रकाराः कथिता जयन्ति /
नादानुसन्धानकमेव नान्यं मन्यामहे धन्यतमं लयानाम् //
śrīādināthena sapādakoṭirlayaprakārāḥ kathitā jayanti /
nādānusandhānakam-eva nānyaṃ
manyāmahe dhanyatamaṃ layānām /

मनःस्थैर्ये स्थिरो वायुस्ततो बिन्दुः स्थिरो भवेत् /
बिन्दुस्थैर्योदयात् सत्यं पिण्डस्थैर्यं प्रजायते //
manaḥsthairye sthiro vāyustato binduḥ sthiro bhavet /
bindusthairyodayāt satyaṃ piṇḍasthairyaṃ prajāyate //

शुचिर्वाप्यशुचिर्वापि योजयेत् प्रभवं सदा /
न स लिप्यते योगेन पद्मपत्रमिवाम्भसा //
śucirvāpyaśucirvāpi yojayet prabhavaṃ sadā /
na sa lipyate yogena padmapatram-ivāmbhasā //

Glossary

(In Roman alphabetical order)

ajapā – the repetition of *mantra* which goes on passively in the form of inhalation and exhalatin.

amaravāruṇī – secretion oozing from the moon situated in the palate.

amarī – the nectar oozing from the moon.

aṇimādiguṇa -- the eight-fold supernatural powers like *aṇimā* etc.

ariṣṭa – sign or symptom of approaching death.

arundhatī – synonym for *kuṇḍalinī;* the little and scarcely visible morning star Alcor (belonging to the Great Bear).

aśvamedha – a religious sacrificial rite in which horse is used as a sacrificial animal. It is believed that a hundred such sacrifices entitle the sacrificer to achieve the throne of *indra.*

āsana– posture, one of the integral practices of *haṭhayogic* curriculum leading to the feeling of well-being. There are innumerable *āsanas.* However, *padma, siddha, bhadra* and *siṃha* are given more importance here.

ayuktābyāsa – the practice which is not governed according the prescribed suggestions of the teacher as well as of the text.

bhrūrandhra – an aperture in between the eye-brows.

bindu – used for *rajas,* also for the centrally aroused light which the *yogī* sees; normally used for semen; secretions from the spinal fluid in the *yonisthāna.*

bindujaya – the control of the *bindu*—the vital energy in the body.

brahmanāḍī -- a synonym for *suṣumnā-nāḍī.*

brahmarandhra – upper end of the *suṣumnā* in the top of the head which is a vital point prescribed for concentration.

candra – the moon located in the region of the palate which is supposed to secrete the nectar.

cāndrī -- secretion from the *ājñācakra.*

candrāmbhas – the secretions from the moon.

candrāṅga – the left side of the body.

daśadvāra – ten openings, namely, *guhya* (anus), *liṅga* (generative organ), *mukha* (mouth), *nāsikādvaya* (two nostrils), *karṇa-dvaya* (two openings of the ear), *netra* (pair of the eyes), and *brahmarandhra.*

dhāraṇā -- the practice of fixing the mind on a selected object after going through the initial practices of *āsana, prāṇāyāma* and *pratyāhāra. dhāraṇā* is practised in five different locations and on different elements. Thus, there are five types of *dhāraṇā* called *bhūdhāraṇā, vāridhāraṇā, vaiśvānarī-dhāraṇā, vāyavī-dhāraṇā* and *nabhodhāraṇā.* Alternately these are respectively called *stambhanī, drāvaṇī, dāhanī, bhrāmaṇī* and *mocanī.*

dhyāna – a further process of absorption of mind than *dhāraṇā* which is of two types – *saguṇa* and *nirguṇa.*

dhyāna mudrā -- a mode of sitting erect comfortably and concentrating inwardly, keeping the eyes open and steadily looking down.

gandhaka-jāraṇa – treatment of mercury with sulphur leading to the stability.

gomāṃsa – tongue in a figurative sense.

granthi-traya – the three knots or nerve plexuses, namely, *brahma-granthi, rudra-granthi* and *viṣṇu-granthi.*

haṃsa – a synonym for breath representing inhalation and exhalation.

haṭha-kriyā -- the purificatory processes enjoined in *haṭha-* texts.

haṭha-yoga (*haṭha-vidyā*) – a discipline bringing *nāḍī-śuddhi* through the well-graded scheme of practices from *āsanas* to *nādānusandhāna*, through the various *kriyās* and different techniques of *prāṇāyāma.*

iḍā -- one of the important *nāḍīs* associated with left nostril and bringing cooling effect.

indu-maṇḍala – the location of the moon situated in the palate which is supposed to secrete the nectar.

kalā -- a synonym for tongue.

kāla – time, death.

kālavañcana – overcoming the premature death.

kanda – a bulbous, fleshy, oval-shaped organ situated in the region of navel, wherefrom all the 72000 *nāḍīs* are originating.

kaṇṭha-bandha – a synonym for *jālandhara-bandha.*

karma-bandha – bondage of action.

kāyasiddhi – accomplishment of the bodily perfections which consists of appearance, charm, strength and hardness of the body.

kṣīra – spinal fluid secretion from *candra* associated with *ājñā-cakra.*

kumbhaka – a synonym for *prāṇāyāma* as well as a phase of holding the breath after inhalation during the practice of *prāṇāyāma.*

kuṇḍalinī -- the vital power residing at the base of the spine.

kupathya – those food items that are not conducive for the practice of *yoga.*

kuṇḍalinī-prabodha – awakening of the vital force called *kuṇḍalinī.*

laya – absorption of the mind in the object of concentration.

madhya-cakra – a synonym for *viśuddhi-cakra.*

mahāsiddha – *yogīs* who have attained *siddhi* or perfection and acquired supernatural powers. These *mahāsiddhas* were masters in the preparations of the antidotes against old-age, disease and poisons.

mahāśūnya – the space between the eye-brows, considered to be the source of all accomplishments.

manonmanī -- a synonym for *rājayoga*—a state of complete absorption of mind.

maṭha (***maṭhikā***) – a cloister of a *yogī* specially constructed for his practices.

mātrā -- a measure of time unit which is usually considered as equal to 4 seconds. Different authorities define *mātrā* differently.

mehana – manipulation of the inner pelvic organs to lift the secretions in the spinal cord.

mitāhāra – moderate diet involving qualitative and quantitative aspects of food. It is also considered as one of the *yamas* in some yogic texts. Generally it is classified as one of the *niyamas.*

mokṣa-kapāṭa – doors of liberation.

mudrā -- psycho-physical gestures which lead to the happiness. Ten important *mudrās* described in the texts are *mahāmudrā, mahābandha, mahāvedha, khecarī, uḍḍiyāna, mūlabandha, jālandhara, viparīta-karaṇī, vajrolī* and *śakticālanī.*

mukta-vyāpāra – void.

nabhojala – the secretion of the nectar from the moon.

nabho-mudrā -- a synonym for *khecarī-mudrā.*

nādābhivyakti – appearance of internally aroused sound which is considered as a sign of progress on the path of *yoga.* It leads to the state of absorpation (laya).

nādānusandhānna – attending to the internally aroused sound of different kinds and intensities.

nāḍī -- channels through which *prāṇic* currents move. Out of seventy-two thousand *nāḍīs* 14 are considered important and even out of these *iḍā, piṅgalā* and *suṣumnā* are considered most important.

nāḍībandha – the frenum under the tongue.

nāḍī-śuddhi – purification of *nāḍīs* which is attained through different purificatory processes called *kriyās* as well as selected breathing processes.

nādopāsanam -- practice of listening to internally aroused sound.

nārī -- refers to *citrā-nāḍī.*

nārī-bhaga – perinial body, *yoni-sthāna,* in males as well as females.

niyama – one of the components of yoga. The ten *niyamas* described in this text are *tapaḥ (ālocana), santoṣa, āstikya, dāna, īśvarapūjana, siddhāntaśravaṇa, hrī, mati, tapaḥ (dvandva-sahana)* and *hutaṃ.*

pañca(mahā)bhūta – five basic elements like—earth, water, fire, air and ether.

pañcaśāka – five green leafy vegetables.

pañcasrotaḥ -- a synonym for mind.

paścimapatha – the passage along the back.

paścimatāna – retraction of the abdomen towards the back. The term is usually used for the specific *āsana* in which one gets posterior stretch.

pavana-kriyā -- process of controlling breath.

piṇḍasthairya – stability of the body.

piṅgalā -- one of the important *nāḍīs* associated with the right nostril supposed to bring about heating effect in the body.

pīṭha – synonym for *āsana* such as *matsyendra pīṭha.*

pretapiśāca – ghost or evil spirit.

prāṇāyāma – control of breathing impulse involving controlled inhalation, retention of breath and controlled exhalation. It involves various techniques of inhalations and exhalations. Retention is however accompanied with three *bandhas,* namely, *mūla*, *uḍḍiyāna* and *jālandhara.*

pratyāhāra – withdrawal of the sense from the sense objects. The number of senses being five, the *pratyāhāra* is also of five kinds. The term *pratyāhāra* is also applied to withholding the flow of nectar from being consumed by the sun at the navel, which is done through the inverted pose.

pūraka – controlled inhalation which is preliminary to the state of *kumbhaka* during *prāṇāyāma.*

rājadanta – the front upper teeth.

rājayoga – synonym for *samādhi* which is the highest state of attainment in *yoga.* It suggests the goal of *haṭhayoga* which prepares the background of an aspirant. There are various synonyms for *rājayoga* mentioned in HP. *svātmārāma* is the first person to highlight the relationship of *haṭhayoga* with *rājayoga* emphasizing that one can not succeed without the other.

ravi – navel region which is considered to be the seat of *rajas.*

recaka – controlled exhalation after holding the breath in the process of *prāṇāyāma.* *recaka* is considered to be very slow during the practice of *prāṇāyāma* and is never done through mouth.

rudra-granthi – a resistance felt as the *prāṇa* rises along *suṣumnā,* situated in *ājñā-cakra* in the center of the eye-brows.

ṣaḍaṅga-yoga – six aspects of yoga namely -- *āsana, prāṇāyama, pratyāhāra, dhāraṇā, dhyāna* and *samādhi.*

sahajāvastā -- a synonym for *rājayoga,* the highest state of attainment in *yoga.*

samādhi – a state of completely forgetting the self by absorbing in *nāda.*

saṃskāra – past impression, innate dispositions, aftereffects left by the behaviour and consciousness determining subsequent behaviour and consciousness.

śaranāla – a tube used in the practice of *vajrolī.*

śaśisthāna – the location of moon in the palate.

śaśī -- the region of palate which is considered to be the seat of *śukla-bindu.*

ṣaṭcakra – the six nerve plexuses used for concentration. They are *mūlādhāra, svādhiṣṭhāna, maṇipūra, anāhata, viśuddha* and *ājñācakra.*

ṣaṭkarma – six classes of purificatory processes leading to *nāḍī-śuddhi.* These are *dhautī, bastī, netī, trāṭaka, naulī* and *kapāla-bhastrī* or *kapāla-bhātī.*

siddhāṅganā -- a synonym for *siddhi* (supernatural powers).

śirovastra – a turban.

śirobila – the nasopharyngeal cavity where the tongue is inserted in *khecarī-mudrā.*

sukaraṇa -- a synonym for *khecarī-mudrā.*

śeṣa-kuṇḍalī -- the power in the form of serpent that supports the earth with ocean, mountains and islands.

strī -- *rajas* – secretion at the lowest part of *suṣumnā.*

suṣira – a tiny little hollow inside the head, concentration on which leads to the goal of self-realization.

śivasthāna – the center of the eye-brows, used as a point for meditation.

śukra – spinal secretions.

sūrya – the sun supposed to be located at the navel region.

sūryāṅga – the right side of the body.

suṣumnā -- considered as the most important of all the *nāḍīs* situated in between the *iḍā* and *piṅgalā.* It is responsible for coursing the flow of *prāṇa* after the arousal of *kuṇḍalinī.*

svecchā -- without resorting to particular injunctions laid down in *yogic* texts.

tatvadarśana – knowing the true nature of *brahman.*

unmanī bhāva – a state of complete absorption of the mind, a synonym of which is *rājayoga.*

unmanī-karaṇa – that which leads to the state of *unmanī* or the highest state of *samādhi.*

vāgeśvarī-dhāma – a term used for tongue.

vahni-maṇḍala – the solar plexus in the navel region.

vājapeya – one of the seven forms of the *soma*-sacrifice (offered by kings or *brāhmaṇas* aspiring for the highest position, and preceding the *rājasūya* and the *bṛhaspati-sava.*

vajra – urethra.

vajra-kandara – urethral passage.

vibhūti – secretion from the *yonisthāna.*

videha-mukti – liberation of the spirit from all bodies, gross and subtle which is attained after death. *vedāntins* use the term *videha-kaivalya* in more or less similar sense.

viṣṇugranthi – a resistance felt for the rising *prāṇa* at the *viśuddhi-cakra* situated in the throat.

vyoma-cakra – a synonym for *khecarī-mudrā.* Center for meditation situated high up in the *suṣumnā* between *iḍā* and *piṇgalā,* which is considered to be the seat of *khecarī.*

yama – restraint. It is one of the eight components of *yoga.* They differ in number and contents, according to different texts, such as yoga *sūtras, sṛutis* and *yogopaniṣads.* The *yamas* mentioned in this text are *ahiṃsā, satya, asteya, brahmacarya, kṣamā, dhṛti, dayā,ārjava, mitāhāra* and *śauca.*

yoga-bādhaka – obstructions on the path of *yoga.*

yoga-pathya – all that is conducive to *yoga.*

yoginī-cakra – powers of the deities, presiding over the *cakras* or important nerve plexuses.

****

Anatomico-physiological Terms Used in the Text

ādhāra – bottom.
agnidīpana – stimulation of the gastric fire.
agni-sandhāyaka – stimulant of the gastric fire.
akṣi – eye.
ālasya – sloth.
āmaya -- disease.
aṅga – limbs.
aṅghri – heel.
aṅghrimūla – root of the heel.
aṅguṣṭha – thumb.
aṅguli – finger.
anila – air.
apāna – outgoing impulse.
apānapavana – *apāna-vāyu*.
ārogyatā -- feeling of well-being.
āsya – mouth, face.
aśrusampāta – flow of tears.

bhrūmadhya – center of the eye-brows.
bhrūrandhra – center of the eyebrows.
bhrurantaram -- center of the eyebrows.
bhruvormadhya – middle of the eye-brows.
brahmaraṇdhra – a spot on the top of the head.

cakṣu – eye.
candra – left nostril.
candrāṅga – left side of the body.
caraṇa – foot.
carma – skin.
cibuka – chin.

dahana-pradīpti – blazing fire.
dakṣāṅga – right side of the body.
danta – teeth.
dantamūla – root of the teeth.
dehānala – bodily heat.
dhātu – body constituents.
dorbhyāṃ -- hands.
doṣa – disturbance, body humors.
dṛṣṭi – gaze.
dvāra – opening.
gaṇḍa – cheek.
gātra – limbs.
gātra-mardana – massage of the body.
ghaṇṭikā -- uvula.
ghaṭa-śodhana – purification of the body.
ghrāṇa – nose.
granthi – nerve plexus.
guda – anus.

gudāvarta – obstruction of bowels.
guhā -- cavity.
gulpha – ankle.

hanu – chin.
hasta—hand.
hikkā -- hiccup.
hṛdaya – heart, chest.
hṛdayāvadhi – upto the chest.

indriya – organ.

jānu – knee.
jaṅghā -- shank.
jarā -- old age.
jaṭharānala – gastric fire.
jatru -- clavicle.
jihvā -- tongue.
jihvāmūla – root of the tongue.

kalā -- tongue.
kampa – tremor.
kanda – a bulb shaped structure situated below the navel.
kandhara – neck.
kaṇṭhabandha – chin lock.
kaṇṭhanāla – throat.
kaṇṭhānta – upto the throat.
kaṇṭha-saṅkocana – contraction of the throat.
kānti – lustre.
kapāla – forehead.
kapāla-kuhara – aperture in the roof of the mouth near the root of the tongue.
kapola – cheek.
kapha – one of the three humours of the body.
kaphadoṣa – phlegm, one of the three humours of the body.
kara – hand.
karṇa – ear.
karṇa-śruti-vināśa – loss of hearing.
kārśyaṃ -- slimness.
kāsa – cough.
kāya – body.
kedāra – middle of the eye brows.
keśa – hair.
kṛmi – worm.
kṣudhā -- hunger.
kukṣiyugala – two cavities.
kumbhaka – retention of breath.
kuñcana – contraction.
kūrpara – elbow.
kuṣṭha – skin disease.

lalāṭadeśa – forehead.
liṅga – male generative organ.
locana – eye.

madhyamā -- middle finger.
mandāgni – weak digestion.
maṇibandha – wrist.
manomūrcchā -- stupor.
māruta – air.
marmasthāna – vital point in the body.
mastaka – head.
meda – fat.
meḍhra – male generative organ.
mukha – mouth.
mūtra – urine.
nābhi – navel.
nabhojala – secretion from the moon in the palate.
nāḍī -- channel.
nāḍībandha – frenum.
nāḍīcakra – nervous network.
nāḍījālamala – impurities of the nervous network.
nāḍīśuddhi – purification of the channels.
nakhāgra – tip of the nail.
nāsā -- nose.
nāsāgra – tip of the nose.
nāsānāla – passage of the nose.
nāsikā -- nose.
nayana – eye.
netraroga – eye disease.
nidrā -- sleep.
nirāmaya – without disease.

pācana – digestion.
pādāgra – toes.
pādāṅguṣṭha – big toe.
pādatala – sole of the foot.
padma – nerve plexus.
palita – gray hair.
pāṇi – hand.
paścimatāna – retraction.
pavana – air.
pāyu – anus.
piṇḍikā -- calf.
pitta – one of the three humours of the body.
plīha – inflammation of the spleen.
prāṇasaṅgrahaṇa – holding of breath.
pṛṣṭha – back.
pūraka – controlled inhalation.
pūritodara – filled stomach.
purīṣa – faeces.

rājadanta – front upper teeth.
rasanā -- tongue
recaka – controlled exhalation.
roga – disease.
romaharṣa – goose flesh.

sahasradala-padma – lotus of thousand petals.
samagrīvodara – erect trunk.
samīraṇa – air.
śarīra – body.
sasvana – with sound.

savyāṅga – left side of the body.
sphik – buttock.
śira – head.
sīvanī -- perineum.
śleṣma – mucus.
śravaṇa – ear.
śrotra – ear.
sthaulya – obesity, excess of fat.
sūrya – right nostril.
sūryāṅga – right side of the body.
śvāsa – breathing trouble.
śvasana – breath.
sveda – perspiration.

tālu – palate.
tanu – body.
tandrā -- sloth.
tripatha – meeting point of *iḍā*, *piṅgalā* and *suṣumnā* in the throat.
tṛṣā -- thirst.
tunda – abdomen.

udara – dropsy, cavity, abdomen.

ūru – thigh.
ūrumūla – root of the thigh.

vakṣa – chest.
vaktra – mouth.
vahnimaṇḍala – region of the navel.
vahnivṛddhi – increase in the gastric fire.
valī -- wrinkles.
vapu – physical body.
vapuḥkṛśatva – slimness of the body.
vāta – one of the three humours of the body.
vāyu – air.
vedanā -- pain.
vepa – tremors.
vigraha – body.
vṛṣaṇa – scrotum.
vyādhi – disease.

yoni – perineum.
yonisthānaka – perineal regions.

Index of Half-verses

अ

अकारश्च उकारश्च..10.8

अक्षीणकर्मबन्धस्तु..9.1

अजपा नाम गायत्री..5.161

अजरामरतां...5.88

अजादिमांसं दधि..1.53

अणिमादिगुणैश्वर्य ..5.188

अतः कण्ठे विशुद्धं..6.48

अतिलवणं पललं..1.54

अतिशुद्धा दश..5.185

अतिशून्यविभेदश्च..8.40

अतीतानागतं वेत्ति..5.140

अत्रैकद्वित्रिचतुरो..1.21

अत्याहारप्रयासश्च..1.48

अथ नादानुसन्धान..3.3

अथ वागेश्वरी..5.41

अथ शुभकरो..5.135

अथामृत्योर्मृताभावे..1.32

अथाभ्यसेन्नाडी..3.1

अथासने दृढे..4.1

अथेदानीं प्रवक्ष्यामि..7.2

अद्यान्मूत्रपुरीषं यः..9.6

अधऊर्ध्वस्थितौ..5.158

अधमे जायते..4.17

अधमे द्वादशी..4.18

अधस्तात्कुञ्चनेनाशु..5.105

अधस्तात्कुञ्चनैव..4.35

अधस्ताच्चिबुकं..5.44

अधः शिराश्चोर्ध्वं..5.113

अधोगतमपानं..5.80

अनभ्रां विद्युतं..9.12

अनया सदृशं..5.162

अनया सदृशी..5.162

अनर्गला सुषुम्ना..4.68

अनाहारो यदि..5.112

अनुभवन्तु हठामृतं..10.42

अनेन विधिना..4.45

अनेनैव विधानेन..5.104

अन्तरंगतुरंगस्य..8.25

अन्तर्लक्ष्यं बहिर्..7.36

अन्तर्लक्ष्यविलीन..7.37

अन्तश्चेतो बहिश्..6.21

अन्तः पूर्णो बहिः..7.57

अन्तःप्रवर्त्तिताधार..4.61

अन्तःशरीररक्षार्थ ..10.19

अन्तःशून्यो बहिः..7.57

अन्ते तु किंकिणी..8.18

अन्यथा त्वितरेऽभ्यासाः..5.184; 7.30

अन्यथा नाचरेत्तानि..3.8

अपानप्राणयोरैक्यात्..5.83

अपानमूर्ध्वमाकृष्य..5.79

अपानमूर्ध्वमुत्थाप्य..4.36

अपानमूलबन्धं च..10.23

अपानः कर्षयेत् . . 5.158
अपाने चोर्ध्वगे . . 5.84
अपि भुक्तं विषं . . 5.19
अब्दार्धेन भवेत् . . 4.47
अभावे सर्वकामानां . . 1.33
अभितो मारुतो . . 9.24
अभिमानस्त्वहंकारो . . 1.31
अभ्यसेत् खेचरीं . . 7.48
अभ्यसेत् सततं . . 5.93
अभ्यस्ता खेचरी . . 7.47
अभ्यस्यमानो . . 8.15
अभ्यासप्रथमे . . 4.22
अभ्यासतः कुण्डलिनी . . 2.13
अभ्यासाज्जीर्यते . . 7.54
अभ्यासात्सिद्धिमा . . 3.2
अभ्यासान्निःसृतां . . 5.182
अभ्यासेन हि . . 7.13
अमनस्को लयश्चैव . . 8.51
अमन्दावर्त्तवेगेन . . 3.21
अमरीं यः . . 5.139
अमरोघौघचान्द्रीव . . 8.50
अमिष्टमथवा . . 6.7
अमी सिद्धोदिता . . 6.41
अमृतं कन्धरे . . 5.72
अमृतं दधिसंकाशं . . 4.12
अमृतं प्लावयेद्देहमा . . 7.53
अमृतात्मा स्थितो . . 5.107
अमृतात्मा स्थिरो . . 5.70
अमृतापूर्णदेहस्य . . 5.89
अमेध्यमथवा . . 6.8
अम्बुसैन्धवयोरैक्यं . . 7.4
अम्भोधिशैलद्वीपानामा . . 5.164
अयं खलु महा . . 5.26
अयं तु सर्वनाडीनाम् . . 5.27
अयं योगः . . 5.130
अयं शुभकरो . . 5.34,141
अयमेव तु . . 7.23
अयुक्ताभ्यासयोगेन . . 4.24
अरम्यमथवा . . 6.6
अरश्मिबिम्बं . . 9.5
अरिष्टानि विशिष्टानि . . 9.3
अर्द्धेन्दुप्रतिमं च . . 6.13
अर्द्धोच्चाटितलोचनः . . 7.38
अलम्बुषा कुहु . . 5.150
अल्पद्वारमरन्ध्र . . 1.44
अल्लमाप्रभुदेवश्च . . 1.8
अशक्ततत्वबोधानां . . 8.3
अशेषदोषामय . . 3.22
अशेषदोषोपचयं . . 3.16
अशेषयोगजगतामा . . 1.10
अशेषयोगतन्त्राणामा . . 5.164
अश्रुसम्पातपर्यन्त . . 3.19
अश्वमेधसहस्राणि . . 6.60
अष्टधा क्रियते . . 5.35
अष्टपत्रमधश्चक्रं . 6.35
अष्टादश महादोषा . . 6.39

अष्टौ च स्थायिनो . . 6.45
अष्टौ दोषा . . 6.38
अस्तु वा मास्तु . . 8.45
अस्याः सञ्चालनेनाशु . . 5.180
अस्याः संकल्पमात्रेण . . 5.161
अहिंसासत्यमस्तेयं . . 1.55
अंगमध्ये यथांगानि . . 6.3
अंगुल्यग्रेण . . 5.47
अंगुष्ठौ हृदये . . 2.30
अंगीकृतान्यासनानि . . 2.4

आ

आकाशात्सर्वमुत्पन्नं . . 1.28
आकाशं सुविशुद्ध . . 6.16
आकुञ्चनेन तं . . 5.80
आकेशादानखाग्रं . . 4.38
आक्षिप्तो भुवि . . 5.156
आचार्याणां तु . . 4.3
आत्मध्यानयुतस्त्वनेन . . 10.32
आत्मध्यायी मिताहारी . . 2.26
आत्माकाशमयस् . . 1.14
आत्मानं सर्वगं . . 6.54
आदिनाथादिमत्स्येन्द्र . . 1.5
आदिनाथोदितं . . 5.8
आदौ औदासीन्य . . 8.8
आदौ जलधि . . 8.17
आधाराकुञ्चनं . . 3.14
आधारं क्षोभणं . . 6.28
आधारः सर्वभूतानां . . 1.20
आधारे प्रथमे . . 6.29
आनन्दमेकं . . 8.13
आपूर्य श्वसनेन . . 5.12
आभूधरभवाक्रान्तं . . 6.26
आमस्तकतलाद्यस्तु . . 9.28
आरक्ततामेति मुखं . . 9.34
आरम्भश्च घटश्चैव . . 8.36
आरोग्यता बिन्दु . . 4.71
आसनप्राणसंयामैर् . . 7.12
आसनं कुम्भकश् . . 3.3
आसनं प्राणसंरोधः . . 1.34
आसनानि च . . 2.2
आसनेन रुजं . . 1.39
आसनेन समायुक्तः . . 6.10
आसने सुसुखे . . 4.37
आसीनयोः सुखेनैव . . 5.134
आहारः क्षीयते . . 4.70
आहारो बहुलस् . . 5.112

इ

इच्छा क्रिया तथा . . 10.10
इडयापि च . . 4.16
इडा च पिंगला . . 5.103, 149,151
इडापिंगलयोर्मध्ये . . 5.168
इडायां पिंगलायां . . 10.38
इडा भगवती . . 5.168

इडा वामे स्थिता . . 5.152
इतरत्र न कर्त्तव्या . . 7.11
इतरस्मिंस्तथा . . 2.7
इति नानाविधो . . 8.18
इति पश्चिमताना . . 2.15
इति सकलयोगशास्त्र . . 10.42
इति सञ्जायते . . 10.18
इत्यादयो महासिद्धा . . 1.9
इदं पद्मासनं . . 2.33
इदं हि मुद्रादशकं . . 5.7
इन्द्रियाणां मनो . . 7.22
इन्द्रियाणि न गृह्णीयुः . . 9.15
इन्धनानि यथा . . 5.59
इयं खलु महामुद्रा . . 5.17
इषुकारः कुमारी च . . 10.33

ई
ईश्वरः पवनो . . 1.26

उ
उक्तानि साधनानीह . . 1.12
उच्चासनो दण्ड . . 2.16
उड्डियानं तदेव . . 5.91
उड्डियाणं तु . . 5.93
उड्डियाणे दृढे . . 5.97
उड्डियाणो ह्यसौ . . 5.92
उड्डीनं कुरुते . . 5.91
उड्डीयानं मूलबन्धो . . 5.6
उत्कल्लोलकलाजलं . . 5.74
उत्क्रान्तिकाले संसृत्य . . 9.1
उत्तभ्य चिबुकं . . 2.32
उत्तमे त्रिगुणा . . 4.17
उत्तानं शववद् . . 2.18
उत्तानौ चरणौ . . 2.31
उत्तिष्ठत्युत्तमे . . 4.18
उत्थाप्य भुजगीं . . 10.24
उत्पत्तिर्निधनं तन्द्रा . . 6.37
उत्पद्यते निरायासात् . . 2.27
उत्पन्नशक्तिबोध . . 7.17
उत्साहान्निश्चयाद् . . 1.46
उदयं जठरानलस्य . . 2.15
उदरगतपदार्थमु . . 3.24
उदरे पश्चिमं . . 5.92
उद्घाटयेत्कपाटं . . 5.144
उद्बुद्धहृत्पद्मक . . 6.61
उन्मन्यवाप्तये . . 4.58;8.2
उन्मनीकरणं सद्यो . . 8.8
उन्मनी कल्पलतिका . . 8.48
उपदेशं हि मुद्राणां . . 5.187
उपाधितत्वयुक्तानि . . 6.56
उपाधिश्च तथा . . 6.58
उपाधिः प्रोच्यते . . 6.58
उपाधेरन्यथा . . 6.59
उभयोः संगमादेव . . 5.124
ऊरुमध्ये तथोत्तानौ . . 2.31

उर्वोरुपरि संस्थाप्य..4.50
उष्णं यस्य शरीरा..9.22
उष्णं वाप्यथवा..6.5
उष्ट्रासनयानेन..9.36

ऊ
ऊर्ध्वजिह्वः स्थिरो..5.58
ऊर्ध्वनाभिरधस्..5.110
ऊर्ध्वमाकृष्यते..5.178
ऊर्ध्वं च दृष्टिं..9.39
ऊर्ध्वं नाभेरधः..6.33
ऊर्ध्वं प्रवर्त्तते..5.89
ऊर्ध्वं मेढ्रादधो..5.147
ऊर्ध्वं येन..5.90
ऊर्ध्वं षोडशपत्र..5.74
ऊर्ध्वास्यो रसनां..5.74

ऋ
ऋक्षवानरयुग्मस्यो..9.25
ऋजुकायः समासीनः..2.5
ऋजुत्वगुणमादाय..5.170
ऋज्वीभूता तथा..5.16
ऋतुमत्या रजो..5.129

ए
एक एव गुणो..1.23
एकस्य ध्यानयोगस्य..6.60
एकस्य नाशाद..7.33
एकं च लक्षं..9.37
एकं पादं तथैकस्मिन्..2.7
एकं सृष्टिमयं..5.78
एकान्ते मठिकामध्ये..1.43
एकीभूतं तेन..8.44
एकीभूयाथ..8.12
एके सिद्धासनं..2.23
एको देवो..5.78
एकैका तासु यमिनां..5.185
एकैव शाम्भवी..7.35
एतत्त्रयमपां प्रोक्ताः..1.22
एतत्त्रयं महागुह्यं..5.34
एतद्धि परम..10.17
एतद् व्याधिविनाशनं..2.30
एतत्पञ्चगुणा..1.24
एतत्संख्यायुतं..5.160
एतानि सर्वाणि..1.47
एतांश्च शीतलीनाम..4.49
एते नाडीसहस्रेषु..5.154
एतेषामतुलान्..2.2
एतेषां लक्षणं..5.10
एभिर्विवर्जितो..6.39
एवमभ्यसतो नित्यं..5.176
एवमभ्यस्यमानस्य..7.53
एवमभ्यासयुक्तस्य..5.177
एवमभ्यासयोगेन..4.43,67
एवमासनबन्धस्थो..3.1
एवं क्रमेण..5.40

एवं नाडीमयं . . 5.150
एवं नानाविधो . . 7.67
एवं वर्षत्रयं . . 5.49
एवंविधे मठे . . 1.45
एवं सिद्धो भवेद् . . 10.30
एषा खे गमनं . . 6.15
एषा दुःसहकाल . . 6.13
एषामरोली . . 5.115
एषा मोक्षफल . . 6.16
एषा वस्निजयं . . 6.14
एषा व्याधिविनाशिनी . . 5.12
एषा सा शाम्भवी . . 7.36
एषा स्तम्भकरी . . 6.11
एषु ब्रह्मात्मकं . . 6.57

ओ

ओंकारं तु धनुः . . 10.15
ओंकारं यत्र . . 6.53
ओ नमः शिवाय . . 7.1

क

कट्वम्लतीक्ष्णलवणो . . 1.53
कण्ठमाकुञ्च्य . . 5.98
कण्ठसंकोचनेनैव . . 5.102
कण्ठे बन्धं . . 5.14
कथयन्ति मनुष्याणां . . 9.41
कथं स्यादुन्मनीभावः . . 3.25
कथितानि नवैतानि . . 6.56
कथितेयं महामुद्रा . . 5.22
कन्दमध्यात्समुत्पन्नं . . 6.34
कन्दोर्ध्वे कुण्डली . . 5.142,146
कपालकुहरे . . 5.37
कपालभस्त्री . . 3.23
कपालभस्त्रीश्चैतानि . . 3.9
कपालशोधनं . . 4.39
कपालशोधनी . . 3.18
कपालीबिन्दुनाथश्च . . 1.7
कपोतगृध्रो काकोलू . . 9.10
करणी विपरीताख्या . . 5.7, 110,111
करालैर्विकटैरुक्षैः . . 9.29
करिभिरिव जलस्य . . 3.24
कर्णश्रुतिविनाशो . . 9.22
कर्णौ पिधाय . . 8.14
कर्त्तव्यं येन कालो . . 10.20
कर्पूरमनिले यद्वत . . 7.60
कर्मणा मनसा वाचा .6.18
कर्मबन्धमयी सृष्टिः . . 1.17
कर्मषट्कमिदं . . 3.10
कलां पराङ्मुखी . . 5.55
कस्यचिन्नैव . . 5.9
कः केन हन्यते . . 10.28
काकचञ्चुविधानेन . . 5.54
कानेरी पूर्वपादश्च . . 1.7
कायस्य कृशता . . 4.15
कालपाशमहाबन्ध . . 5.26

कालं कलितसंसारं . . 10.30
कार्कश्यं मार्द्दवं . . 6.44
काष्ठगोष्ठीप्रसंगेन . . 8.34
काष्ठे प्रवर्त्तितो . . 8.11
कासश्वासप्लीह . . 3.13
किमत्र बहुनोक्तेन . . 5.171
कुक्कुटासनबन्धस्थो . . 2.9
कुण्डलांगी कुण्डलिनी . . 5.166
कुण्डलिन्या तथा . . 5.144
कुण्डलिन्याः समुद् . . 5.163
कुण्डली कुण्डलाकारा . . 5.165
कुण्डलीबोधनं . . 4.56
कुण्डलीं चालयित्वा . . 5.176
कुण्डल्यरुन्धती देवी . . 5.167
कुतः प्रक्षालणोपायः . . 5.183
कुम्भकं प्राणरेचान्ते . . 4.67
कुम्भकं पूर्ववत् . . 4.56
कुम्भकात् कुण्डली . . 4.68
कुम्भकान्ते रेचकादौ . . 4.34
कुम्भं कुर्यात् . . 4.43
कुरुते युक्तकर्माणि . . 10.3
कूर्मासनं भवेदे . . 2.8
कुर्यात्तदासनं . . 2.1
कुर्यादनन्तरं भस्त्रीं . . 5.173
कुलीनं तमहं . . 5.67
कृत्वा दण्डस्थिरं . . 10.22
कृत्वा नादमिदं . . 7.27; 8.35
कृत्वा सम्पुटितौ . . 5.145
कृष्णत्वं दन्तजिह्वायां . . 9.13
केचित्तर्केण मुह्यन्ति . . 7.39
केचिदागमजालेन . . 7.39
केवलस्य तु सिद्धिः . . 4.63
केवलं राजयोगाय . . 1.2
केवले कुम्भके . . 4.65
केशादूर्ध्वं . . 5.44
कौरण्टकः सुरानन्दः . . 1.6
क्रमेणैव प्रकर्त्तव्यो . . 5.48
क्रियायुक्तस्य . . 3.4
क्रियैव कारणं . . 3.4
क्षणाच्च किञ्चिद् . . 5.113
क्षमा प्रज्ञा स्पृहा . . 6.41
क्षयकुष्ठगुदावर्त्त . . 5.20
क्षितौ ब्रह्मा जले . . 1.26
क्षीरपर्णी च . . 1.51
क्षीरं चैकं . . 5.117
क्षीयन्ते तस्य . . 1.30

ख
खण्डयित्वा कालदण्डं . . 1.9
खण्डयेत्स्वापदः . . 9.9
खमध्ये कुरु . . 7.56
खवाताग्नित्रयादापः . . 1.19
खाद्यते न स . . 7.8
खेचर्या मुद्रितं . . 5.64
खे निरस्तसकलक्रिया . . 5.57

ग

गच्छता तिष्ठता . .4.42

गण्डं वा पिण्डिका . .9.35

गंगायमुनयोर्मध्ये . .5.167

गाढं वक्षसि . .5.145

गान्धारी हस्तिजिह्वा . .5.149

गुणबद्धस्तथा जीवः . .5.157

गुदं पार्ष्ण्या तु . .5.81

गुदं मेढ्रश्च . .6.55

गुदं नियम्य . .2.8

गुरूपदिष्टमार्गेण . .1.45;3.11;
4.1

गुरूपदेशतो . .5.109

गुरूपदेशविषया . .10.34

गुल्मप्लीहोदरं . .4.49

गुल्मप्लीहोदरं चापि . .3.15

गुल्फदेशसमीपे . .5.95

गुल्फान्तरं च . .2.22

गुल्फौ च . .2.34,37

गोधूमशालियवषष्टिक . .1.50

गोपनीयं प्रयत्नेन यथा . .5.9

गोपनीया प्रयत्नेन . .5.22

गोमांसभक्षणं . .5.68

गोमांसं भक्षयेन्नित्यं . .5.67

गोरक्षासनमि . .2.38

गोशब्देनोदिता . .5.68

घ

घण्टिकालम्बिकास्थानं . .6.55

घृतस्वादूपमं . .5.52

घृतं तैले तथादर्शे . .9.14

च

चतुरशीतिपीठेषु . .2.25

चतुरशीतिलक्षा . .2.3

चतुरशीत्यासनानि . .2.19

चतुरंगुलविस्तारं . .3.11

चन्द्रसूर्यद्वयोर्मध्ये . .7.50

चन्द्रस्तामस इत्युक्तः . .10.38

चन्द्राच्च्यवति यः . .5.69

चन्द्रात्सारः स्रवति . .5.77

चन्द्रामृतमयीं . .6.9

चन्द्राम्भः परि . .5.175

चन्द्रार्कावपि लीनता . .7.38

चन्द्रांगे तु . .5.15

चरतां चक्षुरादीनां . .6.1

चलितं च स्वयं . .5.120

चलितोऽपि यदा . .5.66

चले वाते चलं . .4.5

चित्तं चरति खे . .5.63

चित्तं मनस्ततो . .8.42

चित्तं स्थिरं यस्य . .10.35

चित्तायत्तं नृणां . .5.128

चित्ते समत्वमापन्ने . .5.115

चुम्बन्ती यदि . .5.75

चैतन्मोक्षकपाट . . 2.21
चौरंगीमीनगोरक्ष . . 1.5

छ

छेदनचालन . . 5.38

ज

जनसंगपरित्यागात् . . 1.46
जनसंगश्च लौल्यं . . 1.48
जत्रूर्ध्वजातरोगौघं . . 3.18
जपेच्च तारकं . . 10.5
जप्ता मन्त्रसहस्र . . 10.40
जलप्रवेशादपि . . 9.27
जलेन श्रमजातेन . . 4.21
जले भस्मे . . 5.132
जहाति तस्मात् . . 5.179
जंघाद्वयं . . 5.31
जाड्यं मौढ्यं . . 6.42
जानूर्वोरन्तरे . . 2.5
जान्वोः परिन्यस्त . . 2.14
जायते दन्तघर्षश्च . . 9.30
जायते वायुराकाशात् . . 1.18
जालन्धरे कृते . . 5.100
जिह्वया वायुमाकृष्य . . 4.48
जिह्वाप्रवेशसम्भूतो . . 5.69
जिह्वामूलेन . . 4.46
जिह्वामूलो भवेत् . . 9.17
जीवन्मुक्तः सदेहो . . 10.18
जीवन्मुक्तिश्च . . 8.51
ज्ञातव्यं कारणं . . 5.71
ज्ञातव्यं तत्पदं . . 7.49
ज्ञात्वा कालं च तं . . 10.21
ज्ञात्वा सुषुम्ना . . 7.27; 8.35
ज्ञानं मुक्तिं स्थितिः . . 7.7
ज्ञानवैराग्यमैश्वर्य . . 6.46
ज्ञानं कुतो . . 7.19
ज्ञानं ज्ञेयं मनश्चैव . . 7.63
ज्ञानोदयाद् विलीयन्ते . . 1.33
ज्ञेयज्ञाने विलीने . . 8.30
ज्ञेयवस्तुपरित्यागात् . . 7.65
ज्ञेयं सर्वमतीतं . . 7.63
ज्ञेयान्यरिष्टानि . . 9.2
ज्योतिरूपमशेष . . 7.38

त

तक्षकेनापि दष्टस्य . . 5.60
ततस्त्यक्तमनोऽभ्यास . . 10.60
ततः शनैः . . 4.38
ततः शनैः शनैरेव . . 5.14
ततः शिवेन . . 2.3
ततो जालन्धर . . 5.99
ततो त्यक्तमनो . . 10.27
ततोऽधिकतमा . . 4.19
ततोऽधिकतरा . . 4.19
ततो न जायते . . 5.104,106
ततोऽभ्यासे . . 4.22

ततो यातौ . . 5.85
ततो योगस्य . . 5.82
ततो व्यतीते . . 10.29
तत्कर्म कविभिः . . 1.16
तत्कार्यं कुरुते . . 5.175
तत्पूर्वं प्रोच्यते . . 6.28
तत्प्रत्याहरणं . . 6.9
तत्प्रत्याहरणं तेषां . . 6.1
तत्र चित्तं स्थिरं . . 8.14
तत्र नाडीसहस्रेषु . . 5.148
तत्र नाड्यः . . 5.147
तत्र वस्तुद्वयं . . 5.117
तत्र सूक्ष्मात् . . 8.19
तत्रापि भवने . . 10.31
तत्राभिमण्डलं . . 6.31
तत्रात्मानं शिवं . . 6.53
तत्रास्ति कारणं . . 5.109
तत्रास्ति पंकजं . . 6.33
तत्रैव निश्चलो . . 8.21
तत् लिंगं यः . . 5.50
तत्वं तत्पदमेति . . 7.38
तत्वं बीजं हठः . . 8.48
तत्वं वायुमयं . . 6.15
तत्सर्वं ग्रसते . . 5.108
तत्सिद्धये विधान . . 4.31
तथा चित्तं . . 5.3
तथात्ममनसोरैक्यं . . 7.4
तथा सन्धायमानं . . 7.60
तथा सर्वासने . . 2.24
तथा सोमकलापूर्णं . . 5.59
तथेन्द्रियमयो लोके . . 1.15
तथैकस्मिन्नेव . . 2.28
तथैव त्रिगुणं तेजो . . 1.23
तथैव सेवितो . . 4.23
तथैव स्वशरीरस्थं . . 4.54
तथ्यं परमसौख्यं . . 8.2
तदानलशिखा . . 5.84
तदा प्राज्ञो विजानीयान् . . 9.34
तदाभ्यसेत् सूर्य . . 5.177
तदा सर्वाणि . . 5.2;7.18
तदा सा मरणावस्था . . 5.7
तदैव जायते . . 3.26
तद्धारणं चोत्तमांगे . . 5.182
तद्बालार्कशताकारं . . 6.24
तन्नादेन सदा . . 6.16
तन्मयत्वमवाप्नोति . . 5.53
तन्मयत्वं . . 7.9
तन्मार्गादाहतं . . 5.73
तपःसन्तोषम् . . 1.57
तया सार्द्धं ततो . . 10.26
तयोर्विनष्ट . . 7.31
तयोः समरसैकत्वं . . 5.127
तरुणादित्यसंकाशे . . 6.32
तवात्मा नाववाणोऽपि . . 10.15
तस्माच्छनैः शनैः . . 5.49
तस्माच्छुक्रं रजश्चैव . . 5.128

तस्मात्पुण्य . . 5.134
तस्मात्सञ्चालयेन्नित्यं . . 5.180
तस्मात्सर्वप्रयत्नेन . . 5.5
तस्मादसिद्धयोगेन . . 9.2
तस्मादुड्डियानाख्योऽयं . . 5.90
तस्मान्नित्यं . . 5.87
तस्मान्निवेशिते . . 10.34
तस्मिन् दृष्टे . . 1.38
तस्मिंस्तत्वं . . 5.77
तस्य दोषाः . . 5.20
तस्य न क्षरते . . 5.64
तस्य वाक्यपरो . . 5.188
तस्य स्यादमरत्वं . . 5.75
तस्यार्द्धमासके ज्ञेयं . . 9.18
तस्याः किञ्चिदजो . . 5.136
तस्याः शरीरे . . 5.136
तं तमात्मेति . . 6.4,5,6,7,8
तं बध्नीयात् . . 5.77
तारकं जयते . . 10.4
तारा ज्योतिःषु . . 7.40
तावज्ज्ञानं वदति . . 7.15
तावदाकाशसंकल्पो . . 1.27;8.28
तावेव धत्त सकलं . . 10.39
तिष्टते खेचरीमुद्रा . . 7.43,44
तिष्टन्ती खेचरीमुद्रा . . 5.76
तीक्ष्णकं हरते . . 5.52
तृतीयायां तु . . 8.41
तृतीयांगे स्थितो . . 6.2
तेजोमयस्त्वहंकार . . 1.14
तेजो रेफयुतं . . 6.14
तेन कुण्डलिनी . . 5.86,179
तेन सिद्धिं . . 4.4
तेनाभितः प्रदीप्तस्तु . . 5.85
तेनेयं खेचरीमुद्रा . . 5.63
तेभ्यश्चतुष्कमादाय . . 2.19
त्यज पिंगलया . . 4.16
त्रयः कालास्त्रयो . . 10.9
त्रयो लोकाः स्थिता . . 10.9
त्रिधा मात्रा स्थिता . . 10.8
त्रिधा शक्तिः स्थिता . . 10.10
त्रिवेणीसंगमं . . 5.27

द

दण्डाहता भुजंगीव . . 5.86
दक्षदिशान्तरे नारीं . . 9.26
दक्षनाड्या समाकृष्य . . 4.37
दक्षिणेऽपि तथा . . 2.6
दक्षिणे सव्यगुल्फं . . 2.34
दक्षोरूपरि . . 2.30
दयार्जवमिताहाराः . . 1.55
दर्पणे स्वात्मनः . . 9.16
दशद्वाराणि संयम्य . . 10.16
दिवा न पूजये . . 7.41
दिव्यकल्पं . . 5.53
दिव्यगन्धो दिव्य . . 8.38
दीपादिगन्धनो . . 9.31

दुग्धं क्षीरे घृते . .7.9
दुग्धाम्बुवत् . .7.32
दुर्लभं येन केनापि . .2.33
दुर्लभा सहजावस्था . .7.14
दुर्लभो विषय . .7.14
दृढता लघुता . .4.21
दृढासनो भवेद् . .8.39
दृष्टिं विन्यस्य . .2.32
दृष्टिः स्थिरा यस्य . .10.35
दृष्ट्या निश्चल . .7.37
दृष्ट्वा प्रेतपिशाचादीन . .9.7
दृष्ट्वा मन्येत . .9.32
दृष्ट्वा स्वप्ने . .9.19
दृष्ट्वैकादशमासाच्च . .9.5
देवमार्गं ध्रुवं . .9.4
देहसिद्धिं च . .5.141
दोषदुःखजरामृत्यु . .8.42
दौर्भाग्यं याति . .5.51
द्वादशांगुलनालं . .6.34
द्वाराणां निरुध्य . .10.32
द्वासप्ततिसहस्राणां . .5.183
द्वासप्ततिसहस्राणि . .7.26
द्वासप्ततिसहस्रेषु . .2.25
द्विजसेवितशाखस्य . .1.41
द्वितीयायां घटं . .8.39
द्विविधं भवति . .6.20

ध

धनुराकर्षणं . .2.11
धनुःप्रमाणपर्यन्तं . .1.42
धरामवष्टभ्य . .2.16
धात्विन्द्रियान्तःकरण . .3.16
धारणाद्वादशप्रोक्तं . .1.37
धारणायां मनो . .1.40
धारयन्ते शरीराणि . .5.119
धारयित्वा यथाशक्ति . .5.25
धारयित्वा यथाशक्तिः . .4.11
धारयेन्नासिकां . .4.55
धारयेद् हृदये तेजो . .6.24
धीरहंकार इत्यष्टौ . .6.36
धेनुः पृथ्वी जलं . .6.27
धौतीकर्मप्रभावेन . .3.13
धौतीकर्म वदन्त्ये . .3.12
धौती बस्ती तथा . .3.9
ध्वनिमुत्सृज्य . .8.20
ध्यात्वा चन्द्रमसो . .4.12
ध्यात्वा ज्ञात्वा . .6.57
ध्यानद्वादशकेनैव . .1.37
ध्यानं च सर्व . .6.19
ध्यानं समाधिरेतानि . .1.35

न

न कैश्चिद् ज्ञायते . .1.13
न क्षुधा न तृषा . .4.44
न खेचरी समा . .2.29
न गन्धं न रसं . .7.6

नग्नं क्षपणकं स्वप्ने . . 9.37
न च मूर्च्छा . . 5.61
न चासनं . . 2.29
नं तस्य दुर्लभं . . 4.65
नतो तिष्ठति यः . . 9.38
न पश्येच्चक्षुषो . . 9.36
न पीयूषं पतत्यग्नौ . . 5.100
नभःसमीरणाभ्यां . . 1.19
नभोवाताग्निवारिभ्यो . . 1.20
न यस्य वायुर्वहति . . 10.36
न रोगो मरणं . . 5.61
नवनीतं घृतं . . 6.27
न वेषधारणं . . 3.5
न शास्त्रपाठ . . 3.5
न स लिप्यति . . 10.11
न सिध्यति ततो . . 4.69
न हि पथ्यमपथ्यं . . 5.19
नागः कूर्मश्च . . 5.153
नाडीजलोदर . . 4.42
नात्मानं च परं . . 7.6
नात्मानं परनेत्रस्य . . 9.31
नादकोटिसहस्राणि . . 8.33
नादमेवानुसन्धत्ते . . 8.7,10
नादश्रवणतश्चित्त . . 8.23
नादस्तुरंगसारंग . . 8.25
नादः शक्तिरिति . . 8.30
नादानुसन्धानकमेव . . 8.4
नादानुसन्धानसमाधि . . 8.13
नादाभिव्यक्तिरा . . 4.27
नादासक्तं तथा . . 8.22
नादे प्रवर्त्तितं . . 8.11
नादोपास्तिरतो . . 8.25
नादो यावन्मनस् . . 8.31
नाभिदघ्ने जले . . 3.14
नाभिदेशे भवेदेष . . 5.107
नाभिदेशे भवत्येष . . 5.70
नाभेराकुञ्चनं . . 5.174
नाभेरूर्ध्वमधश्चापि . . 5.94
नार्या भगे . . 5.120
नासाग्रे दृष्टिरात्मानं . . 6.29, 32,47,50,52
नासाग्रे दृष्टिरेकाकी . . 6.49;10.6
नासादक्षिणमार्गवाहि . . 5.175
नासिका वक्रतामेति . . 9.33
नित्यमभ्यासयुक्तस्य . . 5.111
नित्यं यस्तूर्ध्वजिह्वः . . 5.51
नित्यं सोमकलापूर्ण . . 5.60
निद्रां विहाय सा . . 5.169
निन्दानृतादयो . . 6.42
निपतन्ति यदा . . 9.10
नियमा दश वै . . 1.58
निरञ्जनपदं . . 7.1
निरञ्जने विलीयते . . 8.32
निराद्यन्तं निरालम्बं . . 7.61
निरामयं निराकारं . . 7.61
निरालम्बमहाशून्ये . . 7.50

निरालम्बं मनः . .7.51
निरीक्षेन्निश्चलदृशा . .3.19
निरुध्य प्राणापानौ . .10.14
निरोधने समर्थोऽयं . .8.24
निर्गुणं च शिवं . .6.49
निर्दोषः समृणाल . .5.74
निर्मत्सराणां . .5.130
निर्मलं गगनाकारं . .6.54
निवेश्य भूमौ . .2.10
निश्चलं निर्मलं . .7.62
निश्चेष्टा निर्विकाराश्च . .7.25
निष्पत्तिः सर्व . .8.36
निष्पत्तौ वैणवः . .8.43
निष्पीड्य योनिमा . .5.24
निषेव्यते शीतल . .5.138
निःशब्दं तत्परं . .1.27
निःशब्दं परमं . .8.28
नीत्वाकाशमपान . .10.32
नीत्वा प्राणमतः . .5.50
नेत्रं च वामं . .9.33
नो हर्षत्यम्बुसंस्पर्श . .9.24
न्यस्तहस्तयुगो . .5.31
न्यासतः सुप्रसन्नात्मा . .10.3

प

पक्षाद्विक्षेपमखिलं . .8.15
पञ्चानामेव भूतानां . .1.21
पततो यस्य वै . .9.38
पद्मासनस्थितो . .4.8
पद्मासनं तु . .2.10
पद्मासनं भवेत् . .4.50
पद्मासने स्थितो . .4.20
पयसीन्द्रधेनुर्वापि . .9.12
परमानन्दसंस्पर्श . .6.23
परानन्दमयो भूत्वा . .10.26
पवनो बध्यते . .7.31
पश्यन् संसारवैचित्र्यं . .10.31
पश्चिमं तानमुदरे . .5.96
पाण्डुरः शुक्ल . .5.122
पादमूलेन वामेन . .5.13
पादं प्रसारितं . .5.13
पादांगुष्ठौ तु . .2.11
पापपांशुमहावाताः . .1.58
पार्श्वपादौ तु . .2.37
पार्ष्णिभागेन . .5.23,79
पाषाणैस्ताडितः . .9.29
पांशुकर्दमयोर्मध्ये . .9.9
पिण्डस्थैर्यं तु . .5.51
पित्तोल्वणत्वात् . .5.138
पिबतश्च जलं . .9.20
पिंगलाकुररः . .10.33
पीठादिकुम्भकश्चित्रं . .2.39
पीड्यते न तु . .5.62
पीत्वा पिंगलया . .4.14
पीयूषाकुलकल्लोल . .6.25
पुच्छं प्रगृह्य . .5.169

पुण्यपापमयो बन्धो . . 1.16
पुण्यसम्भारसन्धायि . . 5.35
पुनर्न वासनोत्थानो . . 7.66
पुनर्विरेचयेत . . 4.53
पुनस्तथैव बध्यन्ते . . 1.29
पुन पुनरिदं . . 4.39
पुनः प्रत्याहरेद् . . 3.12
पुनः षण्मास . . 5.43
पुनः संवत्सराद् . . 5.45
पुमान् स मृत्युमा . . 9.40
पुरस्ताच्चैव . . 7.47
पुरा मत्स्येन्द्र . . 8.34
पुरुषो वापि . . 5.131
पुंसो बिन्दुं समा . . 5.135
पूजयेदतुलां दिव्यां . . 7.46
पूरकान्ते गाढतरं . . 4.60
पूरकान्ते तु . . 4.34
पूरयित्वा मुखे . . 5.24
पूर्ववत् कुम्भयेत् . . 4.41
पूर्वाह्ने वापराह्ने . . 10.1
पृथ्वीमयं शरीरं . . 1.15
पृथ्वी शीर्णा . . 1.25
प्रकटितपरमार्थ . . 10.43
प्रगृह्य तिष्ठेत् . . 2.12
प्रणम्य श्रीगुरुं . . 1.2
प्रण वाद्यास्तथा . . 5.163
प्रणष्टोच्छ्वास . . 7.25
प्रत्यक्षमथवा . . 9.6
प्रत्याहारद्विषट्केन . . 1.36
प्रत्याहारेण योगीन्द्रो . . 1.39
प्रत्याहारेण सम्पन्नो . . 6.10
प्रपूर्य सूर्यात् . . 5.172
प्रबुद्धायामादि . . 7.16
प्रबुद्धा वह्नियोगेन . . 5.170
प्रयाति सुतरां . . 8.27
प्रवेशे निर्गमे . . 10.36
प्रवृत्तिश्च निवृत्तिश्च . . 9.8
प्रसार्य पादौ . . 2.14
प्राणवायुसम . . 10.14
प्राणस्य शून्य . . 5.3
प्राणं चेदिडया . . 4.14
प्राणं तत्र विलीय . . 6.11, 12,13,14,16
प्राणाद्या पञ्च . . 5.154
प्राणानिले सावधानं . . 2.27
प्राणापानावसौ . . 5.155
प्राणापानौ नाद . . 5.82
प्राणाभ्यासं ततः . . 4.7
प्राणायामद्विषट्केन . . 1.36
प्राणायामप्रयोगेण . . 5.54
प्राणायामस्त्रिधा . . 4.62
प्राणायामं ततः . . 4.2
प्राणायामेन युक्तेन . . 4.24
प्राणायामो भवत्येव . . 4.9
प्राणायामो भवेत् . . 4.10
प्राणायामोऽयमि . . 4.64

प्राणायामैरेव . . 4.3
प्राणोऽपानसमाक्षि . . 5.156
प्राणोऽपानसमान . . 5.153
प्राणोऽपि जीवति . . 7.19
प्राणो मनो द्वयमिदं . . 7.19
प्रातर्मध्यन्दिने . . 4.32
प्रातःस्नानोपवासादि . . 1.49
प्राधान्यप्राणवाहिन्यो . . 5.148
प्राप्ते काले तु . . 9.42
प्रोक्तं गोरक्षनाथेन . . 8.3
प्रोक्तं योगमठस्य . . 1.44

ब

बन्धं कृत्वाश्रयं . . 10.25
बद्धं चेन्नादयोगेन . . 8.27
बद्धपद्मासनो . . 4.11;10.13
बद्धसिद्धासनो देहं . . 10.22
बद्धाः खेचरतां . . 7.21
बध्नाति हि . . 5.99
बन्धं मूलबिलं . . 5.88
बन्धत्रयमिदं . . 5.101
बन्धत्रयमनायासात् . . 2.28
बन्धत्रयस्य . . 2.36
बन्धनाय च . . 5.146
बन्धयेत्खेचरीं . . 10.23
बन्धो जालन्धरा . . 5.98
बलात्कारेण गृह्णीयात् . . 5.167
बस्तिकर्मप्रभावेन . . 3.15
बहिरन्तःस्थितं . . 6.22
बहुकदशनभुक्तं . . 2.17
बाध्यते न च . . 5.62
बाह्यचिन्ता न . . 7.58
बाह्यवायुर्यथा . . 7.52
बाह्ये मण्डपवेदि . . 1.44
बिन्दुर्मूलं . . 5.119
बिन्दुः शिवो रजः . . 5.124
बिन्दुनैकत्वमायाति . . 5.126
बिन्दुस्थैर्योदयात् . . 8.49
बिलं प्रवेशिता . . 5.87
बीभत्साद्भूतानामा . . 6.40
बुध्या निरुध्य . . 10.2
बोधयित्वा सुषुम्ना . . 7.29
ब्राह्मग्रन्थेर् भवेद् . . 8.37
ब्राह्मचर्यरतस्यैव . . 5.181
ब्रह्मचारिमुखं . . 5.142
ब्रह्मद्वारमुखे . . 5.5
ब्रह्मनाडीमुखे . . 4.57
ब्रह्मादयोऽपि . . 4.4
ब्रह्मरन्ध्रान्तमावृत्य . . 5.45
ब्रह्मविचारणे . . 10.40
ब्रह्मस्थानं ततो . . 5.106

भ

भक्ष्ये भिक्षावन्द . . 8.9
भद्रासनं भवेदे . . 2.38

भस्त्रिका भ्रामरी . . 4.33
भवन्ति विविधाः . . 4.25
भवति दृढकायो . . 10.43
भवभयवनवह्निं . . 10.43
भवेद्वीर्यवती . . 1.11
भवेत्स्वच्छन्ददेहस्तु . . 4.45
भवोदधिमहासेतुः . . 4.9
भावयेत् परमात्मानं . . 6.22
भाव्यमन्तर्गतं . . 6.23
भित्वा ग्रन्थित्रयं . . 5.50
भिद्यते हृदय . . 1.30
भिन्दन् कालविशाल . . 5.175
भुज्यते शिवसम्प्रीत्यै . . 1.56
भूर्भुवःस्वरिमे . . 10.7
भोजनमहितं . . 1.54
भ्रान्त्या बहुमत . . 1.3
भ्रूमध्यावधि . . 5.43
भ्रुवोर्मध्ये शिव . . 7.49
भ्रुवोरन्तर्गतं देवं . . 6.52
भ्रुवोरन्तर्गता . . 5.37

म

मकरन्दं पिबन् . . 8.22
मणिबन्धं वीक्ष्य . . 9.17
मणिवत्तन्तूनां . . 6.31
मण्डलाद् दृश्यते . . 5.181
मतान्तरे तु . . 5.28
मत्स्येन्द्रपीठं . . 2.13
मध्यचक्रमिदं . . 5.103
मध्ये पश्चिमतानेन . . 4.35;5.105
मध्ये मर्द्दलशंखो . . 8.17
मनसा मन आलोक्य . . 7.55
मनसा संस्मरेन्नित्यं . . 10.12
मनसो निश्चलत्वेन . . 6.11
मनसोऽप्युन्मनी . . 7.64
मनः पारदमाप्नोति . . 8.26
मनःप्राणलयो . . 7.23
मनःस्थैर्ये स्थिरो . . 8.49
मनोदृश्यमिदं . . 7.64
मनोन्मन्यै नमस् . . 7.1
मनोऽभिलषितं . . 1.52
मनो मत्तगजेन्द्रस्य . . 8.24
मन्दाग्निसन्दीपन . . 3.22
मन्थानभैरवो योगी . . 1.6
मयि बोध्यं . . 3.7
मरणं बिन्दुपातेन . . 5.121
मरणं वायुनिष्क्रान्तिस् . . 4.6
मरुतो योनिराकाशो . . 1.22
मलाकुलासु नाडीषु . . 3.25
महति श्रूयमाणेऽपि . . 8.19
महाक्लेशादयो . . 5.18
महाबन्धे स्थितो . . 5.30
महामुद्रा च . . 5.18
महामुद्रा नभोमुद्रां . . 5.11
महामुद्रामहाबन्धो . . 5.6

महामुद्रामहाबन्धौ . .5.29
महावेधोऽयमभ्यस्तो . .5.33
महाशून्यं समायाति . .8.41
मानसे विलये . .7.65
मानसैरुपचारैश्च . .7.42
मारुतस्य लयो . .7.22
मारुतस्य विधिं . .5.184
मारुतं धारयेद्यस्तु . .4.8
मारुते मध्यसञ्चारे . .4.30
मासान्ते मरणं . .9.15,16
मासार्द्धेन न . .5.58
मिष्टं सुमधुरं . .1.52
मुक्तासनं वदन्त्येते . .2.23
मुक्तासने स्थितो . .7.41;8.6
मुखस्य चोष्मा . .9.39
मुखं संयम्य . .4.40,51
मुखान्निर्गमनादेव . .3.17
मुखेनाच्छाद्य . .5.143
मुख्यं शरीरं . .1.12
मुद्राणां च परा . .7.45
मुद्रेयं खलु . .7.37
मुहूर्त्तद्वयपर्यन्तं . .5.178
मूलबन्धं च यो . .5.11
मूलस्थानं समाकृष्य . .5.102
मूर्च्छितो हरते . .7.21
मृतावस्था . .5.32
मृत्युघ्नं च . .7.2
मृत्युचक्रं गत . .5.174
मृदुलं धवलं . .5.42
मेघनादी च . .1.51
मेढ्रादुपरि विन्यस्य . .2.22
मेढ्रेणाकर्षयेदूर्ध्वं . .5.129
मेढ्रे पादमथैकमेव . .2.21
मेदश्लेष्मनिवृत्य . .3.8
मेहनाकुञ्चनादूर्ध्वं . .5.140
मेहनेन शनैः . .5.118
मोक्षं स गच्छति . .7.19
मोचनं नेत्ररोगाणां . .3.20
मोचनी च भव . .6.17
मोहादयो विलीयन्ते . .1.31

य

यतो मरुत्तत्र . .7.33
यत्किञ्चिन्नादरूपेण . .8.29
यत्किञ्चित्स्रवते . .5.109
यच्च योगार्जितं . .1.34
यत्तु ध्यानेन . .10.17
यत्नतस्त्राटकं . .3.20
यत्नतः शरनालेन . .5.118
यत्पाताले विशति . .5.77
यत्प्रत्युपचकार . .6.13
यत्तालुस्थितमिन्द्र . .6.14
यत्र कुत्रापि वा . .8.21
यत्र दृष्टिर्लयस्तत्र . .7.34
यत्र वा रजनीभाव . .10.1
यत्र वै स्नातमात्रस्य . .9.20

यत्रैव लीयते . . 7.32
यत्समत्वं द्वयोरत्र . . 7.3
यत्समाधिपरं . . 1.38
यत्स्वयं चादिनाथस्य . . 10.41
यथा तृतीयकालस्थो . . 6.2
यथा दण्डहतः . . 5.16
यथा लगति कण्ठान्तं . . 4.40
यथा लगति हृत्कण्ठे . . 4.52
यथा सिंहो गजो . . 4.23
यथा सुखमव . . 4.7
यथेष्टधारणं . . 4.27
यथैव दर्दुरो . . 4.20
यथैव लोहकाराणां . . 4.54
यथोदरं भवेत् . . 4.55
यद्भिन्नाञ्जन . . 6.15
यदा तु नाडी . . 4.15
यदा संक्षीयते . . 7.5
यदा समरसत्वं . . 7.5
यदा सर्वे विलीयन्ते . . 1.32
यदा श्रमो भवेत् . . 4.52
यदि नारी रजो . . 5.135
यमेष्विव मिताहारो . . 2.24
यस्तच्छ्रोता निराकारः . . 8.29
यस्य कृष्णपरा जिह्वा . . 9.35
यस्य मात्रासु . . 10.7
यस्य वै भुक्तमात्रस्य . . 9.30
यस्यास्ति सदृशो . . 9.18
यस्यापि हन्यते . . 9.21
यं यं शृणोति . . 6.4
यः पश्येद् द्विशिरस्कं . . 9.14
या तत्वे निश्चला . . 6.19
याति बिन्दोः . . 5.123
या पृथ्वी हरिताल . . 6.12
याममात्रं तु . . 5.114
यावत्तुल्या . . 5.15
यावत्तिष्ठति तावदेव . . 10.32
यावन्नैव प्रविशति . . 7.15
यावद् दृष्टिर् . . 4.28
यावद् बद्धा . . 5.65
यावद् बद्धो . . 4.28
यावद् बिन्दुर्न . . 7.15
यावद् बिन्दुस्थितो . . 5.65
यावद् बिन्दुः स्थिरो . . 5.121
यावद् भ्रूमध्यं . . 5.38
यावद्वायुः स्थितो . . 4.6
यावद्व्योम्नः . . 7.15
युञ्जीत योगं . . 10.21
युक्तं युक्तं च . . 4.26
युक्तं युक्तं त्यजेद् . . 4.26
युक्तं वियुक्तं . . 8.26
युक्तस्वप्नावबोधस्य . . 3.6
युक्तासने समारुह्य . . 10.6
युक्ताहारविहारस्य . . 3.6
युक्ताहारविहारेण . . 1.43
युगपद्यतते . . 5.48
युवा भवति वृद्धो . . 5.83

युवा वृद्धोऽतिवृद्धो . . 3.2
येन त्यजेत्तेन . . 4.13
येन मार्गेण . . 5.143
येन सञ्चालिता . . 5.171
येषामालोकनान् . . 9.3
योगशास्त्रं पठेन्नित्यं . . 10.41
योगिनां ज्ञानविदुषा . . 9.42
योगिनः सहजावस्था . . 7.17
योगिनीचक्रसेव्यस् . . 4.44
योगी जराविनिर्मुक्तः . . 4.36
योगीन्द्राणां . . 4.59
योगी प्रत्याहरत्येव . . 6.3
योगी सुप्तोत्थित . . 10.29
योगी स्थाणुत्वमा . . 4.5
योगेन पदमात्मानं . . 10.4
यो न पश्येन्न . . 9.4
योनिस्थानकमंघ्रि . . 2.21
यो मनः सुस्थिरी . . 4.30

र

रज्जुबद्धो यथा . . 5.157
रक्ताम्बरधरां दृष्ट्वा . . 9.26
रममाणमपि क्षिप्तं . . 8.20
रसनामूर्ध्वगां . . 5.56
रसनां तालुयोगेन . . 4.47
रसनाशोषणं चैव . . 5.21
रसस्य मनसश्चैव . . 7.20
रसे बद्धे मनो . . 7.20
राजदन्तस्थ . . 5.28
राजयोगपदं चैव . . 4.66
राजयोगपदं प्राप्तं . . 8.46
राजयोगपदं प्राप्य . . 8.47
राजयोगं विना पृथ्वी . . 5.188
राजयोगं विना पृथ्वी . . 7.10
राजयोगं विना मुद्रा . . 5.186;7.10
राजयोगसमाधिश्च . . 8.50
राजयोगस्य . . 7.7
राजयोगं समारूढः . . 10.37
रात्रिभागे तथैवाह्नि . . 10.5
रुद्रग्रन्थिं ततो . . 8.43
रूपलावण्यसम्पन्ना . . 5.29
रेचकः पूरकश्चैव . . 4.10
रेचकं पूरकं त्यक्त्वा . . 4.64
रेचयेच्च ततो . . 4.13
रेचयेत पूरकं . . 4.63
रेचयेन्मूर्च्छनाख्योऽयं . . 4.60

ल

लयामृतमिदं . . 8.45
लयो लय इति . . 7.66
लीयते पुनराकाशे . . 1.28
लोहदण्डधरं . . 9.23
लौहकारस्य भस्त्रीव . . 3.23

व

वक्षोन्यस्तहनुः . . 5.12

वचसा च जपेद् . . 10.12
वज्रासनस्थितो . . 5.173
वज्रासनो नित्यम् . . 6.61
वज्रोलीमभ्यसेत् . . 5.139
वज्रोली मैथुनादू . . 5.132
वज्रोलीरमरोलीश्च . . 5.10
वज्रोलीं यो . . 5.116
वज्रोल्यभ्यासयोगेन . . 5.137
वपुःकृशत्वं . . 4.71
वपुरुत्पद्यते . . 1.13
वर्जयेद्दुर्जनप्रीतिं . . 1.49
वर्धमाने ततो . . 8.16
वर्षत्यधोमुखः . . 5.71
वल्लभं सर्वसिद्धानां . . 5.8
वलिश्च पलितं . . 5.114
वलीपलितवेपघ्नः . . 5.33
वशिष्ठाद्यैश्च . . 2.4
वह्निवृद्धिकरं . . 5.34
वह्निस्त्रीपथि . . 5.36
वामदक्षिणमार्गेण . . 5.155
वामोरूपरि . . 2.30;5.23
वामोरुमूलार्पित . . 2.12
वायुः परिवृतो . . 7.29
वायुनालिंगितं तेजो . . 1.25
वासुकीर्नागबोधश्च . . 1.8
वायूनां गतिमाकृष्य . . 5.30
वायुना शक्तिचालेन . . 5.126
वायोराकुञ्चनं कुर्यात् . . 5.175
वारं वारमपानम् . . 5.145
वारं वारं यथा . . 5.81
विचित्रकुम्भका . . 4.31
विचित्रक्वणको . . 8.37
विचित्रगुणसन्धानं . . 3.10
विज्ञाय सततं . . 6.18
वितस्तिप्रमितं . . 5.42
विदेहमुक्तये . . 10.13
विद्युत्प्रभे च . . 6.47
विधिवत्प्राण . . 4.29
विनापि मध्यमा . . 7.12
विनिश्चित्यायनं . . 10.2
विप्रेभ्यः पितृदेवताः . . 10.40
विराजते प्रोन्नत . . 1.1
विविधैरासनैः . . 7.16
विशब्देन स्मृता . . 6.48
विशुद्धे परमे . . 5.72
विशेषेणैव कर्त्तव्यं . . 5.58
विश्वासो विस्मृतिः . . 6.44
विषयैर्मुच्यते . . 5.56
विष्णुग्रन्थिर्भवेद् . . 8.40
विस्मयो व्याधिरुद्वेगो . . 6.37
विस्मृत्य सकलं . . 8.12
विस्मृत्य सर्वमेकाग्रं . . 8.23
वेगेन पूरयेत् . . 4.53
वेगोद्घोषं . . 4.59
वेदनं भवपाशस्य . . 1.41
वेदशास्त्रपुराणानि . . 7.35

व्यात्तवक्त्रो निरीक्षेत . . 2.35
व्याधीनां हरणं . . 5.75
व्योमविज्ञानमानन्दं . . 7.62
व्रजत्यूर्ध्वं हठात् . . 5.66

श

शक्तिमध्ये मनः . . 7.55
शक्त्यायुधं चार्द्ध . . 9.32
शतशो भ्रामयेदेषा . . 3.21
शतानि षट . . 5.160
शनैरशीतिपर्यन्तं . . 4.32
शनैरुत्कर्षयेद्योगी . . 5.41
शनैस्तु घ्राणरन्ध्राभ्यां . . 4.47
शनैः शनैर्मस्तकाच्च . . 5.47
शनैः शनैर्यथा . . 5.96
शनैः शनैः प्रकुर्वीत . . 5.118
शब्दस्पर्शश्च . . 6.36
शब्दस्पर्शश्च रूपञ्च . . 1.24
शरीरं नो त्यजेदेव . . 10.19
शवासनं श्रान्तिहरं . . 2.18
शशिस्थाने स्थितो . . 5.125
शिश्नोदररताय . . 3.7
शीते काले चोपटी . . 8.9
शुक्रं चन्द्रेण . . 5.125,127
शुक्लपक्षे तथा . . 4.70
शुचिर्वाप्यशुचिर्वापि . . 10.11
शुण्ठीपटोलफलकादि . . 1.50
शुद्धसुषुम्नासरणः . . 8.5
शुद्धा नाडीगणा . . 4.14
शुद्धिमेति यदा . . 3.26
शून्याशून्य . . 7.37
शृणुयाद्दक्षिणे . . 8.6
शृंगारहास्यकरूणा . . 6.40
शेते कूर्मवदुत्तान . . 2.9
शोधनं नाडीजालस्य . . 5.21
श्मशानं शाम्भवी . . 5.4
श्रवणमुखनयन . . 8.5
श्रीआदिनाथाय . . 1.1
श्रीआदिनाथेन . . 8.4
श्रीशाम्भव्याश्च . . 7.40
श्रुतिपथं यदा सर्वो . . 9.13
श्रुतिप्रतीतिश्च . . 1.47
श्रूयते प्रथमाभ्यासे . . 8.16
श्रेष्टं तत्रापि . . 2.20
श्लेष्मदोषहरं . . 4.41

ष

षट्कर्मनिर्गतस्थौल्य . . 4.2
षट्चक्राणि . . 5.50
षट्त्रिंशद्भिः . . 10.16
षण्मासाद् रसनामूले . . 5.40
षण्मासाभ्यासयोगेन . . 5.94

स

स एव कालः स . . 10.28

स एव द्विविधो . . 5.122
स एव श्रीगुरुः . . 5.187
सकलोच्छिन्नसंकल्पो . . 7.24
सकृदपि पठनीयं . . 10.43
सक्षारा कटुका . . 5.75
सगुणं वर्णभेदेन . . 6.20
सततं घण्टिकामध्ये . . 6.50
सततं पूजयेल्लिंगं . . 7.42
सततं प्राणवाहिन्यः . . 5.151
सततं योगिभिर् . . 10.20
सति वज्रासने . . 5.95
सदा नादानुसन्धानात् . . 8.32
सदा सिद्धासना . . 2.26
सद्यः प्रत्ययसन्धायी . . 8.46
स बाह्याभ्यन्तरे . . 7.51
स बिन्दुस्तद्रजश्चैव . . 5.137
स भवेत् सर्वसिद्धानां . . 4.46
समत्वं च . . 6.21
समस्तनष्टसंकल्पः . . 7.3
समस्तोपाधिविध्वंसो . . 6.59
समादाय ततस्तेन . . 5.39
समाधिना भवेत् . . 1.40
समाधिमार्गाः . . 7.67
स मृत्युं सप्त . . 9.21
सम्पूर्णहृदये शून्ये . . 8.38
सम्प्राप्तयोगनिद्रस्य . . 7.48
सम्भूतिं च विनाशं . . 1.17
सम्यक् गात्र . . 4.57
सम्यक् पद्मासनं . . 4.51
सम्यक् शिक्षावतामेव . . 5.36
सम्यग्गोमयसान्द्र . . 1.44
सर्वचिन्तां परित्यज्य . . 7.58; 8.7,10
सर्वयोगस्य . . 7.13
सर्वं च खमयं . . 7.56
सर्वाण्यपि हठाभ्यासे . . 2.39
सर्वांगकल्पनाहीनं . . 10.27
सर्वे तत्र लयं . . 8.33
सर्वेषामादिराकाशो . . 1.18
सर्वेषामेव . . 5.97
सर्वे हठलयाभ्यासा . . 10.37
सर्वे हठलयोपाया . . 8.47
सर्वेषा योगतन्त्राणां . . 5.1
सर्वेषां हठतन्त्राणां . . 5.101
सव्यदक्षिणनाडीस्थो . . 7.28
सव्यासनार्थास्य . . 5.172
सव्यांगे पूर्वमभ्यस्य . . 5.25
सव्ये दक्षिणगुल्फं . . 2.6
सशब्दं कथितं . . 8.31
सशैलवनधात्रीणां . . 5.1
स षडंगयुतो . . 1.34
सहजोलिरियं . . 5.131
सहजोलिश्चामरोलि . . 5.132
सहस्रदलपदमस्थां . . 10.25
सहितः केवलश्चेति . . 4.62
संकल्पनिश्चयम . . 7.59

संकल्पमात्रकलना हि . . 7.59
संकल्पमात्रकलनैव . . 7.59
संयुक्ता कमलासनेन . . 6.12
संसारतापतप्तानां . . 1.10
संस्थिता व्योमचक्रे . . 7.45
साक्षात्पयस्यगाधे . . 4.61
सात्विका राजसा . . 6.45
साध्यते न च . . 7.8
सा भवेत् खेचरीमुद्रा . . 5.55
सा शक्तिश्चालिता . . 5.165
सा शिवत्वसमवाय . . 5.57
सिद्धं केवलकुम्भेन . . 4.66
सिद्धं पद्मं तथा . . 2.20
सिद्धान्तश्रवणं . . 1.57
सिन्दुरद्रवसंकाशं . . 5.123
सिध्यते च सदा . . 7.54
सिंहासनं भवेद् . . 2.36
सुखं दुःखादिकं . . 6.46
सुखेन्दुशीतलांगं . . 5.51
सुगन्धो योगिनां . . 5.121
सुप्ता गुरुप्रसादेन . . 5.2
सुराज्ये धार्मिके . . 1.42
सुवर्णवर्णवृक्षांश्च . . 9.7
सुषिरं ज्ञानजनकं . . 5.76;7.43
सुषुम्नान्तर्गतां . . 10.24
सुषुम्ना मध्यदेशे . . 5.152
सुषुम्नायै कुण्डलिन्यै . . 8.1
सुषुम्नावदनं भित्वा . . 4.29
सुषुम्नावाहिनी . . 7.18,30
सुषुम्ना शाम्भवी . . 7.26;10.39
सुषुम्ना शून्यपदवी . . 5.4
सुस्निग्धमधुराहारश्च . . 1.56
सूत्रं वितस्ति . . 3.17
सूर्यभेदनमुज्जायी . . 4.33
सूर्याचन्द्रमसोरनेन . . 4.14
सूर्याचन्द्रमसौ . . 7.28
सृष्टिसंहारकर्त्तासौ . . 8.44
सेवकांश्च तथा . . 9.19
सोमसूर्यद्वयोर्मध्ये . . 7.44
सोमसूर्याग्नि . . 5.32
सोमसूर्योजिता . . 7.46
स्तम्भनी द्रावणी . . 6.17
स्थाणुः संयमितेन्द्रियो . . 2.21
स्थित्वा सदैव . . 7.27
स्थूलः कृशः कृशः . . 9.8
स्नातं तेन समस्त . . 10.40
स्नुहीपत्रनिभं . . 5.39
स्याच्छक्तिः सर्व . . 7.34
स्रवत्पीयूषसम्पूर्णे . . 6.51
स्वगुरूक्तप्रकारेण . . 5.46
स्वच्छन्दो ग्लानि . . 6.43
स्वच्छायां वा . . 9.11
स्वतालुमूलं . . 5.46
स्वप्नेऽग्निं प्रविशेद . . 9.27
स्वप्ने पश्यन्य . . 9.28
स्वप्ने प्रयाति . . 9.25

स्वप्ने प्रापद्यतस्तस्य . . 9.23
स्वभावविपरीतं . . 9.41
स्वयमुच्छलितं . . 5.73
स्ववस्त्रममलं . . 9.40
स्वशब्देन भवेत् . . 6.30
स्वस्थानं गच्छति . . 7.52
स्वं च प्राणं . . 5.145
स्वात्मारामोऽथवा . . 1.4
स्वाधिष्ठानं तु तत् . . 6.30
स्वावगम्यो लयः . . 7.24
स्वेच्छया वर्त्तमानो . . 5.116

ह

हकारेण बहिर्याति . . 5.159
हठप्रदीपिकां धत्ते . . 1.3
हठविद्या परा गोप्या . . 1.11
हठविद्यां हि . . 1.4
हठं विना राजयोगो . . 4.69
हठस्य प्रथमांगत्वाद . . 2.1
हठस्य विधिवत् . . 7.11
हन्यते काकश्रेणिभिः . . 9.11
हरति सकलरोगान् . . 2.17
हंसहंसेत्यतो . . 5.159
हस्ताभ्यामनुधारयन् . . 5.12
हस्तौ तु जानुनोः . . 2.35
हिक्काकासस्तथा . . 4.25
हिंसासूयादयो . . 6.43
हृत्पद्मं योगसम्पूर्णं . . 6.35
हृदये धारयेन्नित्यं . . 6.26
हृदये धारयेत्तोयं . . 6.25
हृदये पञ्चभूतानां . . 6.11
हृदि कामः समुत्पन्ना . . 1.29
ह्लादशोषौ रति . . 6.38

Word Index

(Numbers stand for page numbers. Name of the text is in italics)

A

abhinava gupta—5
ādhāra-cakra—158,159
ādinātha—1,3,194,236
ādiśakti—175
āgamajāla—182
agocarī--85
ahiṃsā as niyama—38
ajapā gāyatrī--138,139
ājñā-cakra—166,184
ākarṣaṇa-dhanurāsana—31
ākarṣaṇī--85
akula-vīra-tantra—5
alambuṣā--135,136
allamā-prabhudeva—3,9
amanaska—208
amara-vāruṇī--107,108
amarī--132
amarogha—208
amarolī--85,124,129,132,
amṛtapatha—102
amṛtasiddhi-yoga—7
ānanda-bhairava—3,5
ānanda-bhairava-vaṭī--5
ānandabhairava-rasa—5
anāhata-cakra—184
anāhata-dhvani—204
anala-śikhā--113
antarā-naulī--53
āntara-naulī--53
antar-lakṣya—181
anśumālin—211
apāna—136,137,138
ārambhāvasthā--204,205
araśmi-bimba—211
ardhāsana—29
ariṣṭa—210,229
arundhatī--140,144,211
āsana—18,27,28,45,151,
173,175
Asiatic Society of
Calcutta—5
asiddha-yoga—210
aṣṭa-kumbhaka-67
aṣṭa-siddhivivaraṇam—7
asuras—10
aśvakañcukī--9
aśvamedha—168
ātman—11
audāsīnya—195,207
ayana—223

B

bāṇaliṅga—184
bandhatraya—39,119
bahirdṛṣṭi—181
bāhyanaulī--53
bhadrāsana—43
bhānukī--9
bhālukī--9
bhārī-naulī--53
bhastrī--142,143
bhastrikā--67,74

bhāvas (dispositions) of
hṛtpadma—163
bherī-śabda—205
bhūcarī--85
bhujagī-śakti—230
bhujaṅgī--140
bhuvodhāraṇā--151,152
bhrāmaṇī--154
bhrāmarī--67,77
bhrūmadhya—97,99,167
bhrūmadhya-dṛṣṭi—66
bhrūrandhra—143
bileśaya—3,7
bindu—107,125,126,127,
128,131,170,174,225
bindunātha—3,9
bindusthairya—208
brahma—190,202
brahma-dvāra—101
brahma-dvāra-mukha—
84,133
brahma-granthi-204
brahma-nāḍī--114,121
brahmānanda—29,33,37,75
brahma-randhra—84,85,
100
brāhmī-śakti—226
brahmasthāna—121,133,
134

C

cācarī--85
candra-maṇḍala—165
candra-sthiratva—33
cāndrī--145,208
carpaṭī--3,8
cauraṅgī--3,6
cauraṅgī-vākyam--6
cibuka-mūla—100
cidākāśa—196
ciñcini—9
ciñcini-mata-sāra-samuccaya—9
citta—174,197,199,206
characteristics of
hṛtpadma—161,162
colika—9

D

dāhanī--154
dakṣiṇāyana—224
dakṣiṇa-naulī--53
daṇḍa-dhautī--49
daṇḍa-mayūra—34
daṇḍa-sthiratva—32
daśa-dvāra—228,230
daśama-sthāna—85
dattātreya—234
devas—10
devadatta—136,137
devala—151
devamārga—211
devī--140
deities presiding over
elements—15
dhanañjaya—136,137

dhanurākarṣaṇa—31
dhanurāsana—31
dhāraṇā--18,151,155
dharmaśāstra—183
dhautī--48
dhvani—197,198
dhyāna—18,155
dhyāna-mudrā--156
dhyānasthāna—167
dhyāna-yoga—168
drāvaṇī--85,154
dṛṣṭi—180
dviśiraska—214

E
ekapādamayūra—34
evolutionary process of elements—13

G
gajakaraṇī--55
gaṅgā--140
gaṇḍa—220
gandhalakṣaṇa—13
gāndhārī--135,136
gāyartī--139
ghaṇṭikā--167
ghaṇṭikāmadhya—165
gharote—68
ghaṭāvasthā--204
ghoḍācolī--9
ghoḍācolī-vākyam—9
ghoḍāculī--9
ghorācolī--3,9
gomāmsa—107,108
gomukhāsana—28
gorakṣa—2,3,9,151,167,
gorakṣanātha-6,193
gorakṣāsana—43
granthi—83
granthi-traya—76,101
guda—167
guptāsana—37

H
halāsana—124
hastijihvā--135,136
haṭha—10,27,81,107,112, 134,141,173,207,237
haṭhābhyāsa—44
haṭha-layābhyāsa—235
haṭhalayopāya—207
haṭhapradīpikā--2
haṭhasiddhi—81
haṭhasiddhilakṣaṇa—82
haṭhatantra—119
haṭhavidyā--2,10
haṭhayogavidyā--1
hṛdayagranthi—16
hṛd-dhautī--49
hṛt-padma—160,167,169

I
icchā-śakti—226
iḍā--135,136,140,235,
indra-dhanuṣ--213

indragopa—153
involution of elements—15
iṣukāra—233
īśvarī--84,140
itara-liṅga—184

J
jalabastī--8,50
jālandhara—86,230
jālandhara-bandha—
37,68,84,88,118
janījanārddana—7
jaṭharāgni—114
jihvāmūla—214
jīvanmukta—229
jīvanmukti—208,227,229
jñāna-kārikā--5
jñānasāgara—7
jñānaśakti—226
jyoti—225
jyotsnā--29,37

K
kaivalya--191
kākacañcu-kumbhaka—104
kākacañcu-vidhāna—103
kākacaṇḍīśvara—3,9
kākacaṇḍīśvara-kalpa-tantra—9
kākacaṇḍīśvaramatam—9
kākīmudrā--104
kākudaśravā--104
kalā--170
kālajñāna—210
kālavañcana—83,147
kālavañcaka—235
kāmākhyā-guhyasiddhi—5
kāmarāja—85
kānaphāṭā--6
kanda—133,135
kandamadhya—160
kandarpa—117
kānerī--3,8
kānerīśvara temple—8
kānerī tomb—8
kaṇṭha—167
kaṇṭhabandha—93
kanthaḍī--3,7
kanthaḍī-bodha—7
kaṇṭhamudrā--94
kaṇṭhasthāna—85
kapālabhastrī--54
kapālabhātī--54,75
kapālakuhara—96
kapālakuranṭaka-haṭhābhyāsa-paddhati—7
kapālī--3,8
kāpālika—3,10
kāpālika-bastī--50
kāpālika-guru—5
karaṇa—175
karmabandha—12,210
kāyapañjara—178
kāyasiddhi—55,111
kaula—5
kaula-jñāna-nirṇaya—5

kauranṭaka—3,7
kedāra—93
kevala—67
kevala-kumbhaka—79,80
kha—188
khaṇḍa—3,10
khaṇḍa-kāpālika—132
khecarī--84,112,133,
184186,
khecarī-mudrā--86,96,
104,106,111,184,185,230
khecarī-nyāsa—97,98
khecarī-mudrā process—97
khecarī-śastra—98
khecarī-siddhi—97
kiṣkindhā mountain—9
kīṭaka—233
kriyāśakti—226
kṛkala—136,137
kṣīra—125
kuhu—135,136
kukkuṭāsana—31
kukkuṭāsanabandha—30
kulārṇava-tantra—5
kumārī--233
kumbha—175
kumbhaka—88
kumbhaka-paddhati—68
kuṇḍalāṅgī--140
kuṇḍalī--83,90,140,142,
143,179
kuṇḍalī-abhyāsa—144
kuṇḍalī-bodha—81
kūṇḍalī-śakti—133
kuṇḍalinī--75,114,134,139,
140,144,193,231
kuṇḍalinī paryāya—140
kuṇḍalinī-prabodha—32
kupathya—24
kuranṭaka—7
kurara—233
kūrma—136,137
kūrmāsana—30
kuvalayānanda swāmī--
51,53

L
lambikā--165,167
laulikī--53
laya—177,180,191,208
laya-lakṣaṇa—191
liṅga—101,102,184
liṅgāyata cult—9
Lonavla Yoga Institute—68
lohadaṇḍadhara—216

M
mādhava-dāsa vacuum—53
madhya-cakra—120
madhyamā-nāḍī--173
madhya-mārga—84,174
madhya-naulī--53
mahābandha—84,92,94
mahāmudrā--84,86,87,88,
90,91,94
mahāmudrā traditions—88

mahāṅkuśā--85
mahāpatha—84
mahāśakti—193
mahāsiddha—3
mahāśūnya—205
mahāvajrakapāṭa—100
mahāvedha—84,94
maṇḍala—145
management of
hypertension—35
manaḥ-pravṛtti—180
manas—176,179,190,199,
200,201,202,206
manastatva—189
manasthairya—208
manthāna-bhairava—3,7
manthāna-bhairava-rasa—7
maṇibandha—55,214
maṇipūraka-cakra—159
manonmanī--67,112,179,
193,208
manovilāsa—189
matsyendra—2,3,28
matsyendranātha—6
matsyendra-pīṭha—32
matsyendrāsana—32
matsyendra-saṃhitā--4,5
marddala-dhvani—205
marma-sthāna—216
māruta—202
marut-pravṛtti—180
māyūra—34
mayūrāsana—34
meḍhra—167
mehana—125
meru mountain—10
meru-mūla—111
mīna—3,6
mitāhāra—25
mitāhāra as yama—38
mitāhārī--39
mocanī--154
mokṣa—17,176,177
mṛtyu—210,220
mṛtyu-kāla—217
mudrā--146,173
mudrābhyāsa—84
mudrādaśaka—84
muktāsana—37,184,194,
224
muktisopāna-mārga—237
mūlabandha—84,86,112,
113,114,230
mūlabila—115
mūlādhāra-cakra—184
mūlamudrā--112
mūlasthāna—120
mūrcchā--67,78
mūrcchā-prāṇāyāma—119

N

nābhi—167
nābhi-maṇḍala—159
nabhobila—167
nabho-dhāraṇā--153,154
nabhojalam—118

nabhomudrā--86,107
nāda--131,170,177,194,
195,196,197,198,199,202
nādābhivyakti—66
nādajñāna—202
nādānusandhāna—45,193,
194,196,197,202
nādayoga—201
nādopāsanam—193
nādopāsti—200
nāḍī--135
nāḍībandha—98
nāḍīcakra—56
nāḍīśodhana—66
nāḍīśuddhi—62
nāga—136,137
nāgabodha—3,9
nāgārjuna—8
nālanaulī--53
nārāyaṇatīrtha—31
nārī--125
nāsādantī--54
nātha-saṃpradāya—6,9
naulī--52
navadvāra—233
navanātha-bhaktisāra—6
netī--50
nevāsā--8
nidāna-muktāvalī--8
nigama-saṅkula—182
nirañjana—3,8,203,208
nirañjana-pada—170
nirālamba—112,208
nirguṇa-dhyāna—156
nirukta—183
niśā--146,173
niṣpannāvasthā--206
nityanātha—3,8,9
nityanaimittika-karma—
223
niyamas—26

O
omkāra—116,224,227,228
omkāra-mudrā--76

P
padma—83
padmamayūra—34
padmāsana—40,41,59,64,
74,134,227
pañcabhūta—151
pañcadhāraṇā--154
pañjara—178
pāñcarātra—183
pañcaśāka—23
pañcasrotas—111,184
paramapada—208
paramātmā--201
parameśvara—202
paricayāvasthā--204,205
parimala—68
parivṛta—179
pārśva-mayūra—34
paścimatāna—121
paścimatānāsana—33

paścimottānāsana—88
paścimaśirā--101
pauraṇṭaka—7
pavana—179,181
payasvinī--135,136
peśaskārī--233
phaṇāvatī--141,142
piṇḍamayūra—34
piṇḍasthairya—102,208
piṇḍavicāra—8
piṇḍikā--220
piṅgalā--135,136,140, 233,235
pīṭha—44
plāvinī--78,79
prāṇa—136,137,138,176
prāṇa-mārga—136,137
prāṇarandhra—203
prāṇasaṅkalī--6
prāṇasaṃyāma—173
praṇava—139
praṇavamudrā--76
praṇavātmaka prāṇāyāma—60
prāṇāyāma—18,57,151
pratyāhāra—18,148,149, 150,151
pretapiśāca—212
pṛthvī--146,173
pūjyapāda—8
pūrṇagirā--85
pūrvapāda—3,8
pūṣā--135,136

Q
qualities of elements—14

R
raghuvīra—68
rājadanta—93
rajanī-bhāva—223
rājapatha—83
rajas—127,128
rājayoga--1,2,44,81,146, 170,172,173,206,207,235
rājayogapada—207
rājayoga-paryāya—208
rasa—176
rasācārya—5,8,9,10
rasalakṣaṇa—13
rasanāmūla—98
rasapaddhati—9
rasaratnākara—8,9
rasasiddha—5,8
rasasiddhi—10
raseśānī temple—8
raseśvara tradition—8
raseśvara-darśana—4
ratana-nātha—7
ratnākarādi-auṣadha-yoga-saṃgraha—8
raudrī-śakti—226
ravi-sthāna—127
revaṇa-siddha—9
rudra-granthi—206
rūpalakṣaṇa—13

S

śābaratantra—5
śabdalakṣaṇa—12
ṣaḍaṅgayoga—17,18
saguṇa-dhyāna—156
sahaja—208
sahajamayūra—34
sahajānanda—206
sahajāvasthā--174,175
sahajolī--85,129,130
sahasra-dalapadma—231
sāhillavarmā--8
sahitakumbhaka—79
śakti—140,141,188
śakticāla—127
śakticālana—84
śakticālanī-mudrā--99
śakrāyudha—219
samādhi—18,171,173,208
samādhikrama-lakṣaṇa—170
samādhiśataka—8
samādhimārga—191
śāmbhavī--84,184
śāmbhavīmudrā--180,181,194
śambhunātha—5
śāmbhavī-śakti—178,236
śāṅkarī--182
śaṅkha-prakṣālana—54
śaṅkhinī--135,136
saṅkṣobhaṇī--85
ṣaṇmukhī--85
saṃskāras—12
saptadhārāmṛta—102
saptaśṛṅgī--6
śārada—3,5
śaranāla—125
sarasvatī--140
śarīra—11
sarpa—235
sarvāṅgāsana—124
śaśisthāna—127
ṣaṭcakra—101
ṣaṭkarma—47,57
śavāsana—35
śeṣakuṇḍalī--139
siddha—35,36
siddhabuddhi—3,7
siddhikhaṇḍa—8
siddhāṅganā--110
siddhānta-bhāṣya—8
siddhapāda—3,8
siddhāsana—35,36,38,39,88,230
siddheśvara temple—8
siddhayoga—210
siṃhāsana—42
śirājāla—118
śīrṣāsana—124
śītalī--67,73,143
sītkāra—67,71,72
sītkārī-kāka-cañcuka—104
śītkrama-kapālabhātī--54
śivaliṅga—184
śivasthāna—186

skandha-saṅga—117
ṣoḍaśādhāra—120
somacchāyā--211
somasūryāgni-
saṃbandha—95
śmaśāna—84
snuhīpatra—98
sparśalakṣaṇa—12
śrīguru—2
śrīnivāsa—8,34,50,54
stambhanī--154
sudhā--193
sukaraṇa—111
sukhāsana—156
śukra—127,128
śūnya—175,208
śūnyapadavī--83,84
sūryabheda—143
sūryabhedana—67,69
surānanda—3,7
śuṣkabastī--50
suṣumnā--84,135,136,141,
178,179,185,193,194,236
svādhiṣṭhāna-cakra—159
svātmārāma—2
svastikāsana—28

T
takṣaka—105
tālumūla—100
tāraka—224
tarka—182,183
tathyam—193
tatva—168,169,181,190
tatvadarśana—174
Tibetan Lamaism—5
ṭiṇṭiṇi—3,9
trikhaṇḍā--85
trāṭaka—51
triveṇī-saṅgama—93
turya—208

U
udāna—136,137
uḍḍīyāna—68,84,86,
120,118,230
uḍḍīyāna-bandha—115,116
ujjāyī--67,70,143
unmada—85
unmanī--77,85,185,
193,207,208
unmanī-bhāva—55
unmanī-kāralakṣaṇa—173
unmanī-karaṇa—195
upādhi—168
upādhi-vidhvaṃsa—168
uṣṭrāsana-yāna—220
uttāna-kukkuṭāsana—31
uttāna-kūrmāsana—30
uttarāyaṇa—224
utkrānti-kāla—210

V
vāgeśvarī-dhāma—99
vahni-maṇḍala—114
vaidyaka-grantha—8

vaiṇava-śabda—206
vaiṣṇavī-śakti—226
vaiśvānarī-dhāraṇā--152
vājapeya—168
vajrakandara—125
vajrāsana—37,117,142,169
vajrolī--84,124,129,131, 132,133
vamana-dhautī--49
vāmanaulī--53
varaṇaka-mudrā—85
varieties of bhastrikā--75, 76
vāruṇī-dhāraṇā--152
vāsanā--202
vaśiṣṭha—28
vastī-karma—49
vastra-dhautī--49
vāsukī--3,9
vasyā--85
vātakrama-kapālabhātī--54
vāyu—136
vāyavī-dhāraṇā--153
vibhūti—145
videhamukti—223,227
viparītakaraṇī--84,119,121, 122,124,151
virajā--85
virūpākṣa—3,7
virūpākṣa-pañcāśikā--7
vīrāsana—29
viṣṇu—10
viṣṇugranthi—205
viśuddhacakra—109,164, 165
vyāna—135,137
vyoma—202
vyomacakra—104,185,186
vyutkrama-kapālabhāti—54

Y
yamas—25
yamunā--140
yogabādhaka—22
yogamaṭhalakṣaṇa—21
yoganidrā--186
yogapathya—23
yogasādhaka—21
yogasaṃgraha—6
yogāvasthā--204
yogaviṣaya—6
yogī-sampradāyāviṣkṛti—6
yonimudrā--107
yonisthāna—85,92
yukta-prāṇāyāma—65

*****

THE LONAVLA YOGA INSTITUTE (INDIA)

A-7, Gulmohar Apartment, Bhangarwadi
Lonavla—410 401, Pune (India)
Tel: 0091-02114-70263
(Regd. No. 1439/1998/Pune)
E-mail: lonayogalnl@vsnl.net
dr_gharote1@rediffmail.com

The Lonavla Yoga Institute (India) was founded in May 1996 by Dr. M. L. Gharote who was a student and collaborator of Swami Kuvalayananda, Founder of Kaivalyadhama Yoga Institute and a Pioneer of Scientific Yoga.

Activities of the Lonavla Yoga Institute (India)

1) To conduct or help conducting research in the field of pure and applied Yoga.
2) To edit or get edited text books on Yoga with notes and translations and publish them.
3) To prepare and publish catalogues, digests, indices or glossaries of Yogic texts and subjects allied to Yoga with a view to help critical studies of Yogic texts.
4) To publish Newsletter "Yoga Pradipa".
5) To organize seminars and conduct courses in Yoga and provide facilities for training individuals or groups of individuals in India or abroad.
6) To establish contacts and co-operate with the individuals and associations or organizations working in the field of Yoga in different aspects.
7) To give adequate guidance to the individuals and groups in the Yogic therapeutic matters.

Projects at hand

I. Catalogue of Yogic Manuscripts.
II. Encyclopedia of Traditional Asanas..
III. Publication of Yoga texts with translations in different languages.
IV. Organization of Yoga Therapy Courses in different places with the help of affiliated or related Associations and Institutions.
V. Organization of Yoga workshops for groups visiting India.

Publications

1. Glossary of Yoga Texts—Part-I & II---Dr M. L. Gharote.
2. Swami Kuvalayananda—A Pioneer of Scientific Yoga and Physical Education—Dr. M. L. Gharote. and Dr. M. M. Gharote.
3. Yoga Techniques—Dr. M. L. Gharote.
4. Posters of Yoga Practices (Asanas & Kriyas).
5. Hathapradipika-vrtti by Bhojatmaja (Marathi)—Ed. Dr. M. L. Gharote.
6. Kumbhaka Paddhati or Science of Pranayama—Ed. Dr. M. L. Gharote & Parimal Devnath.
7. Hathapradipika with 10 chapters and Yogaprakasika Commentary by Balakrishna—Ed. Dr. M. L. Ghartote & Parimal Devnath.

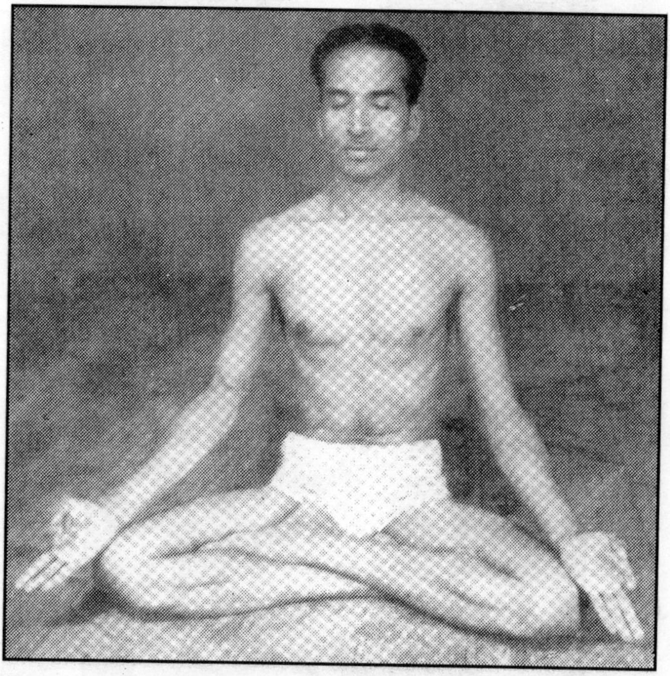

1 SVAŚTIKĀSANA

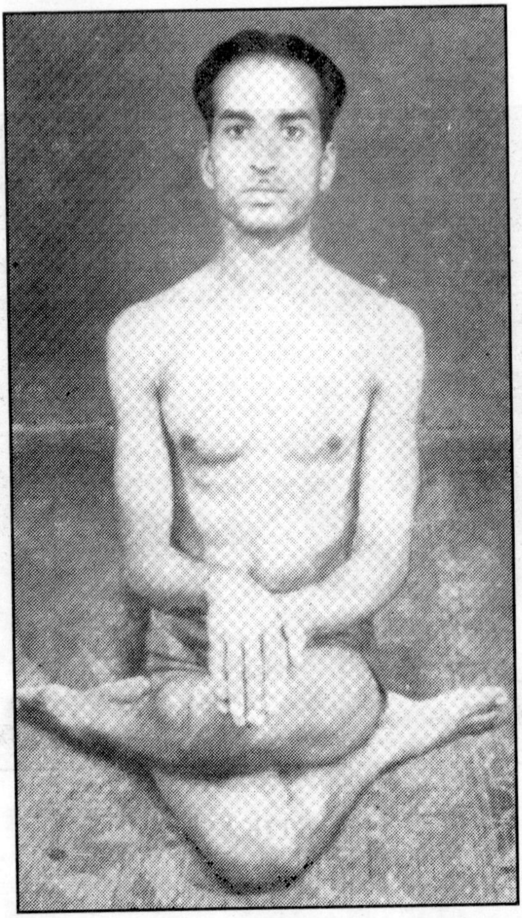

2 GOMUKHĀSANA

3 VĪRĀSANA

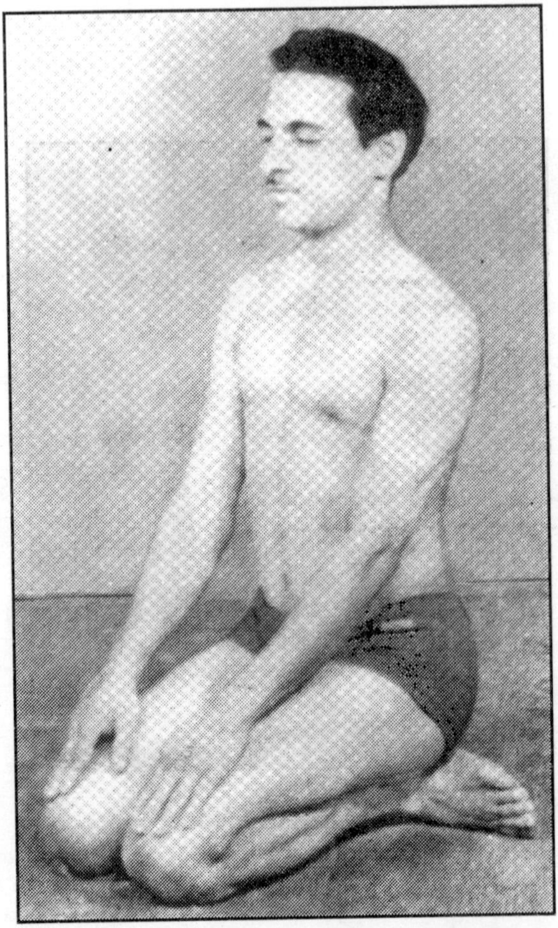

4 KŪRMĀSANA

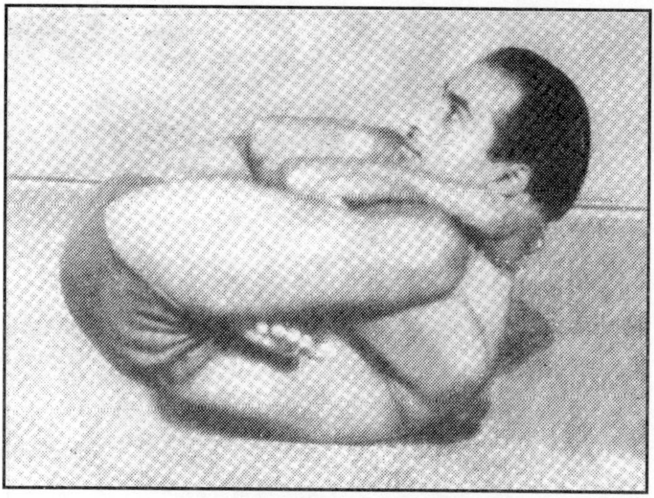

5 UTTĀNAKŪRMĀSANA

6 KUKKUṬĀSANA

7 DHANURĀSANA

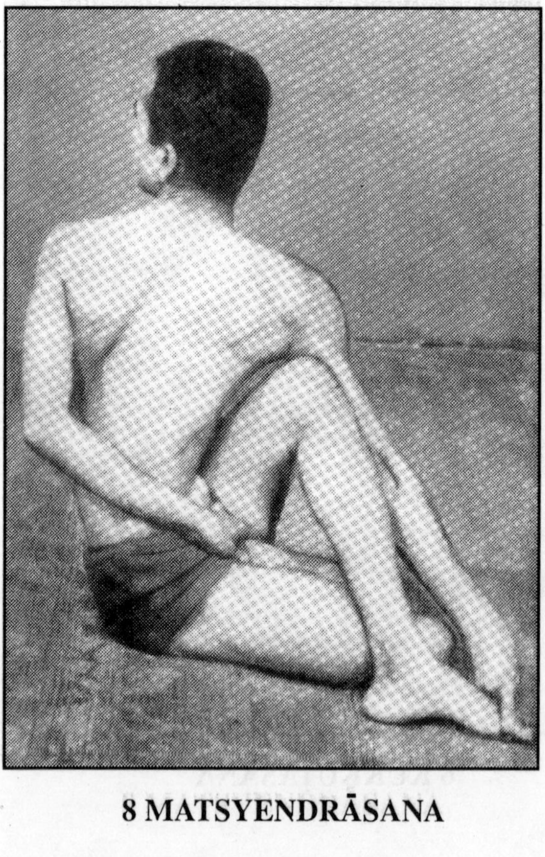

8 MATSYENDRĀSANA

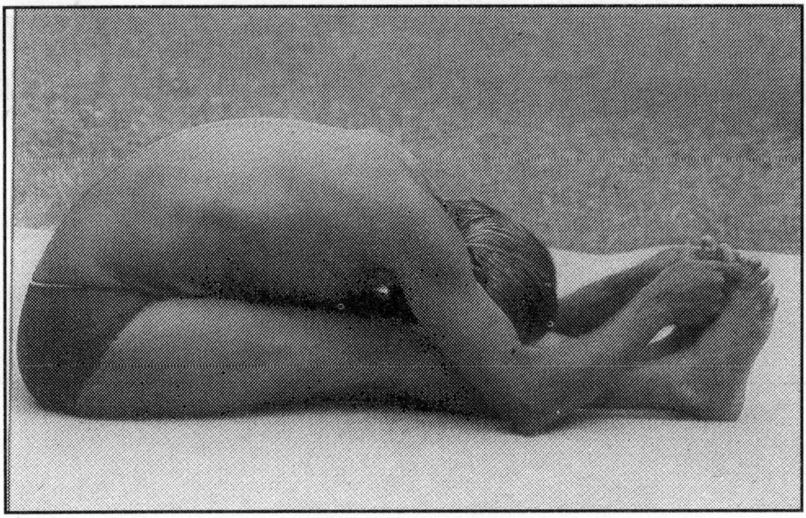

9 PAŚCIMATĀNA

10 MAYŪRĀSANA

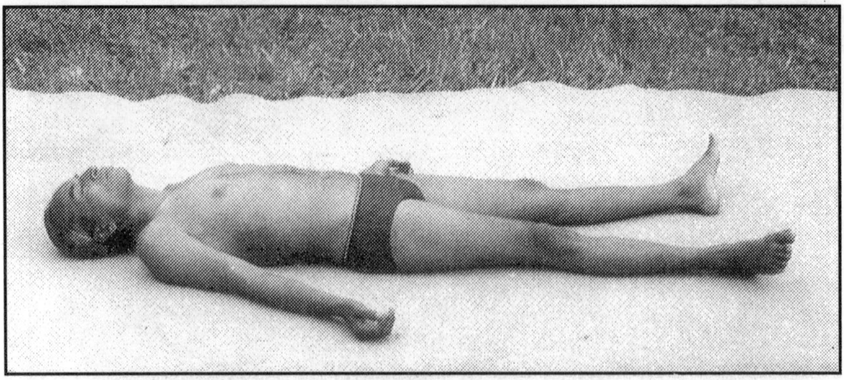

11 ŚAVASANĀ

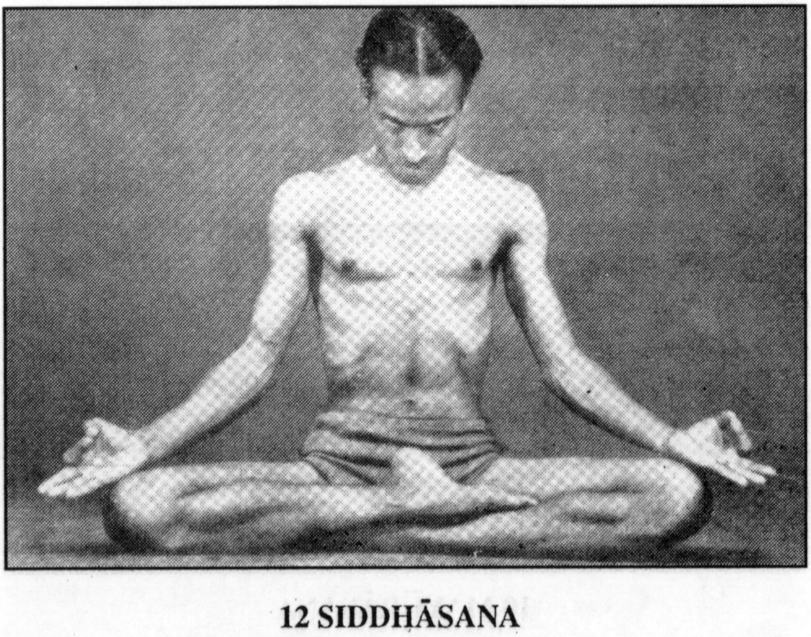

12 SIDDHĀSANA

13 PADMĀSANA

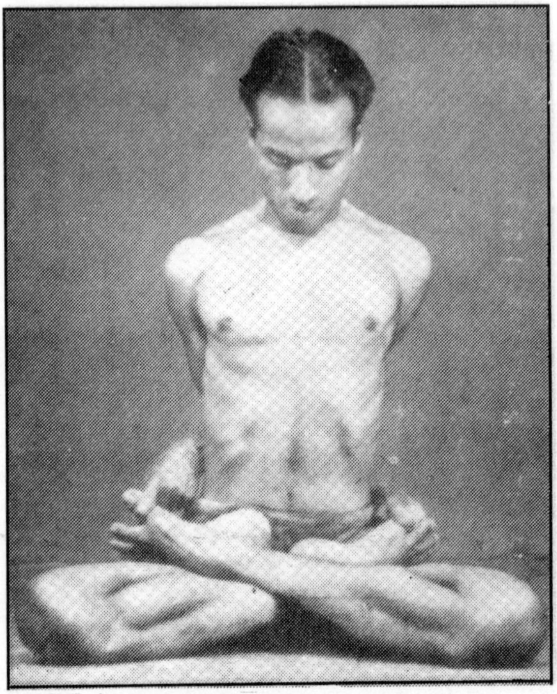

14 (BADDHA) PADMĀSANA

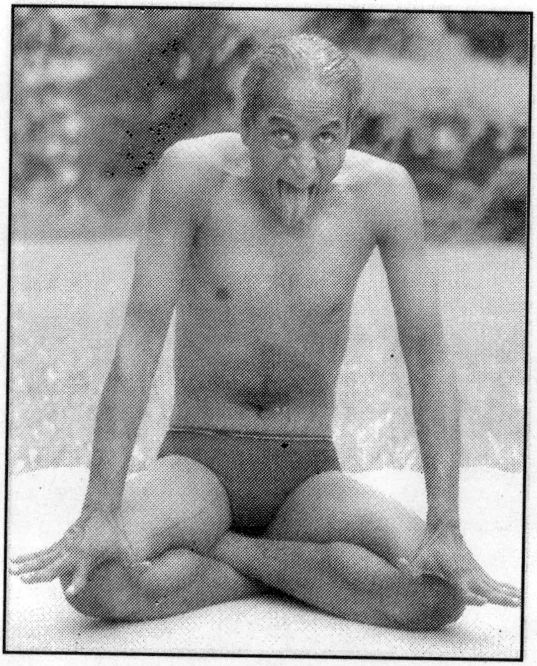

15 SIMHĀSANA

16 BHADRĀSANA

17 VASTRA-DHAUTI

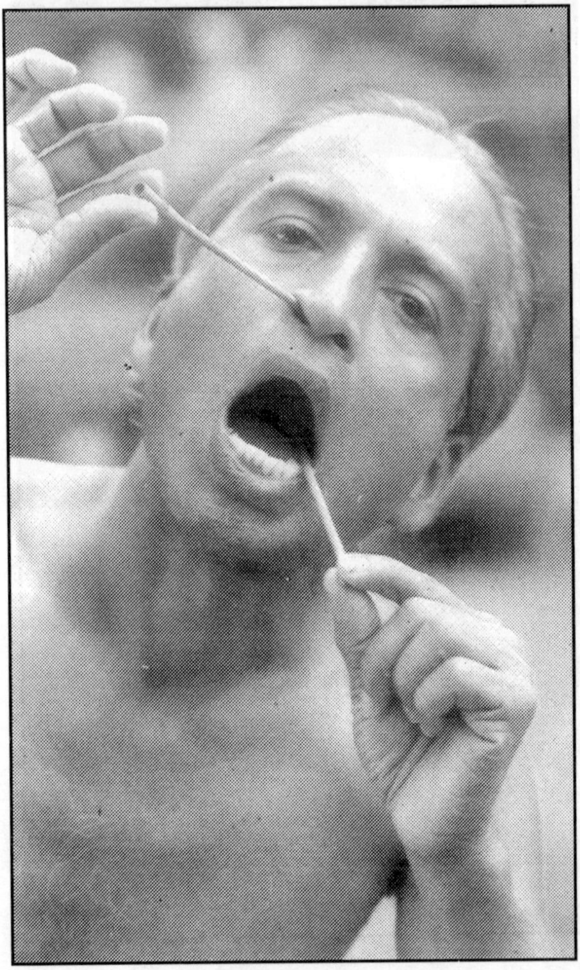

18 SŪTRA-NETI

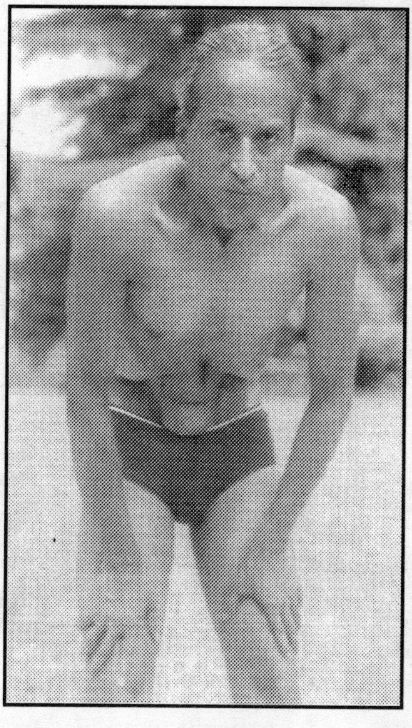

19 NAULI

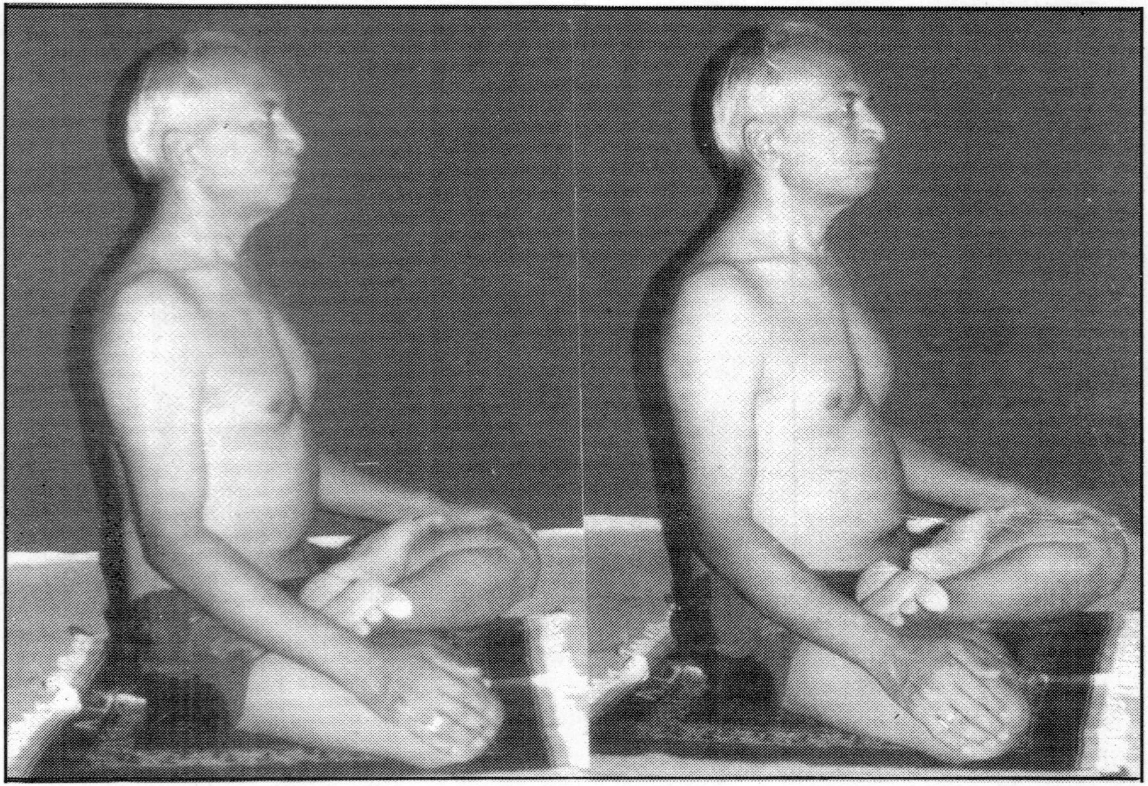

20 KAPĀLABHATI

21A ŚITALĪ

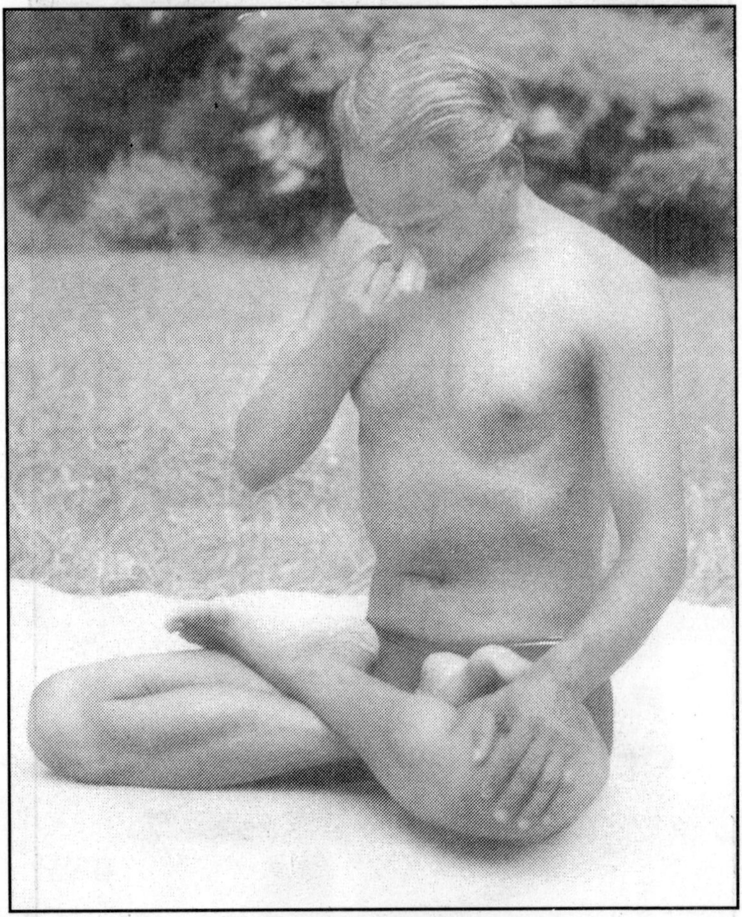

21B PRĀNĀYĀMA

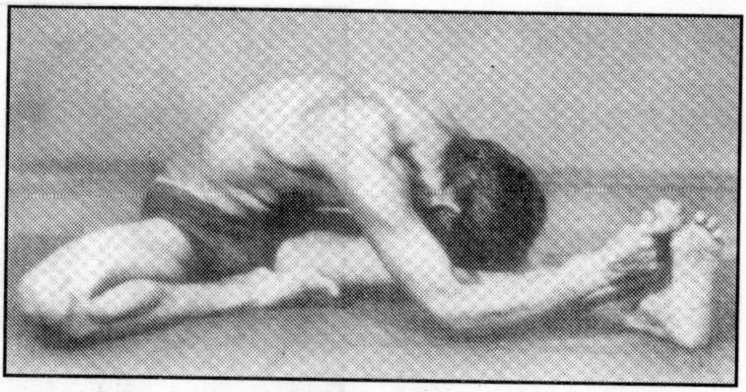

22 MAHĀMUDRĀ

23 UDDĪYĀNNA BANDHA

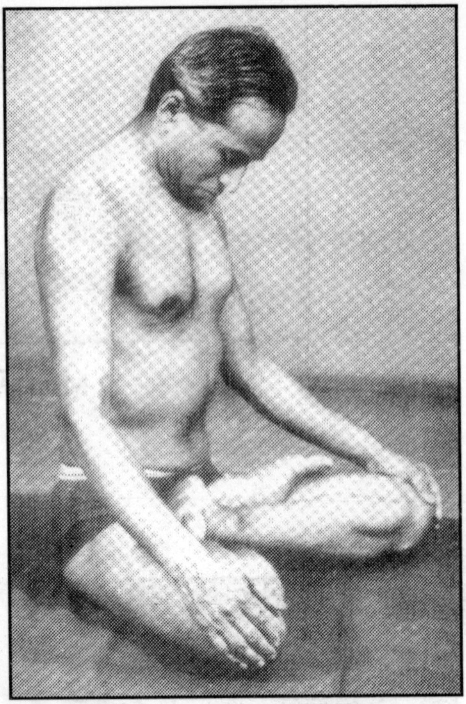

24 JĀLANDHARA-BANDHA

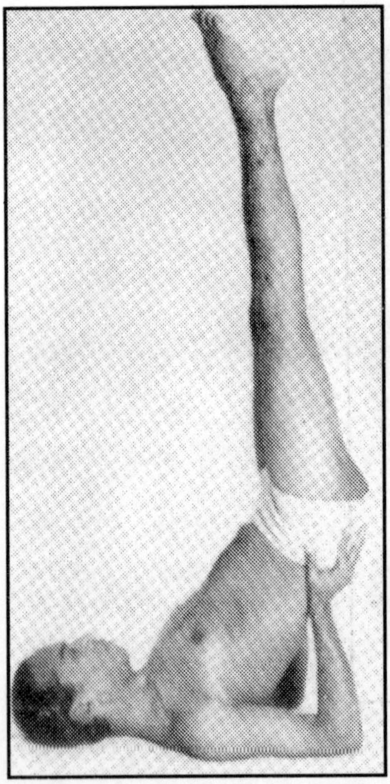

25 VIPARĪTAKARANĪ

21A ŚITALĪ

21B PRĀNĀYĀMA

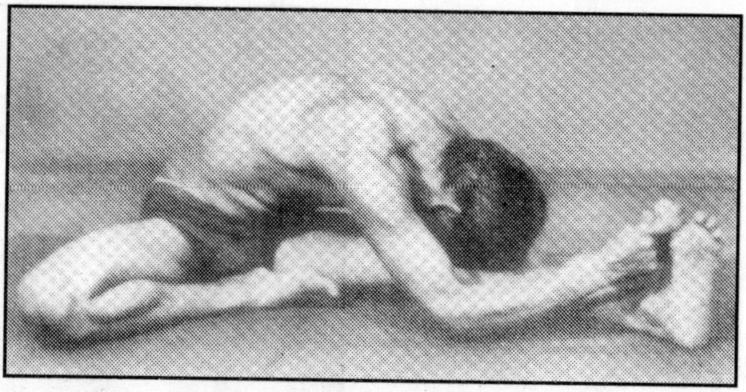

22 MAHĀMUDRĀ

23 UDDĪYĀNNA BANDHA

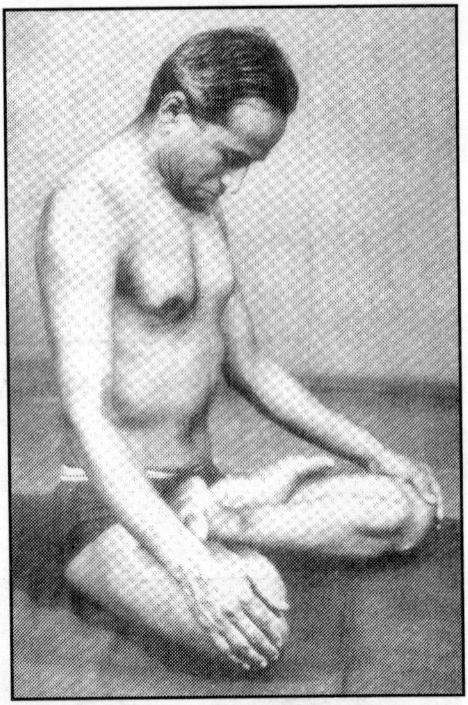

24 JĀLANDHARA-BANDHA

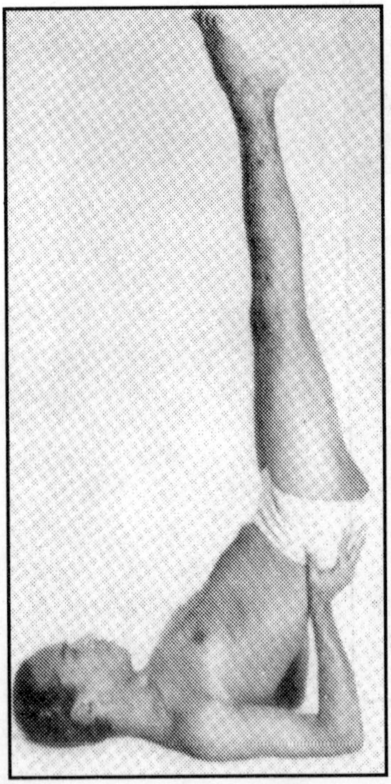

25 VIPARĪTAKARANĪ

Errata

Page No.	Line	incorrect	correct
v	23	uḍḍīyānna	uḍḍīyāna
xvi	27	kālajṅāna	kālajñāna
xviii	10	caturaṇga	caturaṅga
,,	12	śasīra	śarīra
xix	03	kālajṅāna	kālajñāna
xxi	10	prāṅa	prāṇa
,,	,,	channalize	channelize
xxii	18	out	Out
xxv	07	rrelation	relation
15	19	brahmā	brahma
17	22	ṣadaṅga	ṣaḍaṅga
32	24	hand is bent	hand bent
36	13	dhṛtvāsamaṃ	dhṛtvā samaṃ
38	13	'himsā niyame	'himsā ca niyame-
,,	18	patañjail	patañjali
54	18	śaṇkha	śaṅkha
,,	19	prakṣālaṇa	prakṣālana
69	05	uthāpya	utthāpya
72	22	bhavettassya	bhavettasya
77	16	bhṛaṅganādaṃ	bhṛṅganādaṃ
84	19	mudrās	mudrā
96	19	पविष्टा	प्रविष्टा
97	28	mudrā,	mudrā
98	18	(haraītakī)	(harītakī)
105	17	a wick	an oily wick
106	05	who learns	who knows
118	17	जालन्धरबन्ध	जालन्धरबन्धः
147	10	shajānanda	sahajānanda
158	22	kāmākṣī	kāmākṣā
184	14	they	They
,,	23	which bestows	bestows

196	19	merges	he merges
226	04	pṛthvvī	pṛthvī
238	09	'yaimiti	'yamiti
250	15	पादाग्रद्वीतयं	पादाग्रद्वितयं
259	12	नास्तीतित्यर्थः	नास्तीत्यर्थः
272	14	क्षरकटुका	क्षारकटुका
308	18	विवजित	विवर्जित
,,	,,	नाथपरम	नाथपरमा
328	25	regions	region
331	24	5.8	5.9
336	04	तथादशे	तथादर्शे
349	06	वज्रालीरमरोलीश्च	वज्रोलीरमरोलीश्च
350	12	शनैरशीतिपयन्तं	शनैरशीतिपर्यन्तं
353	14	बहियाति	बहिर्याति

***